natürlich oekom!

Mit diesem Buch halten Sie ein echtes Stück Nachhaltigkeit in den Händen. Durch Ihren Kauf unterstützen Sie eine Produktion mit hohen ökologischen Ansprüchen:

- 100 % Recyclingpapier
- mineralölfreie Druckfarben
- Verzicht auf Plastikfolie
- Kompensation aller CO_2-Emissionen
- kurze Transportwege – in Deutschland gedruckt

Weitere Informationen unter www.natürlich-oekom.de und #natürlichoekom

Bibliografische Information der Deutschen Nationalbibliothek:
Die Deutsche Nationalbibliothek verzeichnet diese Publikation in der Deutschen Nationalbibliografie; detaillierte bibliografische Daten sind im Internet über www.dnb.de abrufbar.

oekom – Gesellschaft für ökologische Kommunikation mbH
Waltherstraße 29, 80337 München

Layout und Satz: Reihs Satzstudio, Lohmar
Korrektur: Maike Specht, Berlin
Umschlaggestaltung: Ines Swoboda
Umschlagabbildung: © Alix Einfeldt
Druck: Friedrich Pustet GmbH & Co. KG, Regensburg

ISBN 978-3-98726-032-2

Eva Stützel

Gemeinsam die Welt verändern – aber wie?

Ein Praxishandbuch

Mit Illustrationen von
Alix Einfeldt

Für meine Tochter Anna Karina
und meine Enkelin Mila Lovis

Möge dieses Buch etwas dazu beitragen,
dass ihr eine lebenswerte Zukunft habt.

Inhaltsverzeichnis

Anhang

1

Einführung

1.1 Was macht Initiativen erfolgreich?

»Never doubt that a small, commited group of citizens can change the world! Indeed, it is the only thing that ever has.«

»Zweifle nie daran, dass eine kleine, engagierte Gruppe Bürger die Welt verändern kann. Es ist das Einzige, was je die Welt verändert hat.«

Margaret Mead

Viele Initiativen engagieren sich für einen Wandel in unserer Gesellschaft hin zu mehr Nachhaltigkeit im ganzheitlichen Sinne. Ein ganzheitliches Verständnis von Nachhaltigkeit umfasst für mich das Streben nach einem nachhaltigen Umgang mit den zur Verfügung stehenden Ressourcen und unserer Mitwelt, einen respektvollen Umgang mit all unseren Mitmenschen und einen achtsamen Umgang mit uns selbst. Dieser Wandel ist dringend notwendig im Zeitalter von Klimakatastrophen, Kriegen und erstarkenden faschistischen Tendenzen.

So viele Initiativen scheitern, manchen gelingt Großes – was trägt dazu bei? Gemeinschaftliches Handeln kann Spaß machen und extrem erfolgreich sein, es kann aber auch die Hölle sein. »Die Hölle, das sind die anderen!« ist schon das Fazit von Jean-Paul Sartre in seinem weltberühmten Roman *Geschlossene Gesellschaft (Huis clos)*. Was macht den Unterschied aus? Wann sind gemeinschaftliche Initiativen inspirierend und effektiv, und was macht sie manchmal zur Hölle?

Seit ich ein Teenager war, engagiere ich mich in Initiativen, die zum Wandel beitragen wollen. Meine Geschichte begann bei terre des hommes, ging weiter über die Gründung einer Pfadfindergruppe, eine BUND-Ortsgruppe, und seit 30 Jahren bin ich nun vor allem in ein und demselben Projekt aktiv, dem Ökodorf Sieben Linden.

Lebensgemeinschaften wie das Ökodorf Sieben Linden sind eine Art »Dampfdruckkessel« einer gemeinschaftlichen Initiative. Wir arbeiten nicht nur ein paar Stunden zusammen für eine gemeinsame Sache, sondern wir teilen unseren Alltag miteinander. So begegnen wir uns in vielen verschiedenen Rollen und mit entsprechend vielen Herausforderungen. Kein Wunder, dass sich diese Szene besonders intensiv damit beschäftigt hat, was es braucht, damit gemeinschaftliche Projekte mit Freude am Miteinander und wenig Reibungsverlusten aufgebaut und weiterentwickelt werden können.

Ich habe in dieser Zeit nicht nur durch die Erfahrungen beim Aufbau des Ökodorfes, sondern auch durch mein Engagement in diversen ökologischen, sozialen und politischen Initiativen und in meiner Tätigkeit als Beraterin/Begleiterin für derartige Initiativen sehr viel gelernt, was wichtig ist, um gemeinschaftliche Initiativen gelingen zu lassen. Mein Hintergrund als Diplom-Psychologin, viele Jahre als Geschäftsführerin und diverse Fortbildungen haben die praktischen sozialen Erfahrung ergänzt und vertieft.

Diese Erkenntnisse habe ich im »Gemeinschaftskompass« systematisiert und zusammengefasst. Der Gemeinschaftskompass ist eine Orientierungshilfe, die schon für viele Gruppen dazu beigetragen hat, ihr Handeln so auszurichten, dass es für alle Beteiligten freudvoller ist und sie leichter ihre Ziele erreichen.

Der Gemeinschaftskompass hat sich inzwischen in der Szene der Wohnprojekte und Lebensgemeinschaften als ein ganz wesentliches Modell etabliert, aber meine Erfahrung und das Feedback vieler Menschen, die den Gemeinschaftskompass kennengelernt haben, zeigen: Er ist nicht nur für diese Projekte relevant. Seine Essenz kann allen Initiativen, in der Menschen gemeinsam etwas erreichen wollen, eine wertvolle Orientierungshilfe sein. Für diese Initiativen habe ich dieses Buch geschrieben.

1.2 Was ist der Gemeinschaftskompass?

Die Essenz des Gemeinschaftskompasses lässt sich in einem Satz zusammenfassen:

> Der Gemeinschaftskompass identifiziert sieben Aspekte, die wesentlich sind, um gemeinschaftliche Projekte zum Blühen zu bringen: Individuen, Gemeinschaft, Intention, Struktur, Praxis, Ernte und Welt.

Zentral sind die Aspekte »Individuen« und »Gemeinschaft«. Jede gemeinschaftliche Initiative braucht eine aktive Pflege des Miteinanders von Individuen in Gemeinschaft. Eine Grundbedingung für erfolgreiche Projekte ist es, dass die Menschen gerne miteinander arbeiten, die Treffen Veranstaltungen sind, auf die man sich freut, und dass sie auch zur persönlichen Entfaltung und Weiterentwicklung der Individuen beitragen.

Ich habe einige politische Initiativen erlebt, die tolle Ziele gemeinsam entwickelt haben. Trotzdem fehlte die Energie, sie zu verwirklichen, weil

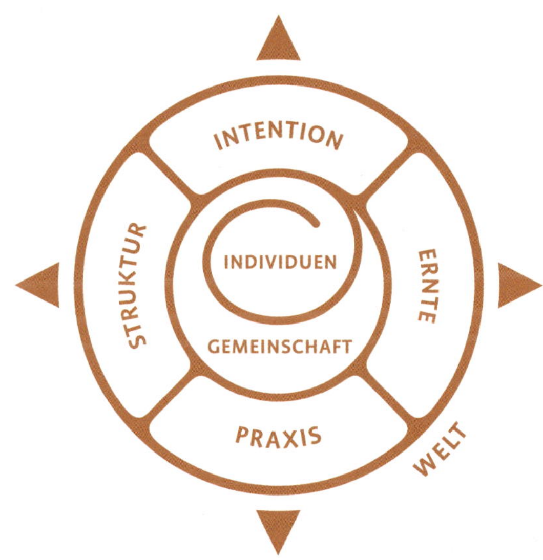

Visualisierung des Gemeinschaftskompasses

das Miteinander der Individuen in dem Projekt nur holprig funktionierte und keinen hohen Stellenwert hatte. »Ist egal, es geht doch um die Sache! Wir brauchen keinen Psychokram in unserer Gruppe!«, bekomme ich zur Antwort, wenn ich das Thema anspreche.

Es muss nicht für alle Gruppen »Psychokram« sein. Wie tief sich die Menschen aufeinander einlassen und was sie teilen wollen, hängt auch von der Ausrichtung der Gruppe ab. Eine Lebensgemeinschaft, die viele Aspekte des Lebens miteinander teilt, braucht mehr Offenheit für tiefen Austausch und gemeinsame Arbeit am persönlichen Wachstum als eine politische Initiative. Aber ein Fokus auf die Bedürfnisse aller Individuen und die Bereitschaft aller Einzelnen, sich gerade in Konfliktsituationen auch zu hinterfragen und den eigenen Anteil zu suchen, ist für alle Initiativen wichtig. Das verstehe ich unter dem Aspekt »Individuen«. »Gemeinschaft« umfasst ein Hinschauen auf das Miteinander und die Frage, wie es konstruktiv und verbindend gestaltet wird. Wenn die Gemeinschaft vernachlässigt wird, brennen die Menschen zu schnell aus und verlieren die Begeisterung und das Engagement.

Mit einem schönen Miteinander als Selbstzweck lässt sich aber kein konkretes Anliegen umsetzen. Dafür braucht es die anderen Aspekte des Gemeinschaftskompasses.

Was wollen wir gemeinsam? Was ist unsere gemeinsame Ausrichtung, was wollen wir konkret erreichen? Wie viel Gemeinsamkeit muss es da geben, und in welchen Bereichen ist Vielfalt okay oder vielleicht sogar erwünscht? Diese Fragen zur **Intention** sind essenziell. Sie geben die Richtung des Projektes vor und sichern ab, dass niemand mit falschen Vorstellungen dabei ist, sondern alle wissen, was das gemeinsame Ziel und die gemeinsame Wertebasis ist und was nicht.

Eine der Intention angemessene, den Individuen Freiraum lassende und die Gemeinschaft fördernde **Struktur** ist der nächste wesentliche Aspekt. Struktur steht nicht nur für die Entscheidungswege, sondern auch für die Frage, wie Rollen verteilt und Arbeitsabläufe organisiert werden. Weitere wichtige Themen sind auch der Informationsfluss innerhalb der Gruppe, der Ablauf von Gruppentreffen und eventuell die Wahl einer Rechtsform. Eine sinnvolle Struktur für den Ablauf von Gruppentreffen kann sehr entscheidend für ein entspanntes und konstruktives Arbeiten sein.

Der nächste Aspekt, die **Praxis**, baut wiederum unmittelbar auf der Struktur und der Intention auf. Hier geht es darum, die Ziele in die Realität umzusetzen – wie erreichen wir das, was wir uns vorgenommen haben? Die Struktur schafft dafür den Rahmen, der jetzt »auf die Erde gebracht« werden muss. Zur Praxis gehören die Fachkompetenz und die Fähigkeiten, die es für die einzelnen Projekte braucht.

In diesem Buch fokussiere ich nur auf zwei Praxisaspekte, die für alle Projekte in gewissem Maße notwendig sind: die **Frage nach der Arbeitsverteilung und die Frage nach dem Geld**. Das Feld »Praxis« ist damit nicht vollständig – allerdings sind die anderen Aspekte für jedes Projekt individuell. Hier ein paar Beispiele: Für ein Urban-Gardening-Projekt wäre der angemessene Praxisteil eine Einführung in den Gartenbau oder die Permakultur, für eine Schulinitiative die Pädagogik, für eine Bürgerenergiegenossenschaft die Erfahrungen mit verschiedenen Energiequellen, für eine Initiative zur Verhinderung einer Autobahn braucht es Kompetenzen im Campaigning und politischen Aktionen sowie verkehrspolitisches Know-how.

Der Aspekt **Ernte** ist derjenige, der sich am wenigsten selbst erklärt und gleichzeitig ein ganz entscheidender Faktor ist. Mit der Ernte will ich die Aufmerksamkeit darauf lenken, dass die Gruppe immer wieder auch die Früchte der Arbeit genießt. Dazu gehört beispielsweise das Innehalten, Zurückschauen, Auswerten und auch das Feiern – wie leicht kann dies im Eifer des Alltagstrubels verloren gehen! Und doch ist es ungeheuer wichtig, ab und zu aus dem Hamsterrädchen auszusteigen und durchzuatmen und zu schauen: Wo wollten wir hin, und wo sind wir gelandet? Wer und was hat dazu beigetragen? Was sollten wir verändern? Und wir sollten uns bewusst an den Früchten unserer Arbeit erfreuen und Erfolge feiern.

Die Ernte erinnert auch an die Notwendigkeit, aktiv Feedback einzuholen, für Feedback offen zu sein und Feedback – insbesondere Wertschätzung – zu geben, denn Wertschätzung ist eine der wichtigsten Burn-out-Prophylaxen.

Die vier Aspekte Intention, Struktur, Praxis und Ernte beinhalten einen Regelkreis, wie ihn alle Projektentwicklungsansätze auf die eine oder andere Art darstellen.

Der siebte Aspekt des Gemeinschaftskompass bringt eine neue Handlungsebene hinein. Das ist die Welt. Dieser Aspekt erinnert daran, dass Projekte nie im luftleeren Raum stattfinden, sondern eingebettet sind in diese Welt, in diese Gesellschaft, mit ihren Vorschriften, mit ihren anderen Interessengruppen, mit anderen Menschen, die uns unterstützen oder auch zerstören können. Sich dieser Tatsache bewusst zu sein, lenkt den Fokus auf neue Themen:

Welche Vorschriften sind für unsere Ziele relevant, und wie navigieren wir im Dschungel der zuständigen Behörden und Kontrollorgane? Wie können wir Synergieeffekte durch positive Kontakte und Netzwerke schaffen? Von welchen Erfahrungen anderer können wir lernen? Wer kann und möchte von uns lernen und unser Anliegen unterstützen? Aktive Öffentlichkeitsarbeit kann neue Welten und neue Unterstützer:innen erschließen.

1.3 Zwei Sichtweisen auf den Gemeinschaftskompass

Für die allermeisten Anwendungsmöglichkeiten des Gemeinschaftskompasses bevorzuge ich die nachfolgend vorgestellte einfache Darstellung der Visualisierung, in der die genannten sieben Aspekte unterschieden werden.

Für manche Anwendungsmöglichkeiten ist es sinnvoller, den Gemeinschaftskompass in zwei Dimensionen zu betrachten. Man kann die Aspekte auch in zwei Dimensionen einordnen. Eine Dimension ist die der vier Handlungsebenen: Individuen, Gemeinschaft, Projekt (Projekt = der Außenkreis, der von Intention, Struktur, Praxis und Ernte beschrieben wird) und Welt.

Hier greift der Gemeinschaftskompass die vier Faktoren der Themenzentrierten Interaktion nach Ruth Cohn (1984) auf, die auch mit ihren Inhalten die Entwicklung des Gemeinschaftskompasses beeinflusst hat.

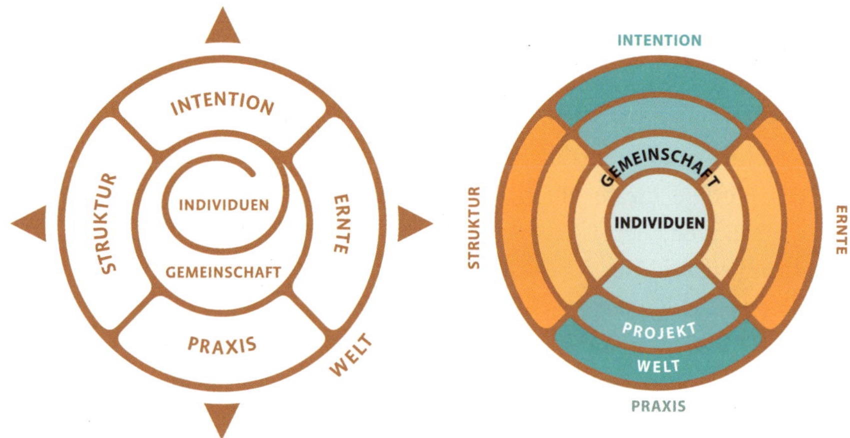

**Gemeinschaftskompass –
einfache und zweidimensionale Variante**

Ruth Cohen unterscheidet in der TZI die vier Faktoren: I – Ich, We – Wir, It – Die Sache, um die es geht, und Globe – die Umgebung.

Die zweite Dimension umfasst die vier Entwicklungs- oder Planungsquadranten einer sinnvollen Projektplanung: Intention, Struktur, Praxis und Ernte. Diese vier Quadranten sind zwar am stärksten wirksam in der »Projektebene«, aber haben auch für die anderen Handlungsebenen Bedeutung. Diese vier Quadranten sind in ihrer Ausgestaltung stark inspiriert von der Planungsmethode »Dragon Dreaming« (Koglin 2022), allerdings nicht 100%ig identisch mit den dort formulierten vier Quadranten: Träumen, Planen, Tun und Feiern.

In der obigen Abbildung stelle ich beide Visualisierungen nebeneinander. Während ich im Alltag meist mit der einfacheren Visualisierung arbeite, empfiehlt sich für die Anwendung des Gemeinschaftskompasses in der Projektplanung (siehe Kapitel 5.2.2.3) die zweidimensionale Betrachtung.

1.4 Ethik des Gemeinschaftskompasses

Der Gemeinschaftskompass ist aus einer ganz bestimmten Werthaltung und Weltsicht geschrieben. Auch wenn diese Weltsicht hoffentlich immer wieder zwischen den Zeilen durchschimmert, möchte ich sie hier auch noch explizit benennen.

Ich schreibe dieses Buch für Menschen und Initiativen, deren Grundhaltung von Achtsamkeit und Respekt geprägt ist. Und zwar von Achtsamkeit gegenüber sich selbst, anderen Menschen und der Erde.

Unter Achtsamkeit gegenüber der Erde verstehe ich die Grundüberzeugung, dass wir mit allem, was es auf der Erde gibt, verbunden sind und daher die Erde achtsam und pfleglich behandeln wollen. Ein achtsamer Umgang mit der Natur und das Achten auf den eigenen ökologischen Fußabdruck gehören für mich unabdingbar dazu.

Zur Achtsamkeit gegenüber anderen Menschen gehört für mich ein Wertschätzen der Vielfalt der menschlichen Erfahrungen und Kulturen. Dies umfasst für mich insbesondere einen respektvollen Umgang mit Unterschiedlichkeit. Toleranz und Respekt gegenüber vielen anderen Werthaltungen ist mir wichtig. Aber diese Toleranz endet – im Sinne von Karl Poppers Toleranzparadoxon – gegenüber den Menschen, die zu Intoleranz, Gewalt und Abwertung der menschlichen Vielfalt einladen.

Unter Achtsamkeit gegenüber sich selbst verstehe ich die Überzeugung, dass ich für mich selbst verantwortlich bin und mein Leben aktiv so gestalte, dass ich meine Werte leben kann und mich damit nicht überfordere.

Ich schreibe dieses Buch und teile meine Erfahrungen, weil ich damit Initiativen stärken möchte, die ebenfalls diese Wertehaltung teilen und sich für einen Wandel unserer Gesellschaft im Sinne dieser Werte einsetzen.

1.5 Aufbau des Buches

Dieses Buch vereint zwei Zwecke: Es verbindet eine theoretische Einführung in den Gemeinschaftskompass mit einem Praxishandbuch zur Arbeit in Gruppen.

Zu meinem ersten Buch *Der Gemeinschaftskompass. Orientierungshilfe für kollektives Leben und Arbeiten* bekam ich häufig das Feedback, dass der Gemeinschaftskompass längst nicht nur für Menschen interessant sein kann, die in gemeinschaftlichen Lebens- und Arbeitszusammenhängen engagiert sind, sondern für alle Menschen, die in Wandelinitiativen aktiv sind und sich aus den obigen Werten für eine Veränderung unserer Welt einsetzen.

Dieses Buch ist für diese weitere Zielgruppe geschrieben und hat daher andere Beispiele, vernachlässigt manche Fragen, die nur für Lebensgemeinschaften wichtig sind, wie beispielsweise den Vergleich verschiedener Rechtsformen oder die Eigentümerproblematik, und vertieft dafür anderes, zum Beispiel die Abwägung, welche Methoden für welche Zielgruppe geeignet sind.

Und gleichzeitig beinhaltet dieses Buch auch für die Leser:innen des ersten Buches viel Neues. Denn: Ich stelle zu jedem Aspekt des Gemeinschaftskompasses methodische Überlegungen und leicht anwendbare Werkzeuge vor und verweise, wo es angemessen ist, auf vertiefende Ansätze, die für den entsprechenden Aspekt interessant sind. Es ist somit ein Praxisbuch, das mit ganz konkreten Hinweisen und Werkzeugen die gemeinsamen Aktivitäten erleichtern soll.

Die Grundstruktur des Buches ist für jedes Kapitel die folgende:

Zunächst führe ich in jedem Kapitel zunächst in den theoretischen Hintergrund und die Grundlagen des Aspektes ein.

Methodische Überlegungen sind Hinweise zu wesentlichen Qualitäten, die für die einzelnen Aspekte von besonderer Wichtigkeit sind und aus denen sich dann bestimmte konkrete Herangehensweisen ergeben. Hier geht es nicht um Rezepte mit klarem Ablaufplan, sondern um grundsätzliche Erwägungen. Damit nehmen diese Überlegungen eine gewisse

Zwitterstellung zwischen der theoretischen Einführung in einen Aspekt und den Werkzeugen selbst ein. Sie ergänzen die theoretischen Einführungen durch praktische Umsetzungsgedanken.

Werkzeuge sind in der Regel leicht umsetzbare Ablaufpläne für Gruppentreffen, die einen Fokus auf einen spezifischen Aspekt haben. Sie sind meist sehr klar strukturiert, mit Anweisungen für die Moderator:innen und häufig auch klaren Zeitangaben, wie es ablaufen könnte. In der Regel sind die Zeitangaben nur als erster Hinweis gedacht und können je nach Setting und Zeitbudget auch angepasst werden.

Die Beschreibungen der Werkzeuge sind jeweils gegliedert nach folgendem Schema:

- Welchen Aspekt unterstützt dieses Werkzeug? Die jeweils unterstützten Aspekte sind türkis hervorgehoben.
- Welchen Anspruch stellt dieses Werkzeug an die Erfahrung der Person, die facilitiert?

- Welchen Anspruch stellt dieses Werkzeug an die Offenheit der Gruppe? Bei diesen beiden letzten Fragen nutze ich »Sternchen«, um den Anspruch zu verdeutlichen:
  - * = für alle Gruppen/von allen Begleiter:innen einsetzbar,
  - ** = braucht gewisse Erfahrung/Kompetenz mit Gruppenprozessen,
  - *** = herausforderndes Werkzeug – nur von erfahrenen Begleiter:innen/in Gruppen mit Erfahrungen mit innerer Arbeit zu nutzen.
- Für wie viele Personen ist das Werkzeug geeignet?
- Wie lange dauert die Anwendung?
- Gibt es Anforderungen an Materialien und Raum?
- Was bringts?
- Bei längeren Methoden: Kurzbeschreibung
- Ausführliche Anleitung

Unter der Überschrift **Vertiefende Ansätze** verbergen sich Kurzvorstellungen von komplexen Ansätzen, die insbesondere diesen Aspekt vertiefen und für die es eigene Schulen und Ausbildungsprogramme gibt.

All diese Ansätze haben mich inspiriert, und von diesen Ansätzen sind Teilelemente und Werkzeuge mit in dieses Buch eingeflossen. Sie lassen sich jedoch nicht einfach mit einem Ablaufplan oder einigen wenigen Sätzen zu methodischen Überlegungen so einführen, dass jemand, der mit diesen komplexen Ansätzen nicht vertraut ist, sie erfolgreich selbstständig und möglichst ohne Schaden anwenden könnte. Die Vorstellung der vertiefenden Ansätze ist dazu gedacht, die Leser:innen zu motivieren, vielleicht die eine oder andere weiterführende Fortbildung in einem der Ansätze zu machen. Sie zeigt gleichzeitig die Wurzeln des Gemeinschaftskompasses auf.

Die verschiedenen Teile haben einen Farbcode: Theoretische Einführungen sind in diesem Buch am Seitenrand grau markiert, methodische Überlegungen sind violett, die Werkzeuge sind türkis und die vertiefenden Ansätze ebenfalls grau, da sie auch Theorie-Inputs sind.

So kann man sich leicht im Buch zurechtfinden, wenn man nur bestimmte Teile lesen will.

Es gibt verschiedene Varianten, dieses Buch zu lesen.

Leser:innen, die sich zum ersten Mal mit dem Gemeinschaftskompass beschäftigen, empfehle ich, zunächst die theoretischen Einführungen und die methodischen Überlegungen zu den einzelnen Aspekten zu lesen. Damit erhalten sie eine gute Einführung in den Gemeinschaftskompass als Modell für eine gemeinschaftliche Projektentwicklung. Die methodischen Überlegungen zu den einzelnen Aspekten vertiefen diese Aspekte durch konkrete Überlegungen, wie dieser Aspekt in der Projektentwicklung konstruktiv umgesetzt werden kann.

Leser:innen, die bereits mein Buch *Der Gemeinschaftskompass* aufmerksam gelesen oder ein Seminar dazu besucht haben, werden in den Unterkapiteln zur theoretischen Einführung viel Bekanntes finden. Trotzdem lohnt es sich auch für sie, diese Kapitel zu lesen. Sie haben einige neue Inhalte und sind vor allem mit Beispielen für Initiativen, die keine Wohnprojekte oder Lebensgemeinschaften sind, illustriert und daher auch mit anderen Schwerpunkten. Die methodischen Überlegungen sind jedoch so im ersten Buch nicht dargestellt und auch für die Leser:innen des ersten Buches eine hoffentlich inspirierende Ergänzung.

Die **Unterkapitel zu den Werkzeugen** stehen für sich alleine und bauen nicht aufeinander auf. Man kann sie als Handbuch, zum Nachschlagen und zur Inspiration nutzen, wenn Methoden für ein bestimmtes Thema gesucht werden.

Wer in Gruppenprozessen erfahren ist und eine Methode zu einem bestimmten Thema sucht, kann einfach durch den Werkzeugteil stöbern und sich inspirieren lassen.

Alle Anleitungen für die Werkzeuge sind natürlich je nach Gruppensituation beliebig anpassbar und veränderbar.

2

Individuen in Gemeinschaft

2.1 Einführung

Im Zentrum des Gemeinschaftskompasses stehen zwei Aspekte, die eine untrennbare Dualität sind: Individuen und Gemeinschaft. Gemeinschaftliche Projekte bestehen aus Individuen, sie sind ohne Individuen nicht denkbar. In unserer individualistischen westlichen Welt ist es zwar möglich, als Individuen ohne uns umgebende Gemeinschaft zu leben – aber tief in uns verwurzelt ist die Sehnsucht nach Gemeinschaft. In vielen indigenen Kulturen war die schlimmste Strafe der Ausschluss aus der Gemeinschaft.

Das Bedürfnis nach Zugehörigkeit ist nach Abraham Maslow (1981) – und vielen anderen, moderneren Psychologen – eines der menschlichen Grundbedürfnisse. So ist fast immer ein Teil der Motivation für das Engagement in einer Initiative oder auch am Arbeitsplatz die Sehnsucht nach einem gemeinschaftlichen Handeln und einer neuen Verbundenheit mit Gleichgesinnten – nach einem Gemeinschaftsgefühl. Deshalb ist es für jede Initiative so wichtig, einen wirklichen Gemeinschaftsgeist zu schaffen und die Gemeinschaft lebendig werden zu lassen. Dann wird die Initiative neue Menschen anziehen, schwierige Zeiten überstehen und gleichzeitig kreativ und wirksam arbeiten.

Um ein gemeinschaftliches Miteinander zu schaffen und im gemeinsamen Tun mit anderen, die anders sind als die eigene Person, nicht schnell am »Faktor Mensch« zu scheitern, ist eine bestimmte Haltung von den Individuen vonnöten: Es braucht ein Interesse an der Vielfalt der menschlichen Erfahrungen und eine selbstverantwortliche, aktive Herangehensweise an das Leben. Herausforderungen und Konflikte in der gemeinschaftlichen Initiative können als Ballast oder als eine Einladung zum persönlichen und gemeinschaftlichen Wachstum betrachtet werden. Die Haltung, der Welt als Lernende:r zu begegnen und andere Sichtweisen als eine Bereicherung wahrzunehmen, ist für jegliche Interaktion mit anderen sehr förderlich.

Andere Sichtweisen eröffnen neue Welten und geben wichtige Hinweise auf Aspekte, für die man selbst blind oder nicht ausreichend sensibel ist.

Menschen mit der Bereitschaft, sich selbst zu reflektieren und bei Schwierigkeiten die eigenen Anteile an einem Konflikt wahrzunehmen und dafür die Verantwortung zu übernehmen, tragen wesentlich zum Gelingen jeder Initiative bei. Diese Art der »inneren Arbeit« ist ganz wesentlich für ein Überwinden von Schwierigkeiten.

Eine Kultur des Respekts und des Wohlwollens gegenüber den Unterschiedlichkeiten der verschiedenen Menschen ist eine wichtige Basis für ein gelingendes Projekt. Dazu ist es hilfreich, Räume zu haben, in denen ein tiefer, vertrauensvoller Austausch möglich ist. Wenn wir verstehen, was hinter den scheinbar schrulligen Verhaltensweisen unserer Mitmenschen steckt, können wir deutlich leichter damit umgehen.

Ein wichtiger Schritt dazu ist der Aufbau einer bewussten und offenen Kommunikationskultur, in der es möglich ist, dass die Menschen sich als ganze Menschen mit ihren Stärken und Schwächen zeigen können und nicht nur mit ihrer polierten Fassade, die wir im professionellen Alltagsleben gerne zeigen. Dafür ist jedoch ein sicherer Raum notwendig, in dem die schwierigen Seiten nicht ausgenutzt oder kritisiert, sondern gewürdigt werden.

Wenn eine derartige Kultur geschaffen ist, dann ist es nur noch ein kleiner Schritt zu einer konstruktiven Konfliktkultur. Das bedeutet, dass die Mitglieder der Gemeinschaft im Konfliktfall auf Unterstützung aus der Gemeinschaft zurückgreifen können, Konflikte konstruktiv zu lösen und ihre eigenen Anteile zu bedenken. Dem Thema »Umgang mit Konflikten« habe ich ein eigenes Unterkapitel (Kapitel 2.5) gewidmet.

In einer Gemeinschaft, in der Individuen auf Augenhöhe miteinander umgehen und sich gegenseitig Raum zur Entfaltung ihres Potenzials geben wollen, ist ein sehr **bewusster Umgang mit Fragen nach Macht und Rang** wesentlich. Das Ziel dieses Umgangs sollte sein, **alle Gruppenmitglieder in ihre Kraft zu bringen**. Häufig wird in basisdemokratischen Gruppen versucht, das Ziel dadurch umzusetzen, dass Menschen mit hoher Gestaltungskraft gebremst werden, damit andere die Möglichkeit haben, sich zu entfalten. Dies führt jedoch immer wieder dazu, dass die Gruppe sich selbst schwächt und nicht ihr volles Potenzial einsetzt. Wie kann ein neuer Umgang damit gefunden werden, indem Menschen mit Kompetenz und Gestaltungskraft die Möglichkeit haben, diese voll einzubringen, aber gleichzeitig auch Menschen mit weniger Gestaltungskraft den Raum finden, ihr Potenzial einzubringen? Das Ziel eines bewussten Umgangs mit dem Thema »Macht« ist in meinen Augen, dass jede:r Einzelne der Gruppe in einem Bereich seine:ihre Stärke voll einbringt und Selbstwirksamkeit verspüren kann – ein ganz wichtiges menschliches Grundbedürfnis. Dem Thema »Macht und Rang« widme ich an späterer Stelle ein eigenes Kapitel (Kapitel 2.6).

Wie schaffen wir nun ein konstruktives Miteinander von Individuen in Gemeinschaft und eine konstruktive Konfliktkultur? Die im Folgenden vorgestellten Wege können dazu beitragen.

2.2 Methodische Überlegungen

2.2.1 Den Raum bereiten

Die Gestaltung des Raumes, in dem sich eine Gruppe trifft, hat einen Einfluss auf das Miteinander. Sitzen wir in einem Klassenraum an Bänken, während vorne der Versammlungsleiter sitzt? Setzt man sich um den Küchentisch? Schnappt sich jede Person, die in den Raum kommt, einen Stuhl oder ein Meditationskissen und setzt sich irgendwohin? Wird in einer Gaststätte ein Raum gemietet, und die Menschen sitzen mit verschiedenen Blickrichtungen um verschiedene Tische? Gibt es einen Tischkreis oder einen Stuhl- oder Kissenkreis? Wie ist der Raum gestaltet?

Es ist wichtig, sich bewusst zu sein, dass der vorbereitete Raum das Klima des Treffens prägen wird.

Die frontale Sitzordnung ist in den meisten Fällen die am wenigsten gemeinschaftsbildende. Sie kann trotzdem in manchen Fällen sinnvoll sein, wenn ein wesentlicher Inhalt des Treffens die Vermittlung von Informationen ist, die mittels Beamer für alle auf einer Leinwand vorgestellt werden, oder wenn die Gruppe so groß ist, dass es nicht mehr möglich ist, im Kreis zu sitzen. Um diese Veranstaltung nicht zur reinen »Informationsveranstaltung«, sondern zu einer gemeinschaftlichen Erfahrung werden zu lassen, ist es dann jedoch wichtig, auch Einheiten einzubauen, in denen die Menschen miteinander ins Gespräch kommen. (Beispielsweise Zwiegespräche, siehe Kapitel 2.3.1, oder Kleingruppenarbeit, wie zum Beispiel »What, so what, now what?«, Kapitel 6.3.5, oder kleine Energizer.)

Für Arbeitstreffen von Kleingruppen ist das gemeinsame Sitzen an einem Tisch oft praktisch, insbesondere wenn mit Papieren und Computern gearbeitet wird. Ein Angebot an Getränken sorgt gleich dafür, dass die Atmosphäre sich verändert.

Die Gestaltung des Rahmens ist in jedem Fall eine wichtige Vorbereitung. Den Raum angenehm zu gestalten, sorgt sofort für eine veränderte, positive Atmosphäre. Eine schön gestaltete Mitte mit Blumenstrauß, einer Kerze und vielleicht sogar einer Dekoration, die etwas mit dem Thema des Treffens zu tun hat, ändert das Klima, in dem gesprochen wird.

Für mittelgroße Gruppen und Treffen, bei denen es um persönliche Themen geht, ist ein Sitzkreis oft die sinnvollste Form der Wahl.

Es gibt verschiedene Möglichkeiten für Sitzkreise: Vom Sitzkreis auf Meditationskissen (die Attraktivität dieser Variante nimmt mit zunehmendem Alter der Teilnehmenden drastisch ab!) über den Stuhlkreis (oder eine Mischung aus beidem, je nach Vorlieben) zu einem Kreis, in dem jede Person einen Tisch vor sich hat – je nach Situation und Zielgruppe kann jede dieser Formen sinnvoll sein. Es gibt Menschen, die sich unwohl fühlen, wenn sie in einem Stuhlkreis ohne Tisch vor sich sitzen –

der Tisch gibt einen gewissen Schutz. Je persönlicher die Treffen sind und je mehr der Wunsch auf ein tiefes Aufeinander-Einlassen besteht, desto eher sollte auf den Tisch verzichtet werden. Es macht etwas aus, den ganzen Menschen vor sich zu sehen anstatt nur den Teil, der über den Tischrand blickt. Und gleichzeitig – dies gilt für die Vorbereitung des Raumes wie für alle Werkzeuge, die ich im Folgenden vorstelle – ist es wichtig, die Teilnehmenden zwar zu fordern, aber nicht zu überfordern. Daher gibt es einige Settings, in denen ich als Begleiterin für Initiativen in einem Tischkreis beginne, beispielsweise in der Arbeit in politischen Gremien. Hier ist bereits der Blumenstrauß in der Mitte oder auf dem Tisch eine kleine Revolution.

Moderation? Gesprächsleitung? Facilitation!

Die Person, die den Raum bereitet und ein Treffen »leitet«, wird häufig Gesprächsleitung oder Moderation genannt. Ich persönlich bevorzuge den unbekannteren Begriff der »Facilitation« und nutze ihn – obwohl er auf den ersten Blick etwas »holprig« klingt – auch in diesem Buch häufig. Warum?

»Moderation« kommt von »moderare«. Das ist lateinisch und bedeutet: abschwächen/mäßigen. Die Gruppe zu mäßigen oder gar abzuschwächen, ist nicht das Ziel, mit dem ich mit Gruppen arbeite. Mein Ziel ist es, Prozesse zu erleichtern. Im englischsprachigen Raum hat sich dafür das Wort »facilitation« etabliert. Der Wortstamm »facilitare« bedeutet im Lateinischen »leichter machen«.

Ich möchte dazu beitragen, eine andere Kultur im Umgang mit Gruppen zu etablieren. Dazu gehört für mich auch dieses neue Wort, auch wenn es für manche gewöhnungsbedürftig ist. Daher verwende ich in diesem Buch immer wieder die Worte »Facilitation«, »facilitieren« oder »Facilitator:in« – auch wenn die Begriffe im Deutschen sich häufig noch ungewohnt anhören. Manchmal nutze ich als Synonym für den leichteren Lesefluss weiterhin die bekannteren Worte »Moderation« oder »moderieren« oder die »Gesprächsleitung«.

2.2.2 Energiechoreografie

Der erste Schritt der Energiechoreografie von Treffen wurde bereits erwähnt: den physischen Raum so vorbereiten, dass Menschen sich wohlfühlen und entspannen und wahrhaftig begegnen können. Mindestens ebenso wichtig wie das Schaffen des physischen Raums ist es aber auch, den inneren Raum für wahrhaftigen Austausch zu schaffen.

Auch Sachthemen werden konstruktiver bearbeitet, wenn die Menschen sich als ganze Persönlichkeit einbringen können und gesehen fühlen. Dafür reicht es häufig nicht, nur den klassischen Weg zu gehen, indem ein Thema vorgestellt, in der Großgruppe diskutiert und beschlossen wird.

Ich skizziere hier mögliche Schritte, wie ein Treffen mit Blick auf die Energiechoreografie so strukturiert werden kann, damit alle Menschen wirklich mit ihrem ganzen Wesen beteiligt sind und sich so auch stärker mit dem Thema und der Gruppe verbinden. Diese Schritte werden natürlich nicht immer alle umgesetzt, sondern sollten immer der Situation und Zielgruppe entsprechend abgewandelt, weggelassen und verändert werden können.

Ein Start mit einem **Moment des Innehaltens**, um bei sich und der Gruppe anzukommen und zu spüren. Dazu kann durch das Erklingen einer Zimbel oder Klangschale eingeladen werden. Es kann aber auch ein gemeinsames Lied oder fünf Minuten Tanzen zu guter Tanzmusik oder durch das Lauschen von Klängen klassischer Musik oder Meditationsmusik sein.

Bei Gruppen, die gegenüber »spirituellen« Ansätzen eher skeptisch sind, bewährt es sich zum Beispiel, einfach klassische Musik zum Ankommen laufen zu lassen, dies führt schon leichter zu einem ruhigen Ankommen. Ein kurzer Moment der Stille, ein- und ausgeläutet durch eine Klangschale, kann den meisten Menschen zugemutet werden, ohne gleich dem Vorwurf ausgesetzt zu werden, zu spirituell zu sein. Und sie schafft eine andere Gesprächsatmosphäre.

Check-in: Es empfiehlt sich, zum Anfang eines Treffens stets kurz zu einer Runde einzuladen, in der jede Person teilt, was sie im Moment bewegt. (Dieses Werkzeug wird in Kapitel 2.3.3 genauer vertieft.)

Einleitende, inspirierende Worte: Das kann ein Gedicht, das zum Thema passt, eine kurze Geschichte oder einfach einleitende Worte der moderierenden Person sein. Einige meiner Lieblingsgeschichten und Gedichte teile ich im Anhang.

Inhaltlicher Input. Der Input sollte maximal 20 Minuten lang sein.

Einladung zur individuellen Beschäftigung mit dem Thema. (Zum Beispiel: Nehmt euch fünf Minuten Zeit, und schreibt für euch auf, was euch an dem Input besonders überrascht, inspiriert oder aufgeregt hat.)

Hintergrund: Menschen brauchen Zeit, ihre eigenen Erfahrungen, ihre eigene Haltung im Kontext/Spiegel des Themas (sei es ein Sachthema oder ein persönliches Thema) zu reflektieren und zu sortieren. Daher ist es sehr oft sinnvoll, eine kurze Einheit einzuschieben, in der die Menschen über ihre ganz persönliche Haltung zu dem Thema reflektieren, bevor es in den Austausch geht – so können sich individuelle Besonderheiten stärker ausdrücken.

Einladung zum Austausch zu zweit oder in kleinen Gruppen.

Hintergrund: Gemeinschaft baut sich auf den vielen einzelnen Beziehungen und Begegnungen auf. Daher ist es ein ganz wichtiger Ansatz zur Gemeinschaftsbildung (der in verschiedenen Varianten noch öfter in diesem Buch auftauchen wird), immer wieder die Möglichkeit zum intensiven persönlichen Gespräch in kleinen Gruppen zu schaffen. Dieser Austausch prägt Beziehungen, schafft Verbindungen zwischen den Menschen, sorgt dafür, dass Menschen, die sich in der größeren Gruppe eher wenig zu sprechen trauen, auch zu Wort kommen und dass diejenigen, die das Bedürfnis haben, viel zu reden, schon mal einen ersten »Output« hatten, bevor es in die größere Gruppe geht.

Im Austausch zu zweit oder in kleiner Gruppe entwickeln Menschen eher ihre eigenen Positionen, als sie das in einem Statement in einer großen Gruppe tun. Daher kann, wenn wenig Zeit ist oder die Gruppe Einzelarbeit gar nicht gewohnt ist, auch gleich zum Austausch in kleiner Gruppe eingeladen werden, um die Menschen stärker einzubinden.

Nach einem so vorbereiteten Raum kann dann eine Großgruppendiskussion, die für das Treffen geplant war, anders verlaufen, da die Menschen durch diese Vorbereitung schon »warmgelaufen« sind und die Kommunikation tiefer und authentischer wird.

Zur Energiechoreografie gehört auch, die Werkzeuge auszusuchen, die für die jeweilige Gruppe passend sind. Daher habe ich mich entschlossen, bei den Werkzeugvorstellungen jeweils auch die »Anforderungen an die Offenheit der Gruppe« kurz darzustellen. In einer Lebensgemeinschaft gibt es in der Regel eine größere Offenheit, sich auf persönlichere, intimere Themen einzulassen als zum Beispiel in einem Gemeinderat oder einer anderen politischen Initiative. Meine Erfahrung ist, dass es allen Initiativen guttut, die persönliche Ebene zu stärken, aber es ist dabei gleichzeitig wichtig, die Gruppen nicht zu überfordern.

Eine in der Gruppenbegleitung erfahrene Person sollte Werkzeuge auswählen, die die Gruppe ein wenig fordern, aber nicht überfordern. Und selbst die Werkzeuge, die ich hier nur mit einem Stern als »einfach« bezeichnet habe, können für Gruppen, die sich sonst gar nicht mit ihrer eigenen Gruppendynamik und persönlichen Themen beschäftigen, herausfordernd sein. Allerdings habe ich mit diesen Werkzeugen in allen Kontexten nur gute Erfahrungen gemacht.

Werkzeuge mit zwei Sternen sollten nur mit Gruppen angewendet werden, in denen eine Offenheit für das Teilen von persönlichen Themen vorhanden ist. Werkzeuge mit drei Sternen sollten nur in Gruppen angewandt werden, in denen bereits ein Vertrauensverhältnis herrscht und die gewohnt sind, persönliche Themen zu teilen.

2.2.3 Umgang mit Störungen

In der Vorbereitung und Planung eines Treffens hat es sich in meiner Erfahrung bewährt, je nach Setting die oben genannten Punkte zumindest teilweise einzuplanen und umzusetzen. Wir alle wissen jedoch: Der

Verlauf eines Gruppentreffens ist nicht immer so wie geplant. Ein schwieriges Thema, ein alter Konflikt poppt hoch, und schon nutzt die beste Ablaufplanung nichts mehr – selten hat ein Hinweis auf die Tagesordnung die Situation dann entschärft. Hier ist ebenfalls »Energiechoreografie« gefragt.

Auch hier gibt es kein Standardrezept. Die Themenzentrierte Interaktion, die den Gemeinschaftskompass inspiriert hast, postuliert: »Störungen haben Vorrang!« Wenn man sie ignoriert, nehmen sie sich diesen Vorrang häufig auf eine andere, nicht unbedingt konstruktive Art und Weise. Daher ist es sinnvoll, ihnen Raum zu geben – ohne sich davon ganz vereinnahmen zu lassen.

Eine wesentliche Zutat zum Umgang mit Störungen ist: **anerkennen, was ist.** Wahrnehmen und Wiederholen, was gesagt wurde, und den **Schmerz**, der häufig mit konflikthaften Situationen verbunden ist, **auf beiden Seiten würdigen**.

Einen Moment verlangsamen, von der Lösungsorientierung und der Sachdiskussion weggehen und diesem Konflikt und dem Schmerz Raum geben – dafür muss immer Zeit sein. Dazu beitragen, dass beide Seiten sich sehen können, ist ein wichtiges Prinzip dabei. Das meine ich zum einen im Wortsinne: Die Menschen aufzufordern, einander anzuschauen, wenn sie über den Konfliktpunkt und ihre Schmerzen damit sprechen, ist ein Baustein dazu. Aber auch das »Sehenkönnen« im Sinne von Verstehen, dass da mit dem Gegenüber ein Mensch sitzt, der seine eigenen Werte, Bedürfnisse und Gefühle hat, die zwar vielleicht anders sind als die unseren, aber ebenfalls zu achten sind.

In einer idealen Gemeinschaftswelt gilt dann das Prinzip »Störungen haben Vorrang!« weiter, und man nimmt sich Zeit, die Hintergründe des Konfliktes anzuschauen und den Konflikt zu lösen. Hierfür stelle ich in Kapitel 2.5 verschiedene Gedanken vor.

Im reellen Alltag sieht es häufig anders aus. Nicht immer ist reell Zeit dafür, der Störung den Raum zu geben, den sie subjektiv vonseiten der Betroffenen benötigt – auch ist es nicht immer die sinnvollste Vorgehensweise. Manchmal steigt die halbe Gruppe aus, wenn die Störung einer einzelnen Person zu viel Raum bekommt. »Ach, die schon wieder!«

In solchen Fällen ist es wichtig, als Begleiter:in zu rahmen, dass hier ein Konflikt im Raum steht, der jetzt nicht weiter bearbeitet werden kann, und zu fragen, was es braucht, damit trotzdem konstruktiv an der Sache weitergearbeitet werden kann. Manchmal ist es sinnvoll zu verabreden, wann und in welchem Kreis der Konflikt vertiefend angeschaut wird.

Ein kurzer »Break« zwischen der Situation mit der Störung und der Weiterarbeit an der Tagesordnung ist an so einer Stelle häufig hilfreich. Ob es eine kurze Pause, eine Schüttelübung, ein Zwiegespräch, ein Moment der Stille, ein kleiner Metainput der Person, die den Prozess facilitiert, oder noch etwas ganz anderes ist, hängt von der Situation, der Gruppe sowie der Gesprächsleitung ab.

2.2.4 Nicht nur Kopf!

Wir sind in unserem westlichen Kulturkreis sehr gewöhnt, alles über den Kopf und verbalen Austausch zu regeln. Dabei sind wir Menschen nicht einfach nur »Kopfmenschen« – wir haben einen Körper, Gefühle, Intuitionen. Daher ist es wichtig, auch andere Methoden und Wege mitzudenken und anzubieten.

Energizer

Kleine Energizer zwischendurch sind bereits häufig im Methodenkoffer von guten Gruppenprozess-Begleiter:innen.

Energizer sind kleine, meist lustige Spiele, welche die ganze Gruppe einbeziehen. Sie bringen kurzfristig den Körper mit ins Spiel, sorgen häufig für gemeinsames Lachen und Auflockerung – das verbindet und verändert die Energie eines Treffens!

Hierfür gibt es genügend Quellen, sodass ich hier darauf verzichte, sie vorzustellen, ich verweise dafür gerne auf die folgenden Websites:

- https://workshop-helden.de/energizer-spiele/
- https://www.spielewiki.org/wiki/Hauptseite
- https://bildung.vonmorgen.org/energizer/
- https://www.workshop-spiele.de/

Embodiment

Embodiment-Übungen sind Übungen, mit denen wir über den Körper unsere Stimmung und unser Nervensystem regulieren. Es können Übungen sein, in denen Stimmung durch Körper ausgedrückt wird, oder umgekehrt: in denen wir unsere Stimmung durch bewussten Einsatz von körperlichem Ausdruck beeinflussen.

Sie sind besonders angeraten im Verlauf von anstrengenden Diskussionen, die zu (An-)Spannungen innerhalb der Gruppe führen. Es wirkt für eine Gruppe, die das nicht gewohnt ist, zunächst seltsam, aber es hilft wirklich, wenn es inmitten einer emotionalen Sachdiskussion eine kleine Pause mit Bewegungen gibt.

Für Gruppen, die das wenig gewohnt sind, bringe ich derartige Impulse gerne ohne großes Brimborium ein: »Es tut uns sicher allen mal gut, wenn wir aufstehen, uns strecken und kräftig durchatmen, bevor wir weitermachen.« Durch das aktive Vormachen der Leitung ist die Gruppe eingeladen, diese Bewegung auszuprobieren. Zur weiteren Lockerung hilft es auch, mit der Ausatmung einen Ton, einen Seufzer, auszustoßen. Auf eine derartige Einladung lässt sich fast jede Gruppe ein – und wenn manche sitzen bleiben, ist es auch nicht schlimm.

In manchen Gruppen ist eine Intervention wie »Da war jetzt aber ganz schön viel Anspannung im Raum. Ich glaube, es ist gut, uns jetzt alle kräftig auszuschütteln!« oder »Lasst uns ›Hampelmann‹ spielen, wie die Kinder!« (Hampelmann: Ich stehe zunächst mit geschlossenen Beinen, Hände am Körper und springe dann in eine breitbeinige Position und führe gleichzeitig die Arme wie ein Hampelmann nach oben, sodass sie über dem Kopf sind. Und dann wieder zurück. Das Ganze mehrfach wiederholen) eine riesige Herausforderung. Für manche Gruppen ist es genau das, was sie brauchen. Ich taste mich da in der Regel langsam heran und habe dabei die Frage im Hinterkopf: »Was kann ich ihnen zumuten, ohne dass zu viele aussteigen, weil es für sie kindisch wirkt?« Sehr viele Menschen sind erstaunlich offen dafür, wenn die erste Irritation über diese seltsamen Methoden überwunden ist.

Die Einladung, ein Thema anders als verbal darzustellen, ist eine andere Embodiment-Möglichkeit, einen Zugang jenseits des klassischen rationalen Ansatzes zu finden. Das kann im ganz Kleinen sein: zum Beispiel als Check-in nicht verbal, sondern durch eine Körperhaltung auszudrücken, wie es jemandem geht. Oder: Jede Person macht gleichzeitig einen Ton oder eine Tonfolge, um die eigene Befindlichkeit auszudrücken, und die Gruppe ist eingeladen, daraus ein vielstimmiges Musikstück sich entwickeln zu lassen.

Aufstellen

Später im Buch stelle ich die »Soziometrie« (Kapitel 4.3.2.1) und »Felderforschung nach Deep Democracy« (Kapitel 2.5.4.3) als Werkzeuge vor, in denen der Raum ausgenutzt wird, damit Menschen ihre Position deutlich machen können.

Die Positionierung im Raum ist ein Weg, um Statements nonverbal auszudrücken, und sie hilft nicht nur, sich schnell ein Bild zu machen, sondern sie gibt auch schnell »ein Gefühl« für die Situation, mehr, als jegliche zahlenmäßige Abstimmung es geben könnte.

Nutzen anderer Kanäle

Es gibt noch viele andere »Kanäle«, die wir nutzen, um zu kommunizieren. Dazu gehören neben dem Raum auch die Bewegung, Körpersprache, Gesten, Stimmlage, Bilder und vieles andere (siehe auch Kapitel 2.4.3, Prozessarbeit nach Arnold Mindell).

Weitere Wege, andere Kanäle anzusprechen, sind zum Beispiel auch das Malen eines gemeinsamen Bildes, das Bauen einer Statue aus Menschen, aus gefundenen Naturmaterialien oder aus den Materialien, die das Projekt gerade hergibt (Baumaterialien, Putzzeug, Moderationsmaterial ...), das gemeinsame Entwickeln eines Sketches, gemeinsames musikalisches Improvisieren – oder das Schreiben eines Liedes auf die Melodie eines bekannten Gassenhauers kann Türen öffnen.

Körperkontakt einladen, Singen

Direkter Körperkontakt stärkt ebenfalls das Gefühl der Verbundenheit. Übungen, die zu Körperkontakt zwischen Menschen einladen, sind daher auch ein hilfreiches Werkzeug zur Stärkung der Verbundenheit. Diese

Übungen sollten selbstverständlich immer der Situation und Gruppe angepasst werden. In einigen Gruppen verzichte ich komplett darauf, weil es zu weit von der Gruppenkultur entfernt ist. In vielen politischen Initiativen hätte ich Hemmungen, selbst die niederschwelligsten der mir bekannten Übungen zu mehr Körperkontakt anzubieten. Aber eine Kultur, in der sich die Menschen auch körperlich nahe sind, ist für viele Menschen angenehm und verändert das Klima in den Initiativen oft deutlich. Nur trauen wir es uns oft zu wenig. Daher ist es Aufgabe der Prozessbegleiter:innen, zur jeweiligen Gruppe passende Übungen und Methoden einzuflechten, die zu einem angenehmen, die Grenzen der Individuen respektierenden Körperkontakt einladen.

Hierzu können hilfreiche Wege sein:

- Volkstänze, Biodanza, Contactimprovisation oder andere Tänze;
- Spiele, bei denen auch Körperkontakt entsteht (zum Beispiel »Blind führen«, »Gordischer Knoten«, »Sitzkreis« und andere aus den »New Games«, die in den 80er-Jahren des letzten Jahrhunderts »new« waren; sie können mit diesen Stichworten leicht über Suchmaschinen gefunden werden und sind immer noch nicht »altbacken«);
- Massagekreis (die Gruppe steht im Kreis, alle drehen sich in eine Richtung, sodass jede Person einen Rücken vor sich hat, und jede Person massiert den Nacken und/oder den Rücken der Person, die vor ihr steht);
- Massage in Paaren: die Einladung, sich in Paaren zusammenzufinden und sich gegenseitig die Hände, den Nacken oder den Kopf zu massieren.

Ein weiterer sehr schöner Weg, um auf einer nicht kognitiven Art Verbindung herzustellen, ist das gemeinsame Singen und/oder Tönen. In unserer Kultur ist das heutzutage nur noch üblich in der Kirche, in Chören, am Lagerfeuer oder – manchmal – in Wandergruppen.

Als gestaltendes Element von Gruppentreffen ist es leider viel zu selten geworden. Dabei kann es gerade dort eine große Wirkung haben. Gemeinsames Singen entspannt, und es trägt dazu bei, dass sich die Herzschläge der Sänger:innen synchronisieren. So kann gemeinsames Singen zur Einstimmung, als Verschnaufpause oder als Ausklang die Stimmung in einem Treffen deutlich verändern.

Für alle Prozessbegleiter:innen, die sich nicht zutrauen, ein Lied vor der Gruppe anzustimmen oder anzuleiten, gibt es eine gute Alternative für das Abendprogramm: Karaokepartys, bei denen es weniger um Auftritte der besten Sänger geht, sondern explizit alle aufgefordert werden mitzusingen, sind für das Erlebnis des »gemeinsamen Singens« geeignet. So könnte einfach mal ein Mitglied der Initiative zur Karaokeparty einladen. Auf Youtube gibt es mittlerweile sehr viele Karaokevideos. Wer sich die Mühe machen will, sollte auch noch einige Titel heraussuchen, die etwas mit dem Thema der Initiative zu tun haben, das kommt häufig besonders gut an. (Beispiel: »Another Brick in the Wall« für eine Schulinitiative, oder »Imagine« für eine Commons-Initiative.)

2.2.5 Kommunikation und tiefen Austausch fördern

Gemeinschaft bildet sich insbesondere dadurch, dass Menschen voneinander Dinge erfahren, die sie nicht selbstverständlich mit anderen teilen. Wenn wir den ganzen Menschen sehen können, der uns gegenübersteht – nicht nur die polierte Fassade, die der funktionierende Alltagsmensch seiner Umgebung zeigt –, dann entsteht Verbundenheit, die trägt, und dann entstehen Vertrauen und das Gefühl von Gemeinschaft.

So sind die meisten der klassischen Methoden der Gemeinschaftsbildung darauf ausgerichtet, einen Raum zu schaffen, in dem die Individuen eingeladen werden, »tiefe« Einsichten, Gedanken, Hintergründe zu sich zu teilen.

Studien* haben ergeben, dass Menschen glücklicher sind und sich mit ihren Gesprächspartner:innen verbundener fühlen, wenn sie sich über tiefere Themen austauschen – obwohl es zunächst oft eine Scheu davor gibt, tiefere Themen anzusprechen.

Daher ist es eine wichtige gemeinschaftsbildende Methode, die Menschen dazu anzuregen, sich über tiefgründige Themen auszutauschen. Neben den später als Werkzeuge und weiterführende Ansätze vorgestellten Wegen hilft es oft, einfache Fragen zu formulieren. Die können ganz persönlich sein oder aber auch in Zusammenhang mit aktuellen Themen, mit denen sich die Gruppe derzeit beschäftigt, stehen. Und sie können in den unterschiedlichsten Rahmen gestellt werden. Sie können etwas als Fragen für Zwiegespräche (Kapitel 2.3.1) dienen, oder es kann zur Routine für den Ablauf von Treffen werden, dass es eine Runde zum tieferen Kennenlernen gibt, bei der eine Frage gestellt wird, die jede Person im Kreis nacheinander für sich beantwortet – oder auch nicht, keine Antwort zu geben muss hier selbstverständlich erlaubt sein.

Beispiele für Fragen:

- Wofür bist du in deinem Leben/in deiner Gruppe/im letzten Jahr am dankbarsten?
- Teile eine schöne Erinnerung an ... deine Kindheit, deine Eltern, deine Arbeit, deine Liebesbeziehung, unsere Initiative ... – und was bedeutet das für dein Leben?
- Teile eine schlimme Erinnerung an ... deine Kindheit, deine Eltern, deine Arbeit, unsere Initiative ... – und was bedeutet das für dein Leben?
- Wenn du eine Entscheidung in deinem Leben revidieren könntest, welche wäre das – und warum?
- Erzähl mir einen Traum, der dich beschäftigt hat. Es kann schon lange her sein.

---

* https://www.spektrum.de/news/kommunikation-tiefgruendige-gespraeche-mit-fremden-tun-gut/1931497

- ▹ Was wolltest du als Kind gerne werden? Und was ist daraus geworden? Bedauerst du, dass du es nicht geworden bist?
- ▹ Gibt es für dich einen Sinn des Lebens? Und wenn ja, was ist für dich der Sinn des Lebens? Wenn nicht, gibt es etwas, das dir Kraft und Orientierung gibt?
- ▹ Wie ist dein Verhältnis zum Tod? Was hast du im Zusammenhang mit Tod und Sterben erlebt?
- ▹ Wie ist dein Verhältnis zu Geld? Kommt es leicht zu dir? Fällt es dir leicht oder schwer, über Geld zu sprechen, Geld zu geben, Geld anzunehmen, Geld für deine Arbeit zu fordern?
- ▹ Was macht dich glücklich?
- ▹ Was bringt dich so richtig auf die Palme? Welches Knöpfchen von dir sollte man lieber nicht drücken, weil du dann sehr heftig reagierst?
- ▹ Gibt es etwas, wofür du dich richtig schämst? (Das ist eine sehr herausfordernde Frage, die ich nur für sehr fortgeschrittene Gruppen empfehlen würde, in denen ein großes Vertrauensverhältnis herrscht!)
- ▹ Wie geht es dir in deiner Liebesbeziehung (oder mit der Tatsache, dass du keine hast)? Was sind die Herausforderungen? Und was sind die schönen Aspekte davon?
- ▹ Wie geht es dir in dem Verhältnis zu deinen Eltern/deinen Kindern/deiner Familie?
- ▹ Was macht die Entscheidung … (eine wesentliche Entscheidung des Projektes oder eine Entscheidung, mit der das Projekt konfrontiert ist) mit dir?
- ▹ Wenn eine Fee kommen würde und dir einen Wunsch erfüllt, was wäre das?
- ▹ Wenn du nur noch sechs Monate zu leben hättest, was würdest du tun?
- ▹ Stell dir vor, es ist ein/fünf Jahre später, und du blickst zufrieden zurück, was hat sich Wesentliches in deinem Leben verändert?

Es gibt unendlich viele Fragen. Diese Liste soll lediglich anregen, auch eigene Fragen zu finden. Ein einfacher Weg, derartige Gespräche zu initiieren, ist es, eigene Fragen (und diejenigen von den oben genannten, die besonders gut gefallen) auf Kärtchen zu schreiben, in einen großen Kasten zu geben und dann eine Frage zu ziehen und sie entweder in Zweiergesprächen oder in Kleingruppen oder in der Großgruppe zu beantworten.

Für politische Gruppen, in denen es häufiger die Grundüberzeugung gibt, sie hätten sich nur wegen der gemeinsamen politischen Aufgabe zusammengetan, ist es gut, sich Fragen auszudenken, die etwas mit dem gemeinsamen Ansinnen zu tun haben, die trotzdem zum intensiveren Kennenlernen einladen. Das kann etwa so eingeleitet werden:

»Wenn wir gemeinsam etwas zum Thema XY verändern wollen, dann ist es wichtig, dass wir uns und unsere Motivationen und unser Verhältnis dazu richtig gut kennen. Daher schlage ich vor, dass wir uns mal zu den Fragen austauschen:

- Welche persönliche Erfahrung hat mich dazu gebracht, mich gerade zu diesem Thema zu engagieren?
- Wo bin ich zu diesem Thema selbst inkonsequent und tue nicht immer das, was ich eigentlich für die beste Lösung halte? Was bedeutet das für meine/unsere Arbeit?«

2.2.6 Denkimpulse geben

Fragen in den Raum zu stellen, die in Einzelarbeit, Zweiergesprächen, Kleingruppen und/oder vor der ganzen Gruppe beantwortet werden, ist ein Weg zum tiefen Austausch. Ein anderer hilfreicher Weg, um zu tiefen Gesprächen einzuladen, ist es, Impulse zu geben, über die sich die Gemeinschaftsmitglieder austauschen.

Ein Beispiel für derartige Denkimpulse sind die von mir für Lebensgemeinschaften entwickelten »Gemeinschaftsimpuls-Kärtchen«. Ich habe zwölf Haltungen, die meiner Überzeugung nach für das Leben – und auch für das Arbeiten – in Gemeinschaft wesentliche Grundlage sind, identifiziert und arbeite häufig mit Gemeinschaftsinitiativen damit, dass ich diese Haltungen kurz einführe und dann die Menschen jeweils eine (oder zwei, je nach Gruppengröße) Karte ziehen lasse und sie dann einlade, sich zunächst in Kleingruppen und dann im Plenum dazu auszutauschen und für sich zu formulieren, was ihnen wichtig ist.

Gemeinschaftsimpuls-Kärtchen

Dies kann nicht nur mit meinen Kärtchen gemacht werden, die man unter dem Link

https://www.gemeinschaftskompass.de/de/grundlagen-fuer-ein-miteinander-von-individuen-in-gemeinschaft/

aus dem Internet herunterladen kann. Man kann auch zu jedem Thema, zu dem der Austausch erwünscht ist, selbst eigene Impulskärtchen machen oder das Schreiben von derartigen Impulskärtchen als erste Übung nehmen und sich dann über alle Kärtchen austauschen.

Wenn ein Projekt eine klar formulierte Vision oder klar formulierte Grundsätze hat, ist es immer wieder eine gute Idee, zum Beispiel diese

Formulierungen als Grundlage für derartige Gespräche zu nehmen. Eine Frage könnte dann sein: »Was bedeutet für dich der Grundsatz ... in der Praxis? Und wo stellt er dich vor Herausforderungen?« So bleibt die Vision/bleiben die Grundsätze lebendig.

Ein anderer schöner Ansatz für Denkimpulse sind auch inspirierende Geschichten. Einige davon stelle ich im Anhang vor.

2.2.7 Gemeinsam schöne Momente erleben

Ein niedrigschwelliger und gleichzeitig doch sehr wichtiger Weg, Gemeinschaft zu pflegen, ist es, dafür zu sorgen, dass es neben den Arbeitstreffen auch andere Arten von Treffen gibt, in denen mehr Möglichkeiten zum gegenseitigen Kennenlernen und zur Beziehungspflege bestehen.

Niedrigschwellige Beispiele hierfür:

- Nach den Treffen noch »auf ein Glas Wein/Bier« zusammensitzen oder zu einem Nachklang in einer Kneipe einladen.
- Arbeitstreffen mit gemeinsamem Essen beginnen. Für Vielbeschäftigte auch zu zwei Zeitpunkten einladen, zum Beispiel 18 Uhr: gemeinsames Abendessen, 19 Uhr: Start der Sitzung.
- Gemeinsame Ausflüge, entweder zu Zielen, die etwas mit den gemeinsamen Zielen und Aktivitäten zu tun haben, oder auch einfach zum Badesee. (Oder beides verbinden!)
- Eine Kultur des »Geburtstagfeierns« etablieren. Den Geburtstag jedes Mitglieds würdigen und aus Anlass des Geburtstags zum Beispiel Fragen zum Leben dieser Person stellen oder dieser Person besondere Wertschätzung geben. Oder am eigenen Geburtstag die Initiative starten: Aus Anlass meines Geburtstags lade ich euch zu ... ein.

2.3 Werkzeuge

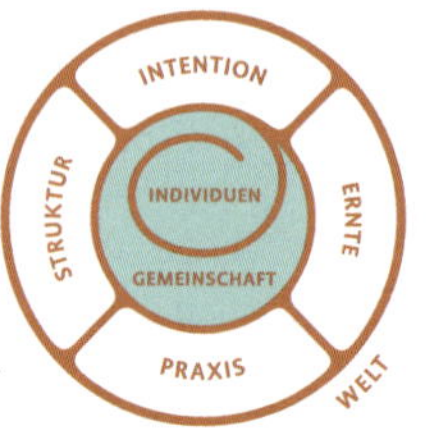

2.3.1 Zwiegespräche

Facilitator

*

Offenheit der Gruppe

* bis ***

Anzahl Personen

ab 4

Dauer

25 Minuten

Materialien/Raum

Genügend Platz, damit alle Teilnehmenden durch den Raum laufen können.

Klangschale oder Zimbel für Zeitsignale.

Was bringts?

Zwiegespräche sind intensive Zweiergespräche, die häufig zwei Ziele gleichzeitig erfüllen:

- intensive Zweierkontakte schaffen und Beziehungen stärken,
- aufwärmen und der persönlichen Vorbereitung für ein bestimmtes Thema.

In der Variation »Was steht zwischen uns?« (Kapitel 2.5.4.3) sind sie ein wichtiges Mittel zur Konfliktprävention.

Kurzbeschreibung

Mehrere kurze Zweierdialoge, in denen jede Person 2 bis 3 Minuten Zeit hat, zu einer vorgegebenen Frage zu sprechen, und die andere Person einfach ihre volle Aufmerksamkeit dazu schenkt.

Detaillierte Anleitung

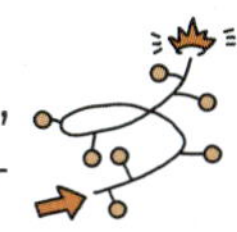

Ein kurzes Laufen durch den Raum und eine geführte Meditation, die in den Körper führt, ist oft eine gute Einleitung für Zwiegespräche. Aber es geht natürlich auch ohne.

»Steht auf und bewegt euch durch den Raum. Kommt zunächst noch mal bei euch an, spürt, wie eure Füße auf dem Boden aufsetzen und ihn wieder verlassen, spürt eure Waden, eure Knie ...«

Die Aufmerksamkeit auf den Körper lenken und durch den ganzen Körper führen.

»Dann nehmt wahr, dass ihr nicht allein in diesem Raum seid – da sind auch noch andere! Wenn euch jemand begegnet, nehmt ihn oder sie wahr, lächelt ihnen kurz zu. Aber bleibt bei eurer Bewegung.«

Etwas laufen lassen.

»Jetzt bleibt vor einer Person stehen. Das ist dein:e Partner:in für das erste Zwiegespräch.

Facilitator:innen müssen eventuell helfen, dass sich die letzten Paare finden, durch Ansagen wie:

»Wer noch keine:n Partner:in hat, hebe bitte die Hand! Schau mal, da hinten steht noch ...«

Bei einer ungeraden Zahl gibt es drei Möglichkeiten:
Wenn es zwei Facilitator:innen gibt, dann sollte eine Person dann einspringen und ebenfalls in ein Zwiegespräch gehen. (Das ist die beste Lösung.)
Wenn nur eine Person facilitiert, dann muss entweder die Facilitator:in mitmachen (macht es schwer, die Zeit gut im Blick zu behalten, dann am besten Timer am Smartphone stellen), oder es setzt eine Person aus.
Dreierkonstellationen sind wegen der knappen Zeitvorgabe nicht geeignet.

»Die Frage, zu der ich/wir euch einladen, jetzt zu sprechen, ist: ...«

Die Frage muss natürlich vorher vorbereitet sein. Sie soll entweder zu dem Thema des Treffens »aufwärmen« oder ein ganz persönliches Thema sein, je nach Ausrichtung des Treffens.
Beispiele: Was beschäftigt dich gerade? Was war dein schönstes Erlebnis mit ...? Was sind deine Glaubenssätze/Überzeugungen rund um das Thema »Geld«?

Wenn es keinen inhaltlichen Fokus gibt, kann man sich aus den Fragen in Kapitel 2.2.4 inspirieren lassen. Um deutlich zu machen, wer anfängt, kann man irgendeine vergleichbare Eigenschaft wählen (z. B. die längeren Haare, die größeren Füße, die Jüngere, die hellere Hose ...) und dadurch festlegen, wer anfängt, z. B.:

»Die Person mit den längeren Haaren stellt die Frage der anderen Person. Diese beantwortet sie aus dem Herzen heraus, sie spricht von sich und von dem, was sie bewegt. Die Person, die die Frage gestellt hat, hört von ganzem Herzen zu. Sie kommentiert nicht, sie fragt nicht nach, sie schenkt einfach volle Aufmerksamkeit, ›hört ihr mit dem Herzen zu‹. Auch wenn der sprechenden Person nichts mehr einfällt, einfach ruhig bleiben und zuhören. Auch eine gemeinsame Stille kann etwas sehr Wertvolles sein. Nach etwa 2 (3) Minuten werde ich gongen, dann ist Zeit zum Wechseln.«

Nach 2–3 Minuten gongen und zum Rollenwechsel einladen.
Nach weiteren 2–3 Minuten wieder gongen, das Zwiegespräch beenden und zum Beieinanderbedanken, Voneinanderverabschieden, zum Weiterbewegen bzw. Hinsetzen auffordern.
Als sinnvoll haben sich drei Zwiegespräche hintereinander erwiesen. So vertieft sich schrittweise häufig der Inhalt, und es gibt mehr verschiedene Zweierkontakte und damit auch mehr persönliche Begegnung. Die drei Zwiegespräche können alle die gleiche Frage haben oder aber Fragen, die verschiedene Aspekte des gleichen Themas beleuchten. Bei mehr als drei Zwiegesprächen ist oftmals die Luft raus.

Herkunft

Seit Jahrzehnten genutzt in der Lebensgemeinschaftsbewegung, eventuell wurde es inspiriert durch die deutlich längeren Paarzwiegespräche von Michael Lukas Möller.

2.3.2

Achtsamkeitsglocke

Facilitator

*

Offenheit der Gruppe

*

Anzahl Personen

2 bis 200

Dauer
30 Sekunden bis 3 Minuten

Materialien/Raum

Klangschale, Zimbel oder Meditations-App mit Gong

Was bringts?

Ein Moment des Innehaltens und Durchatmens ändert die Stimmung in Gruppendiskussionen.

Detaillierte Anleitung

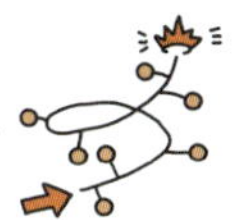

Die Achtsamkeitsglocke wird zu Beginn eines Treffens eingeführt mit z. B. den Worten:

»Wir arbeiten mit einer Achtsamkeitsglocke. Wer möchte die Rolle der ›Hüter:in der Achtsamkeit‹ übernehmen? Deine Aufgabe wäre: Wenn der Eindruck entsteht, dass eine Diskussion zu heftig wird, dass die Beteiligten in unkonstruktives Pingpong kommen, dann kann diese Person den Gong schlagen. Dann sind alle aufgefordert, zu schweigen und sich auf ihren Atem zu konzentrieren, bis der nächste Gong ertönt.«

Herkunft

Vermutlich aus der buddhistischen Bewegung.

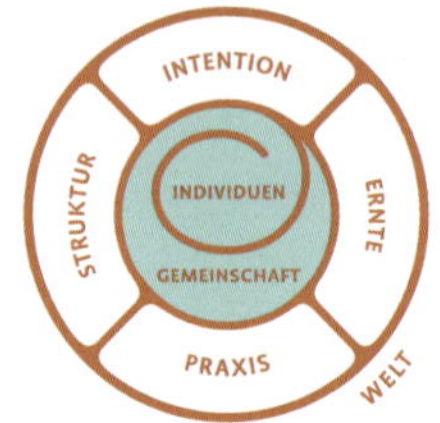

2.3.3 Check-in (Befindlichkeitsrunde)

Facilitator

*

Offenheit der Gruppe

*

Anzahl Personen

2 bis 20

Dauer

5 bis 15 Minuten

Materialien / Raum

Ein Redeobjekt und ein ansprechend gestalteter Raum sind von Vorteil, aber es geht auch ohne.

Was bringts?

Auch in Arbeitstreffen kurz zu erfahren, was die Menschen gerade bewegt, ist eine wichtige, gemeinschaftsbildende Grundlage. Auch macht es das Arbeiten leichter und beugt Konflikten vor. Wenn wir wissen, welchem Stress eine Person gerade ausgesetzt ist, nehmen wir z. B. angespannte Beiträge weniger persönlich.

Detaillierte Anleitung

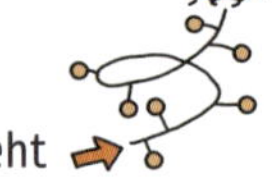

Die facilitierende Person lädt zum kurzen Check-in ein:

»Wie bist du gerade hier? Was beschäftigt dich? Wie geht es dir?«

Die Frage wird in einer Runde beantwortet. Um das sicherzustellen, ist ein Redeobjekt, das im Kreis herumgegeben wird (siehe 2.3.4, Circle Way), von Vorteil, aber nicht notwendig.
Auf die Beiträge der Einzelnen soll in dieser Runde nicht reagiert werden, jede:r spricht von sich und teilt, was wichtig ist.
Bei Bedarf kann nach der Runde nachgefragt werden, z. B.:

»Was können wir tun, damit du heute gut hier sein kannst?«

Manchmal ist es auch eine Option, eine Person, die mit großem Stress da ist, zu ermutigen, die Sitzung zu verlassen und sich lieber um sich selbst zu kümmern, anstatt angestrengt in der Sitzung zu sitzen.

Herkunft

Das Sprechen im Kreis mit Redeobjekt kommt aus der *native american culture*. Der Check-in wurde in der Soziokratie fest etabliert, aber hat sich auch in anderen Gruppen parallel entwickelt.

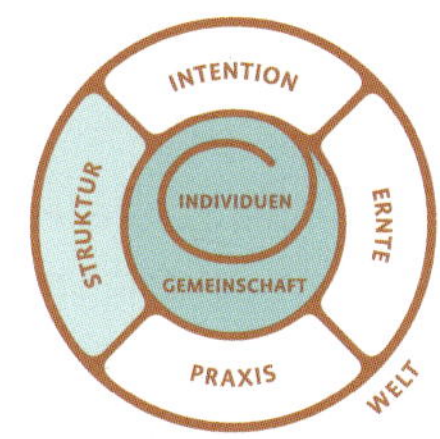

2.3.4 Redestab-Runde nach »Circle Way«

Materialien/Raum

Für diese Methode ist ein Sitzen im Kreis unerlässlich.

Was bringts?

Eine gut eingeführte Redestab-Runde im Sinne des »Circle Way« bringt verschiedene Qualitäten:

▹ Die Einführung schafft den Boden für ein tiefes Teilen und eine Offenheit, von sich zu sprechen und mit dem Herzen zuzuhören.

▹ Durch den Redestab ist immer klar, wer dran ist.

▹ Jede Person bekommt den Redestab mindestens einmal und erhält daher eine konkrete Aufforderung zu sprechen. Dies integriert Menschen, die sich in heftigen Diskussionen eher nicht beteiligen, und trägt dazu bei, dass auch stillere Menschen ihre Beiträge leisten.

Kurzbeschreibung

Wir teilen im Kreis mit, was uns bewegt. Wir sprechen dabei aus unserem Herzen und hören mit dem Herzen zu. Der Stab kreist. Wer den Stab hat, hat das Wort. Wer nichts sagen will, gibt den Stab weiter.

Detaillierte Anleitung

Hintergrund zum Spektrum der Redestab-Runden:

Ich spreche im Folgenden stets von einem Redestab, es kann auch ein anderes »Redeobjekt« sein, eine Muschel, ein Stein, ein Symbol, ein Ball, ein Spielzeug.
Redestäbe werden oft ohne viel Brimborium als profane Methode verwendet, damit einfach klar ist, dass es eine Runde ist und dass nur die Person, die das Redeobjekt hat, gerade spricht und die Aufmerksamkeit der gesamten Gruppe hat.
Bereits auf diese Art entfaltet diese Methode einen Teil ihrer Kraft. Sie sorgt dafür, dass auch Menschen zu Wort kommen, die sonst in einer offenen Gruppendiskussion weniger sagen würden. Als solches ist es in der Form eine sinnvolle Strukturmethode, die mehr Beteiligung der »Stilleren« absichert. Dafür reicht die obige Kurzbeschreibung.
In dieser profanen Form mit der Frage »Was bewegt mich gerade?« ist es die klassische »Befindlichkeitsrunde« oder »Check-in« (siehe Kapitel 2.3.3) – jede Person sagt, wie es ihr gerade geht.
Eine Circle-Way-Redestab-Runde kann jedoch mehr sein. Sie kann ein Rahmen sein, in dem alle Teilnehmenden ermutigt sind, sehr persönlich von sich zu sprechen. Und als solche entfaltet sie ihre Kraft als tiefe gemeinschaftsbildende Methode, diese will ich hier vorstellen.

Redekreise als tiefe gemeinschaftsbildende Methode:

Der wesentliche Unterschied zwischen einem klassischen Check-in und dem tieferen »Circle-Way-Redekreis« ist die unterschiedliche Rahmung (siehe auch Kapitel 2.2.1, »Den Raum bereiten«, und 2.2.2, »Energiechoreografie«).

Für einen Redekreis als gemeinschaftsbildendes Event ist es wichtig, in einen angenehm gestalteten Raum einzuladen: Die Teilnehmenden sitzen im Kreis, es gibt eine schön gestaltete Mitte, vielleicht eine Kerze im Zentrum. Wenn die

Gruppe dafür offen ist, ist es am besten, dass die Gruppe in engem Kreis auf dem Boden sitzt, sodass Körperkontakt zwischen den Einzelnen besteht. Körperkontakt erhöht für viele Menschen die Bereitschaft, sich tiefer zu öffnen.

Es gibt eine kleine Einstimmung, die z. B. so ablaufen kann:

▹ Ein Moment der Stille, ein- und ausgeläutet durch einen Gong (Klangschale, Zimbel, Meditations-App) oder gemeinsames Singen eines Mantras.

▹ Einstimmung durch eine passende Geschichte, ein Gedicht oder freies Sprechen der facilitierenden Person.

▹ Evtl. Ziehen einer Karte mit einem Gedankenimpuls (Bilder, Tarotkarten, Sinnsprüche oder Ähnliches).

▹ Ein bis drei Zwiegespräche – zum Impuls der Karte oder zum Thema des Abends oder zu persönlichen Fragen.

Erst nach einer derartigen Einstimmung, die bereits die Basis für das »Eintauchens in die persönlichen Themen« legt, wird das eigentliche Kreisgespräch begonnen.

Einleitende Worte hierfür könnten sein:

»Ich lade euch ein zu diesem Redekreis, in dem wir uns mitteilen wollen, was uns gerade bewegt. Wir nutzen den Redestab, und es wird Zeit für mehrere Runden geben – idealerweise bis niemand mehr etwas sagt, aber gegen ... Uhr wollen wir dieses Treffen auch beenden. Der Redekreis ist eine besondere, ritualisierte Form, und ich bitte euch, den Rahmen zu achten.

Wir treffen uns hier in einem geschützten Rahmen, und ich bitte euch, die fünf Regeln des Redekreises zu beachten:

▹ *Wer den Stab hat, hat das Wort und darf sprechen – oder den Stab weitergeben. Alle anderen hören zu.*

▹ *Sprecht von Herzen von dem, was euch wirklich bewegt. Kommt nicht ins Dozieren, sondern sprecht von euch und euren Gefühlen.*

▹ *Hört von Herzen zu – spürt den Menschen, der spricht, und reagiert nicht mit Urteilen auf das, was er oder sie sagt.*

▹ *Sprecht die Essenz! Langweilt die Götter nicht. Alle sollen die Möglichkeit haben zu sprechen, idealerweise mehrfach zu sprechen, und daher ist es wichtig, dass niemand zu viel Raum einnimmt.*

▷ *Was im Kreis gesprochen wird, bleibt im Kreis. Darüber wird nicht woanders getratscht, sondern es wird respektvoll in diesem Kreis gelassen.«*

Mit diesen Worten eröffnet die einladende Person den Kreis, entweder indem der Stab an eine Person, die neben ihr sitzt, weitergegeben wird oder indem der Stab in die Mitte gelegt wird – und mit den Worten:

»Wer den Impuls verspürt, nimmt sich den Stab und beginnt den Circle. Dann gibt er ihn an eine:n Nachbar:in weiter, die dann jeweils den Stab in der gleichen Richtung weitergibt.«

Ab dem Moment ist die einladende Person einfach ein:e Teilnehmer:in im Kreis und bringt ihre Beiträge wie jede andere auch ein. Trotzdem ist ihre Aufgabe das achtsame Halten des Raumes. Wenn die Regeln des Redekreises missachtet werden, ist ihre Rolle, auf die Regeln aufmerksam zu machen. Außerdem sollte sie die Zeit im Blick haben und zum angemessenen Zeitpunkt (abhängig von Gruppengröße und Dauer der Redebeiträge) darauf hinweisen, dass nun die letzte Runde beginnt. (Oder – falls dies nicht notwendig oder angemessen war – den Redekreis zum passenden Zeitpunkt schließen.)

Herkunft

Aus der Versammlungskultur der nordamerikanischen Ureinwohner – überliefert von Manitonquat »Medicine Story«.

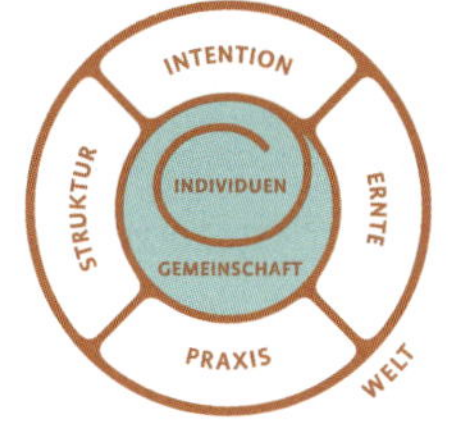

2.3.5

Minutenforum

**

**

8 bis 50

15 bis 60 Minuten

Der Raum muss so groß sein, dass alle im Kreis sitzen können und in der Mitte genügend Platz für Bewegung ist, mindestens ein freier Durchmesser von 4, besser 5 Metern.

- Einen tiefen, emotionalen Raum schaffen, in dem sich Menschen mit dem zeigen, was sie bewegt.
- Selbsterforschung und Teilen von inneren Prozessen in einer Gruppe, in der Vertrauen herrscht.
- Vertrauensaufbau.

Kurzbeschreibung

Alle sind eingeladen, einzeln in der Mitte zu teilen, was sie beschäftigt. Es gibt keine Reihenfolge. Wer den Impuls verspürt, steht auf und spricht, wenn »die Mitte frei ist«. Es sind kurze Beiträge von etwa einer (zwei oder fünf) Minuten eingeladen. Teile in der Mitte, was dich bewegt.

Ein »Auftritt« – so nennen wir den Beitrag einer Person in der Mitte – wird durch Klatschen oder »Babyklatschen« (mit den Händen wedeln) des umgebenden Kreises abgeschlossen. Dies ist ein energetischer Abschluss, es geht nicht um eine Bewertung des Beitrags

Detaillierte Anleitung

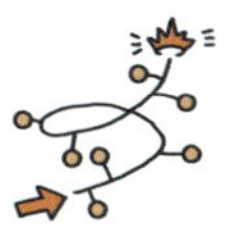

Wenn es als Hauptmethode eines Treffens zur Gemeinschaftsbildung gewählt wird, braucht es davor eine ausführlichere Einstimmung (siehe Kapitel 2.2.1 und 2.2.2), und dann können die einzelnen

Auftritte auch etwas länger sein. Zur Anleitung gehört dann auch die Aufforderung, das Minutenforum dafür zu nutzen, sich mit der Aufmerksamkeit und Zeug:innenschaft der anderen selbst zu erforschen.

Das Minutenforum ist eine deutlich vereinfachte Variante der Methode »Forum«, die ich bei »vertiefenden Ansätzen« noch vorstelle. Das Forum arbeitet mit Interventionen der Forumsleitung und mit Spiegeln. Beides setzt eine große Kompetenz der Leitenden und Teilnehmenden voraus und kann nicht durch eine Kurzanleitung, sondern nur durch eine ausführliche Ausbildung gelernt werden.
Bei einem Minutenforum hält die leitende Person lediglich den Rahmen, gibt die Mitte frei und achtet darauf, dass das Format gewahrt bleibt.
Dies können alle Menschen tun, die etwas Erfahrung im Halten von Gruppenprozessen haben.

Der Rahmen eines Forums ist denkbar einfach: Die Gruppe sitzt im Stuhlkreis mit einer freien Mitte. Wer den Impuls hat, etwas von sich zu teilen oder einen Aspekt von sich selbst zu erforschen, geht in die Mitte und spricht von der Mitte aus. Dieses Setting bewirkt eine ganz andere Aufmerksamkeit und verändert auch die Art des Sprechens. Wenn die Person geendet hat, setzt sie sich wieder hin, und der »Auftritt« dieser Person wird mit einem Applaus abgeschlossen.

Als Leitende eines Minutenforums ist darauf zu achten, dass die »Auftritte« der Einzelnen wirklich für sich stehen und dass sich nicht aus verschiedenen Auftritten ein Pingpong einer Diskussion ergibt. Menschen können sich in ihrem Auftritt auf einen Auftritt vorher beziehen, aber wichtig ist, dass sie von ihrer inneren Bewegung und ihrer Erfahrung sprechen und nicht über andere urteilen. Alle sind aufgefordert, mit dem Herzen und einer Haltung des Nichturteilens zu sprechen.
Wenn im Forum doch in Urteile und »Sprechen über« verfallen wird, ist es die Aufgabe der Leitenden, die Person in der Mitte daran zu erinnern, dass es bei Auftritten darum geht, sich selbst zu erforschen, und nicht darum zu urteilen oder zu argumentieren.
Außerdem halten die Leitenden den zeitlichen Rahmen, erinnern sanft oder mit einem Gong daran, wenn die Zeit deutlich überschritten wurde, und ihre Aufgabe ist die Überleitung zwischen zwei Auftritten.

Manchmal kann es passieren, dass sich niemand in die Mitte traut und es minutenlanges Schweigen gibt. Dann darf die Forumsleitung darauf hinweisen, dass auch gemeinsames Schweigen eine schöne Gemeinschaftserfahrung ist. Und nach einiger Zeit den Hinweis geben:

»Wenn dein Herz dolle klopft und du dich fragst, ob du in die Mitte gehen sollst, dann ist das ein Zeichen, dass du jetzt wohl in die Mitte gehen sollst. Du musst dir nicht zurechtlegen, was du sagen willst, geh einfach in die Mitte, zeig dich und sprich das, was dann kommt! Oder sprich gar nicht, sondern genieße es einfach, im Zentrum der Aufmerksamkeit aller zu sein.«

Manchmal hilft auch der Hinweis:

»Für einen [zwei, drei ...] weiteren Auftritt wäre noch Platz, aber wenn niemand mehr möchte, werden wir in wenigen Minuten das Forum beenden.«

Oder

»Ich habe den Eindruck, eine Person sitzt noch auf etwas und traut sich nur nicht, in die Mitte zu gehen.«

Herkunft

Eine deutlich vereinfachte Version des »Forums« – entwickelt im Projekt »Meiga«, aus dem das ZEGG [www.zegg.de] und Tamera [www.tamera.org] hervorgegangen sind. Bei den weiterführenden Ansätzen stelle ich das Forum in Kapitel 2.4.1 etwas ausführlicher vor.

2.3.6
Traumjobs

Materialien/Raum Flipchart, Flipchartstifte, Papier und Stifte für die Teilnehmenden.

Was bringts?

- Besseres Kennenlernen der Gruppenmitglieder.
- Es unterstützt die Potenzialentfaltung der Einzelnen.
- Sinnvolle Zusammenstellung von Arbeitsgruppen.

Kurzbeschreibung Anstatt Arbeitsgruppen nach dem üblichen Prinzip zu besetzen, wird mit »Traumjobs« gemeinsam darauf geschaut, wie alle durch das gemeinsame Projekt ihre Fähigkeiten am besten einsetzen und ihre Träume am besten verwirklichen können. Wir tauschen uns über unsere Fähigkeiten und Träume aus, lernen uns dabei auf einer tieferen Ebene kennen und nutzen dies als Grundlage, um Arbeitsgruppen aufzuteilen.

Detaillierte Anleitung

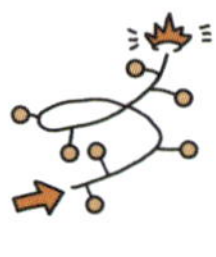

Diese Methode eignet sich vor allem für Gruppen in der Startphase, wenn erstmalig Arbeitsgruppen gebildet werden. Sie kann jedoch leicht abgewandelt auch für bestehende Gruppen genutzt werden.

1. Kurze Einführung, 5 Minuten

In der Einführung sollte mit eigenen Worten darauf hingewiesen werden, dass erfolgreiche Gruppenarbeit Menschen braucht, die ihre Expertise und Kompetenzen einbringen und sich weiterentwickeln und bisher unerfüllte Träume realisieren können. Das Arbeiten für das Projekt soll beides unterstützen und gleichzeitig natürlich den Bedürfnissen des gemeinsamen Projektes dienen.

2. Einzelarbeit: Fähigkeiten und Träume, 10 Minuten

»Nimm dir jetzt 3 Minuten Zeit und reflektiere: Welche persönlichen Fähigkeiten bringst du mit in die Gruppe? In welchen Bereichen bist du Profi und kannst die Gruppe damit unterstützen? Schreib alles auf, was dir einfällt.«

3 Minuten Zeit geben (Zeit kann variieren, als Facilitator:in beobachten, wie viele Menschen noch nachdenken und schreiben und wie viele darauf warten, dass endlich die nächste Anweisung kommt. Wenn der Großteil fertig ist, darf die nächste Aufgabe gegeben werden.)

»Suche dir jetzt aus den genannten Fähigkeiten zwei bis drei aus, die du für besonders wichtig hältst. Unterstreiche sie oder formuliere sie auf dem Blatt noch einmal kurz.

1 Minute Zeit geben.

»Nimm dir jetzt das 2. Blatt Papier, und schreibe auf: Was sind deine Träume, was möchtest du gerne tun und konntest es vielleicht noch nie tun? Wofür brennt dein Herz? Was gibt es Neues, was du gerne versuchen möchtest? Welche Aufgabe würde dich glücklich machen?«

3 Minuten Zeit geben (Zeit kann variieren, je nachdem, wie viele Menschen noch engagiert schreiben.)

»Such dir auch aus dem, was du jetzt aufgeschrieben hast, zwei bis drei Punkte heraus, die dir besonders wichtig sind.«

1 Minute Zeit geben.

3. Landkarte der Fähigkeiten und Träume erstellen.

Im Plenum werden nun zwei Flipcharts in der Form einer Mindmap erstellt.

Auf das erste Flipchart schreibt man in die Mitte »Fähigkeiten«, und dann wird jede Person aufgefordert, auf die »Arme«, die aus dem Zentrum herausragen, jeweils ihren Namen und die zwei bis drei Fähigkeiten, die sie im vorigen Teil identifiziert hat, zu schreiben und kurz etwas dazu zu sagen.

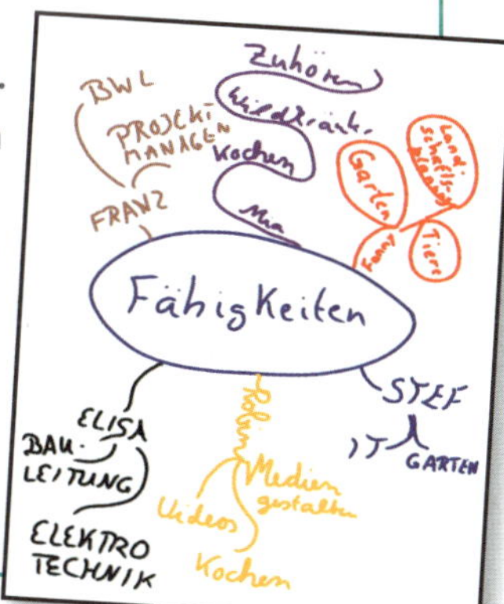

Auf einem zweiten Flipchart werden die Träume gesammelt, welche die Menschen bis jetzt noch nicht realisiert haben und wo sie sich weiterentwickeln wollen. Auf diese Art erfährt die Gruppe in der Regel überraschend Neues über ihre Mitglieder.

Je nach Gruppensituation braucht es nun den Zwischenschritt »Identifizieren von benötigten Arbeitsgruppen«: Bei Bedarf wird jetzt zunächst identifiziert, welche Arbeitsgruppen notwendig sind.
Wenn es bereits eine Arbeitsgruppenstruktur gibt, kann im Prozess geprüft werden, ob Anpassungen sinnvoll sind.

4. Besetzen von Arbeitsgruppen

Dies geschieht im freien Dialog vor den Flipcharts. Dabei sollte darauf geachtet werden, dass in jeder Arbeitsgruppe jemand ist, der oder die besondere Fähigkeiten in den Bereichen hat, die die Arbeitsgruppe benötigt. Diese sollte »Koordinator:in« der Arbeitsgruppe werden. Gleichzeitig sollten aber auch Menschen in die Gruppe kommen, für die die Arbeit etwas mit ihren Träumen zu tun hat, mit den Themen, in denen sie Neues lernen und sich weiterentwickeln wollen. Wenn ihnen die benötigten Kompetenzen fehlen, kommen sie als Unterstützer:innen und Lernende in diese Gruppe.
Es sollte darauf geachtet werden, dass Menschen nicht nur in die Bereiche hineingehen, in denen sie große Fähigkeiten haben, sondern dass sie bewusst auch in mindestens einer Arbeitsgruppe mitarbeiten, die eher ihren Träumen entspricht und in denen sie Lernpotenzial haben.

5. Abschluss

Wenn die Arbeitsgruppen (neu) zusammengesetzt sind, dann sollte darauf geachtet werden, dass klar ist, wer zu einem ersten Treffen einlädt. Danach eine kurze Abschlussrunde zu der Frage:

 »Wie war der Prozess für dich, und wie gehst du jetzt aus dem Treffen?«

Herkunft

https://clips.gen-europe.org

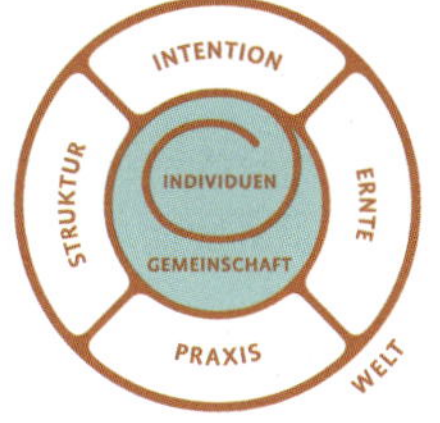

2.3.7
Wahrheitsmandala

Materialien / Raum

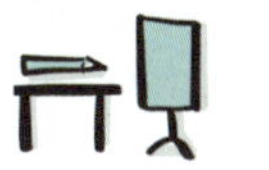

Ein Raum, in dem die ganze Gruppe dicht im Kreis sitzen kann, Radius mindestens 3 Meter.
Eine gestaltete Mitte mit folgenden Elementen, die im Kreis angeordnet sind:

- ▹ Stein – steht für die Angst.
- ▹ Knüppel (dicker Ast) – steht für die Wut.
- ▹ Schal – steht für die Scham.
- ▹ Trockene Blätter – stehen für die Trauer.
- ▹ Ast mit Blüten, Blume oder Spielzeug, z. B. bunter Ball – steht für die Freude.
- ▹ Leere Schale – steht für das Nichtwissen, Nicht-einordnen-Können.

Was bringts?

Das Wahrheitsmandala bietet einen guten Rahmen, um tiefe Gefühle zu teilen. Entwickelt wurde es im Rahmen der Tiefenökologie als ein Weg, die eigene Verzweiflung über die ökologische und soziale Situation in der Welt auszudrücken und sie dadurch in Kraft zu verwandeln. Im original Wahrheitsmandala ist die Situation der Welt in der Regel das Thema.
Das Wahrheitsmandala kann jedoch auch angewendet werden, um die Gefühle z. B. zur Situation in der Gruppe/im Projekt zum Ausdruck zu bringen. Dies ist insbesondere in Krisensituationen ein sehr kraftvolles Tool.
Schließlich kann es auch ganz losgelöst von der Situation der Welt oder des Projektes einfach als eine Einladung für das Teilen der eigenen Gefühle sein.

Kurzbeschreibung

Alle sind eingeladen, einzeln in die Mitte zu gehen und ihre Gefühle zu teilen, die sie gerade bewegen. Die anderen sind Zeug:innen und bestätigen dies, nachdem die Person gesprochen hat, mit den gemeinsam gesprochenen Worten: »Wir hören dich!«

Detaillierte Anleitung

Einführung: 5 – 10 Minuten

Die Menschen sitzen im Kreis, so eng wie möglich – damit schaffen sie eine bewusste Aufmerksamkeit und bündeln die Energie.
In der Mitte des Kreises liegen mit einigem Abstand zueinander die 6 Symbole. Die Person, die das Wahrheitsmandala anleitet, geht nun in die Mitte, nimmt die Symbole einzeln in die Hand und erläutert ihre Bedeutung. Hier ein Vorschlag für die Einführung, bitte eigene Worte benutzen, das stärkt das Ritual:

»Wir treffen uns heute zu einem Wahrheitsmandala, das ist ein Ritual, in dem es darum geht, unsere Gefühle zu ... bewusst auszudrücken und sie füreinander zu bezeugen.«

Je nach Thema des Treffens das entsprechende Thema kurz benennen: z. B. zur Weltsituation, zur Situation der Gruppe oder zur persönlichen Situation.

»Im Zentrum seht ihr 6 Symbole, die für die 5 Grundgefühle stehen und ein sechstes für alles, was da nicht hineinpasst. Der Stein steht für die Angst. Er symbolisiert die Kälte und das Herz, das sich bei Angst zusammenzieht.«

Den Stein in die Hand nehmen und vor das Herz halten.

»Der Knüppel steht für die Wut, für das Bedürfnis, ›STOPP‹ zu schreien und aktiv einzugreifen.«

Knüppel wird mit beiden Händen gehalten.

»Halte den Knüppel. Er überträgt dir Kraft, für deine Werte aufzustehen und aktiv zu werden. Die Wut ist eine große, positive Kraft, die wir nutzen können. Die trockenen Blätter stehen für die Trauer.«

Blätter aufnehmen und durch die Hände rieseln lassen.

»Sie symbolisieren die Vergänglichkeit, dass das Schöne nicht immer währt, sondern immer wieder vergeht. Und sie zeigen, was man liebt, denn man trauert nur um das, was einem wichtig ist. Der Schal steht für die Scham. Vielleicht gibt es Aspekte in mir, die will noch nicht mal ich sehen, und insbesondere will ich natürlich nicht, dass irgendjemand anderes sie sieht. Da hilft der Schal, mich zu verstecken.«

Sich mit dem Schal einwickeln, das Gesicht verdecken.

»Die Blume/das Spielzeug/der Ball steht für die Freude. Das Leben ist schön und schenkt uns so viel Schönheit und schöne Momente. Sie steht auch

für die Dankbarkeit, die automatisch entsteht, wenn mir bewusst wird, welche Schönheit da ist.
Die leere Schale steht für das Nichtwissen, Nicht-einordnen-Können und für alles, was dir fehlt. Es steht für das, was du hier teilen willst, was sich nicht mit den vorgestellten Gefühlen ausdrücken lässt.«

Wahrheitsmandala (bis zu 90 Minuten)

»Ihr seid jetzt eingeladen, einzeln, wenn ihr den Impuls dazu spürt, in den Kreis zu treten, eines der Objekte in die Hand zu nehmen und zu diesem Gefühl zu sprechen. Ihr könnt zu einem Gefühl sprechen oder zu mehreren, wie es für euch passt. Ihr könnt auch einfach ein Objekt nehmen, um dieses Gefühl zu spüren und auszudrücken, ohne zu sprechen. Ihr dürft auch mehrfach hineingehen – aber achtet darauf, dass in der Zeit, die wir haben, alle die Chance haben, etwas auszudrücken. Sprecht kurz und präzise, kurze Statements sind oft kraftvoller. Es geht nicht um Vorträge, sondern darum, euch mit euren Gefühlen auszudrücken.
Wenn ihr geendet habt, dann wird der Kreis antworten: ›Wir hören dich!‹ Dies soll die Zeug:innenschaft ausdrücken. Dinge auszusprechen, die dann auch gehört werden, macht sie auf der einen Seite realer und hilft auf der anderen Seite, sie auch zu verändern.
Vertraulichkeit ist eine wichtige Basis des Wahrheitsmandalas. Alles, was im Mandala gesagt wurde, bleibt auch in diesem Kreis. Menschen werden auch nicht nach dem Mandala auf das angesprochen, was sie gesagt haben. Übrigens sind alle Menschen herzlich eingeladen, in der Sprache zu sprechen, die ihnen am leichtesten fällt – es ist nicht wichtig, dass alle dich verstehen. Sprich also gerne in deiner Muttersprache, auch wenn sie eine andere ist als die der meisten Menschen hier.

Abschluss

Der formale Abschluss des Wahrheitsmandalas ist ein wichtiger Schlüsselmoment.
Die Person, die das Ritual gehalten hat, würdigt die Wahrheit, die ausgesprochen wurde, und die respektvolle Unterstützung durch das Zuhören.

»Danke für alles, was ihr geteilt habt. Das Aussprechen dessen, was ist, ist belebend. Es stellt Dinge in den Raum und macht es gleichzeitig viel leichter möglich, sie zu verändern. Einander zuhören gibt Kraft und Verbundenheit.«

Dann wendet sie sich den verschiedenen Symbolen zu.

»Jedes Symbol hat eine positive Seite.

Es braucht Mut, um von der Angst zu sprechen. Der Mut, in diesem Kreis von deiner Angst zu sprechen, zeigt das Vertrauen, das du hast, und ist eine wichtige Basis für die Kraft, das Beängstigende anzugehen.

Die Trauer, die du zeigst, zeigt auch die Liebe, die du verspürst, denn wir können nur trauern um das, was wir lieben. Und ihr wisst: Die Liebe verleiht Flügel!

Die Wut, die du empfindest, zeigt deine Kraft, die du hast – die Kraft zu sagen: Bis hierhin und nicht weiter, hier muss etwas geschehen! Wut hilft dir, Grenzen zu ziehen und aktiv etwas zu verändern.

Die Scham zu zeigen, ist oft am schwierigsten. Scham zeigt Selbsterkenntnis, Wachstumsschritte, und das sind wunderbare, wichtige Schritte. Lasst uns alle feiern, die in diesem Rahmen Kontakt zu ihrer Scham aufgebaut und dies mit uns geteilt haben.

Die leere Schale gibt Raum für Neues.

Die Freude gibt Kraft, sie zeigt uns, wo es hingehen soll, und ist unsere Energiequelle.

Danke für euer Teilen – und bitte achtet auf die Vertraulichkeit, sprecht nicht mit anderen über die Inhalte, die hier geteilt wurden, und sprecht auch niemanden auf das an, was hier geteilt wurde. Wenn ihr mit jemandem über eure eigenen geäußerten Gefühle sprechen wollt, könnt ihr gerne nachfragen, ob die Person dazu bereit ist.

Nehmt die ausgedrückten Gefühle als Wegweiser für die Zukunft und als Kraftquelle für euer Weitergehen.«

Nach dem Wahrheitsmandala sollte ein Treffen nicht gleich weitergehen – mindestens eine lange Pause, besser eine Nacht sollte vor weiteren Programmpunkten liegen.

Herkunft

Tiefenökologie nach Joana Macy, leicht abgewandelt durch Inspiration aus dem Buch *Gefühle und Emotionen – eine Gebrauchsanweisung* von Vivian Dittmar. Dank an Barbara Stützel für die Inspiration!

2.3.8
Gebrauchsanweisung für mich erstellen

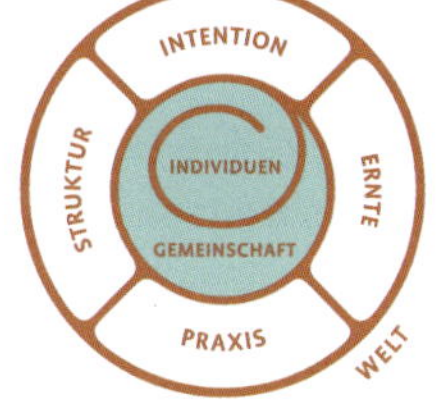

Facilitator

*

Offenheit der Gruppe

**

Anzahl Personen

2 bis 30

Dauer

3 Stunden bis 2 Tage

Materialien/Raum

Stift und Papier für jede Person.

Was bringts?

Tieferes Kennenlernen, konkrete Hinweise, was vielleicht Konflikte und Schwierigkeiten auslösen könnte.

Kurzbeschreibung

Jede Person erstellt eine »Gebrauchsanweisung für sich selber« und teilt dabei, welche Schrullen sie vielleicht hat, damit das Zusammenleben oder -arbeiten leichter wird.

Detaillierte Anleitung

Entweder man schreibt die Fragen auf ein großes Flipchart, oder man bereitet eine Art Fragebogen vor, in dem für jede Frage etwa eine halbe bis eine Drittel DIN-A4-Seite freigelassen wird. Eine sinnvolle Alternative ist auch, die Fragen den Teilnehmenden vorher digital zukommen zu lassen und sie zu bitten, sie zu Hause zu beantworten – digital oder handschriftlich.

Ein Vorschlag für die Einführung der Fragen:

»Nimm dir eine Stunde Zeit, Antworten für folgende Fragen aufzuschreiben. Stell dir dabei sowohl typische Alltagssituationen vor, die du regelmäßig mit anderen Gemeinschaftsmitgliedern teilen wirst, als auch Ausnahmezustände, von denen du vielleicht hoffst, dass andere dich in ihnen lieber nicht erleben werden. Die Fragen sind als Inspiration gedacht. Es müssen nicht alle beantwortet werden.«

Gleichzeitig kann jede Gruppe natürlich ihre eigenen Fragen formulieren.

Vorschläge für Fragen:

- *»Welche Dinge sind mir besonders wichtig beim gemeinsamen Wohnen und Arbeiten?*
- *Womit könnt ihr mich besonders ärgern?*
- *Wann (und wie) sollte man mich besser nicht ansprechen? Worauf reagiere ich heftiger als angemessen, weil es in mir an alte Verletzungen und Themen rührt? Wie kann dann gut mit mir umgegangen werden?*
- *Was brauche ich, um kritisches Feedback annehmen zu können?*
- *Was sehe ich gerade als meine persönliche Lernaufgabe? Wie könnt ihr mir dabei helfen?*
- *Gibt es etwas in mir, was selten gesehen wird und wovon ich mir wünsche, dass ihr es wahrnehmt?*
- *Wie leicht fällt es mir, in herausfordernden Situationen um Unterstützung zu bitten? Woran erkennen andere, dass ich eigentlich Unterstützung benötige?*
- *Bei welchen Herausforderungen können andere mich besonders gern um Unterstützung bitten?*
- *Was ist sonst noch wichtig über mich zu wissen?*
- *Womit könnt ihr mir eine Freude bereiten?*

Nachdem jede Person ihre »Gebrauchsanweisung für mich« erstellt hat, präsentiert sie euch gegenseitig!

Manch eine Mitteilung wird wahrscheinlich erheiternd sein, andere berührend oder auch beängstigend. Es kann sehr hilfreich sein, für ein tieferes Verständnis auch Rückfragen zu stellen oder an manchen Stellen wohlwollend nachzuhaken, denn voneinander auch heikle, persönliche Punkte zu wissen, macht einen großen Unterschied für ein gemeinschaftliches Miteinander.«

Dies nimmt bei großen Gruppen viel Zeit in Anspruch, ist aber eine sehr gemeinschaftsbildende Angelegenheit. Bei sehr großen Gruppen kann es sinnvoller sein, die mündliche Vorstellung der »Gebrauchsanweisungen« in Untergruppen zu machen. Es macht Sinn, diese Übung in der Anfangsphase einer Gruppe zu machen und die »Gebrauchsanweisungen« von allen, die damit einverstanden sind, an einem geschützten, nur für Gruppenmitglieder zugänglichen Ort aufzubewahren. Und wenn Neue in die Gruppe kommen, erstellen sie ebenfalls eine Gebrauchsanweisung und bekommen dann auch das Recht, die anderen zu lesen.

Unbedingt beachten: Manchen Menschen ist es unangenehm, so eine »Gebrauchsanweisung« irgendwo schriftlich abzulegen. Sie wenden ein, dass Menschen sich ja immer wieder verändern und die »Gebrauchsanweisung« sehr technisch wirkt und »festgeschrieben« ist.

Dies ist ein ernst zu nehmendes Argument. Daher sollte niemand dazu gedrängt werden, seine »Gebrauchsanweisung« von anderen lesen zu lassen. Mündliche Vorstellungen sind lebendiger, und man kann weniger auf sie festgenagelt werden.

Und sowieso ist selbstverständlich, dass jede Person ihre eigene Gebrauchsanweisung mit den Erfahrungen, die sie in Gemeinschaft gemacht hat, auch entsprechend anpasst oder verändert.

Herkunft

Max Junginger/Eva Stützel

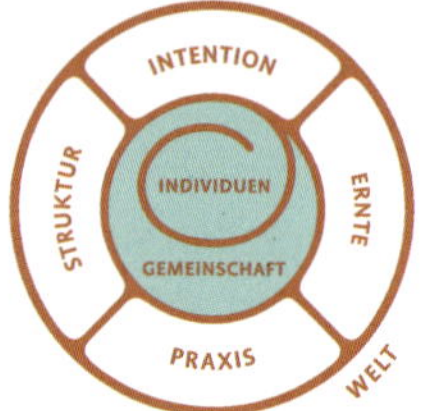

2.3.9
Alle, die ...

Facilitator	Offenheit der Gruppe	Anzahl Personen	Dauer
 *	 *	  Alle	 5 bis 20 Minuten

Materialien/Raum

Ein Raum, der groß und frei genug ist, dass alle im Kreis stehen können. Notfalls auch einfach nur ein Raum, in dem alle sitzen können.

Was bringts?

In kurzer Zeit und ohne viele Worte ein Überblick darüber, wie eine Gruppe zusammengesetzt ist.

Kurzbeschreibung

Es werden verschiedene Fragen gestellt, die Personen beschreiben. Wer mit »Ich« antworten kann, tritt mehrere Schritte vor in die Mitte des Kreises (bzw. steht auf, wenn kein Raum für einen Kreis ist).

Detaillierte Anleitung

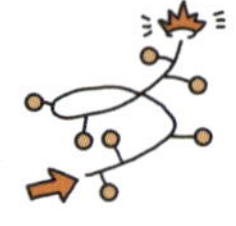

Diese Übung ist besonders geeignet für Kennenlernsituationen in einer großen Gruppe. Sie kann aufzeigen, wo es mögliche Anknüpfungspunkte für weitere Begegnung und Gesprächsthemen gibt.
Die Facilitator:innen beginnen damit, Fragen zu stellen, und sollten einige Fragen vorbereitet haben, die für die Teilnehmenden oder für die Einstimmung in die Veranstaltung relevant sind.

Beispiele für allgemeine Fragen

- *»Wer ist zum ersten Mal dabei?*
- *Wer ist schon mehr als x-mal (oder seit x Jahren) dabei?*
- *Wer hat Kinder (erwachsene Kinder, Enkel, kleine Kinder)?*
- *Wer hat einmal in einem anderen Erdteil gelebt?*
- *Wer ist dabei, weil er/sie sich besonders für ... interessiert?«*

Beispiele für Fragen, die die Basis für gemeinschaftliche Aktivitäten legen

- *»Wer spielt ein Instrument?*
- *Wer singt gerne?*
- *Wer gibt gerne Nackenmassagen?*
- *Wer möchte unbedingt in einer Pause mal ans Meer/zum See/zur Eisdiele fahren/spazieren gehen?*
- *Wer spielt gerne Doppelkopf/Skat/Volleyball/...?«*

Beispiele für Fragen zum Thema des Treffens oder der Gruppe

- *»Wer hat Erfahrung mit ...?*
- *Wer wünscht sich für dieses Treffen/diese Initiative, dass ...?*
- *Wer hat schon einmal erlebt, dass ...?«*

Nachdem einige Fragen von den Facilitator:innen gestellt wurden, können gerne auch die Teilnehmenden aufgefordert werden, die Fragen zu stellen, die sie interessieren.

Herkunft

Ist mir bekannt aus dem Global Ecovillage Network.

2.4 Weiterführende Ansätze

2.4.1 Forum

Das Forum wurde im Kapitel 2.3.5 bereits in einer »Light«-Variante, dem »Minutenforum«, vorgestellt. Der dort geschilderte Rahmen gilt auch für das »richtige« Forum: Die Teilnehmenden sitzen im Kreis, es gibt eine Forumsleitung, und wer den Impuls verspürt, etwas von sich zu teilen, steht auf und spricht aus der Mitte heraus.

Das Forum in seiner vollen Form geht jedoch deutlich tiefer und kann daher auch deutlich herausfordernder sein. Es ist nicht empfohlen, ein »richtiges« Forum zu machen, ohne eine einjährige Forumsleiterausbildung absolviert zu haben. Das »richtige« Forum vertieft vor allem durch zwei weitere Punkte, die im »Minutenforum« nicht vorkommen.

Interventionen der Forumsleitung

Während im vorgestellten Minutenforum die Aufgabe der Forumsleitung lediglich das Halten des Raums und das Gestalten der Übergänge ist, gehören zum Forum in seiner vollen Ausprägung auch Interventionen der Forumsleitung.

Die Leitung gibt dabei Impulse, um die Person in ihrer Selbsterforschung zu unterstützen.

Das Eingreifen hat unterschiedliche Facetten:

- Manchmal geht es um ein Verlangsamen des Gedankenflusses und darum, die Aufmerksamkeit auf Körper oder Emotionen zu lenken, damit die Person sich selbst mit dem verbindet, was sie spricht, und so Zugang zu den eigenen Transformationspunkten bekommt.
- Interventionen, die helfen, Themen klarer herauszuarbeiten, sich mehr oder weniger mit dem Gesagten zu identifizieren: zum Beispiel kleine theatralische Szenen, in denen Menschen einen Aspekt ihres Innenlebens einmal voll und ganz energetisch einnehmen; eine Aufforderung, die Position zu wechseln, oder Ähnliches.

- Interventionen, die eingefahrene Bahnen aufbrechen sollen: verrückte Vorschläge wie eine andere Sprache sprechen, rückwärtsgehen, springen etc.
- Viele andere Möglichkeiten, abhängig vom Hintergrund der Forumsleitung.

Ziel ist es stets, die Person in der Mitte in ihrer Selbsterforschung zu unterstützen. Es dreht sich darum wahrzunehmen, was hinter dem Gesagten steckt und was unter der Oberfläche noch an Erkenntnissen steckt. Oft entsteht aus einem spielerischen oder theatralischen Impuls heraus eine neue Sichtweise, ein neues Erleben, jenseits von bekannten Mustern und dem Bild, mit dem sich die Person bis jetzt identifiziert hat.

Spiegel

Ein weiteres bewusstseinsbildendes Element des Forums sind die Spiegel, die Menschen nach ihren »Auftritten« bekommen können, wenn sie dies möchten. Spiegel sind konstruktive Feedbacks, in denen die Zuhörenden mitteilen, was sie während des Auftritts wahrgenommen haben. Spiegel können sich zum Beispiel auf die Körpersprache beziehen, auf Inkongruenzen zwischen Körpersprache, Ausdruck und dem, was gesagt wurde. Sie können aber auch eine Mitteilung sein, was von dem, was gesagt wurde, berührt hat oder wo die Zuhörer auf einmal unruhig wurden.

Die Spiegel geben der Person, die in der Mitte war, die Möglichkeit, Neues über sich zu erfahren.

Spiegel sind dann unterstützend, wenn sie aus einer empathischen Haltung und mit der Absicht gegeben werden, ein Geschenk für den anderen zu sein. Sie sollten nicht aus einer eigenen emotionalen Betroffenheit heraus gegeben werden, keine Ratschläge oder herabwürdigenden Kommentare beinhalten. Spiegel sollten nur nach einer sorgfältigen Einführung gegeben werden, denn sie können – gerade nach einem Auftritt, in dem die Menschen sich verletzlich gezeigt haben – auch destruktiv wirken.

Abschluss/Übergang: Nach einigen Spiegeln schließt die/der Prozessbegleiter:in den Auftritt einer Person ab, es gibt einen Schlussapplaus und eine bewusste Zäsur. Dann lädt die Leitung ein, dass eine weitere Person etwas, was sie bewegt, in die Mitte bringen kann.

Diese Elemente können das Forum deutlich intensiver und inspirierender machen, haben aber gleichzeitig das Potenzial, es auch sehr viel explosiver und verletzender zu machen. Wenn Menschen sich in der Mitte zeigen und öffnen, sind sie verletzlich – und die »Leitung« des Forums hat mit ihren Interventionen eine große Verantwortung, die Personen zu unterstützen, ihnen neue Perspektiven zu eröffnen und sie dabei zu schützen und nicht zu überfordern. Das ist eine schwierige Gratwanderung, die man nicht leichtfertig ohne Erfahrung im Halten derartiger Prozesse begehen sollte.

Das Gleiche gilt für die Spiegel: Sie können Menschen neue Welten eröffnen und wichtiges Feedback geben. Dafür braucht es jedoch Forumsteilnehmende, die die Kunst des Spiegelgebens beherrschen, denn Spiegel können auch leicht subtile Angriffe sein und verletzend wirken. Daher ist es wichtig, dass zum einen die Menschen, die am Forum teilhaben, eine gewisse Einführung gerade in die Kunst des Spiegelgebens bekommen haben und dass zum anderen die Leitung in der Lage ist, schwierige Spiegel, wenn sie denn doch mal gegeben werden, gut aufzufangen.

Daher gilt: Das Forum lässt sich nicht aus einer schriftlichen Anleitung lernen! Um selbst Forum zu leiten, ist es essenziell, sich in dieser Methode ausbilden zu lassen.

Ausbildung in Forumsleitung
Bietet das ZEGG mit einem Jahrestraining an.

Ausführlichere Infos: www.zegg-forum.org, www.kreacom.org

2.4.2 Wir-Prozess, Gemeinschaftsbildung nach Scott Peck

Inspiriert vom Gemeinschaftsforscher Scott Peck nutzen viele Gemeinschaften auch seinen Prozess zur Gemeinschaftsbildung (»Community Building«) – in der Variation, die am Schloss Tempelhof geprägt wurde, auch »Wir-Prozess« genannt.

Das Setting für Gemeinschaftsbildungstreffen ist sehr schlicht. Der Zauber liegt hier vor allem in dem Schaffen eines Rahmens, in dem von Herzen gesprochen, vorurteilsfrei zugehört und nicht reagiert wird.

Es gibt 18 Kommunikationsempfehlungen für ein Gemeinschaftsbildungstreffen, die anfangs eingeführt, während des Gemeinschaftsbildungsprozesses meist im Raum visualisiert und im Rahmen der Treffen befolgt werden sollten. Die Begleiter:innen schaffen vor allem den Rahmen und greifen behutsam ein, wenn die Regeln nicht beachtet werden.

- Sei pünktlich zu jeder Gesprächsrunde.
- Sag deinen Namen, bevor du sprichst.
- Sprich in der Ich-Form.
- Sprich von dir und deiner momentanen Erfahrung.
  (Erforsche dich, doziere nicht, rechtfertige dich nicht.)
- Verpflichte dich, am Ball zu bleiben.
  (Bleibe bis zum Ende jeder Runde.)
- Schließe ein – vermeide es, jemanden auszuschließen.
- Drücke dein Missfallen in der Gruppe aus, nicht außerhalb des Kreises.
- Sei verantwortlich für deinen persönlichen Erfolg.
  (Sei verantwortlich für das, was du für dich aus der Runde oder dem Workshop herausholst.)
- Sei beteiligt mit Worten oder ohne Worte.
- Sei emotional anwesend in der Gruppe.
- Höre aufmerksam und mit Respekt zu, wenn eine andere Person dir etwas mitteilt. Formuliere nicht schon eine Antwort, während jemand anderes spricht.
- Respektiere absolute Vertraulichkeit.

- Erkenne den Wert von Stille und Schweigen in Gemeinschaft.
- Gehe ein Risiko ein!
- Höre auf deine innere Stimme, und sprich, wenn du dazu bewegt bist; sprich nicht, wenn du nicht dazu bewegt bist.
- Fasse dich kurz.
- Keine Fragen, keine Ratschläge – jeder spricht nur über sich selbst.
- Kein Alkohol während des Workshops.

Diese Regeln sind nicht nur für explizite Treffen mit dem Thema »Gemeinschaftsbildung« relevant, sie sind auch gute Empfehlungen für jede Alltagssituation.

Ausführlichere Infos: https://gemeinschaftsbildung.space/

2.4.3 Prozessarbeit nach Arnold Mindell

Die Prozessarbeit nach Arnold Mindell (auch Process Work, World Work, Deep Democracy oder prozessorientierte Psychologie genannt) ist ein Ansatz für die Arbeit an menschlichen Prozessen, der auf der Psychologie C. G. Jungs, Quantenphysik, Buddhismus und Schamanismus basiert.

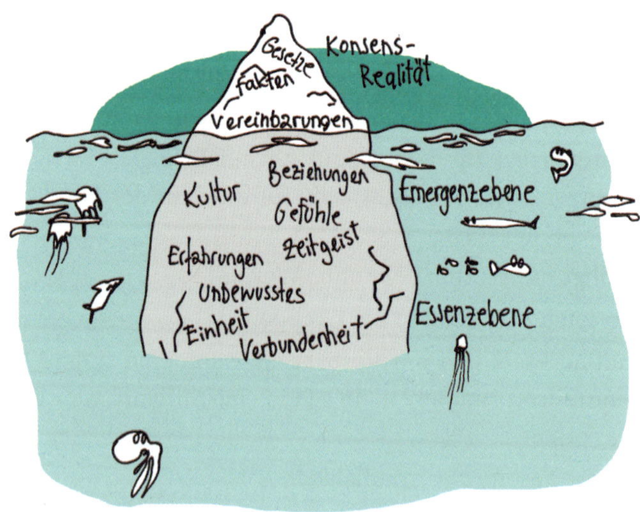

Daraus ergibt sich eine Arbeitsweise, der neben der für alle Menschen ähnlich erlebbaren Konsensrealität noch zwei weitere Realitätsebenen mit einbezieht: die Emergenzebene (auch Traumland genannt) und die Essenzebene. Die Emergenzebene umfasst die Ebene der Subjektivität, der eigenen Werte und Gefühle, der Kultur und der persönlichen Erfahrungen. Die Essenzebene ist die Ebene, in der sich die Dualität zwischen Ich und Nicht-Ich auflöst und in der das Einssein mit der Welt spürbar wird. In der Prozessarbeit sind alle diese Ebenen gleich wichtig.

Die Prozessarbeit betont die Bedeutung von fünf verschiedenen Wahrnehmungskanälen, um tieferen Zugang zu den verschiedenen Realitätsebenen zu bekommen. Dies sind

- visueller Kanal (Sehen)
- auditiver Kanal (Hören)
- propriozeptiver Kanal (Eigenwahrnehmung)
- kinästhetischer Kanal (Bewegungskanal)
- Weltkanal (Signale aus dem Umfeld).

In klassischen Gruppenprozessen wird nur einem kleinen Anteil des auditiven Kanals bewusste Beachtung geschenkt: den Worten, die jemand äußert. Selbst dies ist nur ein Ausschnitt aus einem der fünf Kanäle, dem auditiven Kanal, denn neben den Worten ist beim auditiven Kanal auch noch die Tonlage von Bedeutung, die Lautstärke und die Schnelligkeit, mit der gesprochen wird, ob die Stimme zittert oder sich überschlägt.

Die Prozessarbeit eröffnet durch die Schulung der Aufmerksamkeit für die verschiedenen Kanäle und in ihren Übungen zum bewussten Wechsel der verschiedenen Kanäle neue Herangehensweisen und Einsichten sowie eine Vielfalt von inspirierenden Methoden.

Eine typische Übung der Prozessarbeit beinhaltet mindestens einen bewussten Kanalwechsel. Ein Beispiel für ein derartiges Werkzeug der Prozessarbeit bietet das Kapitel 2.5.4.5, »Inner Work zu Konflikten«.

Die Grundhaltung der Prozessarbeit ist eine Haltung der Deep Democracy. Diese Grundhaltung impliziert, dass alles, was ist, wahrgenommen werden will und auch da sein darf. Alle Stimmen und insbesondere auch alles, was unter der Oberfläche ist: die Verletzungen, die kulturellen Normen und persönlichen Werte, die Stimmungen, die Gefühle, die Emotionen, die Rollen und Ränge, das Unbewusste und die Glaubenssätze – egal, ob sie positiv oder negativ konnotiert sind –, werden mit der Haltung »Aha, das gibt es auch!« wahrgenommen und respektiert. Nichts wird marginalisiert und tabuisiert, sondern alles bekommt seinen Raum.

Besonders hat mich die Prozessarbeit zum Thema **»Rang und Privilegien«** inspiriert. Rang und Privilegien sind in jeder menschlichen Interaktion vorhanden. Häufig widerspricht das unserer Ethik von Respekt, Gleichberechtigung und Achtsamkeit gegenüber anderen Menschen – daher wird das Thema in Kreisen, für die Gleichberechtigung und Inklusion hohe Werte sind, häufig tabuisiert oder nur negativ thematisiert, weil es etwas ausdrückt, was »nicht sein darf«. Die Frage nach einem konstruktiven und bewussten Umgang mit dem Thema beantwortet die Prozessarbeit auf eine ganz besondere Art, die ich in Kapitel 2.6 vorstellen werde.

Wesentlicher methodischer Ansatz der Prozessarbeit ist es, **stets dem Prozess zu folgen** und ihm zu vertrauen. Das, was im Prozess auftaucht, ist die richtige Spur, die uns zeigt, wie es weitergehen kann. Der Prozess lehrt uns und gibt uns Feedback, er weist auf den nächsten Schritt hin. Wir müssen lediglich unsere Aufmerksamkeit für das Feedback aus allen Kanälen schulen, denn das wesentliche Feedback kommt häufig nicht aus dem verbalen Kanal, auf den die meisten traditionell geschulten Prozessbegleiter:innen fokussiert sind, sondern aus den Kanälen, auf denen wir unbewusste Signale aussenden und wahrnehmen.

Das Institut für Prozessarbeit in Bonn bietet Ausbildungen und Trainings in Prozessarbeit an (www.institut-prozessarbeit.de).

2.4.4 Gewaltfreie Kommunikation

Die Gewaltfreie Kommunikation nach Marshall Rosenberg ist inzwischen schon vielen Menschen bekannt.

Ein Grundprinzip der Gewaltfreien Kommunikation ist es, beim Ansprechen von schwierigen Themen folgende Punkte nacheinander auszudrücken:

- 1. Wahrnehmung
- 2. Gefühl
- 3. Bedürfnis
- 4. Bitte.

Sehr bewusst habe ich diese vier Schritte, die von manchen auch »Methode« oder »Werkzeug« genannt werden, nicht als Werkzeug vorgestellt, weil dies meiner Meinung nach dem Ansatz nicht gerecht wird. Die Gewaltfreie Kommunikation ist vielmehr eine Haltung und eine Schulung der Achtsamkeit in der Kommunikation.

Wichtiger, als ganz genau in diesen vier Schritten zu sprechen, sind die Grundsätze, die diesen Schritten zugrunde liegen und die mehr Verbundenheit in der Kommunikation ermöglichen:

1. Wahrnehmung: Nutze keine Verallgemeinerungen, sondern drücke konkrete nachvollziehbare, wahrnehmbare Fakten aus. Nicht: »Du bist immer zu spät!«, sondern: »Es ist auf meiner Uhr 16.15 Uhr, wir waren um 16 Uhr verabredet.« Sprich nicht in absoluten Sätzen: »So ist es!«, sondern drücke aus: »So habe ich es wahrgenommen« oder »So ist meine Erinnerung.« Beschreibe Dinge so, wie eine Kamera oder ein Mikrofon sie aufgezeichnet hätte, ohne Interpretation. Das eröffnet Raum für Verständigung.

2. Gefühl: Oft halten wir Interpretationen für Gefühle und drücken das entsprechend aus. Der Satz etwa: »Ich fühle mich vernachlässigt« ist eine Interpretation des Verhaltens der anderen Person und beinhaltet einen Vorwurf, dass die andere Person mich vernachlässigt. »Ich bin traurig, verzweifelt, wütend ...« ist ein Gefühl, unabhängig davon, ob mein Gegenüber mich vernachlässigen wollte oder nicht. Dieses Gefühl hat etwas mit mir zu tun. Es wird durch das Gegenüber nur ausgelöst, das Gegenüber ist nicht dafür verantwortlich. Es sagt nichts über das Gegenüber aus, sondern etwas über mich, zum Beispiel über meine Bedürfnisse – der nächste Schritt in der Schrittfolge der Gewaltfreien Kommunikation.

3. Bedürfnisse: Die Gefühle sind Tore zur Erkenntnis meiner Bedürfnisse. Sie zeigen, was mir wichtig ist und daher mein Gefühl auslöst. Etwa: »Gemeinsame Zeit ist für mich sehr kostbar, und ich möchte jede Minute davon genießen« oder auch: »Mir ist Pünktlichkeit wichtig, weil ich viel zu tun habe.« Damit zeige ich mich meinem Gegenüber, ohne in Angriff zu gehen, und schaffe Verbindung.

4. Bitte: Dieser vierte Schritt ist nicht immer notwendig, aber es kann Konflikte deeskalieren, wenn Bitten geäußert werden. Rosenberg schlägt vor, sehr konkrete, umsetzbare Bitten zu formulieren, auf die sich die angesprochene Person explizit einlassen kann. Damit kann eine Brücke gebaut werden. Gleichzeitig impliziert das Wort »Bitte«, dass auch ein »Nein« als Antwort möglich ist.

In meinen Augen ist das Schulen des Zuhörens in der Gewaltfreien Kommunikation vermutlich sogar entscheidender als das gewaltfreie Sprechen. Denn durch das empathische Zuhören können wir wirklich eine Tür zur Verbindung aufmachen.

»Mit Giraffenohren hören« nennt Rosenberg es. Die Giraffe steht bei ihm als Symboltier für Gewaltfreie Kommunikation, da die Giraffe das Landtier mit dem größten Herzen ist. Mit Giraffenohren hören bedeutet, auch in Vorwürfen und Konflikten aus der Rede des Gegenübers einen (eventuell misslungenen, aber verständlichen) Versuch herauszuhören, seine/ihre Bedürfnisse zu äußern.

Rosenberg hat dazu zwei sehr wichtige Sätze gesagt:

> »Die Schönheit in einem Menschen zu sehen, ist dann am nötigsten, wenn er auf eine Weise kommuniziert, die genau das am schwierigsten macht.«

> »Du kannst dich jederzeit entscheiden, wie du die Worte deines Gegenübers aufnimmst, die Macht liegt bei dir.«

Konflikte können eindrucksvoll entschärft werden, wenn man auf Vorwürfe und Aggressionen nicht ebenfalls mit Vorwürfen oder mit Verteidigungen reagiert, sondern die Bedürfnisse, die hinter diesen Angriffen stecken, wahrnimmt und respektiert.

Interesse für die Bedürfnisse, die hinter Angriffen oder anderem negativ wahrgenommenem Verhalten stecken, ist oft der Schlüssel zur Deeskalation.

Information über Trainings und Ausbildungen zur Gewaltfreien Kommunikation finden sich auf dieser Website: https://www.gfk-info.de/

2.4.5 Tiefenökologie

Der Begriff »Tiefenökologie« wurde vom Umweltaktivisten Arne Naess geprägt. Die Methode, so wie sie heute gelehrt wird, wurde maßgeblich von Joanna Macy entwickelt.

Tiefenökologie sieht die Erde als ein lebendes System, in dem alles miteinander verbunden ist. In Übungen und Ritualen der Tiefenökologie lernen wir, uns wieder zu verbinden – mit uns selbst, unseren Mitmenschen, allen anderen Wesen und der Erde. Die Probleme, die wir mit uns tragen, und der Schmerz, den wir in uns spüren, sind nur zum Teil individuell. Ein anderer, oftmals weitaus größerer Teil ist kollektiv.

Eine immer weiter zunehmende Anzahl von Menschen fühlt sich den Herausforderungen unserer Zeit, wie Klimakrise, Artensterben, weltweite Ungerechtigkeit, Kriege, Hunger, Pandemie etc., nicht gewachsen und reagiert mit Ohnmacht, mit dem Identifizieren von scheinbar allmächtigen Drahtziehern hinter allem oder sich selbst überforderndem Aktivismus.

Tiefenökologie bietet einen Raum, diese Gefühle nicht zu verdrängen, sondern sie zu benennen, zu spüren und die Erfahrung zu machen, dass man auch aus dem Gefühl der Verzweiflung Kraft gewinnen kann. Das Wichtigste an dieser Arbeit ist, dass unser Wissen erfahrbar wird, Herz und Verstand in Verbindung sind und wir so zum Handeln kommen, aus uns selbst heraus, mit einem neuen Bewusstsein für das Ganze! Das lässt uns die Verantwortung übernehmen, für uns selbst und für das, was in der Welt geschieht. Tiefenökologie kann von der Ohnmacht zum Handeln führen. Durch eine Verbindung von Übungen und kognitiven Inhalten über Zusammenhänge der aktuellen Krisen wird dieser Prozess erfahrbar.

Das Tiefenökologie-Netzwerk bietet hierzu Ausbildungen und Seminare an: https://tiefenoekologie.de/

2.5 Sonderthema: Konfliktbearbeitung

2.5.1 Theoretische Grundlagen

(Das folgende Kapitel wurde – mit wenigen Anpassungen – übernommen aus meinem Buch *Der Gemeinschaftskompass*, erschienen 2021 im oekom verlag, München. Danke an den Verlag für die Genehmigung!)

Was ist überhaupt ein Konflikt? Unterschiedliche Meinungen, Interessen oder Lösungsvorschläge sind noch kein Konflikt, sondern lediglich eine Meinungsverschiedenheit. Meinungsverschiedenheiten und Interessenkollisionen können auf der Sachebene mit guten Argumenten und kreativem Vorgehen gelöst werden. Manchmal gibt es dabei Lösungen, die alle zufriedenstellen, manchmal braucht es ein »gerechtes Verteilen der Kröten«, die zu schlucken sind. Im schlimmsten Falle stellt man fest, dass die beiden Konfliktparteien zu wenig an einem Strang ziehen, um miteinander das zu tun, worüber sie unterschiedlicher Meinung sind – und sie gehen getrennter Wege. All das muss noch kein Konflikt sein. Die Meinungsverschiedenheit wird in dem Moment zum Konflikt, in dem bei einer der beiden Parteien eine emotionale Ladung dazukommt.

Der konstruktive Umgang mit Konflikten ist eine der Kerndisziplinen, um das Miteinander von Individuen in Gemeinschaft gelingen zu lassen. Konflikte werden immer wieder auftreten, dies lässt sich nicht vermeiden. Aufgabe für alle Beteiligten ist, einen guten Umgang damit zu finden. Konflikte zeugen von Lebendigkeit, davon, dass es Bewegung gibt, und das ist gut so. Konflikte können uns helfen, ein umfassenderes Verständnis von unserer Gemeinschaft zu bekommen. Sie können unser Weltbild erweitern. Sie geben wichtige Impulse zur Weiterentwicklung. Ohne Konflikte gibt es viel weniger Weiterentwicklung.

Meine Überzeugung nach 29 Jahren in einem Gemeinschaftsprojekt wird vielleicht manchen desillusionieren: Ich glaube längst nicht mehr, dass alle Konflikte »lösbar« sind. Das ist die »schlechte« Nachricht: Wenn wir eng mit vielen Menschen zusammenarbeiten, wird es Menschen geben, mit denen wir uns immer wieder an den gleichen Stellen reiben. Es wird Menschen geben, bei denen wir wissen: Wenn wir dieses oder jenes zusammen tun, wird es schwierig werden, denn da passen wir einfach nicht zusammen. Und das ist in Ordnung so.

Und dennoch: Auch wenn wir nicht alle Konflikte lösen können, gibt es bei den allermeisten Konflikten die Möglichkeit, sie so weit zu entspannen, dass sie keine unüberwindbaren Gräben aufreißen. Uns auch im Konfliktfall als Menschen wohlwollend begegnen, indem wir einfach wertfrei feststellen: Da sind wir unterschiedlich und reiben uns auch immer wieder aneinander. Und wir können lernen, damit umzugehen.

Wenn ich Konflikte in Gruppen und Initiativen begleite, dann ist mein erklärtes Ziel, auf der zwischenmenschlichen Ebene so viel gemeinsame Basis zu schaffen, dass die Konflikte dem Erkenntnisgewinn dienen können. Dann können die Konfliktparteien sich gegenseitig wieder mit Wohlwollen und Respekt vor ihrem Menschsein sowie Respekt vor ihren Unterschieden begegnen.

Auf dieser Basis suchen wir dann nach der konkreten Sachlösung.

Hierzu braucht es – wichtiger als alle Methoden der Welt – eine Haltung, in der es einen Respekt vor der Unterschiedlichkeit und ein Wohlwollen gegenüber der anderen Konfliktpartei gibt. Die oben genannte Haltung der »Tiefen Demokratie«, eines tiefen Respektes vor allen Aspekten des Menschseins, ist hierfür essenziell. Wenn wir der Meinung sind, dass jemand anderes nicht so sein darf, wie er/sie ist, werden wir Konflikte mit dieser Person nicht lösen können.

Häufig bleibt trotz konstruktiver Konfliktklärung das Wissen, dass wir uns an diesem oder jenem Punkt mit unseren Unterschieden immer wieder zur Weißglut treiben können. Aber nach einer konstruktiven Konfliktbearbeitung ist das idealerweise möglich, ohne dabei in destruktive Kämpfe zu verfallen.

Wie können Konflikte konstruktiv gelöst werden?

In jedem Konflikt steckt eine Lernchance für alle Beteiligten. Neben dem persönlichen Lerneffekt für Einzelne ist häufig auch Lernpotenzial für die gesamte Gruppe vorhanden.

Konflikte dürfen als Anreiz genommen werden, ein Thema tiefer zu erforschen – sowohl bei sich selbst als auch in der Begegnung mit anderen. Wenn wir das wirklich mit einem echten Interesse an uns selbst und der anderen Person tun, dann können aus dem Konflikt konstruktive neue Ansätze für Individuen und Gemeinschaft entstehen.

Auf der persönlichen Ebene können wir über uns selbst lernen, warum wir auf etwas genervt reagieren, während anderes vielleicht nur ein müdes Lächeln hervorruft. Das ist eine der wesentlichsten Fragen in der individuellen Bearbeitung eines Konfliktes: **Warum reagiere ich so stark auf das, was die andere Person tut? Was hat das mit mir zu tun?** Gibt es alte Verletzungen, die ich nicht loslassen kann? Kann ich daran etwas verändern? Wie kann ich ansprechen, dass ich an dieser Stelle besonders reagiere? Hier liegt großes persönliches Wachstumspotenzial.

Und gleichzeitig können wir viel über andere lernen, wenn wir aufhören, sie für ihr Anderssein zu verurteilen, sondern vielmehr mit einem menschlichen Interesse an die Unterschiedlichkeit herangehen: Welche Hintergründe motivieren sie zu einem Verhalten, das wir zunächst nicht verstehen können oder sogar ablehnen? Wir müssen ihr Verhalten nicht gutheißen, aber wir sollten Interesse für das haben, was das Verhalten motiviert.

Auf der Gruppenebene können wir aus den Gruppenkonflikten lernen, **welche Themen eine Beachtung der gesamten Gruppe brauchen** – oft geht es hier um Rang- und Machtfragen, um Rollenklärungen oder um implizite, aber nicht kommunizierte Erwartungen. Dabei kann es hilfreich sein, sich die folgenden Fragen zu stellen: Was sagt ein Konflikt über das Wachstumspotenzial oder die blinden Flecken der Gruppe aus? Was muss anders organisiert werden, damit es nicht zu Verletzungen kommt? Wo sind wir unklar in unserer Ausrichtung und müssen gemeinsam genauer hinschauen?

Etwas Konflikttheorie ist hilfreich
Es erleichtert die Konfliktbearbeitung manchmal sehr, sich bewusst zu machen, dass Konflikte sehr unterschiedliche Ebenen haben können, die unterschiedliche Bearbeitungsmechanismen brauchen. Ich unterscheide fünf verschiedene Konfliktarten:

Ressourcenkonflikt: Eine knappe Ressource soll verteilt werden, und mehrere Menschen konkurrieren um diese knappe Ressource. *Zum Beispiel:* Wer bekommt das letzte Stück Kuchen?

Zielkonflikt: Menschen wollen zwei unterschiedliche Ziele erreichen. *Zum Beispiel:* Eine Schulinitiative hat Menschen, denen wichtig ist, dass Kindern gar keine Lernziele gesetzt werden, und Menschen, denen wichtig ist, dass die Kinder in ihren Lernerfolgen mit den Schülern staatlicher Schulen vergleichbar sind.

Werte- (oder Bedürfnis-)Konflikt: Die Werte von verschiedenen Menschen stehen in direktem Konflikt miteinander. *Zum Beispiel:* Stille versus freie Entfaltung der Kinder.

Rangkonflikt: Unstimmigkeiten im Bereich von Hierarchie und Macht. *Zum Beispiel:* Wer fühlt sich untergebuttert, wer hat wie viel zu sagen?

Triggerkonflikt: Ein Konflikt, der etwas damit zu tun hat, dass mich eine Situation oder eine Person mit ihrer Art an eine alte Verletzung erinnert und damit etwas triggert. *Zum Beispiel* werde ich in einer bestimmten Situation wütend, da sie mich an einen früheren Konflikt erinnert.

In der seltensten Form hat ein Konflikt nur eine Ebene, meist überlappen sich mehrere. Aber gerade deshalb ist es sehr hilfreich zu untersuchen, welche Ebenen ein Konflikt hat, denn unterschiedliche Konfliktebenen brauchen sehr unterschiedliche Herangehensweisen zur Konfliktklärung.

Der Ressourcenkonflikt scheint zunächst schwierig, ist aber in der Realität der einfachste Konflikttyp. Ein reiner Ressourcenkonflikt ist oft weniger ein Konflikt in der Gruppe, sondern einfach ein Problem, das gelöst werden muss. Der erste Schritt sollte hier stets sein zu schauen, ob der **»Kuchen größer gemacht werden«** kann. Welche Optionen gibt es, damit mit den vorhandenen Ressourcen mehr möglich ist? Hierzu ist es hilfreich, über die vorhandenen Muster hinauszudenken, kreativ neue Lösungen zu suchen. Ein Brainstorming zur Frage »Was gäbe es noch für Lösungen, außer dass jede:r einen Teil oder eine:r das Ganze bekommt?« mit einer unterstützenden Gruppe kann häufig zu Ideen führen. Idealerweise finden sich Win-win-Lösungen, bei denen beide Parteien ihre Bedürfnisse voll befriedigen können. Das gelingt immer wieder, aber leider längst nicht immer.

Wenn klar ist, dass der Kuchen nicht groß genug gemacht werden kann, dass beide Parteien ihre Lieblingslösung bekommen können, braucht es eine andere Lösung. Für diese Lösung ist wichtig, dass beide Parteien auch die Bedürfnisse des Gegenübers anerkennen. Wenn das möglich ist, dann kann der Konflikt gelöst werden, indem die »Kröten gerecht verteilt werden«, dann kann man eine Lösung finden, mit der beide Parteien leben können.

Zielkonflikte sind eine Konfliktebene, die von der Herangehensweise her zwischen Ressourcen- und Werte-/Bedürfniskonflikten angesiedelt sind. Zunächst gilt ein ähnliches Vorgehen wie im Ressourcenkonflikt. Es gilt zu erforschen, ob die Ziele wirklich unvereinbar sind oder ob es Möglichkeiten gibt, beide Ziele zu erreichen, ohne dass eine Person zu sehr zurückstecken muss. Beide Ziele zu erfüllen, ist häufig eine mögliche Lösung eines Zielkonfliktes.

Wenn dies nicht möglich ist, gibt es zwei Möglichkeiten mit vielen Varianten.

Bewusst nenne ich hier als Erste die unbeliebteste Lösungsmöglichkeit: **Manchmal ist eine Teilung der Gruppe eine reale und gute Option und kein Scheitern, denn gerade bei Gruppen, die sich für ein bestimmtes Ziel zusammengefunden haben, kann es die Gruppe schwächen, wenn**

die Zielkonflikte zu groß sind. Dann ist es sinnvoller, zwei Gruppen zu haben, die jeweils für ihre Ziele gehen (und im Idealfall dabei gut kooperieren, weil sie sich ansonsten gut verstehen), als sich zwischen diesen beiden Zielen aufzureiben.

Wenn der Wunsch besteht, trotz des Zielkonfliktes als Gruppe zusammenzubleiben, muss auf die tiefere Ebene geschaut werden, die sich meist in den Werten und Bedürfnissen ausdrückt. So kann Verständnis für die verschiedenen Ziele geschaffen und die Verbundenheit zwischen den verschiedenen Seiten des Konfliktes gestärkt werden. Danach können eventuell »Kröten verteilt« werden.

Im Werte- oder Bedürfniskonflikt geht es um tiefes Zuhören und Akzeptanz der Werte des Gegenübers: Welche Erfahrungen hast du in deinem Leben gemacht? Was ist dir heilig? Wie geht es dir, wenn das Bedürfnis nicht erfüllt wird? Was verbindest du mit diesem Wert?

Wenn wir die Werte und Bedürfnisse des Gegenübers verstehen und akzeptieren können, ist es viel leichter, eine gemeinsame Lösung zu finden. Wenn ich nur den Eindruck habe, dass jemand mir einen eigenen Wert, ein eigenes Bedürfnis aufzwingt und es über meine Bedürfnisse stellt, gibt es wenig Möglichkeit, Brücken zu bauen. Wenn beide Seiten die Werte und Bedürfnisse der anderen nachvollziehen können, gibt es häufig einen Weg.

Manchmal stellen wir auch hier fest, dass die Lösung, damit beide Parteien ihre Werte und Bedürfnisse leben können, die Trennung ist, da die Werte oder Bedürfnisse so eng beieinander nicht realisiert werden können. Auch das kann eine gute Lösung eines Konfliktes sein. Nicht immer lassen sich Konflikte so lösen, dass die bisherige Gruppe in ihrer Zusammensetzung fortbesteht. Immer wieder führen sie auch dazu, dass Menschen sich voneinander oder von einer Gruppe lösen.

Eine Person mit Katzenhaarallergie und ein Mensch, der unbedingt mit Katzen zusammenleben will, tun sich keinen Gefallen, wenn sie in eine Wohnung zusammenziehen. Da hilft auch keine noch so bewusste Konfliktklärung weiter.

Rangkonflikt: Das Thema »Rang« vertiefe ich in Kapitel 2.6. Es dreht sich hier um das persönliche Erleben der eigenen Wirksamkeit und Unwirksamkeit sowie die Frage, wie dies in der Gruppe aufgenommen wird. Die Beschäftigung mit dem Thema »Rang« eröffnet eine vollkommen neue Perspektive auf menschliche Dynamiken. Laut der Prozessorientierten Psychologie (siehe Kapitel 2.4.3), aus der das Konzept stammt, sind 90 Prozent aller Konflikte im Grunde Rangkonflikte. Oft ist es so, dass beide Konfliktparteien sich aus irgendeinem Grund dem anderen unterlegen fühlen und aus dieser subjektiv als untergeordnet empfundenen Position in eines der archaischen Grundmuster »Totstellen« (nix sagen), »Flucht« (die Situation verlassen) oder »Kampf« (Aggression) verfallen. Wenn beide in diesen Positionen verharren, ist es sehr schwer, zu einer konstruktiven Lösung zu kommen. Daher ist es wichtig, hier Bewusstsein über Rangdynamiken zu entwickeln.

Triggerkonflikt: Am schwierigsten zu lösen ist die Ebene, die ich Triggerkonflikt nenne, denn hier kann die/der aktuelle Konfliktpartner:in am allerwenigsten zur Lösung beitragen. Manchmal ist es so, dass ich stark auf eine andere Person (oder in einer bestimmten Situation) reagiere, weil es alte Verletzungen in mir anrührt. Wenn jemand so spricht wie eine Person, die mich in der Vergangenheit verletzt hat, wenn in bestimmten Situationen alte Bilder hochkommen, dann reagiere ich unangemessen, und es können daraus Konflikte entstehen, für die das aktuelle Gegenüber gar nichts kann.

Hier sind Selbsterkenntnis, das Teilen dieser Erkenntnis und die Unterstützung der Gruppe im Umgang damit der zielführende Weg. Die persönliche Arbeit jedes Einzelnen besteht darin herauszufinden, welcher Anteil an einem Konflikt alte Trigger sind, dies dem Gegenüber mitzuteilen und daran zu arbeiten, die neuen Erfahrungen und die alten Trigger voneinander zu trennen. Wenn wir von unseren Gruppenmitgliedern wissen, was sie triggert, dann kann die Gruppe die Personen darin unterstützen, einen anderen, bewussten Umgang damit zu finden.

2.5.2 Stellvertreterkriege

Im Rahmen des Gemeinschaftskompasses geht es meistens um Klärungen von Gruppenkonflikten. Das sind Konflikte, die nicht nur zwischen zwei Personen sind, sondern in die ein Teil der Gruppe mit verwickelt ist. Oft gibt es einen Kernkonflikt zwischen zwei Personen, aber durch Parteinahme für die eine oder andere Partei wird es zu einem Gruppenkonflikt. Das verschärft die Situation häufig noch weiter.

Solidarität ist ein wichtiger Wert für viele Menschen in gemeinschaftlichen Projekten. So gehört es häufig fast »zum guten Ton«, in einem Konflikt für die scheinbar schwächere Seite Partei zu ergreifen, um sie darin zu unterstützen, »gehört zu werden«. Allerdings ist das eine gefährliche Strategie, denn Konflikte können sich sehr verhärten, wenn vormals am Konflikt unbeteiligte Menschen solidarisch Partei für die eine oder andere Seite ergreifen.

Insbesondere in Gruppen, in denen sonst eine gewisse konstruktive Konfliktlösungskultur vorherrscht, kann man häufig ein Phänomen beobachten: Während die direkt Betroffenen noch eher den Anspruch an sich haben, nicht nur egoistisch zu denken, sondern auch die andere Seite zu sehen und zu prüfen, ob sie sich vielleicht bewegen müssten, sieht die »Retter:in«, die sich mit der schwächeren Seite solidarisiert, sich nicht in der Pflicht dazu. Im Gegenteil, sie fühlt sich verpflichtet, genau das nicht zu tun. Denn sie engagiert sich aus dem hehren Motiv heraus, Schwächere zu unterstützen. Da wäre jegliche Kompromissbereitschaft, jegliches Anerkennen der eigenen Beiträge für den Konflikt ein Loslassen der Unterstützung oder ein Im-Stich-Lassen von den Menschen, die die Retter:in in Schutz nehmen möchte.

Seit mir dieses Muster bewusst wurde, entdecke ich es bei mir selber und auch in vielen Konflikten, die ich begleite. So beobachte ich oft Eskalationen, Verhärtungen und Unversöhnlichkeiten genau in dem Moment, in dem sich Menschen für andere einsetzen.

In der Transaktionsanalyse ist das als **»Dramadreieck« mit den drei Rollen »Täter«, »Opfer« und »Retter«** bekannt. Dieses Dreieck hat einen wichtigen Stellenwert in vielen gruppendynamischen Erklärungsansätzen.

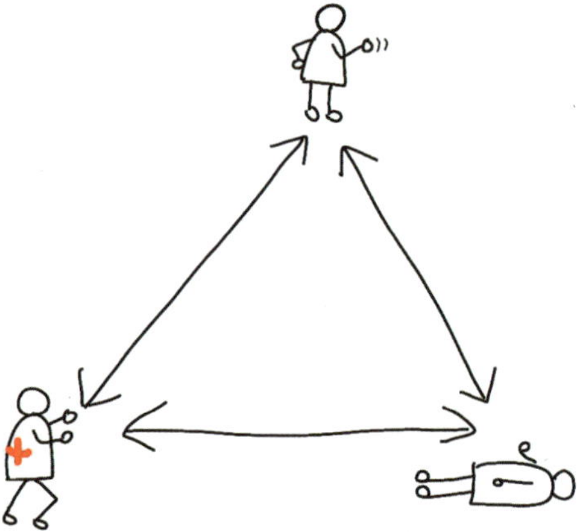

Das Dramadreieck

Im Bild des Dramadreiecks entfaltet sich in vielen Konflikten ein Rollenspiel zwischen »Täter«, »Opfer« und »Retter«. Diese drei Rollen gehören zusammen, sie haben viel mit der eigenen Grundhaltung zum Leben zu tun und bedingen sich teilweise gegenseitig.

Die Täterin: Sie nimmt die Dinge auf ihre Art und Weise in die Hand, setzt eigene Ansprüche und Bedürfnisse gegen andere durch und kritisiert andere oder schüchtert sie ein. Die dazugehörige Grundhaltung ist: »Ich bin okay, du bist nicht okay.«

Das Opfer: Es fühlt sich ohnmächtig und hilflos. Es erlebt Übergriffigkeit seitens des Täters. Häufig sind es Menschen, die wenig Urvertrauen haben mit der inneren Haltung von »Ich bin nicht okay«. Da dies kein schönes Gefühl ist, wird diese Haltung unbewusst zu: »Ich werde immer schlecht behandelt!«

Die Retter:in: Sie möchte wichtig sein und sieht sich als Kämpferin für das Gute. Diese Rolle heizt das Drama dadurch weiter an, indem sie unbewusst das Opfer kleiner macht, als es ist, indem sie meint, es unterstützen zu müssen. »Ich bin okay. Ihr seid beide (Täter und Opfer auf unterschiedliche Weise) nicht okay.«

Die Rollen im Dramadreieck können auch wechseln (manchmal in Sekundenschnelle) – niemand ist nur auf eine Rolle festgelegt. Die meisten

Menschen haben eine Lieblingsrolle in bestimmten Situationen. Gerade wenn eine »Retterin« ins Spiel kommt, dann verwandelt sich manchmal ein Täter in ein Opfer und die Retterin zur Täterin.

Das Dramadreieck und die damit verbundenen Stellvertreterkriege können in sehr vielen Konfliktsituationen beobachtet werden. Und sie tragen fast grundsätzlich zur Verschärfung des Dramas bei.

Wie kann dieses Drama durchbrochen werden?

Sich bewusst zu sein, dass es dieses Dramadreieck gibt und dass Stellvertreterkriege meistens härter geführt werden als ursprüngliche Konflikte, ist ein erster Schritt. Ich will an dieser Stelle den Fokus insbesondere auf die Retterrolle richten, da ich erlebt habe, dass sie häufig zur Konflikteskalation beiträgt. Solidarität mit vermeintlichen Opfern kann auch anders gezeigt werden, als indem für sie gekämpft wird.

Das Aussteigen aus der Retter:innenrolle bedeutet:

- annehmen und unterstützen, dass das Opfer für sich selbst sprechen kann;
- die Person darin stärken, für sich selbst zu sprechen, indem ihr Mut gemacht wird, das Thema an der richtigen Stelle einzubringen;
- als Vertraute und Unterstützer:in des Opfers dieses stärken und dabei gleichzeitig auch dazu anregen, über die eigene Verantwortung im Konflikt nachzudenken. Die eigene Verantwortung zu sehen, trägt dazu bei, dass eigene Handlungsmöglichkeiten entwickelt werden, und hilft, aus der Ohnmacht auszusteigen. Die Verantwortungsübernahme für die eigene Seite – die vielen als Schwäche vorkommt – kann sich als eine wichtige Stärkung entpuppen.

Die Erkenntnis, dass Rettungsaktivitäten häufig kontraproduktiv sind, widerspricht den Werten vieler Gruppen von Solidarität und dem Einstehen für Schwächere. Soll es wirklich sinnvoller sein, bei Angriffen nicht für die angegriffene Person einzustehen?

Wenn Retter:innen aus der einseitigen Parteinahme für das Opfer aussteigen und die Haltung der »Allparteilichkeit« einnehmen können, dann können sie konstruktive Beiträge zur Konfliktlösung leisten. Das beinhaltet einen Ausstieg aus der »Retter:innenrolle«, in der held:innenhaft das Opfer verteidigt wird, und einen Einstieg in die Rolle des »Coaches«, der:die das Opfer auch mal »fordert«. Solange sie einseitig das Opfer verteidigen und schützen, verschärfen sie Konfliktsituationen. Als Coach können sie das Opfer unterstützen, von der Opferrolle in die Rolle einer Lernenden zu kommen.

Und wie bei vielen Fragen im Leben gilt so eine Aussage nicht immer, zum Beispiel nicht in akuten Notsituationen. Wenn jemand körperlich angegriffen wird oder heftig beleidigt, dann muss in der Akutsituation zunächst die Person geschützt werden. Aber in der Weiterbearbeitung der Situation braucht es auch in so einer Situation einen allparteilichen Blick auf die Situation.

Das Bewusstsein über die Dynamik von Stellvertreterkriegen und das Dramadreieck Täter:in – Opfer – Retter:in kann viele Konflikte entschärfen und einen Weg zur Konfliktlösung bahnen.

2.5.3 Methodische Überlegungen

Das Grundrezept für Konfliktmoderation ist es, den Rahmen zu schaffen, in dem die Menschen einander zuhören können, damit sie wirklich hören und verstehen, was den/die andere:n bewegt, das Gegenüber mit seinen menschlichen Bedürfnissen wahrnehmen können und sich selbst wahrgenommen fühlen.

Hilfreich ist es, eine Konfliktmoderation mit einer Einstimmung zu beginnen, in der daran erinnert wird, dass es unterschiedliche subjektive Wahrheiten gibt und dass es bei diesem Treffen nicht um das Überzeugen der anderen Seite geht, sondern darum zu lernen, wie vielfältig Sichtweisen seien können und über das gegenseitige Verständnis auf eine andere Stufe des Miteinanders zu kommen. Ich nutze dafür gerne ein Zitat von Rumi:

> »Jenseits von richtig oder falsch gibt es einen Ort, da treffen wir uns.«

Ein Gleichnis, das ich gerne zur Einstimmung von Konfliktmoderationen verwende, ist die Geschichte vom Elefanten, die ich im Anhang erzähle.

2.5.3.1 *Gemeinschaftskompass als Konfliktprävention*

Das Wissen darum, dass es alle sieben Aspekte des Gemeinschaftskompasses braucht, um Projekte zum Blühen zu bringen, kann auch zum besseren Verständnis mancher alten Konflikte und zur zukünftigen Konfliktprävention beitragen. Denn viele Konflikte entwickeln sich zwischen Menschen mit unterschiedlichen Stärken in den verschiedenen Aspekten des Gemeinschaftskompasses.

Die Menschen mit einer Stärke im Bereich »Gemeinschaft« sitzen gern viel in kuscheligen Kreisen und tauschen sich über ihre Befindlichkeit aus. Andere – mit einer Stärke im Aspekte »Praxis« – nervt das eher, und sie drängeln darauf, dass sich Gemeinschaft viel eher bildet, wenn gemeinsam angepackt und etwas geschaffen wird. In den Augen der »Gemeinschaftlichen« sind sie zu wenig in den persönlichen Runden präsent, in ihren Augen fehlen diejenigen, die so viel Wert auf Gemeinschaft legen, in der praktischen Arbeit.

Die Menschen mit einer Stärke im Bereich »Struktur« achten darauf, dass die einmal festgelegten Strukturen auch eingehalten werden, denn Strukturen, die ständig unterlaufen werden, sind unnützer Ballast. Menschen mit einer Stärke bei den »Individuen« oder auch bei der »Ernte« empfinden das häufig als unnötige Einschränkungen: »Man muss doch den Einzelfall betrachten und Ausnahmen zulassen!«

Es gibt sehr visionäre Menschen, die andere mit ihren Visionen mitreißen können und die »Intention« immer klar im Blick haben. Leider – in den Augen der Praktiker:innen – verlieren sie die konkrete Umsetzung gerne aus den Augen und lassen ihre Kaffeetasse meistens dreckig in der Spüle stehen.

Die Menschen, die den »Welt«-Aspekt im Blick haben, sind vorsichtig mit der Außendarstellung des Projektes. Sie achten auch auf Dinge, die vielen anderen Projektmitgliedern schnuppe sind. »Was werden denn die Nachbarn denken?«, ist für viele irrelevant – die Menschen, die die Welt im Blick haben, wissen, wie wichtig das ist. Sie machen die Fenster zu, wenn die Nachbarn sich belästigt fühlen können, pflegen den Vorgarten und wenden ein, dass die eine oder andere Aktionsform vielleicht eher Unterstützer:innen kostet, als es Unterstützung bringt.

Viele Standardkonflikte in Initiativen lassen sich damit erklären, dass Menschen mit einer Stärke in einem Bereich des Gemeinschaftskompasses genervt sind von Menschen mit einer Stärke in einem anderen Bereich des Gemeinschaftskompasses. Das Wissen, dass es all diese Stärken braucht und dass das, was mich an dem anderen nervt, vielleicht genau das ist, was unser Projekt erfolgreich machen kann, kann in manchen Fällen schon zur Entspannung beitragen.

Es ist ein ganz wichtiger Schritt für Initiativen, die Spannung, die sich aus der Differenz zwischen den Menschen mit Stärken in verschiedenen Aspekten des Gemeinschaftskompasses ergibt, bewusst zu begrüßen und konstruktiv aufzulösen.

2.5.3.2 Konflikte und das vegetative Nervensystem

Wenn wir in einem aktuellen Konflikt stecken, dann regiert uns häufig unser vegetatives Nervensystem. Wir fühlen uns bedroht. Das führt dazu, dass wir so reagieren, wie unsere Vorfahren vor Jahrtausenden reagiert haben, wenn ihnen ein Säbelzahntiger begegnete: Der Sympathikus springt an, das Adrenalin steigt hoch. Das ist eine Situation, in der wir evolutionär mit einer der drei Strategien reagieren, die sinnvoll sind, wenn wir physisch bedroht werden: Kampf, Flucht oder Totstellen. Alle drei Strategien sind aber wenig hilfreich zur konstruktiven Konfliktlösung. Was in der Begegnung mit einem Säbelzahntiger wenig hilft, sind Nachdenken, Sicheinfühlen oder Ähnliches. Evolutionär war diese »Machtübernahme« des vegetativen Nervensystems in Gefahrensituationen sehr nützlich. In Konfliktsituationen in Gruppen, in denen die Konflikte nicht gleich auf der körperlichen Ebene ausgetragen werden, ist es eher kontraproduktiv.

Es braucht vor jeder Konfliktbearbeitung zunächst einen Schritt, um aus dem archetypischen »Kampfmodus« auszusteigen, um wieder ins Nachdenken und Einfühlen kommen zu können. Dazu muss zuallererst das vegetative Nervensystem beruhigt werden. **Alle Appelle an einen »vernünftigen« Umgang helfen nichts, wenn das Nervensystem auf Erregung schaltet.**

Die erste entscheidende Aufgabe der Person, die den Prozess begleitet, ist es, den Konfliktparteien zu helfen, ihr Nervensystem zu beruhigen, um (wieder) in einen Modus, in dem Kooperation und Verständigung überhaupt möglich sind, zu gelangen. Das vegetative Nervensystem wird auch »autonomes« Nervensystem genannt, dieser Name drückt schon aus, dass es »autonom« arbeitet und sich nicht durch kognitive Ansagen wie »Jetzt entspann dich doch mal!« beruhigen lässt. Was können wir also tun?

Hier muss, bevor es in eine kognitive Konfliktklärung geht – und jedes Mal, wenn im Laufe des Gesprächs über den Konflikt wieder das Erregungsniveau hochfährt –, dafür gesorgt werden, dass die Konfliktparteien in einen Modus kommen, in dem sie einander überhaupt zuhören können.

Einfach Argumente austauschen ist dabei der Weg, der am sichersten schiefgeht. Einfach nur »Entspannung anordnen« funktioniert auch selten. Wie also »die Nervensysteme beruhigen«?

Es ist wichtig, als Prozessbegleiter:in einen sicheren Rahmen zu schaffen. Die Einstimmung setzt bereits einen ersten Rahmen in diese Richtung. Stelle klar, dass deine Aufgabe ist, dafür zu sorgen, dass beide Seiten gehört werden und dass niemand verletzt wird.

Körperwahrnehmung stärken

Das richtige Setting – entspanntes Sitzen und immer wieder tiefes Durchatmen – sind wesentliche Faktoren für ein Gelingen eines Konfliktklärungsgespräches. Manche Menschen lassen sich gerne als Einstimmung durch eine Stille führen, in der die Aufmerksamkeit auf den Körper und das Durchatmen gelegt wird. Für manche wäre das eine Zumutung, die ihre Anspannung nur größer macht. Hier sind Fingerspitzengefühl und Einfühlungsvermögen in die Konfliktparteien gefragt. Aber auch Menschen, die ungern in sich selbst hineinspüren, kann eine Prozessbegleiter:in durch eigenes Vorbild zu mehr Spüren des eigenen Körpers verleiten. Etwa durch einen Satz wie: »Mir tut es immer gut, in so einer angespannten Situation erst mal die Schultern auszuschütteln und durchzuatmen!« Und das einfach für sich selbst tun – häufig machen dann die Teilnehmer:innen es ohne Widerstände nach. Auch während des Prozesses: Lautes, tiefes Durchatmen vonseiten der Prozessbegleiter:in, begleitet von einem empathischen Kommentar wie »Das war sicher nicht leicht auszuhalten, oder?«, regt häufig die Spiegelneuronen des Gegenübers an, ebenfalls tief durchzuatmen und so den Sympathikus zu beruhigen.

Manchmal kann es hilfreich sein, die Konfliktparteien auf ihre Körpersprache aufmerksam zu machen und sie eventuell aufzufordern, sie aktiv zu verändern. »Schau mal, ob du ihn/sie anschauen kannst!« oder »Was will deine Faust uns gerade sagen?« sind dann vielleicht sinnvolle Interventionen.

Die Forschung rund um das Thema »Embodiment« zeigt immer mehr auf, wie stark der Körper und auch die Körperhaltung unsere Gefühle und damit auch unseren Umgang mit Konflikten beeinflussen. Nicht nur hat die Psyche einen Einfluss auf den Körper, sondern wir können auch umgekehrt – durch den Zugang über den Körper – zu einer Entspannung auch der sozialen Situation beitragen. Es ist eine wichtige Grundlage, um sachliche Konfliktbearbeitung überhaupt möglich zu machen, dafür zu sorgen, dass niemand der Anwesenden in einem innerlichen Kampfmodus bleibt.

2.5.3.3 *Das Konfliktfeld ganz wahrnehmen*

Aus der Prozessorientierten Psychologie kommt der Ansatz, dass es in Konflikten sehr wichtig ist, wirklich alle Rollen im Feld wahrzunehmen und sich voll entfalten zu lassen, bevor es zu einer Lösung kommt.

Dazu gehört, auch die Positionen der Einzelnen tiefer zu erforschen und zu würdigen: Welche Werte und Erfahrungen haben sie zu der Position gebracht? Welche Verletzungen, die vielleicht aus ganz anderen Kontexten kommen, werden wieder aufgerissen?

Ganz wichtig ist hierbei, die Qualität, die in den abweichenden Meinungen steckt, wahrzunehmen und zu würdigen. Das heißt nicht, alles um jeden Preis zu integrieren, aber die Würdigung aller Stimmen ist entscheidend.

Neben dem, dass in diesem Prozess die Rollen aller direkten Konfliktbeteiligten angeschaut werden müssen, sieht die Prozessarbeit auch die Bedeutung von »Geistrollen«, die Konflikte beherrschen, die aus dem »Zeitgeist« oder manchmal auch dem kulturellen Erbe resultieren und nicht direkt mit einer der Konfliktparteien zu assoziieren sind.

Beispiel für eine Geistrolle ist in der aktuellen Auseinandersetzung zwischen Coronamaßnahmen-Skeptiker:innen und denen, die die Maßnahmen-Skeptiker:innen als »rechts« bezeichnen, die Geistrolle des Faschismus, die beide Seiten bekämpfen wollen. Nur ist man sich über die Frage, wo der Faschismus lauert, nicht einig. Die einen denken, der Faschismus lauert in den Coronamaßnahmen, die anderen sehen ihn in dem Schulterschluss zwischen rechten Parteien und Maßnahmengegner:innen.

Ich glaube, dass diese Auseinandersetzung deshalb (in meiner Wahrnehmung) in Deutschland härter und unversöhnlicher geführt wird als in anderen Ländern, weil diese Geistrolle im Hintergrund mitspielt. Sie zu erkennen hilft, ein Stückchen die Verhärtung aufzulösen.

Eine wichtige Übung zur Wahrnehmung des ganzen Konfliktfelds nenne ich »Felderforschung« und stelle ich in Kapitel 2.5.4.3 vor. Sie entspricht von der äußeren Form stark dem »Gruppenprozess« aus der Prozessorientierten Psychologie.

2.5.3.4 *Sachliche Konfliktbearbeitung*

Wesentliche Voraussetzungen für eine konstruktive sachliche Bearbeitung eines Konfliktes sind (nach einer Beruhigung der emotionalen Seite):

Auf der Seite der Facilitation:

Verständnis für beide Seiten. Die Grundhaltung der Allparteilichkeit. Es ist immer wichtig, vor einer Konfliktfacilitation »das eigene Holz zu verbrennen«. Der Ausdruck wurde in der prozessorientierten Psychologie geprägt und beinhaltet die Reflexion der eigenen Parteilichkeit und die innere Arbeit an den Anteilen des Konfliktes, die die begleitende Person selbst »anpiksen«. Wenn diese Anteile zu stark sind, sollte dies ehrlich angesprochen werden und jemand anderes für die Rolle der Facilitation gesucht werden – dann gießt man nur Öl ins Feuer, anstatt den Prozess zu erleichtern!

Auf der Seite der Konfliktparteien:
Die Bereitschaft, die eigene Position zu reflektieren, auf den eigenen Anteil zu schauen und den Menschen im Gegenüber wahrzunehmen mit seiner/ihrer Geschichte und ihren/seinen Bedürfnissen.

Damit Menschen bereit sein können, in einem Konflikt ihre eigenen Anteile zu reflektieren, brauchen sie häufig zunächst die Bestätigung, dass ihre Seite auch gehört und gewürdigt wurde. Nur auf dieser Basis kann es auch eine innere Bewegung geben. Hier entsteht häufig ein Konflikt-Teufelskreis, weil jede Seite zunächst von der anderen gehört und gesehen werden möchte, bevor sie bereit ist, sich zu bewegen. Hier kann die Prozessbegleitung unterstützen, indem sie die Rolle der Zeug:in, die beide Seiten würdigt, übernimmt.

Das ist eine der wichtigsten Aufgabe der Konfliktmoderation: jeder Seite empathisch zuhören und bekräftigen, dass ihre Sichtweise eine Bedeutung hat. Gleichzeitig darf und soll sie bereits beim aktiven Zuhören die Aussagen der Beteiligten subjektivieren. Wenn beispielsweise gesagt wird: »Es ist doch klar, dass es soundso ist«, übersetzt die Moderation: »Du bist davon überzeugt, dass es soundso ist.« – »Es ist inakzeptabel, dass …« wird übersetzt in: »Du kannst nicht akzeptieren, dass …« Diese Art der Intervention entspannt meistens beide Seiten: Die sprechende Seite fühlt sich mit ihren persönlichen Werten und Sichtweisen gehört, und die andere Seite hört, dass es hier um subjektive Sichtweisen geht und nicht um allgemeine Wahrheiten.

Es kann sehr hilfreich für eine Konfliktmoderation sein, wenn jede Partei für sich selbst erforscht, welche Ebenen der Konflikt berührt und was er für einen selbst bedeutet. Dies kann die moderierende Person im Vorgespräch gemeinsam jeweils mit einer Partei erforschen. Ein Weg für Konflikte, die die ganze Gruppe belasten, ist auch, dies mithilfe eines unterstützenden Teils der Gruppe zu erforschen. Ich stelle einen möglichen Ablauf dafür in Kapitel 2.5.4.1 unter der Überschrift »Kleingruppenerforschung der Konflikthintergründe« vor.

2.5.4 Konkrete Werkzeuge zur Konfliktmoderation

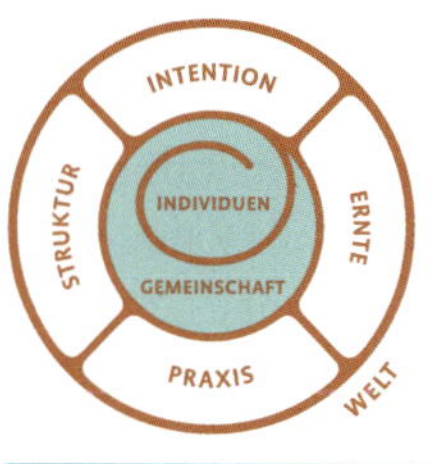

2.5.4.1 Kleingruppenerforschung der Konflikthintergründe

Materialien/Raum

Getrennte Räume für die Kleingruppen.

Was bringts? Durch die »theoretische« Beschäftigung mit dem Konflikt in geschütztem Rahmen ist es manchmal leichter, aus der Emotionalität auszusteigen und neue Perspektiven einzunehmen. Auch entschärfen sich hier »Stellvertreterkriege«.

Kurzbeschreibung Die beiden Konfliktparteien werden jeweils mit einer kleinen Gruppe von Unterstützer:innen (Menschen, die ihr Vertrauen haben, aber auch die andere Seite verstehen können) in Kleingruppen geschickt, um den Konflikt gemeinsam zu reflektieren.

Detaillierte Anleitung

Die Grundannahme hinter dieser Methode: Ein erster sinnvoller Schritt in der Konfliktbearbeitung zwischen zwei Menschen, deren Konflikt die ganze Gruppe beeinträchtigen kann, kann sein, dass die Konfliktparteien jeweils mit einer kleinen Anzahl von anderen Gruppenmitgliedern den Konflikt reflektieren. Dabei sollten die Gruppenmitglieder das Vertrauen der jeweiligen Konfliktpartei haben, aber auch die andere Seite verstehen können. Dies funktioniert nur, wenn in der Gruppe genügend »Konfliktkompetenz« vorhanden ist.

Die Facilitator:innen haben als Hauptaufgabe, die Konflikttheorie vorzustellen und die Kleingruppen zu konstituieren. Ideal ist es, wenn es mehrere Facilitator:innen gibt, die sich dann auch auf die Kleingruppen verteilen können. Aber je nach »Konfliktkompetenz« der Gruppe können die Kleingruppen auch alleine arbeiten, und die facilitierende Person schaut in jede Kleingruppe mal hinein.

Folgender Ablauf hat sich bewährt:

0. Kleine Einführung in Konflikttheorie

Siehe 2.5.1 und 2.5.3 (ca. 15 Minuten)

In der Gesamtgruppe.

Dann Aufteilung in kleinere Gruppen und Instruktion für die Kleingruppenarbeit.

Die Kleingruppen sollten jeweils aus folgenden Personen zusammengesetzt sein: eine Person, die stark in den Konflikt involviert ist; zwei bis fünf Personen, die das Vertrauen dieser Person haben, aber auch die andere Seite verstehen können. Es müssen nicht alle Gruppenmitglieder an diesen Kleingruppentreffen teilnehmen. Die anderen haben dann frei.

In den Kleingruppen gibt es dann folgende Aufgaben:

1. Benennen des Konfliktthemas

»Hierbei ist es wichtig, eine Überschrift zu finden, die weder Lösungen vorwegnimmt noch Schuldzuweisungen beinhaltet. Also nicht: ›Der Konflikt ist, dass wir keinen Küchendienstplan haben!‹ Oder: ›Der Konflikt ist, dass XY nie spült.‹ Sondern: ›Unterschiedliche Vorstellungen von Sauberkeit in der Küche und wie sie erreicht wird.‹ Allein dieser Schritt sorgt schon für einen anderen Blick auf das Thema.«

2. Was für ein Konflikt steckt eigentlich dahinter?

Hier ist hilfreich, auf einem Blatt die verschiedenen Konflikttypen, wie in 2.5.1 beschrieben, vor sich zu haben, die anfangs auch noch mal eingeführt werden.

»Die Konfliktpartei reflektiert, unterstützt durch die anderen Kleingruppenmitglieder, den bestehenden Konflikt mit der Frage: Was steckt da eigentlich dahinter? Nach dem Finden der Überschrift ordnet sie dann den Konflikt in die verschiedenen Konfliktkategorien ein – oft sind es mehr als eine, die relevant sind.

Den eigenen Konflikt auf einer etwas theoretischen Ebene anzuschauen, ist eine ungewohnte Intervention, die sehr hilfreich sein kann, denn die Menschen werden in einem vertrauten Kreis eingeladen, aus der Verletztheit und dem Gefahrmodus herauszukommen und in kognitive Reflexion über die Situation und den Konflikt zu kommen. Dies geschieht deutlich leichter in einer Situation, in der nicht die Person anwesend ist, mit der der Konflikt besteht. Wenn dieser Blick durch Menschen unterstützt wird, die auch der anderen Seite wohlwollend gegenüberstehen, kann dies bereits viel innere Bewegung bewirken, die in der direkten Auseinandersetzung schwieriger zu erreichen wäre. Gleichzeitig baut sich in der Gruppe ein Feld auf, das die Hintergründe des Konfliktes besser verstehen und so auch deeskalierend darauf einwirken kann.

45 Minuten Zeit in Kleingruppen.

»Die letzten 5 Minuten sollten genutzt werden, um die Erkenntnisse aus dem Gespräch zusammenzufassen – welche Konfliktdimensionen und Themen stecken dahinter?«

3. Wieder im Plenum

Die Konfliktparteien stellen ihre Einsichten vor (je 10 Minuten).

4. Rückmeldungen

Jede Partei hat die Möglichkeit, zu dem, was die andere Partei vorgestellt hat, eine konkreten Kommentar zu geben (je 5 Minuten).

5. Konfliktklärungsgespräch

Erst danach steigt man in ein klassisches »Konfliktklärungsgespräch« ein.

Ein Konfliktklärungsgespräch in einer größeren Gruppe braucht einen neuen Rahmen. Ich nutze dafür gerne die Fishbowl-Methode (siehe Kapitel 4.3.1.5), etwas abgewandelt, ich nenne sie in diesem Fall »Lagerfeuergespräch« (Kapitel 2.5.4.2).

Herkunft

Eigene Entwicklung, inspiriert von den Konflikttypen, die von Silke Freitag im *Handbuch Konfliktmoderation in sozialen Bewegungen und selbstverwalteten Projekten* vorgestellt wurden.

2.5.4.2
Lagerfeuergespräch

Materialien/Raum

Ein Raum, der groß genug ist, dass die ganze Gruppe im Kreis sitzen kann und im Zentrum 4 bis 5 Menschen im Kreis sitzen können.

Was bringts?

Konflikte, die die ganze Gruppe betreffen, werden transparent und nachvollziehbar gemacht. Die Unterstützung der Großgruppe in Geschichtsschreibung und Lösungsfindung kann hilfreich sein.

Es ist sehr vom Konflikt und von den Konfliktparteien abhängig, ob es sinnvoll ist, eine Konfliktklärung unter der Zeug:innenschaft von vielen durchzuführen, oder ob ein geschützter Raum dafür besser ist. Hier sind Fingerspitzengefühl und das richtige Gespür der Facilitator:innen gefragt.

Kurzbeschreibung

Die direkt in den Konflikt Involvierten (oder ein Teil davon) sitzen im Innenkreis, dazu die Moderator:in sowie ein leerer Stuhl. Im Innenkreis bearbeiten die Konfliktparteien (unterstützt von der Moderation) den Konflikt; der leere Stuhl kann von Menschen aus dem Außenkreis genutzt werden, um ihre Sichtweise einzubringen.

Detaillierte Anleitung

Oft lässt sich ein Klärungsgespräch in mehrere Phasen unterteilen.

Gemeinsame Geschichtsschreibung

Ein erster sinnvoller Schritt ist häufig das Schaffen einer gemeinsamen Informationsbasis. Was ist eigentlich vorgefallen, was hat zu diesem Konflikt geführt? Hier kann man sicher sein, dass dies von den unterschiedlichen Konfliktparteien ganz unterschiedlich wahrgenommen und erinnert wird. Manchmal kann man kurzfristig verifizieren, wer recht hat – in der Regel nicht. Es sollte keine große Energie auf die Verifizierung gelegt werden, aber wenn es jemandem wichtig ist und sich etwas durch einen Blick in die Unterlagen/Protokolle oder das Fragen einer anderen Person klären lässt, dann kann das hilfreich sein. Wenn unterschiedliche Erinnerungen da sind, gehört zur gemeinsamen Geschichtsschreibung:

X erinnert sich so, und Y erinnert sich so. Die gemeinsame Geschichtsschreibung wird insbesondere von den Konfliktparteien selbst vorgenommen. Wenn jemand weniger Beteiligtes eine Ergänzung hat, darf er:sie das ergänzen.

Es kann sinnvoll sein, diese gemeinsame Geschichtsschreibung zu protokollieren, damit sie für die Zukunft nachlesbar ist.

Wichtig ist, in dieser Phase keine Eskalation zuzulassen und, wenn unterschiedliche Geschichtsschreibungen deutlich werden, **keine Unaufrichtigkeit zu unterstellen**, sondern Interesse zu zeigen:

»Das ist ja interessant, dass du das ganz anders erinnerst! Hast du/hat jemand eine Idee, wie es zu so unterschiedlichen Erinnerungen/Wahrnehmungen kommen kann?«

Dieser forschende Geist, der nicht verurteilt, sondern interessiert ist an den Hintergründen der Unterschiede, trägt oft zur Entspannung bei.

Nach dieser Geschichtsschreibung stellt der/die Facilitator:in die Frage:

»Wie geht es dir jetzt? Willst du noch weitermachen? Sollen wir noch weitermachen?«

Manchmal ist die gemeinsame Geschichtsschreibung schon alles, was in diesem Format nötig und leistbar ist. Immer braucht es danach zunächst mal eine Pause und zumindest ein kurzes »Sich-setzen-Lassen«.

Manchmal ist es wichtig, danach in konkrete Klärung einzusteigen.

Konfliktklärung

»Jetzt konnten wir alle besser verstehen, wie es zu der verfahrenen Situation kam. Nun ist die Frage, wie kommt ihr/kommen wir da wieder raus? Was seht ihr für Schritte, um die Situation zu entspannen? Was kann jede Person von euch selbst dazu beitragen, dass sich die Situation entspannt/verbessert? Was würdet ihr euch von der/dem anderen wünschen?«

Derartige Fragen sind eine Einleitung in die Phase der Konfliktklärung. In dieser Phase kann die Unterstützung von weniger Beteiligten manchmal nützlich sein. Auf der anderen Seite kann es genauso sinnvoll sein, in diesem Fall die Konfliktklärung nur auf die wirklich Beteiligten zu beschränken und eine Mediation mithilfe eines ausgebildeten Mediators zu initiieren.

Herkunft

Eigene Entwicklung, inspiriert vom Fishbowl (siehe Kapitel 4.3.1.5) und von Methoden zur Konfliktmediation.

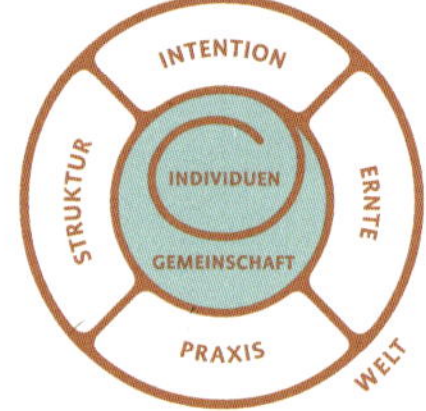

2.5.4.3 »Was steht zwischen uns?«

Materialien/Raum

Ein großer Raum, in dem Paare mit einem gewissen Abstand zueinander Zwiegespräche führen können.
Eine Zimbel.

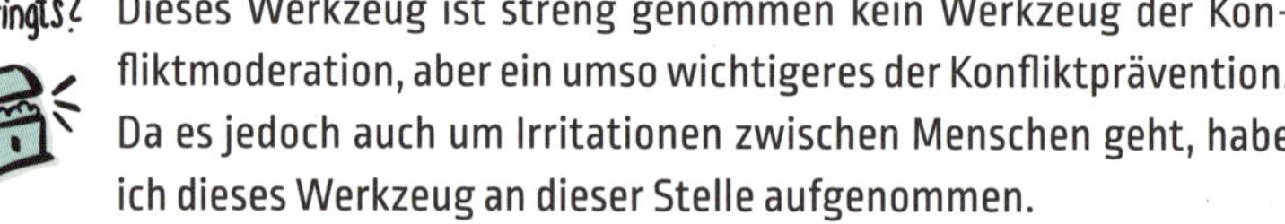

Was bringts?

Dieses Werkzeug ist streng genommen kein Werkzeug der Konfliktmoderation, aber ein umso wichtigeres der Konfliktprävention. Da es jedoch auch um Irritationen zwischen Menschen geht, habe ich dieses Werkzeug an dieser Stelle aufgenommen.

»Ein reinigender Sommerregen«, so bezeichnen viele Gruppen die Erfahrung. Die Übung lädt dazu ein, kleine Dinge, die zwischen den Einzelnen stehen, auszusprechen, bevor sie groß und ernsthaft zum Konflikt werden können. Ein Baustein zu einer Kultur, in der Konflikte frühzeitig angesprochen werden.

Kurzbeschreibung

Die Menschen werden explizit aufgefordert, in Zweiergesprächen das Trennende, das zwischen den beiden steht, anzusprechen, auch wenn es Kleinigkeiten sind, die sie sonst nicht ansprechen würden. Dieser Rahmen macht es leichter, kritische Punkte sowohl auszusprechen wie zu hören. Jede Person hat 3 Minuten, in der nur sie spricht und ihr Gegenüber aufmerksam zuhört.

Detaillierte Anleitung

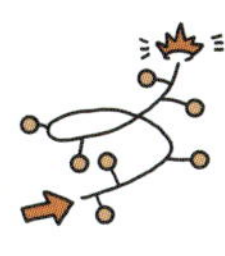

Dieses Format ist bei den Gruppen, die es noch nicht erlebt haben, häufig sehr angstbesetzt und gleichzeitig in der Regel ein tolles Erlebnis. Wenn viele große Konflikte unter den Teppich gekehrt wurden, kann es in seltenen Fällen auch nach hinten losgehen.
Wenn mehrere Gruppenmitglieder gar nicht bereit sind, sich darauf einzulassen, ist das meist ein Indiz, dass es vermutlich nicht die für diese Gruppe angemessene Methode ist. Wenn es lediglich Sorge und Aufregung vor dem Format gibt, wird es meist im Nachhinein sehr positiv beurteilt.

Einführung

»Die folgende Übung ›Was steht zwischen uns?‹ ist ein Format, das die kleinen Irritationen, die so im Raum stehen, klären soll. Häufig ist es so, dass wir – selbstverantwortlich wie wir gerne sind – die kleinen Irritationen nicht ansprechen, sondern sie mit uns selbst ausmachen und denken: ›Ist ja nicht so schlimm!‹ Das geht so lange, bis irgendein letzter Tropfen das Fass zum Überlaufen bringt und wir explodieren. Dann ist es aber häufig zu spät für eine konstruktive Konfliktlösung, die zu einem früheren Zeitpunkt sehr einfach gewesen wäre. Ihr seid eingeladen, jetzt ganz explizit in Zweierbegegnungen darüber zu sprechen, ›was zwischen euch steht‹. Sucht ganz explizit das Trennende, die kleinen Dinge, über die ihr euch mal geärgert habt, wo ihr eine Irritation spürt, und sprecht sie aus.

Nur wenn ihr wirklich überhaupt nichts findet, was euch trennt, dürft ihr die Frage auch verändern in ›Was ist zwischen uns?‹ und einfach über eure Beziehung sprechen.

Wir nutzen das Format der Zwiegespräche: Jede Person hat eine klare Redezeit von 3 Minuten, die andere Person hört in dieser Zeit nur aufmerksam und von Herzen zu. Sie unterbricht nicht, fragt nicht nach, gibt keine Kommentare, sondern sie hört einfach nur zu.

Nach 3 Minuten gebe ich ein Zeichen (Gong/Zimbel), und es wird gewechselt. Dann hat die andere Person 3 Minuten Zeit, zu sprechen. Ich beende auch diese Zeit wieder mit einem Gong, und danach gibt es noch eine kleine Zeit für einen ›Nachklang‹, falls ihr den braucht, eine Zeit, in der ihr euch z. B. verabreden könnt, weiter darüber zu sprechen, oder eine kleine Antwort zu dem geben könnt, was ihr gehört habt. Das sollte aber nicht länger als eine Minute sein – für tiefergehenden Austausch verabredet euch gerne!

Diese Methode ist nicht geeignet, um die ganz großen Themen erschöpfend zu bearbeiten. Ihr habt nur zweimal 3 Minuten! Diese großen Themen können dennoch genannt werden, aber dann nur mit der Überschrift, der eigenen Betroffenheit und der Bitte, sich zu dem Thema in einem anderen Rahmen zu verabreden. Dazu darf die Übung gerne genutzt werden.

Übrigens: Wenn jemand euch mitteilt, was aus ihrer Sicht zwischen euch steht, ist das ein Geschenk für euch. Es kostet Überwindung, so etwas zu sagen, und dazu rafft man sich nur dann auf, wenn man die Beziehung wertschätzt und das Bedürfnis nach einem positiveren Kontakt hat. Wenn die Beziehung nicht wichtig wäre, würde es vermutlich auch nicht angesprochen werden.

Also nehmt jede dieser Begegnungen, gerade auch die mit kritischem Feedback, als ein Zeichen, dass ihr der Person, mit der ihr sprecht, wichtig seid und sie euch deshalb anspricht, nicht, um euch ›eins reinzuwürgen‹.

Wir beginnen zunächst damit, dass alle sich im Raum bewegen.«

Gerne die Menschen dabei mit der Aufmerksamkeit in ihren Körper lenken und dann wiederum in ein Wahrnehmen der Menschen, die im Raum sind, siehe Anleitung zu »Zwiegesprächen«, Kapitel 2.3.1.

»Bleibt dann vor einer Person stehen, mit der ihr in diesen Austausch gehen wollt.

Die Person, die als Erstes den Zweierkontakt aufgebaut hat, fängt an zu sprechen über die Frage: Was steht zwischen uns? Du hast 3 Minuten, sprich von Herzen, was dich trennt und irritiert und was du dir anders wünschst.«

Nach 3 Minuten wird ein Zeichen zum Wechseln (Gong, Zimbel) gegeben und mit den Worten begleitet:

»Jetzt ist Zeit zum Wechseln. Beende den Gedanken, den du gerade noch gesprochen hast, und dann bedanke dich fürs Zuhören – und die andere Person bedankt sich fürs Teilen. Dann wechselt die Rollen.«

Nach weiteren 3 Minuten wird ein Zeichen zum Beenden gegeben.

»Jetzt ist die Zeit für das strukturierte Zwiegespräch beendet. Falls du das Bedürfnis hast, noch in einen sehr kurzen Dialog einzusteigen, z. B. um euch für ein weiterführendes Gespräch zu verabreden, dann ist dafür jetzt noch etwa 1 Minute Zeit. Die anderen verabschieden sich bereits voneinander und gehen wieder durch den Raum.«

Wenn alle durch den Raum laufen, kann wieder zum Suchen eines neuen Gegenübers aufgefordert werden, und dann beginnt das zweite Zwiegespräch. Mehr als drei sind erfahrungsgemäß schwer zu verkraften.

Nach dem dritten Zwiegespräch werden die Menschen aufgefordert, wieder im Kreis Platz zu nehmen und die Erfahrungen – nicht die konkret angesprochenen Spannungen – zu teilen. Wie war es für sie? Wie hat es sich angefühlt? Sollen wir die Übung öfter mal wiederholen? Eine Methode dafür kann entweder die »Redestab-Runde« (2.3.4) oder die »3-Bälle-Moderation« (4.3.1.3) oder »Popcorn« (4.3.1.4) sein.

Für den Notfall, dass doch ein Zwiegespräch entglitten ist und Nachbearbeitung braucht, sollte an dieser Stelle dann noch Pufferzeit sein. In meiner langen Erfahrung ist das jedoch bis jetzt erst einmal vorgekommen.

Herkunft

Aus dem deutschen Ökodorf-Netzwerk, inspiriert von Zwiegesprächen.

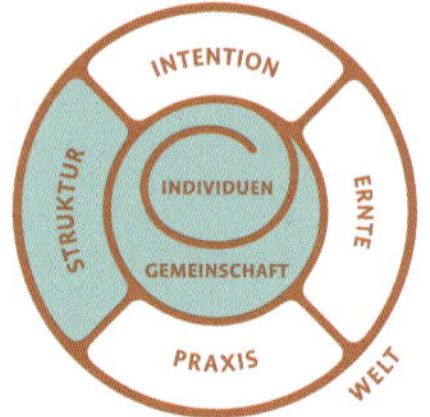

2.5.4.4
Felderforschung

Materialien/Raum

Ein Raum, in dem es genügend Platz gibt, dass viele Teilnehmende sich darin bewegen und andere im Kreis darum sitzen können.

Was bringts?

Ein »emotional beladenes Sachthema« wird auf eine Art angeschaut, die allen Stimmen Raum gibt und zum Rollenwechsel einlädt.

Kurzbeschreibung

Wir nutzen den ganzen Raum, um das Feld rund um das Thema zu erforschen. Ihr seid dabei eingeladen, ganz bewusst auch verschiedene Rollen und Positionen einzunehmen und von den Positionen aus zu sprechen.

Detaillierte Anleitung

Zunächst in den Hintergrund der Methode einführen:

»Die zugrunde liegende Haltung ist die der ›Tiefen Demokratie‹: Alle Stimmen, Gefühle, Aspekte einer Gruppe oder eines Themas werden gehört. Die Vielfalt wird wertgeschätzt und ist wichtig. Es gibt mehr als die Fakten. In einer Felderforschung werden nicht nur die Stimmen der Konsensrealität gehört, sondern auch die des Traumlandes und der Essenz. Das Traumland umfasst die Welt der Emotionen, des Unbewussten, der kulturellen und subkulturellen Prägung, der Tabus, der Träume, der Normen und Erwartungen. Im Traumland kann auch eine Rolle des Platzes, der Erde, des Gründers oder Ähnliches präsent sein. All diese Rollen sind eingela-

den. Die Essenz ist die tiefe, nonverbale Ebene unter den beiden anderen Ebenen.« [Siehe Einführung Prozessarbeit, Kapitel 2.4.3]

Es geht in dieser Felderforschung um eine Wahrnehmung und einen Ausdruck von allem, was ist. Gleichzeitig soll erforscht werden, welche Hintergründe das, was ist, mit sich bringt und welche Elemente darüber hinaus dazugehören.

Wenn wir die Vielfalt wahrnehmen können, gelangen wir zu einem Gesamtblick auf die Situation, der eine organische Entwicklung zu einem nächsten Schritt beinhaltet. Der erste Schritt ist einfach: ›Wahrnehmen, was ist.‹ Ihr seid hier eingeladen, die verschiedenen Rollen und Sichtweisen bewusst in aller Tiefe einzunehmen und auszuloten – gerne auch wenn es nicht eure ganz persönliche Überzeugung ist. Wenn ihr eine Rolle einnehmt, dann tut ihr das ›im Dienste des Ganzen‹, nicht weil ihr mit dieser Rolle identifiziert seid. Für diesen Prozess ist wichtig zu wissen: Im Feld interagieren Rollen – die Rollen sind größer als die einzelnen Menschen. Verschiedene Menschen füllen sie verschieden aus. Und gleichzeitig ist jeder Mensch größer als die Rolle, denn jeder Mensch kann unterschiedliche Rollen einnehmen.«

Eine Felderforschung braucht freien Raum, in dem sich der Prozess entfalten kann und die Teilnehmenden die Möglichkeit haben, sich zu bewegen und auch die Plätze zu wechseln.

Ablauf der Felderforschung

1.] Thema formulieren.

2.] Thementräger:innen leiten in das Thema ein. In der Regel wird das Thema genannt, und es werden zumindest eine, oft zwei Rollen als erste Akteure in das Feld gestellt, die die Felderforschung eröffnen. Es ist sinnvoll, hier Menschen auszuwählen, die sich gut in diese Rolle hineinversetzen können, aber idealerweise nicht stark emotional verhaftet mit dieser Rolle sind.

3.] Alle, die sich am Prozess beteiligen wollen, können aufstehen und sich in das Feld begeben und aus der Rolle, die sie einnehmen, heraus sprechen.
Menschen können sowohl für eine ganz persönliche Rolle sprechen wie auch eine Rolle repräsentieren, die sie im Feld wahrnehmen.
Eine Rolle muss nicht unbedingt ein Mensch oder eine Position sein, es kann auch ein Thema sein, wie z. B. »die Welt« oder »die Überforderung« oder »das Coronavirus« oder »der Führer«.

4.) Die Teilnehmer:innen sind eingeladen, auch zu interagieren, sich aufeinander zu beziehen, sich wahrzunehmen und auch mal auszuprobieren, die Rollen zu wechseln.
Es geht nicht um richtig oder falsch, und es geht auch nicht um die Entwicklung einer Lösung in diesem Prozess. Es geht um eine Wahrnehmung und Erforschung des Feldes mit allen Rollen.

Die Facilitator:innen rahmen, was sie während des Prozesses wahrnehmen, fragen nach, bringen Impulse für Themen/Rollen, weisen auf Energieveränderungen im Raum etc. hin.
Meistens entfaltet sich der Prozess eine Weile und kommt dann irgendwann zu einer Stelle, an der sich etwas entspannt und die Menschen in einem Kreis stehen. Das ist ein guter Moment, die Felderforschung zu beenden.

Abschluss

Es ist sinnvoll, die Menschen danach zu erinnern, aus ihren Rollen herauszugehen und ganz bewusst wieder in ihre eigene Person zu schlüpfen.
Eine Felderforschung alleine bringt noch keine Lösung auf der Konsens-Realitäts-Ebene. Für die nächsten Schritte Richtung Lösung eignet sich z. B. eine anschließende Redestab-Runde oder ein »Download« (Kapitel 2.5.4.5), in der die Inhalte des Prozesses anders reflektiert werden.
Eine andere Art der Vertiefung des Erlebten könnte eine anschließende »Inner Work«-Übung aus der Prozessarbeit sein und erst zu einem späteren Zeitpunkt eine lösungsorientierte Runde.

Herkunft

Eine vereinfachte Anwendung der »Gruppenprozesse« aus der Prozessarbeit nach Arnold und Amy Mindell.

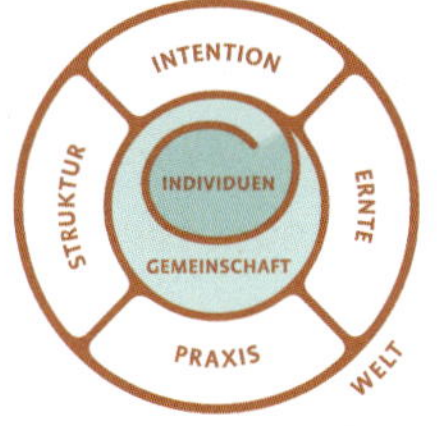

2.5.4.5
Inner Work zu Konflikten

Facilitator

***

Offenheit der Gruppe

***

Anzahl Personen

jede Gruppengröße

Dauer

2 Stunden

Materialien/Raum
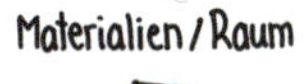
Ein Raum, in dem alle Teilnehmenden in Zweiergruppen zusammenarbeiten, dabei stehen, auf Stuhl oder Boden sitzen und in Bewegung kommen können.

Was bringts?

Alle Teilnehmenden in der Gruppe setzen sich ganz persönlich mit einem konflikthaften Thema auseinander und erhalten dabei neue Erkenntnisse aus einer tiefer liegenden Ebene. Dies wirkt auf das gesamte Feld.

Kurzbeschreibung

Inner Work ist eine Einladung, individuell an einem Thema zu arbeiten und dabei die Weisheit auch anderer »Kanäle« (siehe Prozessarbeit, Kapitel 2.4.3) als die eigenen Gedanken zu nutzen. In dieser Übung werden die Teilnehmenden durch verschiedene Phasen geleitet, um ein Thema anders wahrzunehmen und zu erfahren.

Detaillierte Anleitung

Vorsicht! Diese Übung lässt sich nicht ohne Vorerfahrung in dieser Arbeit nur aus dieser Beschreibung anwenden! Trotzdem habe ich sie hier eingefügt, damit Menschen, die bereits einmal eine Einführung in die Prozessarbeit bekommen haben, eine mögliche Anleitung dafür in der Hand haben. Für andere soll sie einfach nur neugierig machen, sich tiefer mit der Prozessarbeit und ihren Ansätzen zu beschäftigen.

Fortsetzung der detaillierten Anleitung auf Seite 109 nach dem Handout.

Handout für die Paarübung (und den Modellprozess)

»1. Denke an einen Konflikt, der dich belastet. Erzähle mir kurz davon aus deiner Perspektive.« (3 Minuten)

Die Position, an der du jetzt stehst, nenne ich in Zukunft »Position U«.

»2. Gehe jetzt an eine etwas andere Stelle im Raum und erzähle, was die andere Person mir dazu erzählen würde.« (3 Minuten)

Die Position, an der du dann stehst, nenne ich in Zukunft »Position X«.

»3. Lass einen kleinen Dialog zwischen den beiden Positionen entstehen, wechsele dabei die Punkte, auf denen du stehst.« (4 Minuten)

»4. Gehe dann auf die X-Position und fühle dich in diese Position ein. Was ist die Qualität dieser Position? Kannst du sie durch eine Bewegung oder eine Körperhaltung ausdrücken? Spüre hinein und mach die Bewegung, nimm die Körperhaltung an.«

Ermutige die am Konflikt arbeitende Person, mit dem ganzen Körper hineinzugehen, die Rolle der Person anzunehmen. Fordere die Person auf, die Bewegung zu vertiefen, zu wiederholen, zu verlangsamen, zu beschleunigen, mit der Geste – oder was es ist – zu spielen.

»Was/welche Bewegung oder Haltung drückt die Energie aus, für die die Person, die spricht, steht?«

Versuche, das in deiner Begleitung herauszuarbeiten. Endet mit einer Haltung, einer Bewegung, die für die »Position X« steht. (5 Minuten)

»5. Wiederhole Schritt 4 für die U-Position. Gehe auf die U-Position, und nimm auch dafür eine Körperhaltung ein, oder beginne eine Bewegung.« (Wie oben, 5 Minuten).

»6. Wechsele dann zwischen der X- und der U-Position und ihren Körperhaltungen/Bewegungen hin und her. Lass daraus einen Tanz entstehen. Genieße den Tanz.« (5 Minuten)

»7. Komme zur Ruhe: Wie war die Erfahrung? Was war die Qualität in dem Tanz? Kann dir das etwas Neues zu dem Konflikt sagen? Mal dafür eine kleine Skizze, oder schreib dir ein paar Stichworte dazu auf.«

Detaillierte Anleitung – Fortsetzung

Bei Gruppen, die diese Art von Arbeit nicht kennen, ist es dringend notwendig, die Übung mit einem:r Partner:in, die den Ansatz ein wenig kennt und bereit ist, sich auch von sich selbst in der Übung überraschen zu lassen, vorzumachen. Nach der Kurzeinführung würde ich dann mit dieser Person in der Mitte arbeiten und mich nach der gleichen Anleitung richten, die auch die Teilnehmenden danach bekommen. Anschließend bekommen die Teilnehmenden die Übungsanleitung und finden sich in Paaren zusammen, die sich gegenseitig durch diese Übung leiten.

Diese Übungen bergen immer wieder ganz neue Erkenntnisse für die Menschen, die sie machen, und sie wirken auf einer energetischen Ebene auf das Feld ein. So können sie deutlich zur Entspannung beitragen.

Herkunft

Prozessorientierte Psychologie nach Arnold und Amy Mindell.

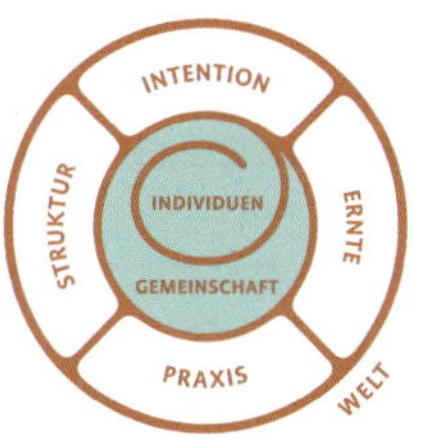

2.5.4.6

»Download«: Was haben wir aus dem Prozess gelernt?

Facilitator

*

Offenheit der Gruppe

*

Anzahl Personen

bis 15, sonst Punkte reduzieren

Dauer

30 Minuten

Materialien/Raum

Ein Raum, der groß und frei genug ist, dass alle im Kreis sitzen können.

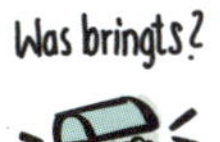

Die Lerneffekte nach einem chaotischen Prozess werden gemeinsam deutlich und ein Übergang zur konkreten Problemlösung geschaffen.

Detaillierte Anleitung

Wenn es nach einem eher unstrukturierten und chaotischen Prozess wie bspw. einer Felderforschung, aber auch nach anderen eher intuitiven oder bildhaften Methoden zu konkreten nächsten Schritten kommen soll, ist es wichtig, wieder in einen gemeinsamen Raum auf der verbalen Ebene einzutauchen. Dafür dient der »Download«.

Zunächst Einzelarbeit

»Nimm dir einen Zettel und schreibe auf:
Das Erste, was ich aus dem Prozess gelernt habe, ist ...
Das Zweite, was ich aus dem Prozess gelernt habe, ist ...
...
Bis zum Fünften, was du aus dem Prozess gelernt hast.«

Danach lädt der/die Facilitator:in ein, in mehreren Redestab-Runden zu teilen, was sie gelernt haben. Jede Person teilt, wenn der Stab zu ihr kommt, genau eine Lernerfahrung und gibt dann den Redestab weiter. In der Regel sind nach drei Runden fast alle Lernerfahrungen erwähnt, da sich einiges auch doppelt.

Diese Lernerfahrungen sollten mitgeschrieben werden, z. B. auf einem Flipchart. Sie sind der Übergang von der Traumland-Ebene zur Konsensus-Realitäts-Ebene, in der dann ein Konsensus für eine konkrete Lösungsfindung ermittelt werden kann.

Herkunft

Aus der französischen Prozessarbeitscommunity.

2.6 Sonderthema: Rang und Macht

2.6.1 Einführung

Für mein Ringen rund um das Thema »Macht« hat mich das Konzept von »Rang«, das ich insbesondere in der Prozessarbeit nach Arnold Mindell (siehe Kapitel 2.4.3) kennengelernt habe, sehr inspiriert. Ich werde hier nur sehr verkürzt in dieses komplexe Thema einführen. Wer Interesse hat, es zu vertiefen, dem sei das Buch *Power – A User's Guide* von Julie Diamond ganz besonders empfohlen. Arnold Mindell gibt in seinem Buch *Mitten im Feuer* ebenfalls eine inspirierende Einführung in das Konzept.

Der »Rang« steht für die Einflussmöglichkeiten einer Person in einer Gruppe. Die formale Position in einer Organisation und der soziale Status dieser Person sind ein Teil dieses Ranges. Der Rang, so wie er in der Prozessarbeit betrachtet wird, hat aber noch andere Dimensionen.

Der Rang umfasst insbesondere auch die psychische/persönliche Situation der Person: Urvertrauen, Selbstbewusstsein, Redegewandtheit, Intelligenz, Copingstrategien, Energielevel, persönliche Lebenserfahrung, Kompetenzen und vieles andere, das unmittelbar in der Person liegt.

Der soziale Rang umfasst das, was landläufig häufig unter »Status« gefasst wird: Ausbildung, familiärer Hintergrund, finanzielle Situation, Freundschaften, Netzwerke, Hautfarbe, Übereinstimmung mit Gruppenwerten, Sprachkenntnisse, Ausdrucksweise etc.

Der strukturelle Rang umfasst die Position in der Organisation/Gruppe, Dauer der Zugehörigkeit etc.

Welche Eigenschaft zu welchem Rang führt, ist jedoch auch von Kontext zu Kontext total unterschiedlich.

Manche Ansätze führen noch den demokratischen Rang ein, denn: Mitglieder mit besonderen Bedürfnissen dürfen in einigen Initiativen etwas, was anderen nicht gestattet werden würde. (So hat zum Beispiel in meinem Projekt unser Mitbewohner mit Autismus ein Anrecht auf immer den selben Sitzplatz, und Menschen, die sich unwissend auf diesen Platz setzen, werden aufgefordert, diesen freizugeben.)

Rang ist kontextabhängig

Außenseiter:in zu sein – als Frau in einem überwiegend männlich geprägten Kreis, als einzige Person mit einer anderen Hautfarbe in einem weißen Projekt –, sorgt in vielen Kontexten für einen eher niedrigen Rang. Es kann aber in manchen Zusammenhängen, für die Vielfalt ein wichtiger Wert ist, aber auch bewirken, dass die eigene Stimme sogar stärker gehört wird als die der »Durchschnittsmitglieder«. Das hängt ganz von den Werten und der Kultur der Gruppe ab.

Nichtübereinstimmung mit den Werten einer Gruppe führt immer zu einer rangniedrigen Position. Aber da die Werte von Gruppen variieren, kann etwas, das in einer Gruppe eher gegen die Werte verstößt – etwa homosexuell zu sein in sehr konservativen Kreisen –, in einer anderen Gruppe eher dafür sorgen, dass die Person zur In-Group gehört – etwa auf dem Christopher Street Day.

Für ein Wohnprojekt, für das Einlagen geleistet werden müssen, ist die Frage, ob die Menschen diese Einlagen aus eigener Kraft stemmen können, ein wichtiger Aspekt des sozialen Ranges. Das gilt auch dann, wenn es Solidarwege für sie gibt, denn Solidarität in Anspruch zu nehmen, ist häufig stigmatisierend.

Kompetenzen, die eine Gruppe braucht, sind eine Grundlage für einen hohen Rang. Für eine freie Schulinitiative ist die einzige Person, die die formale Qualifikation hat, die Schulleitung zu übernehmen, jemand – schon bevor sie den offiziellen strukturellen Rang der Schulleitung hat – mit einem hohen sozialen Rang.

Rang und Privilegien

Das Konzept »Rang« ist eng verbunden mit dem Konzept der »Privilegien«. Unser Rang resultiert aus den Privilegien, die wir besitzen – in den oben genannten verschiedenen Dimensionen. Dabei ist es wichtig, sich bewusst zu machen, dass Privilegien Vorteile sind, für die wir in den seltensten Fällen etwas können.

Die Frage, in welche Familie, in welches Land, in welches soziale Umfeld wir hineingeboren werden, hat großen Einfluss auf unsere Privilegien. Unser Selbstvertrauen und unsere Fähigkeiten haben wir auch nur zum kleinen Teil unseren eigenen Aktivitäten und zum großen Teil unseren Eltern und unserem Umfeld zu verdanken.

Privilegien verpflichten uns auch, sie für das Wohl des Ganzen einzusetzen und weniger privilegierte Menschen dabei zu unterstützen, ihre Handlungsspielräume und Handlungskompetenz zu vergrößern.

Der Rang in einer augenblicklichen Situation ergibt sich aus vielen verschiedenen situativen Faktoren, und er ist nie objektiv festgelegt. Er kann aus unterschiedlichen Perspektiven sehr unterschiedlich wirken, **es gibt nicht die eine »wahre« Rangordnung**. Hinzu kommt: Rang ist variabel und kann sich schnell verändern. Jede menschliche Interaktion ist begleitet von einer meist unbewussten, subjektiven Rangdynamik. Menschen haben eine intuitive Wahrnehmung der Rangordnung, und diese Wahrnehmung beeinflusst ihr Handeln, selbst wenn es von der offiziellen Struktur her gar keine Hierarchien gibt und selbst wenn andere in der gleichen Situation die Rangordnung ganz anders wahrnehmen als sie selbst. Genau diese unterschiedliche Wahrnehmung der Ränge bedingt häufig bewegte Rangdynamiken, die fast immer zu Spannungen führen.

Subjektiv empfundener Rang ist stets verbunden mit gefühltem Handlungsspielraum. Ein subjektiv niedriger Rang bedeutet, dass die Person für sich nur geringe Handlungsspielräume sieht. Dies führt zu Frustration und dem Eindruck, dass die eigene Entfaltung bedroht ist, denn »Selbstwirksamkeit«, die Erfahrung, mit dem eigenen Tun etwas bedeutungsvolles zu bewirken, ist ein wichtiges menschliches Grundbedürfnis.

Leider ist die menschliche Psyche so gestrickt, dass etwas für das Individuum Selbstverständliches weniger wahrgenommen wird. So nehmen die meisten Menschen die Situationen, in denen sie eine hohe Rangposition und viele Handlungsmöglichkeiten haben, kaum wahr und erleben hingegen schmerzvoll sehr bewusst die Situationen, in denen sie in ihrem Handlungsspielraum eingeschränkt sind. Unsere momentanen Möglichkeiten werden als Normalzustand, nicht als Privileg wahrgenommen. Daher sind wir häufig blind für unseren hohen Rang, spüren aber deutlich, wenn wir in einer subjektiv niedrigen Rangposition sind.

Wir erleben fehlende Privilegien als schmerzhaft und sind uns dessen viel deutlicher bewusst als der Momente, in denen wir unsere Privilegien ausleben können. So erleben sich viele Menschen in aller Regel als deutlich »rangniedriger«, als sie von anderen eingeschätzt werden. Ich schreibe bewusst nicht, »als sie wirklich sind«, denn es gibt nicht die eine »wirkliche Rangposition«.

In den meisten Initiativen, die die Ethik des Gemeinschaftskompasses teilen, hat der Wert der Gleichberechtigung und Beteiligung aller einen hohen Stellenwert. Das wird insbesondere in eher links und gemeinwohlorientierten Projekten oft damit gleichgesetzt, dass Rangordnungen böse sind und daher abgelehnt und abgeschafft werden müssen. Das ist ein ähnliches Unterfangen wie der Versuch, die Schwerkraft abzuschaffen, weil sie dafür sorgt, dass Dinge kaputtgehen, wenn sie auf den Boden fallen. Es gibt in jedem Aufeinandertreffen von Menschen unterschiedliche Ausgangssituationen, unterschiedliche Privilegien und damit auch Rangdynamiken, und es bringt nichts, sie zu bekämpfen oder zu tabuisieren. Die konstruktive Frage ist: Wie finden wir den Weg zu einer Gruppe, in der alle ihre Kraft entfalten können, ohne andere dabei zu unterdrücken? Das ist für mich die wichtige Forschungsfrage rund um das Thema »Rang und Macht«, denn die Kompetenzen, Stärken und Privilegien, die die Einzelnen haben, sind ein Schatz für die Gruppe: Wenn wir den Einzelnen nicht erlauben, ihre Stärken auszuleben, und uns auf dem niedrigsten gemeinsamen Niveau einpendeln, dann verliert die Gruppe ungeheuer viel Kraft. Daher ist es wichtig, ein Klima zu schaffen, in dem jedes Gruppenmitglied die eigene Kraft voll einbringen kann, ohne gleich als »zu machtvoll« abgestempelt zu werden – und auch ohne damit andere zu schwächen.

Der Schlüssel dazu ist es, bewusst mit dem Thema umzugehen, ohne dabei den hohen Rang zu verteufeln oder zu glorifizieren oder gar den niedrigen als gottgegeben hinzunehmen.

2.6.2 Wie konstruktiv mit dem eigenen hohen Rang umgehen?

Um mit dem eigenen hohen Rang konstruktiv umzugehen, braucht es zunächst das Bewusstsein für die eigenen Privilegien. Oft nehmen wir diese für selbstverständlich. Aber es ist beispielsweise nicht für alle selbstverständlich, frei vor einer großen Gruppe sprechen zu können. Da sagen wir leicht: »XY hätte das doch im Plenum ansprechen können!«, aber wenn es XY schwerfällt, im Plenum zu sprechen, dann konnte er es eben nicht ansprechen, sonst hätte er es ja getan. Menschen, die Zusammenhänge schneller begreifen, sind häufig genervt von Menschen, die mehr Zeit brauchen, um sie zu erfassen, und lassen es die anderen entsprechend spüren.

Menschen, die einen hohen Rang haben – sei es durch ihre Art, sich ausdrücken zu können, sei es durch ihre Kompetenz, sei es durch ihren sozialen Status –, müssen sich bewusst machen, dass dies ein Geschenk, eben ein Privileg ist, das sie gerne im Interesse der Gruppe einsetzen dürfen. Aber sie können nicht voraussetzen, dass alle Menschen dieselben Privilegien haben wie sie, und auf Menschen herabblicken, die dieses Privileg nicht haben.

In der Prozessarbeit wird betont:

> »Rang ist wie eine Droge. Je mehr ich davon habe, umso weniger wird mir bewusst, wie ich andere damit negativ beeinflusse. Es geht nicht darum, Rang zu überwinden, sondern darum, ihn wahrzunehmen und konstruktiv zu nutzen!«

Hoher Rang korrumpiert und macht häufig unsensibel für die Probleme von Menschen mit weniger Privilegien. Hohe Rangpositionen können leicht – auch unbewusst – missbraucht werden. Aus vielen leidvollen Erfahrungen von Rangmissbrauch resultiert unser augenblickliches Misstrauen gegenüber dem »Rangthema«. Wir brauchen einen anderen, bewussteren Umgang damit!

Es braucht einen sehr achtsamen Umgang mit diesem Thema und eine große Offenheit von Menschen, gerade in hohen Rangpositionen, für das Feedback ihrer Umgebung.

Konstruktiv mit Rang umgehen bedeutet, sich bewusst machen, was meine Kompetenzen und Privilegien sind, und diese nur dann einzusetzen, wenn es den anderen dient und sie stärkt, statt sie zu schwächen. Das ist eine ständige herausfordernde Gratwanderung. Die Herausforderung stellt sich für die verschiedenen Rangdimensionen unterschiedlich.

Wenn ich einen hohen sozialen Rang habe, zum Beispiel über mehr Geld verfüge als meine Mitstreiter:innen, dann ist es wichtig, dass ich mir dies bewusst mache und keine teuren Restaurants für gemeinsame Ausflüge vorschlage, die diese sich nicht leisten könnten.

Wenn die Gruppensprache meine Muttersprache ist und es Menschen in der Gruppe gibt, die sie schlechter sprechen, gehört zu Rangbewusstsein, einen Weg zu finden, die Sprachschwierigkeiten zu minimieren.

Wenn ich zum Beispiel durch hohe Kompetenz in einem Bereich einen höheren persönlichen Rang habe, ergibt sich sehr häufig die Frage: Mische ich mich jetzt ein und bringe mein Wissen ein, oder lasse ich die Person ihre eigenen Erfahrungen machen? Manchmal ist es gut und richtig, sich nicht vorschnell einzumischen, wenn man die Überzeugung hat, es aus der eigenen Erfahrung und Kompetenz heraus besser zu wissen, denn aus eigenen Fehlern lernen Menschen deutlich mehr als aus dem Rat von Kolleg:innen.

Manchmal ist es notwendig, sich einzumischen, um Schlimmeres zu verhindern, oder einfach, um dafür zu sorgen, ohne große Energieverluste ans Ziel zu kommen.

Die beiden am häufigsten gewählten Strategien sind aber in der Regel nicht förderlich:

Strategie »Kampfansage«: mit Vehemenz den eigenen Standpunkt unreflektiert durchsetzen.

Strategie »Totalrückzug«: Es ist in der Regel nicht sinnvoll, sich als jemand mit Kompetenzen ganz zurückzuziehen und zu sagen: »Macht ihr's doch alleine!« Diese Reaktion gibt es häufig nach ersten Rangkonflikten, wenn Menschen mit Erfahrung sich nicht durchsetzen können. Meistens geschieht dieser Rückzug mit dem trotzigen Unterton: »Ihr werdet schon sehen, was ihr davon habt!«

Die eigene Erfahrung und Kompetenz im richtigen Moment konstruktiv einbringen, ohne andere dabei »klein zu machen«, ist eine hohe Kunst. Hierzu gehört viel innere Arbeit, Reflexion und die große Bereitschaft, sich auch infrage zu stellen. Ist meine Sichtweise auf die Herausforderung die einzig mögliche? Was ist bedenkenswert und wichtig an der

Sichtweise der anderen? Es kann Wunder wirken, mit echtem Interesse an der Strategie der anderen und Würdigung ihrer Ideen und Kreativität die eigene Erfahrung als mögliches Puzzlestück für eine Lösung einzubringen.

Wenn ich einen hohen psychologisch-persönlichen Rang habe, zum Beispiel eine hohe soziale Intelligenz und ein gesundes Urvertrauen, dann ist es in Konflikten meine Aufgabe, auf die andere Konfliktpartei konstruktiv zuzugehen – weil ich es kann und die andere Person vielleicht gerade so verletzt ist, dass sie es nicht kann.

Menschen mit einem **hohen strukturellen Rang** sind gut beraten, sich stets bewusst zu machen, dass dieser Rang ihnen zwar Handlungsmöglichkeiten eröffnet, aber diese nur dann sinnvoll genutzt werden können, wenn sie die volle Kompetenz der Gruppe miteinbeziehen. Wenn hoher struktureller Rang ausgespielt wird, ohne dass er durch Kompetenz und Vertrauen der Gruppe getragen ist, dann führt das schnell zu Fehlentscheidungen oder nicht getragenen Entscheidungen.

Gerade mit einem hohen Rang ist es wichtig, sich immer wieder ehrliches Feedback einzuladen und einen Rahmen zu setzen, in dem sich die Menschen trauen, auch kritisches Feedback wirklich auszusprechen.

Wichtig ist auch, als jemand mit einem hohen strukturellen Rang immer wieder auch ganz bewusst unattraktive, dienende Aufgaben zu übernehmen. Wer bereit ist, immer wieder auch unangenehme »niedere« Aufgaben zu übernehmen, wirkt integrer als jemand, der diese Arbeiten stets delegiert.

Rang und Macht – was ist der Unterschied?

Beide Begriffe haben im Grunde dieselbe Definition: Sie stehen für die Einflussmöglichkeiten einer Person in einer Gruppe, einer Situation oder gegenüber anderen Menschen. Der Begriff »Macht« ist der gebräuchlichere, der aber häufig auch mit einer statischen, festgelegten Position und mit »Macht über andere« verbunden wird. Daher nutze ich in meiner Arbeit lieber den Begriff

»Rang«, der vom Konzept her mehr Dimensionen hat als der klassische Begriff der Macht. Und es ist mir wichtig, auch das Wort »Macht« zu enttabuisieren.

2.6.3 Rangkonflikte

Konflikte verschärfen sich immer dann, wenn sich Menschen durch andere in ihrem Rang bedroht fühlen.

Interessanterweise ist es in Rangkonflikten meistens so, dass sich beide Parteien von der anderen Seite in die rangniedrigere Position gedrückt und dadurch bedroht fühlen. Und wenn wir uns »bedroht« fühlen, schaltet sich der Gefahrmodus ein, und wir können nicht mehr konstruktiv an einer Konfliktlösung arbeiten, sondern das vegetative Nervensystem übernimmt (siehe auch Kapitel 2.5.2.1).

In dem Bewusstsein, dass es in einem Rangkonflikt immer den Aspekt gibt, dass sich mein Gegenüber durch mich genauso in seinem »Rang« bedroht fühlt, wie ich mich durch ihn:sie bedroht fühle, liegt ein Schlüssel zur Deeskalation.

Wichtig zu beachten: Es gibt – gerade in der Wandelbewegung – auch eine große Macht der vermeintlich Schwachen, denn in einer Gruppe, in der ein hoher Wert ist, alle gleichberechtigt zu hören und zu integrieren, verstößt jemand mit viel Gestaltungskraft schnell gegen den gemeinsamen Wert von »Wir müssen alle in die Entscheidung mit einbeziehen«. Wenn nun ein bisher unbeteiligtes Mitglied aus der Gruppe die aktive Person mit Gestaltungsideen kritisiert und ihr die Machtausübung vorwirft, so diskreditiert sie diese Person als den Werten der Gruppe widersprechend und stellt sie so in einen extrem niedrigen Rang.

Und schon haben wir auch hier einen typischen Rangkonflikt, in dem beide Parteien – die scheinbar ohnmächtigere Person wie die Person mit viel Gestaltungsinitiative – sich in der rangniedrigen Position fühlen.

Die Frage an beide Konfliktparteien (oder wenn man über einen Konflikt nachdenkt, in dem man selbst verwickelt ist, die Frage an sich selbst) »Könnte es sein, dass sich die andere Partei durch dich in ihrem Rang bedroht/eingeschränkt fühlt, genauso wie du dich bedroht/eingeschränkt fühlst?« kann daher ein wichtiger Denkanstoß sein. Wenn ich es schaffe, mir bewusst zu machen, dass ich eventuell durch meinen unbewussten Rang dafür sorge, dass die andere Person sich untergebuttert fühlt, agiere ich anders, als wenn ich mich selbst untergebuttert fühle. Daher gibt es in der Prozessarbeit den **wesentlichen Ratschlag für innere Arbeit bei Rangkonflikten: »Fülle deinen hohen Rang bewusster aus!«** Aus einer gefühlt hohen Rangposition habe ich mehr Handlungsspielräume, jeden Konflikt konstruktiv anzugehen.

Den hohen Rang bewusster auszufüllen, heißt längst nicht immer, die eigene Position rücksichtslos durch den eigenen hohen strukturellen Rang durchzusetzen. Häufig bedeutet dies auch, den eigenen persönlichen hohen Rang auszufüllen und sich in die andere Person hineinzuversetzen, ihre Position zu verstehen und aus einer empathisch-einfühlenden Grundhaltung heraus die eigene Überzeugung/Kompetenz respektvoll in Kontakt zu bringen.

In einem Konflikt, in dem ich in der subjektiv niedrigen Rangposition bin, schalte ich in den »Gefahrmodus«, das vegetative Nervensystem wird aktiviert, und mir bleiben nur die archetypischen Reaktionsmuster »Kampf«, »Totstellen« oder »Flucht«. In Gruppenkonflikten werden diese drei Varianten gelebt durch: aggressiv argumentieren, in Schweigen verfallen oder die Situation/Gruppe verlassen. Alle drei Reaktionen führen selten zu Verständigung und konstruktiven Konfliktlösungen.

Wenn die Konfliktbeteiligten einmal in diesem Modus sind, hilft häufig diese »kognitive Brücke«, sich seines eigenen Rangs bewusst zu werden, meist nichts mehr – aber sie kann helfen, dem vorzubeugen, dass es so weit kommt. Wenn das vegetative Nervensystem erst einmal angesprungen ist, muss erst das Erregungsniveau wieder gesenkt werden (siehe Kapitel 2.5.2.1).

Aus der subjektiv hohen Rangposition kann ich anders agieren (und eben nicht nur re-agieren!). Aus dieser Position kann ich es als meine Aufgabe sehen, eine Brücke zu bauen, weil ich in dieser höheren Rangposition das Privileg habe, die Fähigkeiten dafür zu besitzen. Und das Privileg ist auch verbunden mit der Verantwortung, dies zu tun.

2.6.4 Eine neue Kultur im Umgang mit Macht

Mein Idealbild von Umgang mit Macht und Rang ist eine Kultur, in der angestrebt wird, die Kräfte der ganzen Gruppe zum Besten der Gemeinschaft und aller Individuen einzusetzen. Das umfasst **einen bewussten Umgang mit Rang und Macht, um alle Individuen zu unterstützen, in ihre eigene Kraft zu kommen**. Dazu gehört genauso, die Stillen, die sich zurückhalten, zu stärken wie Menschen mit viel Gestaltungskraft die Chance zu geben, ihre Gestaltungskraft auszuleben, ohne andere damit »unterzubuttern«.

Um dies zu erreichen, benötigen wir

1. eine offene Kommunikation über Rangfragen;
2. das Bewusstsein der Menschen, die höhere Ränge einnehmen, für die Tatsache, dass dies oft einschüchternd oder anmaßend wirkt;
3. ein Wertschätzen der für die Gruppe hilfreichen Schätze und Kompetenzen, die zu den hohen Rangpositionen gehören, und eine Offenheit, sie zu nutzen;
4. eine Offenheit gerade der Menschen in hohen Rangpositionen zum Feedback zu ihrem Auftreten und
5. eine Struktur und Kultur, die dies stärkt und es sich zur Aufgabe macht, möglichst viele Menschen in ihre Kraft zu bringen.

In Gemeinschaften, die nach Hierarchiefreiheit streben, gibt es leider häufig zwei andere – meist aber nicht konstruktive – Arten, mit der Rangthematik umzugehen:

1. **Es darf keine Hierarchien geben!** Daher wird nicht darüber gesprochen, dass einige Menschen einen höheren Einfluss auf das Gemeinschaftsgeschehen haben als andere. Das macht es aber schwieriger, die unterschwelligen Konflikte, die damit verbunden sind, zu erkennen und verborgene Strukturen zu verändern.

2. Da es keine Hierarchien geben darf, werden Menschen, die eine hohe Gestaltungskraft oder aus anderen Gründen eine hohe Rangposition haben, häufig ausgebremst und/oder kritisiert. Oft wird ihnen vorgeworfen, zu viel Macht auszuüben und andere zu unterdrücken. Das schwächt die Gruppe, die davon profitieren würde, wenn alle Menschen ihre Gestaltungskraft zum Wohle aller ausleben könnten.

Hohen Rang wertschätzen –
und die Verantwortung und das Bewusstsein dazu einfordern
Ein hoher Rang basiert fast nie nur auf einem hohen strukturellen Rang, sondern beruht in der Regel auf Kompetenzen und Ressourcen, die eine Person aufgrund ihrer Persönlichkeit und ihres sozialen Hintergrunds mitbringt. Dies sind Schätze für das Projekt. Diese Schätze können einer Gruppe dienen, wenn sie sinnvoll eingesetzt werden.

Gruppen, in denen Menschen mit hohen Gestaltungskompetenzen bewusst oder unbewusst »klein gehalten« werden, schwächen ihre Kraft unnötig. Es ist wichtig anzuerkennen, wenn jemand eine besondere Fähigkeit hat, und das entsprechend zu würdigen und für die Gruppe zu nutzen.

2.6.5 Das Thema »Macht« aus der Tabuzone befreien – methodische Überlegungen

Was können wir tun, um das Thema »Macht« aus der Tabuzone zu befreien? Ein erster Schritt ist, sich bewusst zu machen, dass Rangdynamiken immer da sind und dass es sinnlos ist, hohen oder niedrigen Rang zu »verurteilen«. Sinnvoller ist es, sich darauf zu konzentrieren, dass Rang nicht festgeschrieben ist, sondern sich ständig situativ verändert und gestaltbar ist. Dadurch können wir zu einer Gesellschaft oder einer Gruppe beitragen, in der möglichst alle Menschen ihre Selbstwirksamkeit erfahren können.

Ein hoher Wert ist für mich die Gleichwertigkeit und Gleichwürdigkeit aller Menschen. Zu meinen daraus resultierenden Zielen gehört es, möglichst viele Menschen in ihre Kraft zu bringen, sie ihre eigene Wirksamkeit erfahren zu lassen und dabei möglichst niemanden zu übergehen. Alles, was ich in diesem Buch schreibe, ist aus dieser Zielrichtung heraus geschrieben. Ein bewusster Umgang mit dem Thema »Macht« kann hierzu mehr beitragen als die Tabuisierung des Themas. Die Wörter »Macht« und »Machtstreben« sind negativ belegt – aber unser Grundbedürfnis nach »Selbstwirksamkeit« kann und sollte nicht verleugnet, sondern im Gegenteil respektiert werden. Wie kann ein anderer Umgang mit dem Thema gelingen?

Wichtig ist, sich gemeinsam zunächst bewusst zu machen, welche Aspekte von Macht wir schätzen und welche wir ablehnen, denn sonst entwickeln sich sehr schnell sehr ideologische Diskussionen um das Thema. Ein Beispiel, wie das ablaufen könnte, wird im Kapitel 2.6.4.1 vorgestellt.

In Gruppen, in denen das Thema eingeführt ist, kann man Anlässe schaffen, bewusst und ohne Vorwurf darüber zu sprechen. Leichter als über Macht oder Rang zu sprechen, ist es häufig, über Privilegien zu sprechen: »Was sehe ich als meine Privilegien?« – »Was siehst du als meine Privilegien?« ist oft leichter zu beantworten als die Fragen »Wie schätze ich meinen Rang ein?« – »Wie schätzt du meinen Rang ein?«.

Wenn persönliche Veränderung und Entwicklung ein Anliegen ist, dann sind folgende Fragen hilfreich: »Wo siehst du mein Potenzial?« – »Wo habe ich/hast du vielleicht blinde Flecken in Bezug auf meine eigene Kraft/Macht?«

Gespräche zu diesen Fragen sollten zunächst in vertrauten Kreisen, in Kleingruppen oder zum Beispiel in Zwiegesprächen (Kapitel 2.3.1) stattfinden. Wenn in der Gruppe ungelöste Konflikte vorhanden sind, sollten diese Gespräche nicht ohne fachkundige Begleitung eingeführt werden, da die Auseinandersetzung mit diesem Thema auch schnell explosiv werden kann.

Gleichzeitig kann ein bewusster Umgang mit dem Thema »Rang« viele Konflikte entschärfen, denn nach der Einschätzung der Prozessorientierten Psychologie sind 90 Prozent aller Konflikte (auch) Rangkonflikte.

2.6.6 Werkzeuge zur Arbeit mit dem Thema Rang und Macht

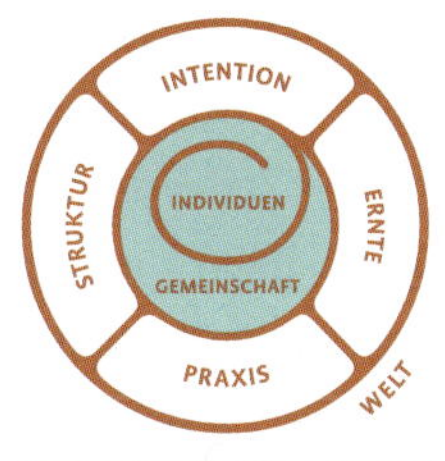

2.6.6.1 Gemeinsame Basis zum Thema »Macht« herausarbeiten

***

**

5 bis 25

2 Stunden

Was bringts? Es werden alle Facetten – die positiven wie die negativen – des Themas »Macht« herausgearbeitet.

- Theoretische Einführung in das Thema (10 Minuten)
- Einzelarbeit (10 Minuten)
- Kleingruppenarbeit (30 – 40 Minuten)
- Zusammentragen im Plenum (1 Stunde)

Detaillierte Anleitung

Die Einführung in das Thema ist häufig herausfordernd. Auch könnten im Laufe der Übung schwelende Machtkonflikte aufbrechen. Ich empfehle, diese Übung nur dann mit interner Moderation zu machen, wenn wenig schwelende Machtkonflikte in der Gruppe sind. Sonst braucht es eine fachkundige externe Moderation, die damit umgehen kann.

Es ist sinnvoll, in dieses Thema ein wenig theoretisch einzuführen. Die vorigen Kapitel geben dafür eine Grundlage, die aber auch illustriert sein sollte mit der Situation der Gruppe: Gibt es formale Rollen? Menschen, die für einzelne Projekte Verantwortung übernehmen und den Hut aufhaben?

Diese Einführung sollte mit der Frage enden:

»Was sind deine Erfahrungen mit dem Thema? Wo hast du Macht negativ, wo positiv erlebt? Wie geht es dir mit deiner eigenen Macht? Nimm dir 10 Minuten Zeit, erforsche das Thema für dich, mache Stichpunkte auf einem Zettel.«

Lade die Menschen danach ein, sich in Gruppen von etwa 4 Personen zusammenzufinden und sich zu diesen Fragen auszutauschen. 20 Minuten (pro Person 5 Minuten) für den persönlichen Austausch. Es ist sinnvoll, alle 5 Minuten zu gongen oder auf andere Art ein Zeichen zu geben, dass jetzt ungefähr der Zeitpunkt ist, die nächste Person sprechen zu lassen.

Nach 20 Minuten wieder gongen und mit den Worten:

»Jetzt sollten die persönlichen Schilderungen langsam zum Ende kommen, und ich bitte euch, auf zwei Flipcharts für euch zusammenzufassen:

- *Welche Art von Macht habt ihr positiv erleben können – und wollt ihr einladen?*
- *Welche Art von Macht empfindet ihr als negativ – wollt ihr in eurer Initiative vermeiden?*

Hier geht es nicht um konkrete Beispiele, sondern um die Qualitäten, die als positiv und negativ erlebt werden.«

Beispielsweise: »Menschen stellen ihre Kompetenzen in den Dienst der Sache« als positives Beispiel und »Die eigenen Ziele verfolgen, ohne zu bemerken, dass sich viele damit unwohl fühlen« als negatives Beispiel.

Für das Erstellen der Flipcharts bekommen die Gruppen noch einmal 10–15 Minuten Zeit.

Danach stellen die Gruppen ihre Ergebnisse im Plenum vor, und es werden Gemeinsamkeiten und Unterschiede festgestellt, und es wird sich darüber ausgetauscht. Wenn es viele Übereinstimmungen und wenig Diskussionen gibt, können auf dieser Grundlage Stichpunkte für ein gemeinsames Dokument, welche Qualitäten im Umgang mit dem Thema gewünscht werden, erarbeitet werden. Daran dürfen die Gruppenmitglieder sich in Zukunft gerne gegenseitig erinnern.

Herkunft

Eigene Entwicklung.

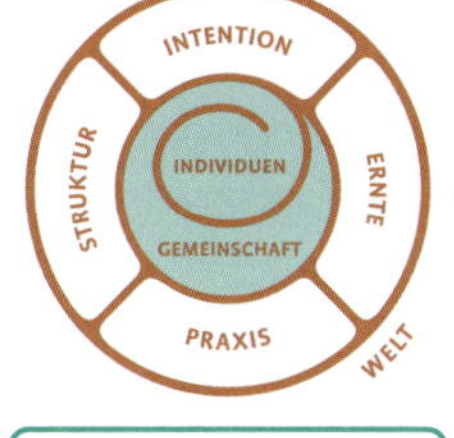

2.6.6.2
Den eigenen Rang reflektieren

Facilitator

**

Offenheit der Gruppe

*

Anzahl Personen

jede

Dauer

1,5 Stunden

Materialien/Raum

Handout zu dem verschiedenen Rangdimensionen (siehe am Ende dieser Methodenbeschreibung).

Raum, der groß genug ist, dass alle Anwesenden gut in Vierergruppen miteinander sprechen können.

Was bringts?

Ein Bewusstsein für die Facetten des eigenen Ranges und ein erster Austausch in der Gruppe darüber.

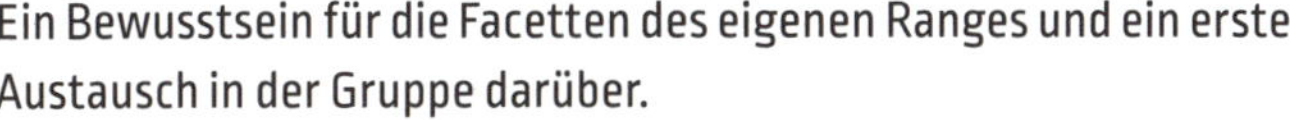

Kurzbeschreibung

Nach einer Einführung ins Thema wird die eigene Rangposition mithilfe des vorliegenden Handouts reflektiert, und danach tauschen sich alle in Kleingruppen darüber aus. Im Plenum werden kurz die »Aha-Momente« eingesammelt.

Detaillierte Anleitung

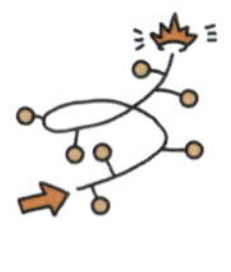

Zunächst sollte das Thema eingeführt werden. Zumindest jene Inhalte, die in Kapitel 2.6.1 vorgestellt wurden, sollten den Teilnehmenden bekannt sein. Es ist sinnvoll, die Punkte, die die verschiedenen Dimensionen des Rangs ausmachen, auch mit Beispielen aus der konkreten Situation der Initiative zu illustrieren.

Dann beginnt der Teil der Eigenarbeit: Alle Anwesenden erhalten ein Rang-Handout (siehe nächste Seite) und sind eingeladen, sich selbst zu reflektieren. Was ist ihr Rang in welchem Zusammenhang? Was ist er in der Gruppe, und ist er in anderen Zusammenhängen vielleicht ganz anders? 15 Minuten Zeit dafür.

Rangdimension	Deine Situation a) in dieser Gruppe. b) Gibt es Kontexte, wo du einen ganz anderen Rang hast?
Sozialer Rang: ▷ Herkunftsfamilie ▷ finanzielle Situation ▷ Muttersprache ▷ Geschlecht / Genderidentität und -orientierung ▷ Hautfarbe ▷ Alter ▷ Religion ▷ Bildungsstand ▷ Fremdsprachen ▷ Aussehen	
Persönlicher Rang: ▷ Selbstbewusstsein ▷ Grundvertrauen ▷ spirituelle Anbindung ▷ Fähigkeit, mit Stress umzugehen ▷ Belastbarkeit ▷ Gesundheit ▷ Selbstreflexion ▷ Intelligenz ▷ Ausdrucksfähigkeit ▷ soziale Eingebundenheit ▷ Netzwerke etc.	
Positionsrang: ▷ Strukturelle Position in der Organisation ▷ Dauer der Zugehörigkeit	

Danach werden die Menschen eingeladen, sich in ungefähr Vierergruppen zusammenzufinden und sich gegenseitig ihre Reflexionen dazu vorzustellen.

Pro Person sind etwa 10 Minuten vorgesehen. Die Person stellt erst das Ergebnis ihrer Reflexionen über sich selbst vor und bekommt dann Feedback von den anderen, wie sie sie wahrnehmen. Als Facilitator:in ist es sinnvoll, alle 10 Minuten ein kleines Zeitzeichen zu geben. Nach 40 Minuten sollte mitgeteilt werden, dass jetzt noch ein kleiner Raum für einen Abschluss in der Vierergruppe ist und sich eine Pause von 20 Minuten (oder länger, je nach Bedarf) anschließt. Danach trifft sich die Gesamtgruppe im Plenum.

Die Pause gibt den Gruppen die Möglichkeit, in unterschiedlichem Tempo ihre Arbeit abzuschließen.

Im Kreis mit allen Beteiligten werden dann »Aha-Momente« gesammelt. In allen Fällen, in denen ich diesen Prozess begleitet habe, wurde es als befreiend erlebt, über Rangfragen und Fragen nach Lust und Frust mit dem Thema »Selbstwirksamkeit« sprechen zu können. Das ist eine gute Grundlage für den weiteren Aufbau einer Gemeinschaftskultur mit mehr Rangbewusstsein und Kommunikation darüber.

Herkunft

Eigene Entwicklung, inspiriert von Prozessarbeit/Deep Democracy.

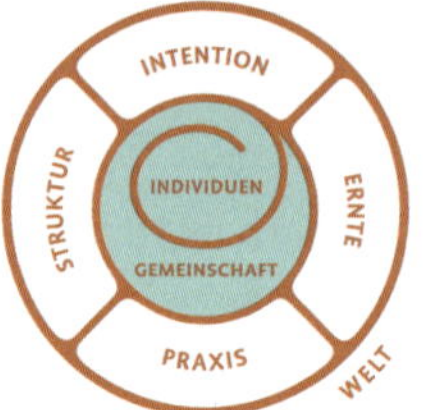

2.6.6.3
Rangaufstellungen

***

***

5 bis 20

1 bis 1,5 Stunden

Materialien / Raum

Großer Raum mit freiem Platz, sodass die Menschen in einem Kontinuum gestellt werden können.

Was bringts?

Feedback dazu, wie Menschen die Rangdynamik im Projekt wahrnehmen. Verschiedene Sichtweisen auf die Rangdynamik. Gesprächsanreiz für das Thema.

Kurzbeschreibung

Wir bilden mit Aufstellungen ab, wer zu welchem Thema in welcher Situation welchen »Rang« hat. Dazu werden verschiedene Fragen gestellt, und alle positionieren sich dazu bzw. werden positioniert.

Detaillierte Anleitung

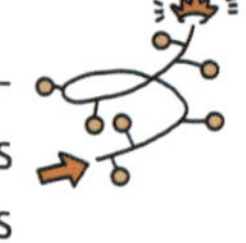

Diese Übung sollte man nur durchführen, wenn es vorher eine Einführung zum Thema gab. Wichtig ist bei dieser Übung, dass es nicht nur bei einer Frage und Rangaufstellung bleibt, sondern dass verschiedene Aspekte beleuchtet werden.

Idealerweise bereitet man 2–4 Fragen vor, bei denen erwartet wird, dass unterschiedliche Personen in die besonders ranghohen oder niedrigen Positionen kommen. Das ist wichtig, damit nicht nur die »üblichen Verdächtigen« auf den ranghöchsten oder -niedrigsten Positionen stehen, sondern deutlich wird, dass Rang situationsabhängig ist.

Mögliche Fragen

»Wer hat in diesem Projekt wie viel Einfluss, wenn es um den Umgang mit Finanzen geht?

Wer hat in diesem Projekt wie viel Einfluss, wenn es um das Miteinander in der Gruppe geht?

Wer kann sich leichter Dinge privat leisten, die wir uns als Gemeinschaft nicht leisten können?

Wer beeinflusst wie stark, welche technischen Lösungen sich durchsetzen?

Wer hat insgesamt im Projekt am meisten Einfluss auf die internen Prozesse?«

Die Fragen sollten an die lebendige Realität des Projektes anknüpfen. Manchmal ist es so, dass so eine Selbstaufstellung nicht zur Ruhe kommt, weil sich A unter B und B unter A einordnet.

In diesem Fall bitte ich eine Person aus der Gruppe (die sich recht weit unten einsortiert hat), das Bild nach ihrer Wahrnehmung zu stellen. Das Wichtige ist nicht das Bild, das entsteht, sondern das Gespräch darüber. Im Gespräch sollten die Positionen, um die Worte zu illustrieren, gerne auch wieder verändert werden, denn es gibt nicht »das eine richtige Bild«.

Forschungsansätze für das Gespräch

»Warum wolltest du in Relation zu Person A anders stehen?«

In dieser Übung können Wahrnehmungen von Rangpositionen leichter angesprochen werden als im »Trockenen«. Und durch die leichte Möglichkeit, im Raum unterschiedliche Positionen einzunehmen, wird auch die Variabilität von Rangpositionen deutlich.

»Wie fühlt es sich auf dieser Position an?«

In der Regel sind sowohl die Positionen ganz hinten wie auch einsame Positionen ganz vorne unangenehm. Das auszusprechen und zu hören, ist ein wesentlicher Aspekt der Übung. Und häufig fühlt sich das »Nebeneinanderstehen« auf Augenhöhe am besten an. Manchmal fühlt es sich aber auch gut an, in zweiter Reihe zu stehen, die weniger Verantwortung erfordert.

Herkunft

Eigene Entwicklung, inspiriert durch Erfahrungen im CLIPS-Projekt.

2.6.6.4
Speeddating zum Thema »Rang«

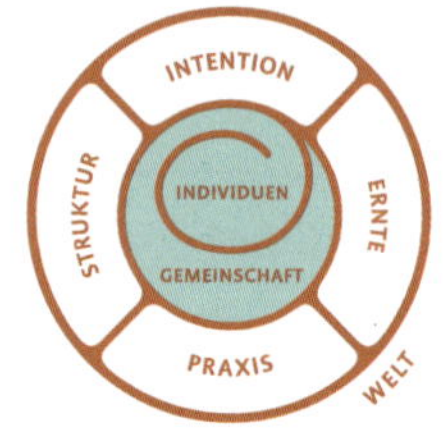

Raum, der groß genug ist, damit die Menschen in Paaren stehen können und jeweils mindestens 1 Meter Abstand zum nächsten Paar haben.

Was bringts?

Die Übung schafft eine Kultur, in der es möglich ist, ohne Vorwurf über Rangfragen zu sprechen.

Kurzbeschreibung

Wir werden jetzt in einigen Zweierbegegnungen uns über die Frage, wie wir den Rang der anderen Person und unseren eigenen einschätzen, austauschen. Danach werden wir uns im großen Kreis darüber austauschen, wie es uns mit diesen Gesprächen über unseren Rang ging.

Detaillierte Anleitung

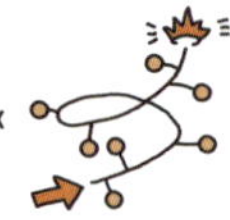

Diese Übung setzt eine vorige Einführung in das Thema »Rang« voraus.

»Ihr habt jetzt 45 Minuten Zeit, in Zweiergesprächen über die Rangdynamik, die zwischen dir und deinen Gesprächspartner:innen herrscht, zu sprechen. Das Setting ist folgendes:

Wir haben den Raum hier zur Verfügung für Begegnungen. Es gibt keine Zeitvorgabe für die Begegnungen. Findet spontan eine:n erste:n Partner:in, mit der ihr die Übung beginnt.

Ihr habt jetzt die Gelegenheit, euch auszutauschen über die Fragen:

Wo fühle ich mich dir gegenüber ranghöher, wo rangniedriger?

Und nachdem ihr euch darüber ausgetauscht habt, beschließt das Gespräch mit einem kurzen Austausch zu den Fragen:

Was bedeutet das, was wir besprochen haben, für unsere Beziehung? Können wir da etwas verändern?

Dann geht auseinander und schaut nach einer weiteren Person, mit der ihr in Austausch gehen könnt. Es wird zwischendurch Situationen geben, in denen gerade niemand ›frei‹ ist – nutzt diese Zeit, über das Gehörte nachzudenken.

Wer nach einem Gespräch erst ›Verdauungszeit‹ braucht und nicht angesprochen werden will, setzt sich so lange auf einen Stuhl.«

Nach etwa 40 Minuten sagt die Person, die facilitiert:

»Die Begegnung, in der ihr jetzt seid, ist eure letzte. Beschließt sie noch, und kommt dann wieder in den Kreis.

Danach sollte es eine Runde geben, in der die Teilnehmenden eingeladen werden, darüber zu sprechen, was sie erlebt haben. Was war überraschend? Gab es neue Erkenntnisse? Wird diese Erfahrung etwas verändern?

Herkunft

Eigene Entwicklung, inspiriert von den Zwiegesprächen und der Prozessarbeit.

2.6.6.5
Das Rangbarometer

Einen sehr großen Raum, in dem alle Teilnehmenden zunächst auf einer Linie stehen und dann viele Schritte laufen können. Es bietet sich an, die Übung draußen zu machen oder dafür eine Turnhalle zu nutzen.

Was bringts?

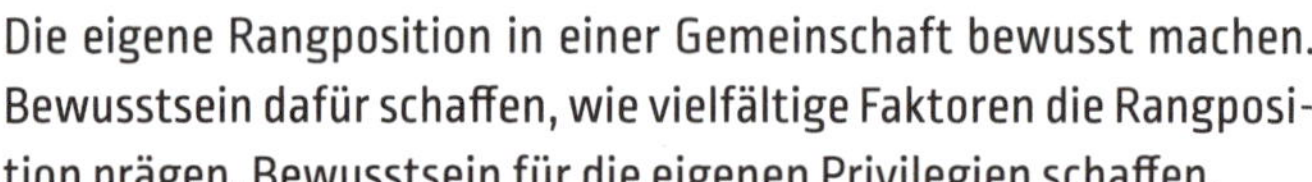

Die eigene Rangposition in einer Gemeinschaft bewusst machen. Bewusstsein dafür schaffen, wie vielfältige Faktoren die Rangposition prägen. Bewusstsein für die eigenen Privilegien schaffen.

Kurzbeschreibung

Alle in der Gruppe stehen anfangs auf einer Linie. Es werden verschiedene Fragen gestellt, die alle mit Rangpositionen zu tun haben. Je nachdem, wie die Teilnehmenden sie für sich beantworten, bewegen sie sich nach vorne oder hinten.
Danach wird reflektiert, was diese Erfahrung bedeutet.

Detaillierte Anleitung

Auf folgende Art kann die Übung eingeleitet werden:

»Alle stellen sich an der Grundlinie auf und gehen mit den Antworten auf die Fragen weiter. Die Standardregel ist: Wenn du auf eine Frage mit ›Ja‹ antworten kannst, gehst du einen Schritt vor.«

Auf verfügbaren Platz achten, er muss für die »Ranghöchsten« ca. 40 Schritte erlauben. Wenn der Raum nicht sehr groß ist, statt »Schritt« eher »Fuß« sagen.

»Manche Aspekte haben eine stärkere Gewichtung, da wird angegeben, wie man sich bei welcher Antwort bewegen soll.«

Manche Fragen setzen gewisse Festlegungen (z. B. Kapitalbedarfe, Statusunterscheidungen) in dem eigenen Projekt voraus. Sie müssen natürlich auf das konkrete Projekt angepasst und können einfach weggelassen werden, wenn es für das Projekt nicht relevant ist.

Diese Übung setzt eine Einführung in das Thema »Macht und Rangdynamiken« voraus. Sie braucht bereits in der Vorbereitung einen Hinweis, dass das Ergebnis der Übung keine »Wahrheit« über Rangordnungen im Projekt aufzeigt, sondern lediglich eine Antwort auf ein paar Fragen gibt und nur Denkanstöße liefern soll. Nach der Aufstellung im Rangbarometer braucht es auf jeden Fall eine Nachbereitungszeit, um über die Gefühle während des Vor- und Rückwärtsgehens in der durch diese Übung visualisierte Rangposition zu sprechen.

Wichtig ist auch, im Nachgespräch nochmals klarzustellen, dass dieses Ergebnis keine festgelegte oder »wahre« Rangposition ist, sondern das Ergebnis eines subjektiven »Fragebogens«, der Denkanstöße und Gesprächsanreize geben soll.

Zeit

Einführung in das Konzept von »Rang« – mindestens 20 Minuten.

Vorbereitung Rangbarometer – 5 Minuten (Aufstellen, Erklären der Regeln und Hinweis auf: Es wird keine »Wahrheit« aufgezeigt werden!)

Rangbarometer – 20 Minuten. (Bei kaltem Wetter und fehlender Turnhalle nur dafür rausgehen!)

Nachbereitung – 45 Minuten.

Mögliche Fragen zum Rangbarometer

(Bitte für jedes Projekt entsprechend der Realität des Projektes anpassen):

Sozialer Rang in der Gruppe

»1. Ist die Gemeinschaftssprache deine Muttersprache?
2. Hast du (aufgrund von Sprach- oder Hörschwierigkeiten) Probleme zu verstehen, was andere sagen? (1–2 Schritte zurück!)
3. Liest du regelmäßig deine E-Mails (bzw. das Hauptkommunikationsmedium der Gruppe)?
4. Weißt du, wo du welche Informationen, die die Gruppe betreffen, findest?

5. Bist du mit den genutzten Onlinetools vertraut?
6. Hast du den Überblick über Regeln und Festlegungen der Gruppe?
7. Wie häufig nimmst du an den Treffen teil? (80 – 100 %: 2 Schritte, 60 – 80 %: 1 Schritt, 40 – 60 %: stehen bleiben, 20 – 40 %: 1 Schritt zurück)
8. Hast du genügend Kapital, um dir auch mal etwas Teures zu leisten (Computer, Auto, weite Reise)?
9. Hast du mehr Kapital, als du in deinem Leben brauchen wirst?
10. Hast du genügend laufende Einnahmen, um entspannt leben zu können?
11. Hast du gute Freund:innen oder eine:n Partner:in in der Gruppe?
12. Hast du den Eindruck, dass du so, wie du von deinem Hintergrund her bist, gut zur Gruppe passt? Alter, Herkunft, Ausbildung, Familien-, Beziehungsstand, Weltsicht, Werte etc. (4 Schritte vor bis 4 Schritte zurück!)

Persönlicher Rang

1. Kannst du dich, wenn dir Schwierigkeiten und Konflikte begegnen, leicht damit verbinden, dass dies eine Lernchance für dich ist?
2. Gehst du mit der Haltung ›Ich bin okay!‹ durchs Leben?
3. Hast du das Gefühl, dass dein Leben einen Sinn hat?
4. Kannst du darauf achten, dass du dir nicht zu viel vornimmst?
5. Fällt es dir leicht, deine Gefühle wahrzunehmen und adäquat auszudrücken?
6. Bist du gesund und belastbar? (Zwischen 3 Schritte vor und 3 Schritte zurück!)
7. Fällt es dir leicht, vor vielen Menschen zu sprechen?
8. Kannst du dich gut in andere Menschen hineinfühlen?
9. Kannst du gut mit verschiedenen Menschen in einem Team arbeiten?
10. Kannst du in der Öffentlichkeit zu deiner Wahrnehmung stehen, auch wenn nicht alle sie teilen?
11. Fühlst du dich verstanden, wenn du in der Gruppe sprichst?
12. Wirst du oft von anderen um Rat gefragt, weil dir Möglichkeiten einfallen, die andere nicht sehen?

Struktureller Rang in der Gruppe

1. Gehörst du zu den Initiator:innen des Projektes?
2. Gehörst du zu dem Drittel, das am längsten dabei ist?

3. Gehörst du zu dem Drittel, das am kürzesten dabei ist? (Einen Schritt zurück!)
4. Bist du in einem offiziellen Gremium des Projektes?
5. Hast du eine klar definierte Rolle? (Sprecher:in, Kassenwart:in, AG-Leiter:in oder Ähnliches)
6. Hast du eine klar definierte Führungsrolle?
7. Wirst du für deine Arbeit im Projekt bezahlt?
8. Bringst du dich verantwortlich in das Projekt ein?
   Nach Selbsteinschätzung:
   großer Beitrag, du bist kaum ersetzbar = 3 Schritte;
   mittlerer Beitrag, du tust viel = 2 Schritte;
   kleiner Beitrag = 1 Schritt
9. Liest du in der Regel die Protokolle?
10. Kommst du regelmäßig zu den Treffen?
11. Hast du schon einmal das Projekt repräsentiert?
12. Moderierst du interne Veranstaltungen/Prozesse?«

Herkunft

Abwandlung des »Privilege Walk« aus der Anti-Rassismus-Arbeit.

3 Intention

3.1 Intention schafft Motivation und Klarheit

Es gibt in vielen Menschen das starke Bedürfnis, sich für die eigenen Werte und Ziele einzusetzen. In Organisationen und Gruppen, die intrinsisch motiviert arbeiten – also nicht in erster Linie durch externe Anreize wie Geld oder Zwang zusammengehalten werden –, ist das gemeinsame Ziel ein wesentlicher Motivationsfaktor.

Dies erkennt selbst die moderne Organisationspsychologie für gewinnorientierte Unternehmen. Frederic Laloux betont in *Reinventing Organizations*, dass der evolutionäre Sinn einer Organisation der wichtigste Schlüssel für erfolgreiche Organisationsentwicklung ist. Der »evolutionäre Sinn« eines Projektes ist nicht das klassische Mission Statement, sondern eine wertebasierte Ausrichtung, die die Entwicklung des Projektes

leitet – ohne starre Vorgaben, aber mit einer klaren, wertebasierten Zielrichtung. Gerade für Projekte, die nicht von Führungspersönlichkeiten beherrscht werden, ist eine klar formulierte Intention das, was die Entwicklung des Projektes leiten wird.

Simon Sinek formuliert mit seinem »Golden Circle«, dass man, um Menschen zu erreichen, nicht mit langwierigen Argumenten, sondern mit dem »Warum?« beginnen soll. Warum tun wir das, was wir tun?

Eine klar formulierte, wertebasierte Formulierung der Intention motiviert und trifft auf der individuellen Ebene ein wichtiges menschliches Grundbedürfnis nach »Sinnhaftigkeit« des eigenen Handelns.

> I have a dream!
> I have a dream that one day this nation will rise up and live out the true meaning of its creed: »We hold these truths to be self-evident, that all men are created equal.« ...
> I have a dream that my four little children will one day live in a nation where they will not be judged by the color of their skin but by the content of their character.
> I have a dream today! ...
>
> *Martin Luther King, 1963*

Auf der Ebene von Gemeinschaft und Projekt ist es wichtig, dass wir uns darüber einig sind, was wir bewegen wollen. Was ist unser gemeinsames Ziel? Wo ist es wichtig, dass wir die gleiche Ausrichtung haben? Wo ist Vielfalt okay, vielleicht sogar gewünscht?

Es bringt nichts, in einen Fußballverein zu gehen und sich zu ärgern, dass dort kein Volleyball gespielt wird. Und das Gleiche gilt für jegliche gemeinschaftliche Initiative: Es sollte klar transportiert werden, was das Ziel ist, denn das gibt sowohl der Gruppe als auch daran Interessierten eine klare Orientierung.

Will die Bürgerenergiegenossenschaft als Geldanlage für die Genoss:innen eine Fotovoltaikanlage bauen, oder ist der Plan, vielfältige regenerative Energiequellen zu erschließen und ein Netzwerk von Menschen aufzubauen, denen erneuerbare Energie in Bürgerhand am Herzen liegt? Will eine Initiative Freie Schule ein pädagogisches Konzept mit sehr freiem

Inhalt oder einfach einen kindgemäßeren Ansatz, um den Lehrplan zu vermitteln? Will ein Gemeinschaftsprojekt auf dem Land vegan leben und vegane Landwirtschaft betreiben oder alte Nutztierrassen halten und auch verzehren? Soll ein Urban-Gardening-Projekt ganz bewusst einen inklusiven Schwerpunkt haben und viele Kulturen einladen, oder geht es einfach nur ums Gärtnern?

Eine klare Ausrichtung und eindeutige Ziele für das Gesamtprojekt wie auch für Untergruppen können eine wichtige Leitschnur sein und Vertrauen aufbauen. Das Thema »Ziele« wird uns auch im Kapitel 4 über Strukturen wieder begegnen, denn sie setzen auch den Rahmen für die Delegation von Entscheidungen. Entscheidungen können entspannter delegiert werden, wenn deutlich ist, dass diejenigen, an die sie delegiert werden, sich auch an den festgelegten Zielen orientieren. Eine klare Formulierung der Intention ist auch ein wichtiges strukturierendes Element und gibt den Rahmen für die Strukturen vor.

3.1.1 Ebenen des Aspekts Intention

Es gibt verschiedene wichtige Ebenen des Aspekts »Intention« zu betrachten. Alle zusammen ergeben in meinen Augen die Elemente eines »Visionspapiers«, das die Ausrichtung des Projektes auf verschiedenen Ebenen beschreibt.

Es gibt Werte, für die die Initiative sich einsetzt, und übergeordnete Ziele, bei denen man davon ausgeht, dass keine Initiative sie alleine erreicht. Diese Ziele können sein: den Klimawandel stoppen, dem Artensterben begegnen, eine neue Form der Demokratie initiieren, Kinder in ihrer Potenzialentfaltung unterstützen, einen Beitrag für eine Reform des Schulsystems leisten etc.

Dann gibt es das übergeordnete qualitative Ziel, das sich eine Initiative ganz konkret stellt: etwa Autofahrten reduzieren, Flächen entsiegeln, Selbstversorgung in der Stadt ermöglichen, eine freie Schule oder ein Kulturzentrum aufbauen oder weiterführen. Hieraus kann man die »Essenz des Projektes« formulieren, ein kurzes, knackiges Statement, das deutlich aussagt, was die Initiative möchte. Es ist von Vorteil, wenn alle Mitglieder der Initiative sich einig sind, was diese Essenz sind. Idealerweise ist dies in ein bis zwei Sätzen, maximal 30 Wörtern formuliert und allen Projektmitgliedern präsent.

Zu den Zielen gehören viele unterschiedliche Ideen und Pläne, wie es realisiert werden könnte. Auch wenn sie in der Regel nie zu 100 Prozent realisiert werden: Alle Ideen, die für das Projekt passen, gehören auch zur »Intention«. Sie zeigen das ganze Spektrum auf, in das sich das Projekt entwickeln könnte.

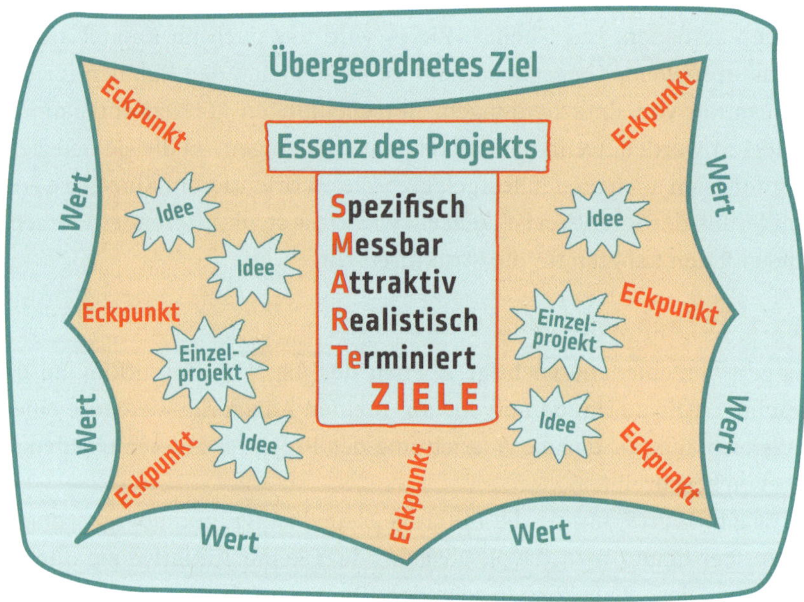

Verschiedene Bereiche der Intention

Für die ganz konkrete Arbeit sind dann noch konkrete Ziele relevant, die sich auch von Projektphase zu Projektphase immer wieder unterscheiden. Das sind die Ziele, die sich die Gruppe für einen definierten Zeitrahmen stellt und die konkret mit gemeinsamer Kraft angegangen werden.

Damit die Ziele auch als Messlatte für Entscheidungen genommen werden können, ist es hilfreich, wenn diese konkreten Ziele »SMART« formuliert sind.

»SMART« ist ein Akronym, es steht für die Adjektive
Spezifisch Messbar Attraktiv Realistisch Terminiert

Diese »smarten Ziele« sind dann zum Beispiel so formuliert:

- Wir wollen bis Ende des Jahres eine Mitfahrgelegenheitsgruppe auf »Signal« in unserem Ort etabliert haben, die mindestens 50 Mitglieder hat.
- Wir führen monatlich eine Veranstaltung zum Thema ... durch.
- Wir legen bis Jahresende einen Gemeinschaftsgarten auf dem ... Hof an und haben ... Interessierte, die dort mit aktiv sind.

Sich als kleine Initiative vorzunehmen, den Klimawandel ganz zu stoppen, ist ein Garant für Frustration. Erreichbare, konkrete Ziele sorgen für Erfolgserlebnisse und eine klare Orientierung.

Die konkreten Ziele werden sich mit den verschiedenen Projekten, die eine Initiative nach und nach verwirklicht, auch immer wieder verändern und neu reflektiert werden müssen, denn auch wenn ein smartes Ziel erreicht ist, geht die Initiative ja meist weiter. Zunächst sollte die Zielerreichung aber gefeiert werden – jedes erreichte Ziel ist ein guter Anlass zum Feiern (siehe Kapitel 6). Aus der Essenz ergibt sich in der Regel stets ein reicher Ideenpool, was alles getan werden könnte – wenn das dann ganz konkret in die Umsetzung geht, wandert diese Idee aus dem Ideenpool zu den konkreten smarten Zielen. Eine Zwischenposition zwischen den Ideen und den von allen getragenen smarten Zielen können auch noch »Einzelprojekte« haben, die zum Projekt passen, aber nur von Einzelnen oder einer kleinen Gruppe getragen werden.

Zur Intention eines Projektes gehören auch die Werte, für die eine Initiative steht. Heutzutage gibt es eine erstarkende rechte und diskriminierende Bewegung, die in manchen übergeordneten (Ökologie, Regionalität, Gemeinschaft ...) oder auch konkreten Zielen (zum Beispiel Unterstützung eines Landwirtschaftsbetriebes durch Solidarische Landwirtschaft) durchaus Überschneidungen mit der Wandelbewegung hat, die sich für eine Welt engagiert, in der Respekt vor verschiedenen Kulturen, Religionen und sexuellen Identitäten gelebt wird.

Um hier eine Unterwanderung zu vermeiden, empfehle ich, keine Initiative mehr zu gründen, ohne als Kernwerte »Vielfalt« und »Respekt vor Andersartigkeit« zu formulieren, selbst wenn diese Werte nicht im Fokus der Aktivitäten stehen.

Für Projekte wie Wohnprojekte und Lebensgemeinschaften, die sehr viel Alltag miteinander teilen, ist noch ein anderer Unterpunkt der »Intention« wichtig. Ich nenne dies »Eckpunkte«. **Eckpunkte sind klare Erwartungen an die Projektmitglieder**, die sich aus den Zielen und Werten ergeben, die aber sehr spezifisch sein können und auch das Leben im Projekt deutlich beeinflussen. Wenn zum Beispiel ein Projekt erwartet, dass regelmäßig gemeinsam vegan gegessen wird, dann sollte das als ein Eckpunkt formuliert werden. Menschen, die gerne regelmäßig ihr Fleisch konsumieren wollen, werden sich dann nicht für diese Initiative entscheiden. Für sie wäre der Eckpunkt eine Einschränkung, während er für die Initiativteilnehmer:innen, die diesen Eckpunkt gesetzt haben, etwas Wertvolles ist, weil er es ihnen leichter macht, die eigenen Ziele und Werte zu leben.

3.2 Methodische Überlegungen

Sich auf konkrete Ziele und die Werte, die der gemeinsamen Arbeit zugrunde liegen, zu einigen, ist eine wichtige Aufgabe für die Startphase. Meine Empfehlung ist, in einer kleinen Gruppe diesen Rahmen zu setzen. Dieser ist dann für die Zukunft eine klare Orientierung und wird prägen, wer zum Projekt dazustößt.

Wichtig ist es, die Werte und Ziele so deutlich und klar zu formulieren und zu präsentieren, dass sie allen, die zu der Initiative stoßen, bekannt sind. Dies verhindert viele spätere Reibereien.

Und gleichzeitig ist es wichtig, in regelmäßigen Abständen die Ziele und Werte anzuschauen und zu überprüfen, ob sie so noch aktuell sind. Wenn man feststellt, dass etwas überholt ist, dass bestimmte Ziele in Vergessenheit geraten sind oder dass sich etwas verändert hat, dann ist es wichtig, dies bewusst zu reflektieren. Hier braucht es eine gemeinsame Entscheidung, das in Vergessenheit geratene Ziel zu streichen, weiterhin als Option im Raum zu lassen oder noch einmal Kraft in eine Initiative zu stecken, es doch umzusetzen.

Wichtigstes Prinzip im Bereich »Intention« ist es, Klarheit zu schaffen über die Frage, was gemeinsame Ziele und Werte sind und wo bewusst auch Vielfalt gewünscht ist. Es ist oft vielversprechender und erfolgreicher, eine Initiative nicht nur mit Menschen aus genau dem gleichen Dunstkreis aufzubauen, sondern eine Vielfalt von Hintergründen einzuladen, die gemeinsam häufig mehr erreichen können.

Die Klarheit, wo die Grenzen dieser Vielfalt liegen, ist wichtig. Diese Grenzen klar – und doch weit – zu ziehen, trägt dazu bei, mit der Unterschiedlichkeit, die sich daraus ergibt, konstruktiv umzugehen. Unterschiedlichkeit birgt viele Schätze in sich – diese gilt es wertzuschätzen.

Und gleichzeitig sollte es nicht zu einem Verwaschen der eigenen Ziele und Werte kommen. Diese Gratwanderung muss jedes Projekt für sich lösen. Es kann auch den Punkt geben, an dem man feststellt: Wir machen das lieber nicht zusammen, wir machen aus einer Initiative zwei Initiativen, die sich jeweils auf ihre Schwerpunkte/Werte konzentrieren. Eine Trennung kann eine sinnvolle Lösung auch im Sinne der gemeinsamen Sache sein.

Dem Aspekt »Intention« kommt naturgemäß in der Anfangsphase eines Projektes eine große Bedeutung zu. Aber auch in einem bestehenden Projekt ist es wichtig, die Aufmerksamkeit immer wieder auf diesen Aspekt zu lenken. Eine Besinnung auf die Ursprungsintention, das Neuentwickeln von konkreten Zielen und Vorschlägen ist eine (Neu-)Orientierung, die immer wieder genutzt werden kann, um neue Menschen zu Partizipation einzuladen und neue Kräfte zu entfesseln.

3.3 Werkzeuge

3.3.1 Traumkreis

Facilitator

*

Offenheit der Gruppe

*

Anzahl Personen

4 bis 15

Dauer

1,5 Stunden

Materialien / Raum

Die Teilnehmenden sitzen im Kreis. Es braucht ein Redeobjekt und einen Flipchart mit genügend Papier, auf dem die Träume festgehalten werden.

Was bringts?

Die Träume aller Projektmitglieder werden zusammengebracht und stehen gleichberechtigt nebeneinander. Der Traumkreis ist ein sehr motivierendes, kraftvolles Werkzeug, das dann die Grundlage für alle weiteren Schritte liefert, die Träume konkreter zu machen. Sehr zu empfehlen für den Auftakt einer Initiative!

Der Traumkreis ist eines der Kernwerkzeuge des Dragon Dreaming (siehe Kapitel 3.4), einer Projektentwicklungsmethode für gemeinschaftliche Projekte. John Croft, der Entwickler des Dragon Dreaming nennt den Traumkreis »Das Ostern des Projektes«. Es ist der Moment, in dem ein Projekt als das Projekt eines Einzelnen stirbt und als Projekt der Gruppe wiederaufersteht. Das ist ein wichtiger Moment in der Startphase eines Projektes. Ohne einen derartigen Moment bleiben Projekte oft die Projekte Einzelner mit ein paar »Mitmachern«, aber ohne weitere Menschen, die auch wirklich Verantwortung übernehmen.

Wir werden im Kreis sammeln, was das Projekt für alle umfassen müsste, damit es richtig toll wird!

Detaillierte Anleitung

Wen einladen?

Ganz im Sinne der Überlegungen zu Ausrichtung und Vielfalt ist es empfehlenswert, für den Start eines Projektes unterschiedliche Menschen einzuladen. Menschen mit unterschiedlichen Hintergründen und Kompetenzen können ein Projekt stärker machen. Und natürlich ist es wichtig, dass die Grundausrichtung, die wesentlichen Werte des:der Projektinitiator:in geteilt werden.

Der/die Einladende begrüßt die Teilnehmenden.

»Wir sitzen hier zusammen, weil wir gemeinsam ein Projekt entwickeln wollen, das ... « (Kurzeinführung in das, was bis jetzt geplant ist, maximal 5 Minuten.)

»Wir wollen nun unseren gemeinsamen Traum von diesem Projekt entwickeln, dafür bitte ich euch, die Frage zu beantworten:

Was müsste das Projekt umfassen, damit du in ... (realistischer Zeithorizont, in dem Ergebnisse sichtbar werden) *sagen kannst: ›Mich für dieses Projekt zu engagieren, war das Beste, was ich in diesen ... Jahren getan habe!‹*

Wir werden dafür einen Redestab kreisen lassen, es spricht stets nur der/die, die den Stab hat. Ich möchte euch bitten, jedes Mal, wenn ihr den Stab habt, kurz einen Aspekt dazu beizutragen – wenn euch in dem Moment keiner einfällt, gebt den Stab einfach weiter. Der Stab wird mehrfach kreisen, bis alle Ideen ausgesprochen sind. Ihr habt also genug Gelegenheit, alle Ideen beizutragen.

Um einen gemeinsamen Traum entstehen zu lassen, ist es wichtig, dass die Ideen ›kreisen‹, also sollten weder lange Pausen entstehen, noch sollte jemand lange Monologe halten.

Und: Bitte bringt nur Aspekte ein, für die ihr auch bereit seid euch zu engagieren und Verantwortung zu übernehmen, keine Aspekte von der Kategorie ›Jemand sollte mal ...‹.

Während des Traumkreises wird auch nicht diskutiert, im Traum können alle Aspekte nebeneinanderstehen. Jeder Traum ist heilig. Der Aspekt, darauf zu schauen, ob alles zusammenpasst, kommt später.«

Als Schreiber:in sollte man jemanden wählen, der erfahren ist, die Essenz der Beiträge herauszufiltern, und zügig lesbar schreiben kann. Diese Person schreibt die Essenz jedes Beitrags auf, mit Namenskürzel der Person, die den Beitrag leistet.

Wichtige Hinweise für die Person, die moderiert

Wichtig für das Gelingen der Magie des Traumkreises sind die nachfolgenden Aspekte:

1.) Der/die Projektinitiator:in bringt den ersten Beitrag mit dem, was ihm/ihr am wichtigsten ist.

2.) Die Beiträge sind kurz und knackig.

3.) Auch bei kontroversen Beiträgen darf an diesem Punkt keine Diskussion aufkommen. Wir sind in der Traumphase. Im Traum passen auch widersprüchliche Dinge zusammen. Zu einem späteren Zeitpunkt wird das sortiert werden müssen. Aber kein Traum ist »falsch«. So wird jeder Traumbeitrag stehen gelassen.

4.) Jede:r sollte bereit sein, für die Realisierung des eigenen Traums auch die Verantwortung zu übernehmen. Nicht den Traum durch Aspekte überfrachten, die andere realisieren müssten, sondern nur Aspekte einbringen, für die ich mich auch engagieren werde.

5.) Die richtige Person ist als Schreiber:in zu wählen. Der Prozess sollte nicht durch lange Nachfragen und Hin- und Herformulierungen des Aufgeschriebenen verlangsamt werden.

6.) Das Ziel ist, in einen Flow zu kommen, in dem verschiedene Dimensionen des Projektes deutlich werden. Meist entsteht dies von selbst. Falls die Gruppe sich allzu sehr an einer Dimension festhält, ist es gut, vonseiten der Vorbereitenden Aspekte zu den fehlenden Dimensionen einzubringen, wie Beiträge zum Miteinander in der Gruppe, zum Verhältnis zur Gesellschaft, zu ökonomischen Faktoren, zur Entscheidungsfindung ...

Nach etwa einer Stunde läuft so ein Traumkreis meist von selbst aus. Idealerweise kann man ihn laufen lassen, bis der Stab einmal kreist, ohne dass noch jemand etwas beizutragen hat. Manchmal zieht es sich, sodass die Moderatorin ansagen sollte: Dies ist jetzt die letzte Runde!

Wie gehts dann weiter?

Bei diesem Treffen sollte der Traumkreis genau so, wie er entstanden ist, stehen gelassen werden. Alle Träume sind heilig – es gibt da kein »richtig« oder »falsch«.

Bei einem nächsten Treffen ist es wichtig, darauf zu schauen, ob es ernsthafte Unvereinbarkeiten gibt im Traumkreis. Oft lassen sich Unvereinbarkeiten auch auflösen, indem die Träume geringfügig anders formuliert werden. Oder eine Person, die beim Traumkreis noch dabei war, ist beim nächsten Mal schon nicht mehr dabei. Die Träume, die jemand reingebracht hat, der/die nicht mehr dabei ist, müssen nicht vom Rest der Gruppe beibehalten werden.

Manchmal gibt es keinen Weg, Träume zusammenzubringen, wie etwa: »Keine Hunde im Projekt« und »Zusammenleben mit Hunden«. Oder »Klimaschutz durch Atomkraft!« und »Abschalten aller Atomkraftwerke«. Dann ist es wichtig, bei einem nächsten Treffen diese Themen anzusprechen und zu prüfen, ob es einen Weg gibt, dass diese beiden Positionen in einem Projekt realisierbar sind, oder ob sich aus diesem einen Traumkreis zwei Projekte entwickeln, die Unterschiedliches wollen, oder ein Projekt, an dem nicht alle teilnehmen. Dies ist kein Scheitern, sondern trägt zur Klarheit bei und ist manchmal eine »Projektvervielfältigung«!

Nachdem etwaige Unvereinbarkeiten geklärt sind, kann der Traumkreis thematisch sortiert werden und als Grundlage für die Visions- und Missionsformulierung genommen werden.

Herkunft

Dragon Dreaming, entwickelt von John Croft (siehe Kapitel 3.4).

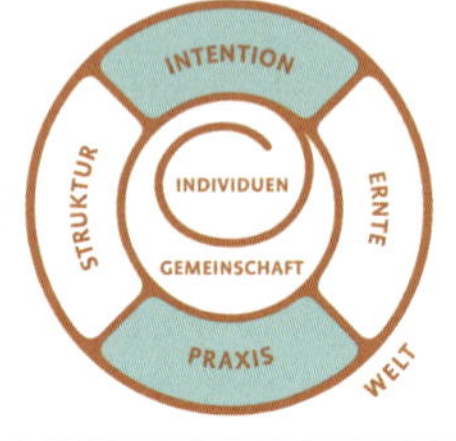

3.3.2
Brainstorming

Viele Moderationskärtchen, 5 Klebepunkte oder ein dicker Stift pro Person.

Was bringts?

Durch ein Brainstorming wird die Kreativität der Gruppe entfesselt, es kommt zu neuen Ideen, entweder für die Entwicklung von konkreten Aufgaben und Zielen (Intention) oder auch dazu, wie Probleme gelöst werden können (Praxis).

Kurzbeschreibung

Durch Zuruf werden alle möglichen – auch verrückten – Ideen für die Frage ... gesammelt. Am Ende werden die Antworten sortiert, und es wird geschaut, welche vertiefend weiterbearbeitet werden.

Detaillierte Anleitung

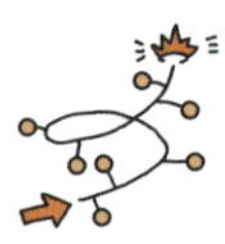

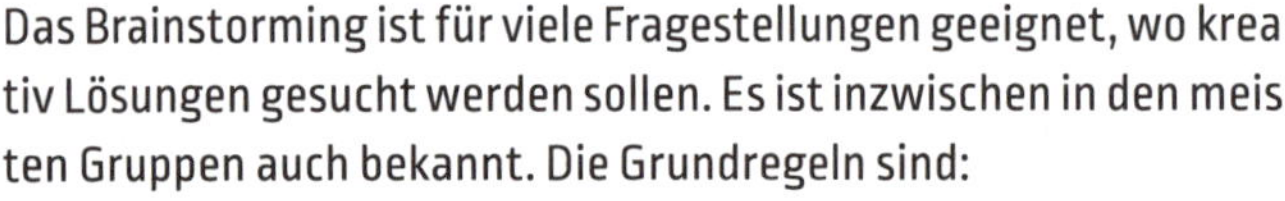

Das Brainstorming ist für viele Fragestellungen geeignet, wo kreativ Lösungen gesucht werden sollen. Es ist inzwischen in den meisten Gruppen auch bekannt. Die Grundregeln sind:

- *»Es gibt **keine Rednerliste**, ruft einfach eure Ideen in den Raum.*
- *Jemand schreibt **alle Ideen auf Kärtchen mit** und pinnt sie sichtbar an die Pinnwand.«* Hierfür ist es sinnvoll, dass es mindestens zwei, vielleicht sogar drei Schreibende gibt, die sich abwechseln, damit man nicht auf die Schreibenden warten muss.

▷ »Lasst eurer Fantasie freien Lauf, *auch verrückte Ideen* sind erlaubt.

▷ *Kritisiert nicht die Ideen anderer*, wir sind hier in einem kreativen Findungsprozess, in dem vielleicht eine absolut verrückte und unrealistische Idee eine neue Idee inspiriert, die total sinnvoll ist.«

Meistens läuft ein Brainstorming nach einiger Zeit von alleine aus und braucht keine klare Zeitbegrenzung.
Nach der Brainstormingphase ist es häufig sinnvoll, die Ideen zu »clustern«, das heißt, ähnliche Ideen zusammenzupacken.
Danach werden die Ideen meist bewertet. Dazu bekommt jede Person 5 Klebepunkte (oder einen Stift und die Ansage, damit 5 Punkte auf die Kärtchen zu machen) und darf sie so verteilen, wie sie möchte. Es ist erlaubt, alle oder mehrere Punkte auf ein Kärtchen zu machen, das einen ganz besonders anspricht. Die Kärtchen mit den meisten Punkten sind die priorisierten Themen, die dann weiterverfolgt werden.

Variante

Nach der Formulierung der Frage, die zu bewegen ist, gehen alle Teilnehmer:innen für eine halbe Stunde in die Natur, um die Frage in Kopf und Körper wirken zu lassen und sich von dem, was ihnen begegnet, inspirieren zu lassen. Welche Botschaft bekommen sie aus der Natur?
Erst danach wird im Plenum gesammelt.

Herkunft

Bereits in der ersten Hälfte des letzten Jahrhunderts von Alex. F. Osborn entwickelt und später von Charles Hutchison Clark weiterentwickelt, seitdem in vielen Settings verwendet und immer wieder angepasst. Die Variante ist inspiriert von »Medicine Walks«.

3.3.3
Zukunftswerkstatt

Facilitator

*

Offenheit der Gruppe

*

Anzahl Personen
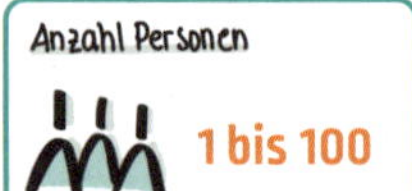
1 bis 100

Dauer

3 Stunden bis 2 Tage

Materialien/Raum Moderationskärtchen, 5 Klebepunkte oder ein dicker Stift pro Person.

Was bringts? In einer als unbefriedigend erlebten Situation wird die Kritik geäußert und werden Lösungswege gefunden. Die Zukunftswerkstatt eignet sich für zwei unterschiedliche Settings:
1. Auftaktveranstaltung einer neu zusammentreffenden Gruppe, z. B. mit Bewohner:innen eines Stadtteils oder Ortes, wenn eine neue Initiative ihren Stadtteil oder ihren Ort beleben möchte.
2. Treffen einer vorhandenen Gruppe, in der es Unzufriedenheit gibt und neue Perspektiven entwickelt werden sollen.

Kurzbeschreibung Wir wollen gemeinsam eine schönere Zukunft für ... entwerfen. Wir gehen dabei durch vier Phasen: eine kurze Einführung, die Kritikphase, die Fantasiephase und die Umsetzungsphase. Am Ende stehen neue, umsetzungsfähige Ideen für ...

Detaillierte Anleitung

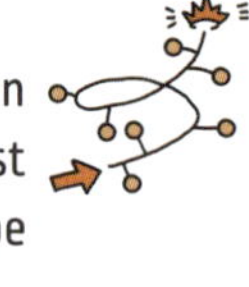

Eine Zukunftswerkstatt wird durchgeführt in einer Situation, in der man etwas Neues beginnen oder etwas Bestehendes bewusst verändern möchte. Sie kann sowohl mit einer bestehenden Gruppe wie auch mit einer neuen Projektgruppe gemacht werden.
Die Gruppenmitglieder stellen sich (wenn sie sich nicht kennen) und ihre Erwartungen kurz vor.

Die moderierende Person stellt kurz den Ablauf und die Spielregeln vor:

»Wir begeben uns jetzt auf eine gemeinsame Reise in die Zukunft unseres Projektes ... Diese Reise führt uns durch drei Phasen, jede mit eigenen Regeln:

1. Die Kritikphase. *In dieser Phase ist Platz, unserer Kritik am augenblicklichen Zustand – und es gibt da sicher einiges zu kritisieren – Raum zu geben. Ihr seid alle eingeladen zu teilen, was nicht gut läuft. Wir werden es schriftlich festhalten und am Ende die dringendsten Kritikpunkte gemeinsam identifizieren.*

2. Die Fantasiephase. *Hier sammeln wir mit geballter Kreativität Lösungsmöglichkeiten. Wir laden bewusst auch vollkommen verrückte Lösungen ein, sie geben Ideen für kreative, realisierbare Lösungen.*

3. Die Realisierungsphase. *Hier überlegen wir gemeinsam, welche Lösungen wir gemeinsam umsetzen wollen, und entwickeln erste Umsetzungsschritte.«*

Nach dieser Einführung beginnt die Kritikphase noch mal mit einer einführenden Frage, wie etwa:

»Was stört dich an der derzeitigen Situation?«

Die Kritikphase sollte sinnvollerweise nicht länger als eine halbe Stunde sein.

Die Aufgabe der moderierenden Person ist es, bei unkonkreten Angaben nachzufragen:

»Was genau sorgt dafür, dass ...?«

Außerdem behält sie im Blick, ob Menschen die Sammlung dominieren, indem sie sich ständig melden, oder manche Menschen gar nicht zu Wort kommen. Eventuell Menschen, die sich gar nicht gemeldet haben, ansprechen:

»Möchtest du noch etwas ergänzen ...?«

Die Beiträge der Einzelnen werden auf Moderationskärtchen geschrieben und idealerweise von der Moderation bereits beim Aufhängen in Themenbereichen geordnet. Dies kann jedoch auch in der Pause zwischen Kritik- und Fantasiephase geschehen.

Die nächste Phase ist die Fantasiephase. Sie hat als wichtigste Spielregel:

»Alles ist möglich! Einwände, dass irgendetwas nicht geht, zählen in dieser Phase nicht. Es dürfen auch ganz verrückte Vorschläge kommen, etwa ein UFO landet und bringt XY ... – das könnte eine Inspiration für die nächste Per-

son sein, eine Performance zu machen, in der ein UFO landet und auf die Missstände aufmerksam macht.«

Die Fantasiephase findet ebenfalls wie die Kritikphase im Setting eines Brainstormings statt. Die Teilnehmenden rufen ihre Ideen einfach in die Mitte, und sie werden aufgeschrieben, ohne Rednerliste etc. Die moderierende Person achtet darauf, dass auch Stillere zu Wort kommen, und notiert alle Ideen auf Moderationskärtchen.

In der Realisierungsphase geht es nun um die Frage, welche der Ideen sinnvoll realisiert werden können. Sie wird eingeleitet mit der Frage:

»Welche Ideen aus der Fantasiephase regen euch an, etwas zu entwickeln, für dessen Umsetzung ihr euch in nächster Zeit engagieren möchtet?«

Diese werden dann auf einem Extraflipchart gesammelt.

Wenn die Auswahl noch zu groß ist, kann dann mit Punkten priorisiert werden. Dafür bekommen alle 5 Klebepunkte (oder auch einen Stift in die Hand, mit dem sie 5 Punkte machen dürfen), die sie beliebig verteilen dürfen. Sie können alle 5 auf die für sie wichtigste Idee kleben oder 5 einzelne Punkte auf 5 Ideen. Dann wird gesichtet, welche Ideen konkret umgesetzt werden. Die anderen kommen auf einen »Ideenparkplatz« und sind nicht verloren, sondern warten darauf, dass es Energie für ihre Umsetzung gibt.

Für diesen Teil der Realisierungsphase ist es meistens (je nach Gruppengröße und Anzahl der identifizierten Vorschläge) sinnvoll, in Kleingruppen zu arbeiten, um verschiedene Vorschläge für verschiedene Ideen weiterzuentwickeln und so ein größeres Erfolgserlebnis zu erzielen.
Die Kleingruppen können von 1–4 (bei sehr großen Gruppen auch mehr) Menschen umfassen. Wenn eine Person alleine Lust hat, an einer Lösungsidee weiterzuarbeiten, ist das auch eine sehr reelle Möglichkeit.
Für die Kleingruppen mindestens 45 Minuten Zeit einräumen.
Danach kommt die Gruppe wieder zusammen, und die Kleingruppen stellen ihre Ergebnisse vor, und es wird konkret festgehalten, an welcher Idee wann und wie weitergearbeitet wird.

Herkunft

Entwickelt vom Zukunftsforscher Robert Jungk.

3.3.4
Die Zielscheibe

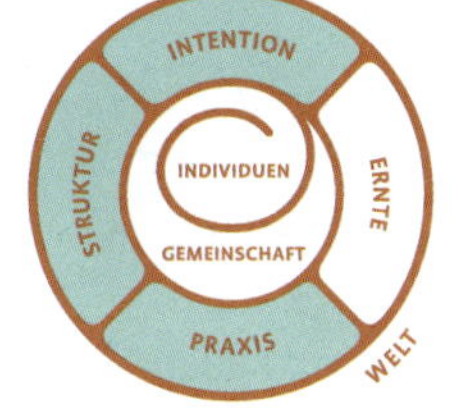

Facilitator

*

Offenheit der Gruppe

*

Anzahl Personen

4 bis 15

Dauer

mindestens 70 Minuten

Materialien/Raum

Der Raum sollte groß genug sein, dass die Teilnehmenden im Stuhlkreis sitzen können mit genügend Raum im Zentrum für auf dem Boden (mit Schnüren) visualisierte Zielscheibe.

Marker, Flipchart

Moderationskärtchen (Post-its)

Schnüre oder Seile, die drei konzentrische Kreise auf dem Fußboden markieren – idealerweise eine davon in Rot. (Evtl. kann auch mit großen Packpapierbögen mit darauf gezogenen Linien gearbeitet werden. Ein Flipchartpapier ist in der Regel zu klein. Zwei oder vier zusammengeklebte Flipchartpapiere wären eine weitere Alternative.)

Ein Flipchart, auf dem die Zielscheibe mit den Bedeutungen der Kreise visualisiert wird.

Was bringts?

Die Methode ist in der Form insbesondere für Initiativen wie Wohnprojekte oder Gemeinschaftsprojekte entwickelt worden, in denen es häufig Eckpunkte für das gemeinsame Zusammenleben gibt, die auch Festlegungen für alle Beteiligten beinhalten, die für manche vielleicht als Einschränkung, für die Gruppe aber als Bereicherung erlebt werden (bspw. keine Hunde auf dem Gelände, nur veganes Essen, tägliche gemeinsame Meditation, kein WLAN oder gemeinsame Ökonomie).

Vorgeschlagene Eckpunkte und konkrete Ziele werden in verschiedene Kreise sortiert: Was wird von allen erwartet? Was ist möglich? Was wollen wir nicht tolerieren?

Kurzbeschreibung

Mit der »Zielscheibe« wird diskutiert und sortiert, welche Erwartungen die Einzelnen an ihre Mitstreiter:innen haben, damit niemand mit falschen Vorstellungen zum Projekt stößt und dann enttäuscht ist, weil es gewisse Vorgaben gibt. Es wird herausgearbeitet, was die Gruppe von allen erwartet.

Dazu werden zunächst die Erwartungen und Zielvorstellungen aller gesammelt und dann mithilfe der »Zielscheibe« in verschiedene Kreise einsortiert.

Detaillierte Anleitung

Die obige Kurzbeschreibung eignet sich als erster Einstieg. Im Zentrum des Stuhlkreises sind drei konzentrische Kreise mithilfe von Schnüren o. Ä. gezogen. Die Bedeutungen der einzelnen Kreise erläutert man am besten, indem man aufsteht und jeweils im entsprechenden Kreis steht:

»Wozu müssen alle ganz klar ›Ja‹ sagen, und es gilt als klare Regel in unserer Initiative? Das ist das Zentrum der Zielscheibe.

Wo können wir Ausnahmen akzeptieren? Solche Punkte kommen in den ersten Außenkreis.

Was ist möglich? Wäre ein zweiter Außenkreis.

Was hat keinen Platz in unserem Projekt? Außerhalb einer roten Linie, die den zweiten Außenkreis begrenzt.«

1. Phase: Sammlung (20 Minuten)

»Schreibt auf Kärtchen auf, was ihr von den anderen in eurer Gruppe erwartet und was ihr selbst dort realisieren möchtet.
Wichtig ist dabei: Bleibt auf der konkreten Ebene! Punkte wie ›Achtsames Miteinander‹, ›Nachhaltigkeit‹ etc. sind schöne Werte, die fast alle Gruppen ins Zentrum legen, aber das gehört eher auf die Ebene der Werte. Wir möchten hier konkrete Punkte sammeln, denn in der konkreten Auslegung, was Achtsamkeit oder Nachhaltigkeit sind, gibt es dann häufig viel Interpretationsbedarf.
Ein Kriterium, ob der Punkt konkret genug formuliert ist, ist: ›Kann man recht eindeutig sagen, ob der Punkt erfüllt wurde oder nicht?‹«

Bitte die jetzt folgende Anleitung unbedingt mit Beispielen aus eurer Erfahrung, die für die entsprechende Gruppe passen, illustrieren.

»Jede Person, die ein Kärtchen schreibt, legt es zunächst in jenen Kreisabschnitt, der ihr dafür angemessen erscheint. So wird vermutlich ein ›regelmäßiges Zahlen der Beiträge‹ bei den meisten Gruppen im ersten oder zumindest im zweiten Kreis landen.

›Regelmäßige Grillpartys‹ sind vermutlich eher im Bereich des Möglichen, aber nicht verpflichtend. Die Positionierung einer Frage entscheidet in dieser ersten Phase, in der die Kärtchen eine erste Positionierung erfahren, einfach die Person, die das Kärtchen hinlegt. So können dann in der ersten Phase dieselben Kärtchen sowohl im Kreis der ›Möglichkeiten‹ wie im Bereich der ›No-Gos‹ liegen.

Diese erste Phase ist in Stille, jede Person schreibt auf ihre Kärtchen, was ihr wichtig ist, und legt es in den entsprechenden Kreis. Bei Bedarf kann sie die bereits gelegten Kärtchen mit einem weiteren Kärtchen um das ergänzen, was ihr wichtig ist (z. B. Grillpartys – ohne Fleisch!).«

Manchmal kann es helfen, kurze Gespräche zwischen Einzelnen zuzulassen, aber häufig artet das dann auch schnell in Gruppendiskussionen aus. Als Ausnahme können leise Gespräche zwischen jemandem, der:die etwas zu einem Kärtchen ergänzen möchte, und der Autor:in eines Kärtchens zugelassen werden.

2. Phase: Sichtung (15 Minuten)

In dieser zweiten Phase werden die Kärtchen gemeinsam gesichtet, und dabei wird identifiziert, was bereits Konsens ist oder nach ganz kurzer Klärung zum Konsens wird. Diese Kärtchen werden dann separat aufgehängt, z. B. auf einem Doppelflipchart mit der visualisierten Zielscheibe auf einer neuen Pinnwand. So kann für viele Punkte gefeiert werden, worüber sich die Gruppe bereits einig ist.

Die strittigen Punkte werden zunächst nur identifiziert, indem jemand sagt: Hier habe ich noch Gesprächsbedarf. Diese Punkte werden dann einfach auf die nächstgelegene Schnur/Linie gelegt. Damit wird signalisiert, dass hier noch Gesprächsbedarf besteht.

3. Phase: Besprechung der leicht lösbaren strittigen Themen (30 Minuten)

In einer dritten Phase werden die »leicht lösbaren« strittigen Kärtchen besprochen.

Zum Auftakt der dritten Phase werden alle strittigen Kärtchen in den Bereich »Möglichkeiten« gelegt. Das ist häufig eine Lösung. Wenn jemand regelmäßig meditieren will, wird kaum ein anderes Projektmitglied etwas dagegen haben, solange es nicht mitmachen muss. Wenn jemand sich nach Selbsteinschätzung mit höheren Beiträgen an laufenden Kosten beteiligen will, wird vermutlich auch niemand dagegen Widerspruch einlegen.

Dann wird identifiziert, mit welchen dieser Positionierungen Menschen nicht einverstanden sind. Das kann sein, weil ihnen der Punkt so wichtig ist, dass es eine verbindliche Vorgabe sein sollte, oder weil sie finden, dass diese Aktivität in ihren Augen im Projekt untragbar ist und daher nicht toleriert werden sollte.

Wer mit der Position eines Kärtchens im Bereich der Möglichkeiten nicht einverstanden ist, markiert es mit einem roten Punkt.

Nun schaut man auf die »leicht lösbaren« Themen. Das sind häufig die mit wenigen roten Punkten oder Themen, bei denen eine Lösungsformulierung auf der Hand liegt.

Manchmal können strittige Positionen durch ein kurzes Gespräch versöhnt werden, etwa wenn ein einzelner roter Punkt auf einem Zettel ist und die Person, die den Punkt gemacht hat, einwendet: »Wenn es so oder so formuliert ist, könnte ich da mitgehen!« Manchmal kann das Kärtchen mit einer kleinen Ergänzung bei den Möglichkeiten bleiben oder in einen der anderen Kreise geschoben werden.

Bei manchen Kärtchen wird vielleicht deutlich, dass sie für so viele ein No-Go sind, dass sie jenseits der roten Linie platziert werden müssen. Dies sind wichtige Eckpunkte!

Als Grundprinzipien der Facilitation gilt hier: *Erfolgserlebnisse schaffen und die Basis der Gemeinsamkeiten bewusst machen!*

Jeder Konsens, der erzielt wurde, sollte kurz gewürdigt werden. Nach dem Versorgen der leicht zu klärenden Themen kann man sich dann den »dicken Brocken« zuwenden, die emotional aufgeladen sind.

4. Phase: Besprechung der herausfordernden Themen

Wie viel Zeit und welche Methodik dafür nötig ist, kann nicht in einem Handbuch vorhergesagt werden, da dies von Situation zu Situation unterschiedlich ist.

Manche Kärtchen müssen evtl. auf einem »Parkplatz« als ungeklärter Punkt geparkt werden, mit dem man noch lange ungeklärt leben kann. Aber damit ist dann auch deutlich: Hierzu haben wir keinen Konsens! Das ist bereits ein wichtiger Schritt – denn häufig gibt es Fehlannahmen dazu, was die gemeinsame Basis ist, und diese Fehlannahmen belasten ein Projekt stark.

Für manche Punkte sollte sich an dieser Stelle oder in zukünftigen Treffen Zeit für eine Klärung genommen werden. Es ist wichtig, ganz bewusst auf die Differenzen zu schauen und sich für das Verständnis der Hintergründe Zeit zu nehmen. Dafür können verschiedene Methoden, insbesondere aus dem Kapitel »Individuen und Gemeinschaft«, genutzt werden.

Herkunft

Eigene Entwicklung, inspiriert vom »Traffic Light« des CLIPS-Projektes.

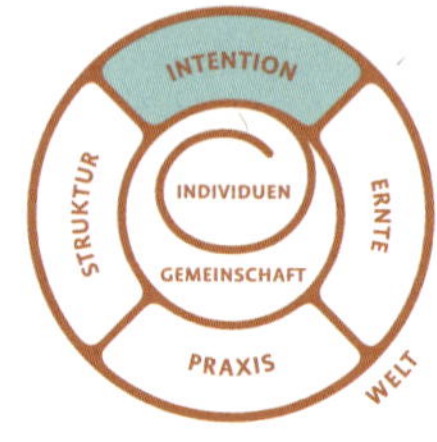

3.3.5 Sa-Sa: Von der Sammlung von Vorschlägen zum Satz

Materialien/Raum

Moderationskärtchen
Flipchart
Marker

Was bringts? Ein Weg zur gemeinschaftlichen Formulierung der Essenz des Projektes oder auch für andere gemeinschaftliche Formulierungen.

Kurzbeschreibung

Wir werden durch verschiedene Zyklen hindurch aus unseren verschiedenen Entwürfen für die Formulierung unserer Ausrichtung einen gemeinsamen machen.

Detaillierte Anleitung

Dieser Schritt ist dann geeignet, wenn die Gruppe sich über die Richtung bereits im Klaren ist. Gespräche über gemeinsame Werte, ein Traumkreis, ein Sortieren der Ziele oder Eckpunkte mit der »Zielscheibe« oder ähnlichen Methoden sollten bereits erfolgt und dabei ein Konsens erzielt sein. Dann ist es für die Gruppe sinnvoll, ein bis zwei Kernsätze zur Essenz des Projektes gemeinsam zu formulieren. Ein derartiger Satz stärkt die Identifikation.

Gemeinsames Formulieren ist eine anstrengende Sache, daher rate ich dringend davon ab, ganze Websites oder Flyer wirklich gemeinschaftlich zu formulieren. Und gleichzeitig ist es ein wesentlicher Schritt, die Essenz des Projektes gemeinschaftlich zu formulieren.

1. Schritt

»Nehmt euch jede:r für sich Zeit und formuliert für euch einen Satz, maximal 15–20 Wörter, der für euch die Essenz eures Projektes ausdrückt. Schreibt diesen Satz auf eine Moderationskarte.« (15 Minuten)

Dieser Schritt kann auch vorher zu Hause gemacht werden.

2. Schritt

Alle Vorschläge werden vorgestellt und sichtbar gemacht, z. B. in die Mitte gelegt oder angepinnt. (Je nach Gruppengröße 5–10 Minuten)

3. Schritt

Gemeinsamer Blick auf die Vorschläge.
Wie viele Überschneidungen gibt es? Es ist sinnvoll, nun die Kärtchen ein wenig zu sortieren, nach Ähnlichkeiten und Kärtchen, die ganz individuelle Aspekte hineinbringen.

Jetzt sollte die Gruppe gemeinsam Schlüsselwörter aus den Kärtchen auf einem Flipchart sammeln. Dabei kann man auch vermerken, wie häufig bestimmte Wörter genutzt wurden.

Hinweis für die Moderator:innen: Manchmal sind es auch nicht nur die Wörter, die sehr unterschiedlich sind, sondern der Stil, wie etwas formuliert wird: sachlich, emotional oder eher »spirituell angehaucht«? Gewünschte Stile sollten auf einem zweiten Flipchart vermerkt werden.

Beispiel für unterschiedliche Formulierungsvorschläge aus dem gleichen Projekt: »In Liebe und Fülle entfalten sich bei uns alle Wesen.« »Wir streben nach Nachhaltigkeit in den vier Dimensionen Ökologie, Soziales, Ökonomie und Weltsicht.«
Beide Sätzen wollen sehr Ähnliches und würden doch sehr unterschiedliche Menschen anziehen, wenn sie ganz vorne auf der Selbstdarstellung stehen oder als Erstes in einer Projektvorstellung gesagt werden.

Offenes Gespräch über die Schlüsselwörter und den Stil, der gewünscht ist, und was die Einzelnen damit verbinden.

Je nach Gruppengröße dauert diese Phase 20–50 Minuten.

4. Schritt

Nun bilden sich Kleingruppen von 3 bis 4 Personen, die aus dem bisher Gehörten ein bis zwei neue Sätze, maximal 30 Wörter formulieren. (20 Minuten)

5. Schritt

Die Vorschläge der Kleingruppen werden vorgestellt und kommentiert. Dabei können sie – wenn die Kleingruppe einverstanden ist – mit den Kommentaren noch verändert werden, um sie noch anschlussfähiger zu machen. Oder es können noch zusätzliche Vorschläge entwickelt werden aus dem, was die Kleingruppen formuliert haben. (Je nach Gruppengröße und Anzahl der Kleingruppen 20–60 Minuten)

Hinweis an die Begleiter:innen: Es gibt die große Gefahr, dass in solchen Prozessen dann Bandwurmsätze entstehen, die wenig einprägsam sind. Bitte unbedingt darauf achten, dass die Vorschläge klar und einprägsam sind. Darauf hinweisen, dass dieser Satz nicht alles über das Projekt aussagen muss, sondern lediglich die Essenz beinhaltet. Im Zweifelsfall nach dem Vorschlag für einen sehr langen Satz noch einen oder zwei kürzere mit ähnlicher Aussage danebenstellen.

6. Schritt

Alle Vorschläge, die dann im Raum stehen, werden mit Systemischem Konsensieren (siehe Kapitel 4.3.2.2) mit Glücks- und Widerstandspunkten bewertet. Wenn die Gruppe gewohnt ist, im systemischen Konsensieren zu entscheiden, dann ist damit der Satz für die Essenz des Projektes beschlossen.

Eventuell kann mit den beiden Ergebnissen, die am besten abgeschnitten haben, auch noch mal ein neuer Satz formuliert werden, der beide Qualitäten vereint.

Herkunft

Eigene Entwicklung, inspiriert von vielen unterschiedlichen Schreiberfahrungen.

3.3.6 World Café

Raum (Räume), die für die Teilnehmenden groß genug sind. Tische, um die sich die Kleingruppen versammeln können. Flipchartpapier auf den Tischen. Marker.

Große Gruppen mit viel Beteiligung und Kreativität zu verschiedenen Fragen können mit dem World Café ihre gesamte Kreativität und Ideen sehr effektiv und konstruktiv zusammenbringen.

Kurzbeschreibung

Themen werden an verschiedenen Tischen jeweils in Kleingruppen vertieft. Die Tische haben jeweils eine:n Gastgeber:in, die während der ganzen Zeit an dem Tisch sitzen bleibt. Alle anderen sind eingeladen, jeweils 20 Minuten (oder eine andere, von der facilitierenden Person vorgegebene Zeit) an einem Tisch zu bleiben und sich dann zu einem anderen Tisch zu begeben. Die Tische haben verschiedene Fragestellungen. Bei sehr großen Gruppen wiederholen sich die Themen der Tische, bei kleinen Gruppen eher nicht.

Detaillierte Anleitung

Ein World Café kann sehr konstruktive Kleingruppendiskussionen initiieren, die gleichzeitig durch die Gastgeber:innen an den Tischen zusammenfließen können und so einen Rahmen schaffen, dass viele Menschen gleichzeitig konstruktiv denken und Themen weiterentwickeln können.

Dafür gilt es Folgendes zu beachten:

Raumvorbereitung

Der Raum sollte perfekt vorbereitet sein. Essenziell sind Tische, um die die Kleingruppenmitglieder gut sitzen können, mit »Tischdecken«, auf denen geschrieben werden kann (ein Flipchartblatt oder zwei aneinandergeklebte Flipchartblätter). Auch genügend und bunte Marker an jedem Tisch sind eine Grundbedingung für das Gelingen dieses Workshops.
Der Raum sollte wie ein Café gestaltet sein, und die Teilnehmenden sollen ein Heißgetränk dabeihaben. Blumen auf den Tischen, vielleicht sogar Kekse und andere Kleinigkeiten schaffen eine angenehme und konstruktive Atmosphäre (siehe auch Kapitel 2.2.1).

Überschriften der Tische

Ein World Café sollte ein Thema an den verschiedenen Tischen mit unterschiedlichen Schwerpunkten vertiefen. Wie die Schwerpunkte gewählt werden, hängt vollständig von der Situation vor Ort ab. Illustrativ einige Beispiele:

Beispiel 1: Treffen zur Regionalentwicklung mit Akteuren aus verschiedenen Organisationen und Kommunen

Gesamtüberschrift des Treffens: Potenziale unserer Region
Überschriften der Tische:

- Chancen und Herausforderungen für Tourismus
- Chancen und Herausforderungen für die lokale Wirtschaft
- Netzwerke: Was gibt es schon, und was könnte noch entwickelt/verbessert werden?
- Ehrenamtliches und zivilgesellschaftliches Engagement in unserer Region

Beispiel 2: Treffen einer Initiative, die jährlich ein Kulturwochenende in der Region organisiert

Intention des Treffens: Reflexion, was verändert werden könnte
Untergruppen:

- Selbstverständnis
- Teilnehmende Projekte
- Unsere Werbestrategie
- Finanzielles
- Unsere Organisationsstruktur und Planungsabläufe

Gastgeber:innen

Es ist sinnvoll, im Voraus die »Gastgeber:innen« an den Tischen gut auszuwählen und sie zu instruieren, denn die Gastgeber:innen sind für das Gelingen der einzelnen Tische wichtig. Es sollten Menschen sein, die kleine Gruppen moderieren können und die Fähigkeit haben, Beiträge gut zusammenzufassen.

Hinweise für die Gastgeber:innen:

▷ *»Gebt ab der 2. Runde jeweils zu Beginn der Runde eine Zusammenfassung dessen, was in den Vorrunden diskutiert wurde.*

▷ *Ermutigt die Menschen an eurem Tisch, ihre Gedanken auf dem Papier festzuhalten, gerne auch in anderer Form als in Worten und gerne in der Nähe zu vorigen Einträgen, die mit dem Inhalt zu tun haben.*

▷ *Manchmal kann es auch sinnvoll sein, dass ihr als Gastgeber:innen Beiträge auf dem Flipchart aufnehmt und sie so auch etwas sortiert festhaltet.*

▷ *Wenn ihr seht, dass Menschen etwas aufschreiben/zeichnen, wozu sie noch nichts gesagt haben, vergesst nicht, sie anzusprechen, damit ihr Beitrag nicht nur gesehen, sondern auch gehört wird.*

▷ *Ermutigt Menschen, die sehr wenig sagen, durch Fragen, mehr beizutragen, und stoppt ›Vielredner:innen‹ empathisch, z. B. durch Sätze wie: ›Das klingt interessant, mich würde interessieren, was die anderen dazu noch an Ideen haben!‹*

▷ *Am Ende des World Cafés seid ihr aufgefordert, eine Zusammenfassung der Erkenntnisse an eurem Tisch dem Plenum zu präsentieren.«*

Die Gastgeber:innen sollten auch über die Vorgehensweise beim Tischewechseln (siehe unten) informiert sein:

»Es gibt einen ersten Gong mit Hinweis auf das Ende dieser Runde. Das heißt keinen abrupten Abbruch, aber doch ein zügiges Beenden des Gesprächs. Es gibt dann 3 Minuten zum Übergang zur nächsten Runde. In dieser Zeit sollten die Menschen das Gespräch an diesem Tisch abgeschlossen und einen neuen Tisch gefunden haben. Sorgt also bitte dafür, dass kurz nach dem ersten Gong das Gespräch an eurem Tisch auch beendet ist.

Nach den 3 Minuten und dem 2. Gong (die Letzten kommen vielleicht gerade noch zum Tisch dazu) beginnt ihr mit der Einführung für die nächste Gruppe.«

Einführung für die Teilnehmenden

»Wir treffen uns hier zu einem sogenannten World Café. Das World Café ist eine tolle Möglichkeit, ein Thema mit vielen Menschen gleichzeitig zu besprechen und sich von vielen Beiträgen inspirieren zu lassen.

Wir haben hierfür x Tische vorbereitet, an denen jeweils Gruppen von etwa 6 Menschen unser Thema mit seinen verschiedenen Unterfragen diskutieren können. Die Tische haben verschiedene Überschriften.

Was an den Tischen gesagt wurde, wird auf den Flipcharts, die als Tischdecken auf den Tischen liegen, festgehalten – jede:r ist dafür verantwortlich, die eigenen Ideen dort zu visualisieren, gerne auch nicht nur mit Worten, sondern auch mit Zeichnungen. Die gastgebende Person stellt die Arbeit der vorigen Gruppen kurz vor, wenn ihr an einem Tisch ankommt. Dann seid ihr dran, eure Gedanken dazu zu äußern.

Sucht euch für den Start einen Tisch aus, an dem ihr mitreden wollt. Insgesamt gibt es (drei bis) vier Runden, ihr könnt also zu mehreren, aber nicht zu allen Tischen gehen. Ich werde ansagen, wann es Zeit ist, die Tische zu wechseln.«

Dann beginnt das eigentliche World Café. In der Regel haben sich 3–4 Runden bewährt. Die Runden sind je nach Thema und Zeitbudget zwischen 15 und 30 Minuten lang. In dieser Zeit bleiben die Menschen an einem Tisch. Zum Ende der Runde wird gegongt, aufgefordert, die Diskussion abzuschließen, und innerhalb der nächsten 3 Minuten zu einem anderen Tisch zu wechseln, an dem noch Plätze frei sind und der interessiert. Nach den 3 Minuten wird noch mal gegongt, dass nun die nächste Runde beginnt.

Wenn das Ziel nicht nur Austausch ist, sondern auch ganz konkrete neue Lösungsvorschläge, die später beschlossen werden sollen, dann ist es sinnvoll, die letzte Runde (die dann in der Regel die vierte Runde ist) etwas anders einzuführen und ihr auch etwas mehr Zeit zu geben:

»Wir kommen nun zur allerletzten Runde des World Cafés. Hier wollen wir jetzt zu konkreten Festlegungen kommen. Was soll wirklich getan werden? Braucht es irgendwelche konkreten Beschlüsse? Hier werden die Ideen jetzt ›auf den Boden gebracht‹. Bitte geht für diese Runde zu einem der Tische, an denen ihr schon mitgearbeitet habt und wo ihr Interesse habt, in der Zukunft auch aktiv mitzuarbeiten.

Lasst euch von all dem, was auf dem Flipchart steht und der Host euch erzählt, inspirieren, und entwickelt konkrete Lösungsideen, Beschlussvorschläge, Projektpläne (was eben ansteht) auf einem Extraflipchart.«

Die erarbeiteten Flipcharts (sowohl die vom Verlauf der ersten Runden wie auch – wenn es eine vierte Runde mit konkreten Vorschlägen gibt – die Flipchart mit den Beschlussvorschlägen) werden gut sichtbar aufgehängt. Es gibt eine längere Pause, in der die Flipcharts angeschaut werden können.

Nach dieser Pause gibt es dann ein Treffen in der Gesamtgruppe, in der entweder der Gesamtverlauf oder auch nur die am Ende entwickelten Vorschläge vorgestellt werden.

Hinweis: Das Format ist auch deutlich kürzer verwendbar, wenn einfach während einer Plenumsdiskussion z. B. für 30 Minuten sich Gruppen zu verschiedenen Themen an entsprechend vorbereiteten Tischen bilden, die dann ihre Ergebnisse wieder vorstellen. Oder es werden kürzere Zeiten und z. B. 3 Runden à 10 Minuten an verschiedenen Tischen gewählt. Es ist alles abhängig von der verfügbaren Zeit und der gewünschten Tiefe und Weiterentwicklung der Themen.

Variante: Alle Tische bearbeiten das gleiche Thema. Es ist auch möglich, anstatt verschiedener Thementische alle Tische das gleiche Thema bearbeiten zu lassen und für jede Runde vertiefende Fragen zu stellen. Das Wechseln der Tische sorgt dafür, dass die Menschen mit den Sichtweisen unterschiedlicher Menschen in Verbindung gebracht werden.
Etwa in dieser Abfolge:

- 1. Runde: Thema vertiefen: Was ist der Status quo?
- 2. Runde: Was läuft richtig gut?
- 3. Runde: Was braucht Veränderung?
- 4. Runde: Wo gibt es neue Ideen? Und: konkrete Veränderungsvorschläge. (Hierfür etwas mehr Zeit geben und Lösungsvorschläge entwickeln lassen.)

Herkunft

Entwickelt von den US-amerikanischen Unternehmensberatern Juanita Brown und David Isaacs. Weiterentwickelt durch Art of Hosting und eigene Erfahrungen.

3.4 Dragon Dreaming – eine der Inspirationen für den Gemeinschaftskompass

Der Traumkreis ist dem Dragon Dreaming entnommen, und ich möchte an dieser Stelle gerne ein paar weitere Worte dazu schreiben, denn dieser Ansatz war eine ganz wesentliche Inspirationsquelle für den Gemeinschaftskompass. Er hat den Gemeinschaftskompass mitgeprägt.

Dragon Dreaming ist eine Projektplanungsmethode, die der Australier John Croft, inspiriert von der Philosophie der australischen Aborigines, entwickelt hat. Er nennt es eine Planungsmethode, die Menschen hilft, ihre Träume zu realisieren, und betont, dass es eine Planungsmethode ist für Projekte, die sich für persönliches Wachstum, Dienst an der Erde und das Wachstum von Gemeinschaft einsetzen.

Im Dragon Dreaming wird betont, dass alle Projekte stets durch vier Phasen gehen und dass alle vier Phasen die gleiche Aufmerksamkeit bekommen sollten. Die vier Phasen sind:

- **Träumen:** Bewusstsein bilden, Motivation gewinnen, Informationen sammeln.
- **Planen:** Alternativen abwägen, konkrete Pläne machen, Ausprobieren.
- **Tun:** Konkrete Umsetzung, Management des Umgesetzten, Fortschritt beobachten.
- **Feiern:** Neue Fähigkeiten gewinnen, Lernen & Auswerten, neue Perspektiven entwickeln.

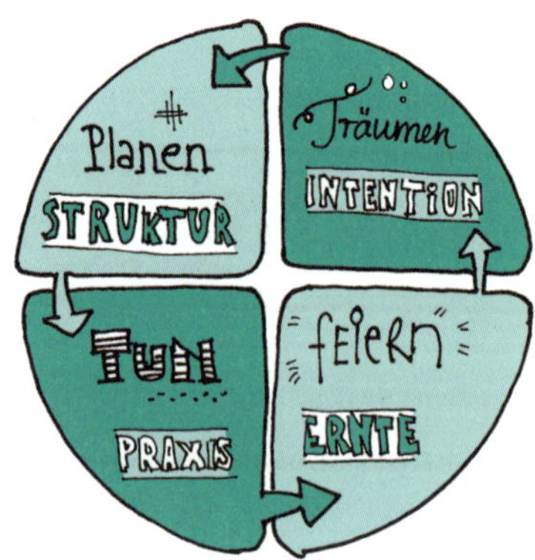

Jeder der vier Quadranten des Dragon Dreaming sollte die gleiche Aufmerksamkeit, das gleiche Budget und gleich viel Zeit bekommen, ist die revolutionäre Forderung von John Croft.

Im Dragon Dreaming sind viele tolle Methoden entwickelt worden, um gemeinschaftliche Projekte voranzubringen. Der Traumkreis (Kapitel 3.3.1) ist nur eine davon. Die Kernmethode für die Projektplanung ist das Karrabirdt, mit dem mit einer Art Spielplan für das Projekt erstellt wird (siehe Abbildung).

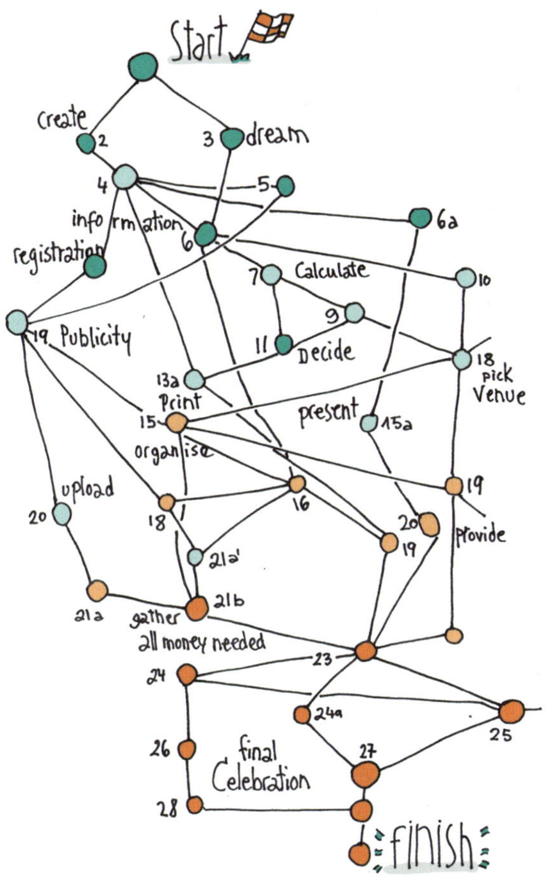

Ein Karrabirdt – der »Spielplan« des Projektes

Das Dragon Dreaming hat den Außenkreis des Gemeinschaftskompasses stark geprägt. Ich habe jedoch die verschiedenen Handlungsebenen »Individuen«, »Gemeinschaft« und »Welt« dazugenommen. Ein Aspekt im Sinne des Gemeinschaftskompasses drückt auch etwas geringfügig anderes aus als die »Quadranten«, die John Croft auch als Projektphasen beschreibt. Daher habe ich nicht einfach John Crofts Begriffe übernommen, auch wenn der Aspekt »Intention« sehr nahe am Quadranten »Träumen«, der Aspekt »Praxis« nahe am Quadranten »Tun« und der Aspekt »Ernte« sehr nahe am Quadranten »Feiern« ist. Der Aspekt »Struktur« unterscheidet sich vom Quadranten »Planen«, auch wenn das Entwickeln von Struktur zum Planen dazugehört.

Die Quadranten im Dragon Dreaming stehen eher für Phasen eines Projektes. Die Aspekte des Gemeinschaftskompasses stehen eher für unterschiedliche Arten, auf ein Projekt mit seinen Herausforderungen zu schauen.

Weiterführende Informationen gibt es auf www.dragondreaming.org. Im Jahr 2022 ist das *Dragon Dreaming Playbook* von Ilona Koglin mit Julia Kommerell erschienen – eine tolle Einführung in diese spannende Methode.

4 Struktur

4.1 Einführung

Strukturen haben einen großen Einfluss auf die Entwicklung von Gruppen. Egal, ob es um zementierte, bürokratische Reglementierungen oder um informelle Gewohnheiten geht – es gibt immer Strukturen. Diese können förderlich für das Projekt sein oder sie lähmen das Projekt. Um Projekte zum Blühen zu bringen, ist es wichtig, die passenden Strukturen dazu zu entwickeln.

Ein Wort an die Menschen, die Strukturen für unnötigen Bürokratismus halten. Meine Sicht dieser Frage ist: Es gibt kein Projekt, in dem Menschen längerfristig miteinander arbeiten, das keine Strukturen hat. Es gibt lediglich Projekte, in denen es nur informelle Strukturen gibt.

Informelle Strukturen bedeutet, dass es keine festgeschriebenen, nachlesbaren und von außen in kurzer Zeit nachvollziehbaren Strukturen gibt, aber überall, wo Menschen häufiger zusammenarbeiten, schleifen sich Gewohnheiten ein, die dann informelle Strukturen ausbilden.

Und es kann okay sein, hauptsächlich mit informellen Strukturen zu leben. Der große Nachteil von informellen Strukturen ist, dass man sie schlechter ansprechen und verändern kann. So basiert mein engagiertes Plädoyer für klare Strukturen gerade auf der Weltsicht, dass Strukturen nicht in Stein gemeißelte Festlegungen sein sollten, die ein Projekt unflexibel machen. Im Gegenteil: Klare Strukturen schaffen Bewusstsein und machen es daher leichter möglich, festgefahrene Muster anzusprechen, zu reflektieren und zu verändern.

Zu den Strukturen gehören verschiedene Unterthemen. Zunächst denken die meisten an Entscheidungsstrukturen und Rollen. Das ist für jede

Gruppe ein wichtiges Thema. Wer darf was entscheiden, und wann entscheidet eine Gruppe gemeinsam? Wann ist eine Entscheidung getroffen? Wie kann man etwas anfechten und verändern?

Aber auch Arbeitsorganisation gehört dazu. Welche Aufgabe liegt bei welcher Person? Welche Aufgaben sind klar identifiziert, und was ergibt sich »im Flow«? Die Arbeitsorganisation liegt im Grenzbereich zwischen Strukturen und Praxis.

Wie wird mit Zugang zu Informationen umgegangen? Informationsmanagement ist ein wichtiges Thema, denn der Zugang zu Informationen bedeutet immer auch eine Machtposition. Daher ist es wichtig, dass es für alle die Möglichkeit gibt, Informationen einzusehen.

Für manche Initiativen, wie beispielsweise Wohnprojekte, ist die Frage nach den »Grenzen der Gruppe« wichtig. Auch Initiativen, die sich für offene Grenzen zwischen den Ländern einsetzen, stellen fest, dass es für manche Initiativen wichtig ist zu wissen, wer verbindlich Teil der Gruppe ist und damit Entscheidungen mitträgt und wer nicht. Derartige Grenzen braucht es manchmal, um sinnvoll arbeiten zu können. Das bedeutet nicht, dass sich Gruppen hermetisch abschließen sollen. Vielmehr möchte ich mich für sinnvolle Aufnahmeprozesse aussprechen, die zur Ausrichtung der Gruppe passen und Klarheit schaffen: Wer gehört dazu? Wer übernimmt Verantwortung? Wer schnuppert gerade in die Gruppe rein und informiert sich?

Der Aufnahmeprozess kann je nach Gruppe sehr informell sein, etwa einfach die Aufnahme in die Mailingliste, oder kann ein großer Schritt sein, der mit einem Ritual gefeiert wird, etwa die dauerhafte Aufnahme in eine Lebensgemeinschaft.

4.1.1 Rechtsformen und die Verantwortung des Vorstands

Eine weitere Facette, die im Schnittbereich zwischen Struktur und Welt liegt, ist die Frage nach der Rechtsform und den Verträgen, die eine Initiative eingeht. Nicht alle Projekte brauchen eine Rechtsform. Das hängt sehr stark davon ab, wie viel Geld man gemeinsam bewegt und wie langfristig die Aktivitäten sein sollen.

Eine kleine Initiative, die ein gemeinsames Projekt plant, das eine für die Teilnehmenden überschaubare Geldsumme beinhaltet, kann gut ohne Rechtsform laufen. Es ist dann im Sinne der deutschen Rechtsprechung eine Aktivität einer GbR, die sich für diesen Zweck gründet, und danach wieder auflöst. Wenn das Projekt Gewinne erwirtschaftet, braucht es allerdings eine Klarheit darüber, wie das steuerlich gehandhabt wird. Solche Fragen sollten mit einem Steuerberater abgeklärt werden. Aber die meisten Projekte, die ich begleite, geben eher Geld für die Zwecke aus, die ihnen wichtig sind, als dass sie Gewinne erwirtschaften.

Ein Projekt, das langfristig über die gerade beteiligten Personen hinauswirken und bestehen soll und dafür auch Geld bewegt, ist häufig gut beraten, eine Rechtsform zu gründen. Damit ist es deutlich leichter, Geldströme unabhängig von Personen in sichere Bahnen zu leiten und Spenden oder Fördermittel zu bekommen.

Wenn man sich eine Rechtsform wählt, ist es wichtig zu wissen, worauf man sich damit einlässt und welche Konsequenzen damit verbunden sind. Hier kommt die »Welt«, genauer gesagt, die Gesellschaft und der Staat, in dem wir uns bewegen, mit ins Spiel, denn an Rechtsformen sind Vorschriften und Erwartungen verknüpft: nicht nur die Pflicht zu regelmäßigen Versammlungen, Protokollen, Steuererklärungen, sondern auch andere Vorgaben aus den entsprechenden Gesetzen, zum Beispiel zur Haftung.

Ich werde das an dieser Stelle hier nicht vertiefen, hierfür gibt es andere Ratgeber, zum Beispiel von der Stiftung Mitarbeit für Vereine (Hüttig: *Arbeit im Verein*, Verlag Stiftung Mitarbeit, 2020) oder von der Stiftung trias zu Genossenschaften (Stiftung trias. *Die Genossenschaft als Rechtsform für Wohnprojekte*, 2017) und auch das Kapitel 5.4 in meinem Buch *Der Gemeinschaftskompass*. Ein Hinweis ist mir aber für alle Projekte wichtig, weil er häufig ignoriert wird.

Rechtsformen und die Strukturen, die sich daraus ergeben, sind nie nur »pro forma«. Denn es gibt nicht nur das (hoffentlich) schöne Miteinander im Projekt, es gibt auch die Welt mit ihren Ansprüchen und Vorgaben. Die Menschen, die im Vorstand sind, werden im Zweifelsfall für die Aktivitäten des Vereins haftbar gemacht. Sie sind es, die haften, wenn die Organisation gegen geltende Gesetze verstößt, wenn Sicherheitsauflagen nicht eingehalten werden und dadurch jemand schwer verunglückt, wenn Geld verschwindet oder Ähnliches. Daher sollte auf keinen Fall der Fehler gemacht werden, den viele Initiativen machen: »Wir wählen einen Vorstand, weil das Gesetz das so will, aber in Wirklichkeit hat der gar keine besonderen Rechte oder Pflichten, wir sind alle gleich.«

Im Falle, dass irgendetwas schiefgeht, können sich alle anderen Vereinsmitglieder ziemlich leicht aus der Affäre ziehen, wenn sie nicht klar definierte Aufgaben für dieses Thema hatten, aber der Vorstand haftet mit seinem Privatvermögen oder ist strafrechtlich zu belangen, wenn Vorschriften nicht eingehalten oder Gesetze verletzt wurden. Daher braucht die Person, die in der Rolle des Vorstands ist, auch die Möglichkeit, mehr zu beeinflussen als diejenigen, die lediglich Mitglieder sind.

Kleine Initiativen, die das vermeiden wollen, lösen das Problem manchmal, indem sie alle Mitglieder in den Vorstand wählen. Das ist aber keine Lösung für größere Projekte. Hier muss man sich eingestehen, dass es eine Rolle gibt, die größere Verantwortung hat als andere und daher auch besondere Rechte braucht. Zumindest muss die Person in dieser Rolle das Recht haben zu sagen: »So machen wir es nicht!«, selbst wenn der ganze Rest des Projektes etwas möchte – denn sie haftet vor der Außenwelt persönlich, auch dann, wenn die Mitgliederversammlung sie mit einer Tätigkeit beauftragt.

Vorstände führen die Organisation stets verantwortlich und dürfen von der Mitgliederversammlung nicht gezwungen werden, etwas zu tun, was sie nicht verantworten wollen. Denn formal und wirtschaftlich sind sie es, die es im Worst Case verantworten müssen, selbst wenn sie im Auftrag der Mitgliederversammlung handeln. Das wissen viele, die einen »selbstverwalteten« Verein gründen, nicht. Der formale Rang eines Vereinsvorstandes braucht daher auch angemessene Entscheidungsspielräume, denn die Verantwortung kann einem Vorstand niemand abnehmen.

4.2 Methodische Überlegungen

4.2.1 Rollen definieren, zuweisen und wechseln

Gerade Gruppen, die sensibel gegenüber Machtstrukturen sind, vermeiden häufig klar definierte Rollen, aus Angst, dass diese Rollen Dominanzverhältnisse etablieren könnten. Bewusst besetzte Rollen können aber auch unkontrollierter Dominanz entgegenwirken. Unklarheit in den Rollen hingegen führt häufig zu verdeckten Machtverhältnissen. Denn: Rollen in Gruppen entwickeln sich automatisch, auch wenn sie nicht offiziell definiert werden. Und diese Rollen sind viel weniger greifbar, entwickelbar und veränderbar als bewusst zugewiesene Rollen.

Klar definierte und zugewiesene Rollen können bewusst gewechselt werden. Für sie kann man in der Struktur regelmäßiges Feedback einplanen. Daher ist für mich ein bewusster Aspekt einer Struktur, die möglichst viele Menschen in ihr Potenzial und ihre Kraft bringt, eine bewusste Rollenverteilung.

Diese sollte verbunden sein mit einer klaren Definition von Rollen, regelmäßigem Feedback und dem Ansatz, sehr bewusst darauf zu achten, dass immer mal wieder neue Menschen auch verantwortungsvolle Rollen übernehmen. Dadurch können etablierte Dominanzstrukturen verändert werden und auch Menschen, die das in informellen Zusammenhängen nicht erreichen könnten, in machtvolle Positionen kommen. Mehr zu dem Komplex rund um Macht und Rang findet sich in Kapitel 2.6.

4.2.2 Gesprächsleitung/Facilitation

Eine wichtige Rolle für Gruppentreffen ist die der Gesprächsleitung oder »Facilitation«. Diese Rolle bekommt ganz bewusst eine gewisse Macht in Treffen zugesprochen – mit dem Auftrag, sie im Sinne der Gruppe einzusetzen. 15-minütige Diskussionen, ob eine Pause 10 oder 15 Minuten lang sein soll, sind sicher nicht zuträglich für ein gutes Gesprächsklima. Hier ist es sehr sinnvoll, jemandem die Macht zu geben, dies einfach zu entscheiden. Eine bewusst von der Gruppe bestätigte Facilitator:in hat mit dieser Rolle auch ein gewisses Mandat, neue Herangehensweisen, ungewöhnliche Methoden und andere Impulse vorzuschlagen. Die Gruppe gesteht dieser Person bewusst einen besonderen Rang und damit auch für dieses Treffen mehr Macht zu – im Dienste des Wohlergehens der Gruppe. Wenn sie diese Macht nicht gut nutzt, wird sie dafür Feedback bekommen und in Zukunft vermutlich seltener für diese Rolle vorgeschlagen werden. Wenn die bevollmächtigte Person sie im Sinne der Gruppe nutzt, kann es allen guttun. Ein Treffen, in dem niemand von der Gruppe beauftragt ist, die Gesprächsleitung zu machen, wird in der Regel leichter in konventionellen, eher ermüdenden und unkreativen Abläufen stecken bleiben als ein gut facilitiertes Treffen, in dem der/die Facilitator:in ihre Macht sinnvoll einsetzt.

Wichtiges Prinzip in vielen Gruppen ist auch, die Gesprächsleitung von denjenigen zu trennen, die inhaltlich wesentliche Beiträge zu leisten haben. Es hat sich bewährt, für schwierige und diskussionslastige Themen eine Gesprächsleitung/Facilitation zu haben, die wenig involviert ist, und daneben jemanden, der/die das Thema inhaltlich hält – die fachliche »Leitung« für diesen Punkt. Wenn die Facilitation gleichzeitig die Person ist, die die meisten inhaltlichen Inputs zu geben hat, dann ist es fast unmöglich, beide Rollen gut auszufüllen.

Ich bin kein Fan davon, die Gesprächsleitung von Großgruppen zum Beispiel nach Alphabet rotieren zu lassen. Gesprächsleitung ist eine zu verantwortungsvolle Rolle, als dass es angeraten ist, jeden da hineinzu»zwingen«. In Kleingruppen kann es durchaus sinnvoll sein, dass jedes Gruppenmitglied mal die Rolle übernimmt, um in diese Rolle so nach und nach hineinzuwachsen.

Auch in Großgruppen ist es durchaus sinnvoll, nicht nur die »üblichen Verdächtigen« in diese Rolle zu lassen, sondern dass sehr bewusst auch andere sich trauen, diese Rolle auszufüllen. Ein guter Weg dazu ist es, stets mit Gesprächsleitung und einem »Co« zu arbeiten und Menschen mit weniger Erfahrung über die Rolle der »Co-Leitung« Erfahrung sammeln zu lassen und so in die Rolle hineinzuwachsen. Nach und nach kann dann zunächst für einzelne Tagesordnungspunkte und später für die ganze Sitzung die Verantwortung übernommen werden.

Wenn eine Gruppe Menschen bewusst in Rollen delegiert, ist es viel leichter, sie darin zu unterstützen, sich die Kompetenzen anzueignen, sich Feedback für das Ausfüllen dieser Rollen zu geben oder auch die Rolle wieder zu wechseln. Wenn die Rollen nur informell besetzt sind, ist all dies deutlich schwieriger.

4.2.3 Klare Zeitvorgaben

Für viele Sitzungen ist es sinnvoll, sich zu Beginn eines Treffens darüber zu verständigen, wie viel Zeit welchem Thema gewidmet werden soll. Damit kann dann auch die Rolle des Zeitwächters definiert werden, jemand, der darauf achtet, dass die Zeitvorgaben auch eingehalten werden. Wenn es so aussieht, als würden sie überzogen werden, braucht es eine gemeinsame Entscheidung, ob es sinnvoll ist, dem Thema in diesem Moment mehr Raum zu geben und dafür anderes zurückzustellen oder das Treffen zu verlängern, oder ob die Diskussion abgebrochen werden soll.

4.2.4 Nachvollziehbarkeit und Transparenz. Die Bedeutung von Protokollen

Zu den Grundelementen einer Projektstruktur, in der alle Beteiligten auf Augenhöhe sind, gehört es, dass Entscheidungen für Nichtanwesende nachvollziehbar dokumentiert werden. Dies ist auch für spätere Diskussionen wichtig, wenn sich Menschen unterschiedlich an Vorgänge erinnern – was ein ganz normales menschliches Phänomen ist. Daher sind Protokolle – und auch die Protokollbestätigung – sehr wichtig und nicht nur eine Formalie.

Es gibt gute Argumente für Verlaufsprotokolle und gute Argumente für Ergebnisprotokolle. Verlaufsprotokolle informieren stärker über den Weg zu einer Entscheidungsfindung, Ergebnisprotokolle werden leichter gelesen. Meine Haltung dazu ist, dass Ergebnisprotokolle zumindest die Motivation, die zu diesem Ergebnis geführt hat, mit aufnehmen sollten, das macht es deutlich leichter verständlich (siehe auch im Kapitel 4.4 zu Soziokratie der Hinweis auf die »Treiber«).

In den Gruppen, in denen ich arbeite, hat sich häufig eine Synthese aus Verlaufs- und Ergebnisprotokoll etabliert, indem ein Verlaufsprotokoll während der Sitzung mitgeschrieben wird und nach der Sitzung eine Tabelle vor das Protokoll gesetzt wird, in der die Tagesordnungspunkte mit den wichtigsten Ergebnissen zusammengefasst sind. So kann man mit einem Blick die wichtigsten Ergebnisse erkennen, und wer Interesse hat, kann sich die dahinterliegenden Diskussionen anschauen.

Wichtig ist, dass das Protokoll nicht nur vom Protokollführenden geschrieben und dann abgeheftet wird, sondern dass die Teilnehmenden das Protokoll auch bestätigen. Nur so wird man, wenn man nach zwei Jahren nochmals auf das Protokoll schaut, weil die einen sich so und die anderen sich anders an das Ganze erinnern, auch das Vertrauen haben, dass das Protokoll wirklich die Diskussion im Sinne der Teilnehmenden zusammengefasst hat. Die »Bestätigung des Protokolls der letzten Sitzung«, ein Standard-Tagesordnungspunkt auf Vereins- oder Genossenschaftsversammlungen, die in der Regel jährlich stattfinden, ist also nicht nur eine Formalie. Allerdings wird sich nach einem Jahr niemand mehr ganz genau erinnern. Daher empfehle ich, Protokollentwürfe kurzfristig nach den Treffen an alle Beteiligten zu schicken und eine Frist für Rückmeldungen und Korrekturen zu setzen. Das Protokoll, das daraus entsteht, ist dann in der Regel ein Protokoll, das auch im späteren Konfliktfall Vertrauen hat.

Zur Variante »Fotokoll« von Arbeitstreffen komme ich im nächsten Unterkapitel »Visualisieren«.

4.2.5 Visualisieren

Ein wichtiges Hilfsmittel für vieles, was mit komplexeren Entscheidungen zu tun hat, ist, den Sachverhalt nicht nur mündlich zu besprechen, sondern zu visualisieren. Ein Whiteboard, eine Tafel, ein Beamer oder ein Flipchart sollte in keinem Treffen fehlen, in dem komplexere Themen diskutiert und entschieden werden. Kaum jemand kann sich alles merken, was zur Entscheidungsvorbereitung einer komplexeren Entscheidung nötig ist.

Manchmal ist es sinnvoll, dass diejenigen, die Themen einbringen, schon vorher eine Visualisierung vorbereiten (auf Flipchart, Whiteboard, Beamer, Tischvorlage oder Ähnlichem). Manchmal ist es auch sinnvoll, dass Alternativen, die im Verlauf der Diskussion aufkommen, spontan visualisiert werden (aufgeschrieben oder im besten Fall sogar noch illustriert), damit es leichter ist, die Facetten zu verstehen.

Gruppen, die Visualisierung nicht gewohnt sind, nutzen insbesondere die spontanen Möglichkeiten, die Inhalte der Diskussion zu visualisieren, nur selten. Aber es lohnt sich, dies in die Kultur einer Gruppe aufzunehmen und häufiger mal zum Marker zu greifen und etwas aufzuschreiben. Dies kann auch die Rolle einer Person in der Gruppe sein, für die Visualisierung von komplexen Sachverhalten zu sorgen. Es kann aber auch spontan jemand aufstehen und einen Stift in die Hand nehmen und den Sachverhalt auf dem Whiteboard oder Flipchart zusammenfassen – das tut meistens der Gruppe gut.

Die Person, die bereits das Protokoll führt, ist dafür in der Regel nicht geeignet. Wenn die Gruppe sich allerdings darauf einigt, während des Treffens gar nicht mitzuschreiben, sondern das Protokoll über die Visualisierung zu erstellen, erstellt man ein sogenanntes Fotokoll.

Damit das gelingt, ist dann eine Person dafür verantwortlich, alles auf Flipchart mitzuschreiben, was entscheidungsrelevant ist, und insbesondere natürlich die Entscheidungen selbst. Diese werden dann am Ende des Treffens fotografiert.

Mein Tipp: Ein Fotokoll auf keinen Fall einfach als eine Sammlung von Fotodateien ablegen. Das liest kaum jemand und macht es extrem schwierig, im Nachhinein die richtigen Informationen zu finden.

Aus den Fotos der Flipcharts sollte dann kurzfristig nach dem Treffen jemand ein Dokument erstellen, das die Dokumentation des gesamten Treffens enthält. Dazu macht es Sinn, in einer Textdatei einleitende Worte und eine Zusammenfassung der Ergebnisse zu schreiben und die Fotos dann mit eventuell verbindenden/erläuternden Worten einzufügen und eine Datei daraus zu machen. Die liest sich im Nachhinein viel leichter als eine Sammlung von Fotodateien und ermöglicht es auch, mit Suchfunktionen Inhalte der Dokumente zu finden.

4.2.6 Nicht nur Kopf! Körper und Bewegung mit einbeziehen!

Zum Aspekt »Struktur« gehört auch die Frage, wie Treffen ablaufen. Ein Treffen, in dem alle Beteiligten drei Stunden lang auf Stühlen um einen Tisch sitzen, ist eine Strukturmöglichkeit. Wie bereits im Kapitel 2.2.4 erwähnt, ist es jedoch sinnvoll, nicht nur den Kopf mit einzubeziehen. Den Ablauf von Treffen gleich so zu planen, dass nicht nur die Kopfebene dabei ist, ist ein wichtiges Strukturelement, das unmittelbar etwas in der Atmosphäre verändert. Das muss gar nichts Revolutionäres sein: Bewährt hat sich zum Beispiel, bei längeren Treffen zwischendurch »Energizer« und kleine Spiele einzubauen, um etwas Bewegung und auch Lachen hineinzubringen.

Auch als Einstimmung für ein Treffen ganz bewusst zum Beispiel fünf bis fünfzehn Minuten Musik laufen zu lassen und zu tanzen oder gemeinsam ein Lied zu singen oder ein Spiel zu spielen ändert die Energie eines Treffens gewaltig und kann in die Struktur des Ablaufs eingebaut werden.

Aber auch mitten im Entscheidungsprozess tut es immer wieder gut, sich von seinen Stühlen oder Sitzkissen zu erheben. Bei Abwägungen zwischen verschiedenen Varianten können diese zum Beispiel im Raum positioniert werden, und die Beitragenden werden eingeladen, aufzustehen, sich zu den verschiedenen Positionen zu begeben und von dort aus das zu sagen, was zu dieser Position wichtig ist. Dies verändert die Diskussion.

Ein wichtiges methodisches Prinzip, um Beweglichkeit in Standpunkte einer festgefahrenen Diskussion zu bringen, kann es auch sein, die Diskussion ohne Stühle zu führen, dafür im Stehen mit der Möglichkeit, die Plätze zu verändern, und ganz bewusst der Einladung, die inhaltlichen Positionen auch mit Positionen im Raum zu unterlegen. Die Methoden »Soziometrie« (Kapitel 4.3.2.1) und »Felderforschung« (Kapitel 2.5.4.4) nutzen dieses Prinzip. Das eignet sich insbesondere für die entscheidungsvorbereitende Phase. Wenn dann ganz konkret zusammengefasst werden soll, trägt das Sitzen im Kreis oft dazu bei, »die Sache rund zu bekommen«.

Was hier wieder deutlich wird: Derartige ganzheitliche Herangehensweisen an ein Gruppentreffen entstehen nur bei sehr erfahrenen Gruppen spontan. In den meisten Gruppen kann eine kompetente Gesprächsleitung dazu beitragen, dass sie mehr genutzt werden.

4.2.7 Jenseits von Mehrheitsentscheidungen – wie kommen wir zu guten Entscheidungen?

Die meisten Initiativen streben »einmütige« Entscheidungen an. Oft wird dabei ein Konsens angestrebt. Ich werde später in Kapitel 4.3.3 sehr konkret verschiedene Varianten, um möglichst gut getragene Entscheidungen zum Beschluss zu bringen, vorstellen.

An dieser Stelle möchte ich – nach 30 Jahren Leben und Arbeiten in einem konsensorientierten Projekt – auf die unangenehme Tatsache aufmerksam machen, dass es eine Illusion ist, mit vielen Menschen auch nach noch so langen und konstruktiven Beratungen immer zu einer Entscheidung kommen zu können, mit der alle glücklich sind. Es gibt nun mal unterschiedliche Prioritäten und Vorlieben, und die lassen sich nicht immer wirklich gut unter einen Hut bringen.

Ich bin mir bewusst, dass ich hiermit eine »heilige Kuh« von vielen Initiativen infrage stelle. Viele gemeinschaftliche Initiativen definieren sich stark über ihre Konsensentscheidungen.

Und: Die Konsensorientierung ist auch nach 30 Jahren Ringen um Konsensentscheidungen für mich noch die wesentliche Grundlage jeglicher Entscheidungsfindung. Ich halte es für enorm wichtig, sich ausreichend Zeit zu nehmen, um nach Lösungen zu suchen, die möglichst breit getragen sind und möglichst viele Bedürfnisse berücksichtigen. Es kann Entscheidungen deutlich verbessern, wenn wir uns die Zeit nehmen, die Hintergründe derjenigen zu verstehen und ernst zu nehmen, die mit bestimmten Lösungen nicht einverstanden sind, anstatt vorschnell mit einer Abstimmung einen Vorschlag anzunehmen, der Widerstand hervorruft.

Dieser Prozess ist wesentlich, er bildet Gemeinschaft, und er eröffnet neue Perspektiven und Lösungswege. Für eine gemeinschaftsorientierte Entscheidungsfindung ist ein offener, partizipativer und kreativer Prozess der Entwicklung von Lösungen elementar. Es muss am Ende nicht unbedingt immer ein klassischer Konsens sein – aber eine Entscheidungsfindungsmethode, die möglichst viele Positionen integriert! Hierfür gibt es viele gute Lösungen, die ich in Kapitel 4.3.3 vorstelle. Welches die passendste für welche Gruppe ist, kann nur die Gruppe selbst entscheiden.

Wichtiger als die Frage, was im Endeffekt dazu führt, dass ein Beschlussvorschlag angenommen wird, ist die Frage, wie der Beschlussvorschlag in der Gemeinschaft unter Einbezug aller Sichtweisen und Bedenken entwickelt wird. Hierfür stelle ich in Kapitel 4.3.1 und 4.3.2 Werkzeuge vor, die dazu beitragen können, dass sich die kollektive Intelligenz möglichst gut entfalten kann.

Es ist fast immer angeraten, vor der Entwicklung eines Beschlussvorschlags zunächst gemeinsam die Motivation zu klären, warum ein Beschluss gefasst werden soll, und die Qualitäten herauszuarbeiten, die den Menschen für diesen Beschluss wichtig sind, bevor ein erster Beschlussvorschlag auf den Tisch kommt. Hierüber (oder auch über die verschiedenen Motivationen) einen Konsens zu erzielen, ist die erste Grundlage für konstruktive Entscheidungsfindung.

Der offenste Weg zu einer gemeinsam getragenen kreativen Entscheidung ist der, dann ohne Vorgabe in der Gruppe nach möglichen Lösungen zu suchen. Dieser Weg ist allerdings häufig sehr zeitraubend. Daher tendieren viele Gruppen dazu, bereits mit vorliegenden Beschlussvorschlägen die Diskussion zu starten. Das hat Vor- und Nachteile.

Der Vorteil: Man erspart sich langes Ringen und Beschlussvorschläge, die unrealistisch sind. Ein sinnvoller Beschlussvorschlag kann viel Diskussionszeit einsparen.

Der Nachteil: Sobald ein erster Beschlussvorschlag vorliegt, schränkt er meistens das kreative Denken zu dem Thema ein. Die Gruppe wird sich dann daran abarbeiten, Ergänzungen oder Einwände dazu entwickeln, aber das Blickfeld ist dann auf diesen Vorschlag verengt, selten wird dann noch in ganz andere Richtungen gedacht. Hier sollte durch die Facilitation des Prozesses Raum geschaffen werden, weit zu denken, neue Impulse zuzulassen und sich nicht vorschnell in zwei Fronten »für oder gegen«

eine Formulierung zu begeben. In diesem Sinne stelle ich im Folgenden erprobte Werkzeuge für folgende Schritte der gemeinschaftlichen Entscheidungsfindung vor:

- 4.3.1 Werkzeuge für Gruppengespräche – gemeinsam Themen beleuchten
- 4.3.2 Werkzeuge zur Entscheidungsfindung – Varianten abwägen
- 4.3.3 Werkzeuge zur Beschlussfassung

4.3 Werkzeuge

4.3.1 Werkzeuge für Gruppengespräche – gemeinsam Themen beleuchten

Wie kann in einer Gruppe, die aus vielen Menschen besteht, eine Diskussion entstehen, die möglichst konstruktiv und integrativ ist? Hierfür gibt es eine Vielzahl von Wegen, die ich an dieser Stelle kurz vorstellen möchte.

4.3.1.1 *Redeliste*

Nur der Vollständigkeit halber – und ohne die übliche Gliederung für Werkzeuge – sei hier der Klassiker aufgeführt und nur sehr kurz erklärt: die Redeliste. Die Gesprächsführung (oder eine Assistenz der Gesprächsführung) notiert die Meldungen in der Reihenfolge, in der sie erfolgen, und ruft die Menschen entsprechend dieser Reihenfolge auf.

Es ist hier häufig sinnvoll, entweder die Redeliste für alle sichtbar auf einem Whiteboard aufzuschreiben – das beruhigt, da man weiß, wann man dran ist – oder ab und zu zu informieren: »Also, ich habe jetzt Max, Frida, Klaus, Inka und Philipp auf der Redeliste – habe ich alle erfasst, die sich gemeldet haben?« Und insbesondere, wenn die Person, die die Redeliste führt, sich selbst auch »meldet«, sollte sie das auch kommunizieren. »Ich hatte jetzt nach Anna mich auf die Redeliste gesetzt, und dann kommst du, Frank.«

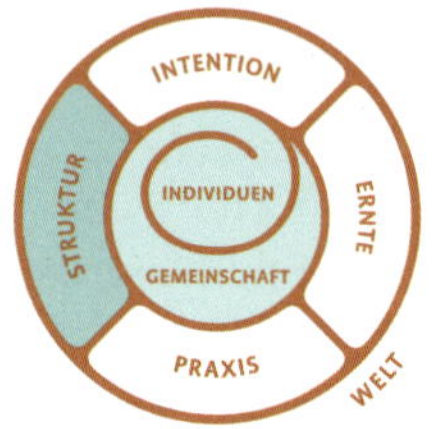

4.3.1.2
Moderation mit Farbkärtchen

Materialien / Raum

Kärtchen in den Farben Weiß (mit Blitzzeichen), Orange, Gelb, Grün und Blau in der gleichen Anzahl der teilnehmenden Personen.

Flipchart mit Visualisierung der Bedeutung der Kärtchen.

Die Gesprächsleitung (oder Assistenz für die Rednerliste) braucht einen vorbereiteten Zettel, auf dem die Meldungen mit Farbe der Kärtchen in der Reihenfolge aufgeschrieben werden.

Was bringts?

Diese Variante sorgt für eine Diskussionskultur, in der erst Fragen geklärt und Wertschätzung ausgesprochen wird, bevor Meinungen in den Raum gestellt werden – daher gerade für komplexe und strittige Themen sehr zu empfehlen.

Kurzbeschreibung

Eine Diskussion mit Farbkärtchen unterscheidet sich von der klassischen Rednerliste, dass wir die Meldungen nicht primär in chronologischer Reihenfolge aufrufen, sondern in einer Reihenfolge, die sinnvoll ist für eine gute Bearbeitung des Prozesses: Zunächst kommen alle konkreten Störungen, dann ist Raum für Wertschätzung, dann für alle Fragen, die noch bestehen, dann alle Klärungen und erst als Letztes ist Raum für die Meinungen.

Detaillierte Anleitung

Stelle nach der Kurzbeschreibung die Bedeutung der Kärtchen vor.

Bedeutung der Farben

Weiß = Störung: Ich habe eine Störung, auf die sofort reagiert werden muss. Eine Störung kann zwei Ebenen haben:

1. Es ist eine starke emotionale Verletzung, die mich nicht mehr zuhören lässt.

2. Eine technische Störung: Ich finde, eine Pause ist nötig; es muss gelüftet werden ..., lasst uns mal einen Energizer/einen Moment Stille einschieben.

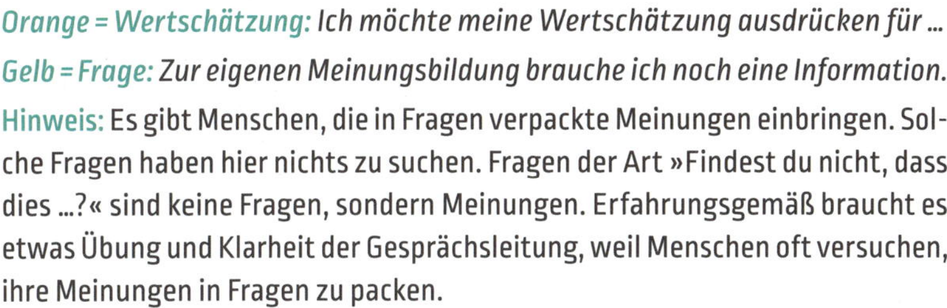

Orange = Wertschätzung: Ich möchte meine Wertschätzung ausdrücken für ...

Gelb = Frage: Zur eigenen Meinungsbildung brauche ich noch eine Information.

Hinweis: Es gibt Menschen, die in Fragen verpackte Meinungen einbringen. Solche Fragen haben hier nichts zu suchen. Fragen der Art »Findest du nicht, dass dies ...?« sind keine Fragen, sondern Meinungen. Erfahrungsgemäß braucht es etwas Übung und Klarheit der Gesprächsleitung, weil Menschen oft versuchen, ihre Meinungen in Fragen zu packen.

Grün = Ich kann zur Klärung beitragen. Klärung bedeutet meist Antworten auf Fragen, manchmal auch weitere Informationen, die der Person noch fehlen.

Blau = Meinung

Es findet eine normale Diskussion mit Rednerliste statt, allerdings mit einem entscheidenden Unterschied: Die Rednerliste wird nach Farben geführt.

Zuerst kommen die weißen Kärtchen dran, dann in der Reihenfolge die orangefarbenen, gelben, grünen und zuletzt die blauen. Wer die Rednerliste führt, benötigt also für den Überblick ein Blatt Papier mit verschiedenen Farbenspalten. In jedem Moment ist die Farbe der Kärtchen wichtiger als die Reihenfolge der Meldungen. Meldet sich also, während man blaue Kärtchen abarbeitet, jemand mit einer andersfarbigen Karte, ist diese Person sofort als Nächstes dran.

Herkunft

Aus der amerikanischen Co-Housing-Bewegung.

4.3.1.3
3-Bälle-Redeliste, Finger-Redeliste

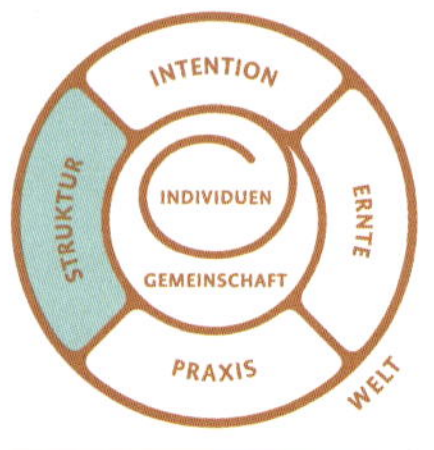

Facilitator	Offenheit der Gruppe	Anzahl Personen	Dauer
 *	 *	 5 bis 12	 Je nach Diskussionsbedarf

Materialien/Raum

3-Bälle-Redeliste: 3 Bälle (oder Marker oder andere Objekte) und eine Sitzordnung, mit der alle auf das Zentrum des Kreises zugreifen können. (Entweder im Stuhlkreis oder um einen Tisch – kontraindiziert ist diese Methode, wenn es einen Tischkreis gibt und so der Weg zur Mitte versperrt ist.)

Finger-Redeliste: Der Raum muss so groß sein, dass alle Gruppenmitglieder im Kreis sitzen können.

Was bringts?

Leichter Überblick, wer sprechen darf, ohne dass jemand eine Rednerliste führen muss.

Detaillierte Anleitung

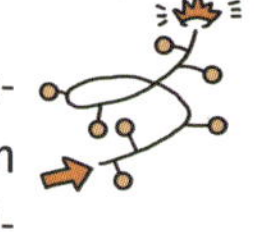

Bei einer 3-Bälle-Redeliste liegen 3 Bälle im Zentrum, und wer sprechen möchte, nimmt sich einen der Bälle. Es dürfen nur Menschen sprechen, die einen Ball in der Hand haben, in der Regel in der Reihenfolge des Aufnehmens der Bälle. Aber wenn jemand mit Ball eine Rückfrage an jemanden hat, der gerade spricht, kann diese Person sofort antworten. Nach dem Redebeitrag wird der Ball wieder in die Mitte gelegt, damit andere die Chance haben, auf die Redeliste zu kommen.

Bei der Finger-Redeliste gilt folgende Regel: Wer sich meldet, solange sich noch niemand meldet, hebt einen Finger. Wer sich als Zweites meldet, hebt zwei Finger etc. Sobald die Person, die einen Finger hebt, anfängt zu sprechen, senken alle, die sich bis jetzt melden, einen ihrer Finger. Damit hebt die Person, die vorher zwei Finger gehoben hatte, nur noch einen Finger und signalisiert damit, dass sie als Nächstes dran ist. Die Person, die vorher drei Finger gehoben hatte, zeigt dann noch zwei etc. Die Methode braucht ein wenig Übung und Aufmerksamkeit aller auf die Frage, wie viele Finger schon gehoben sind. Daher ist sie nur für überschaubare Gruppen geeignet. Gruppen von 5 bis 15 Menschen, die damit Erfahrung haben, wollen sie meist nicht mehr missen.

Herkunft

Kommunebewegung/Extinction Rebellion.

4.3.1.4
Popcorn

Facilitator

*

Offenheit der Gruppe

*

Anzahl Personen

2 bis 15

Dauer

je nach Diskussionsbedarf

Materialien/Raum Keine.

Was bringts? Kann sehr lebendig sein.

Kurzbeschreibung

Jede:r redet, wann er/sie möchte, mit einem respektvollen Blick auf die anderen Redebedarfe. Die englische Anweisung für Popcorn-Diskussionen lautet: »Pop, when you're hot!«

Detaillierte Anleitung

Beim Gespräch im Popcorn-Style gibt es bewusst keine Rednerliste. Popcorn bedeutet hier: Keine Reihenfolge im Kreis ist festgelegt, sondern es spricht, wer wie das sprichwörtliche Maiskorn bereit ist, sich zu öffnen. Das trägt zu mehr Lebendigkeit bei. Die facilitierende Person sollte dabei im Auge behalten, ob jemand zu Beiträgen ansetzt und dann von Menschen, die schneller, lauter oder forscher in ihrer Art sind, übergangen wird. Dann sollte sie eingreifen und dafür sorgen, dass auch die weniger Dominanten zu Wort kommen. Bei Bedarf kann sie die Regel einführen:

»Jede:r spricht nur einmal.« Oder:
»Bevor du zum zweiten Mal sprichst, wäre mir wichtig zu hören, ob jemand, der/die noch gar nicht gesprochen hat, etwas zu sagen hat.«

Herkunft

Die traditionelle Art der Diskussion.

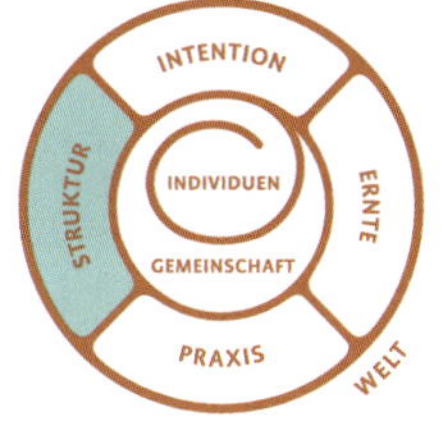

4.3.1.5
Fishbowl

Es ist von Vorteil, wenn die Teilnehmenden alle im offenen Kreis sitzen können und der »Fishbowl« ein kleiner Kreis im Zentrum dieses Kreises ist. Jedoch ist es für große Gruppen und in klassischen Konferenzsettings auch möglich, dass es ein in Reihen sitzendes »Auditorium« gibt und der Fishbowl ein Halbkreis vorne »auf dem Podium« ist.

Was bringts?

Sehr zu empfehlen, um die Qualitäten einer Kleingruppendiskussion in einer großen Gruppe möglich zu machen, trotzdem alle zu beteiligen und damit die Gesamtgruppe zu Zeugen zu machen.

Kurzbeschreibung

Der Fishbowl ist eine Kleingruppendiskussion in der Großgruppe. Diskutiert wird nur im Fishbowl. Lediglich die Moderation hat die Erlaubnis, bei Bedarf von außen Moderationsbeiträge hineinzugeben. Für alle anderen gilt: außerhalb des Fishbowls zuhören. Bei Redebedarf auf den freien Stuhl im Fishbowl setzen.

Detaillierte Anleitung

Die Regeln eines Fishbowls folgen inzwischen verschiedenen Traditionen, ich bevorzuge folgende:
Ein Kreis von maximal sieben Stühlen oder Sitzkissen für den Fishbowl in einem größeren Stuhlkreis der Teilnehmenden ist vorbereitet.
Häufig ist es sinnvoll, den Fishbowl mit einer Vorauswahl von z. B. vier Teilnehmenden, die verschiedene Aspekte zum Thema einbringen und so eine Dis-

kussionsgrundlage schaffen, zu eröffnen. Es ist jedoch auch möglich zu sagen: Lasst uns Thema ABC diskutieren, und wer dazu etwas sagen will, setzt sich auf einen freien Platz im Fishbowl. In diesem Fall kann ein Fishbowl auch mit einem Beitrag eines Einzelnen, der alleine im Fishbowl sitzt, eröffnet werden.

Die Regeln für die Teilnehmenden

»Der Außenkreis hört nur aufmerksam zu und schweigt. Wer etwas sagen möchte, setze sich auf einen freien Stuhl im Innenkreis.

Damit das möglich ist, sollte der Innenkreis darauf achten, dass möglichst häufig ein Stuhl frei ist. Das heißt, sobald der letzte Stuhl besetzt wird, sollten alle im Innenkreis – außer der Person, die gerade spricht, und die, die vorher gesprochen hat – sich fragen, ob sie ihren Platz im Innenkreis nicht räumen können. Manchmal braucht es noch eine kurze Zeit in genau dieser Konstellation, weil noch eine wichtige Antwort auf etwas, was gerade gesagt wurde, aussteht, dann ist es auch okay, wenn für wenige Minuten kein Stuhl frei ist. Aber die Tendenz sollte sein: Möglichst sobald alle Stühle besetzt sind, steht eine Person aus dem Innenkreis auf und macht einen Stuhl frei, damit neue Menschen hineinkönnen.

Die Einzigen, die den Innenkreis nicht verlassen dürfen, sind die Person, die gerade spricht, und die Person, die gerade gesprochen hat – denn es soll ein Gespräch im Innenkreis entstehen können. Daher darf man nicht einfach einen Beitrag »hineinwerfen« und gleich wieder rausgehen. Man darf den Kreis frühestens verlassen, nachdem die Person, die nach dem eigenen Beitrag geredet hat, geendet hat.«

In der Regel ist die Rolle der Gesprächsleitung bei einem Fishbowl einfach. Nur in den seltensten Fällen muss in den Fishbowl eingegriffen werden, manchmal muss der Außenkreis an die Regeln erinnert werden. Außerdem ist die Rolle der Gesprächsleitung, den Energiebogen über die Zeitspanne zu halten. Falls ein Fishbowl zur Lösungsfindung dienen soll, dann ist es sinnvoll, als Gesprächsleitung zunächst eine Frage zu stellen, die eher zum »Weitdenken« einlädt, und im letzten Drittel der Zeit dazu überzuleiten: »Was könnten nun, in Anbetracht dessen, was wir bis jetzt gehört haben, konkrete Lösungsvorschläge sein?«

Falls es einen Lösungsvorschlag (oder mehrere) gibt, die am Ende der Diskussion zu pflücken sind, ist es die Aufgabe der Gesprächsleitung, diese so festzuhalten, dass sie nicht verloren gehen (auf einem Flipchart visualisieren oder dafür sorgen, dass sie ins Protokoll aufgenommen werden etc.).

In jedem Fall ist es ein Abschluss, am Ende kurz die Beiträge, die (hoffentlich vorhandene) Konstruktivität zu würdigen und kurz zusammenzufassen, was besonders an dem Austausch war.

Herkunft

Mündlich überliefert.

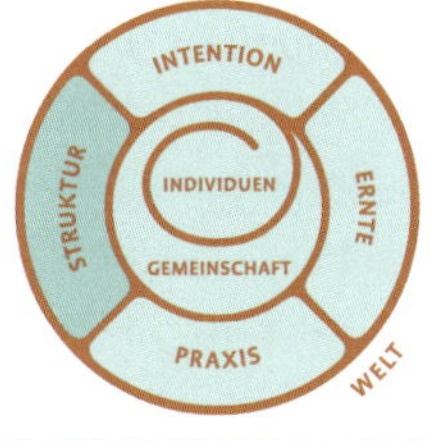

Open Space

Materialien/Raum

Moderationskarten.
Eine große Pinnwand, um den Ablauf zu visualisieren.
Es braucht genügend Räume, um in verschiedenen Kleingruppen zu arbeiten.
Papier oder Laptop oder Flipchart zum Protokollieren der Kleingruppen.
Ein Raum, in dem sich alle Teilnehmenden versammeln können.

Was bringts?

Viele Themen, die den Teilnehmenden wichtig sind, werden in kurzer Zeit bewegt. Durch viele Kleingruppengespräche gibt es intensive Kontakte unter den Teilnehmenden. Die Ergebnisse werden allen vorgestellt.

Kurzbeschreibung

Ein »Open Space« ist wie eine organisierte große Kaffeepause. Kleine Gruppen treffen sich, um die Themen, die sie interessieren, zu besprechen. Du bist dabei frei, dich jederzeit auch zu bewegen und die Gruppen zu wechseln.

Detaillierte Anleitung

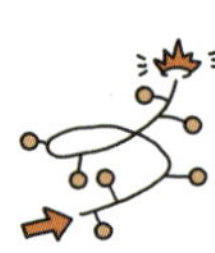

(Die folgende Anleitung ist für Gruppen bis ca. 80 Personen anwendbar. Bei noch größeren Gruppen muss z. B. das Sammeln der Punkte etc. etwas angepasst werden. Dafür verweise ich auf diverse Quellen im Netz oder die eigenen Ideen.)

In der Regel ist ein Open Space in irgendeiner Richtung bereits in der Einladung thematisch orientiert. Das kann »Die Zukunft unseres Wohnviertels« oder »Weiterentwicklung unserer Schule« oder »Nachhaltigkeit in unserem Alltag« oder »Vernetzung zwischen Aktivisti« sein – also sehr verschiedene und auf jeden Fall so weit gefasst, dass sehr verschiedene Angebote Platz haben.

Die Facilitator:innen des Open Space müssen den Marktplatz vorbereiten, auf dem mögliche Zeitfenster und mögliche Orte für die Kleingruppen stehen.

Einführung

Alle Teilnehmenden treffen sich in einem Raum.

»Wir wollen heute gemeinsam einen ›Open Space‹ veranstalten. Wie der Name schon sagt, ist das ein offener Austauschraum, der keine vorgegebenen Themen hat. Es geht um das, was euch interessiert, wozu ihr euch dazu austauschen wollt, wo ihr etwas lernen wollt oder wo ihr etwas zu geben habt. Dazu werden wir – nach einer kurzen Einführung – Angebote und Themen sammeln und ihnen Räume und Zeiten zuweisen, an denen sie besprochen werden. Ihr könnt euch dann in den nächsten ... Stunden hier frei von einem Raum zum anderen bewegen und an den Gesprächen und Aktivitäten teilnehmen, die euch interessieren.

Dazu gibt es folgende Regeln:

Die wichtigste Regel ist das ›Gesetz der 2 Füße‹. Du gehst dahin, wo deine Füße dich hintragen. Du musst nicht für ein komplettes Zeitfenster bei einer Gruppe bleiben. Du kannst kommen und gehen, wie du Lust hast. Natürlich riskierst du, wenn du später zu einer Gruppe dazukommst, dass da schon Dinge gesagt wurden, die du nicht gehört hast, oder dass sich die Gruppe aufgelöst hat, weil gar niemand da war. Aber es gibt keine Verpflichtung, für die Zeitfenster in einer Gruppe zu bleiben.

Für diejenigen, die etwas anbieten, ist die nächste Regel besonders wichtig: Wer immer da ist, es sind die Richtigen! Wenn 20 Interessierte da sind, die heftig mitdiskutieren oder gebannt zuhören, wunderbar! Wenn 2 da sind, sind es vielleicht genau die beiden, die dir wichtige Hinweise geben oder die du brauchen kannst, um das Projekt weiterzuentwickeln. Wenn gar niemand da ist, dann schenkt dir der Himmel Zeit, um für dich über dein Thema nachzudenken – oder einfach zu einer anderen Gruppe zu gehen. Du bist nicht verpflichtet, das ganze Zeitfenster dazubleiben, wo du dein Thema angekündigt hast, denn: ›Wenn es vorbei ist, ist es vorbei!‹, und wenn du alleine bist, bestimmst du, wann es vorbei ist.

Achte auf die Dokumentation: Als Gastgeber:in für ein Thema bist du auch verantwortlich dafür, dass es eine Dokumentation/einen Bericht über euer Treffen gibt, sodass alle an den Inhalten teilhaben können.«

Wie das umgesetzt wird, unterscheidet sich je nach Größe des Open Space und der Art der Gruppe: Manchmal gibt es ein gut lesbares schriftliches Protokoll des Treffens, oder es gibt ein oder mehrere Flipcharts, auf denen die Ergebnisse festgehalten sind. In großen Open-Space-Veranstaltungen, die die Basis für Weiterführendes legen, kann es sinnvoll sein, im Vorhinein viele Protokollant:innen zu bestimmen, die mit Laptops während der Gruppentreffen Protokoll schreiben.

Nach dieser Einführung in den Open Space beginnt der »Marktplatz«.

»Es gibt jetzt etwa 5 Minuten Zeit, in denen ihr eingeladen seid nachzudenken, welches Thema ihr gerne besprechen würdet. Es kann etwas sein, was ihr diskutieren wollt, etwa: ›Was denkt ihr zu …?‹ Es kann etwas sein, wo ihr Erfahrungen teilen wollt, etwa: ›Ich stelle euch vor, wo dieses und jenes Projekt gerade steht!‹ ›3 Wochen bei den Indigenas im ecuadorianischen Regenwald!‹ Es kann etwas sein, wo ihr selbst hilflos seid und euch Unterstützung durch die anderen wünscht: ›Finanzierung von XY – wie kann das gehen?‹«

5 Minuten Pause für die Einzelarbeit.

Danach kommt der Teil, der für die Facilitator:innen am herausforderndsten ist: die vielen Angebote vorstellen, zusammenbringen und an die richtigen

Punkte auf dem »Marktplatz« platzieren. Hier ist es gut, nicht allein zu sein, sondern sich die Aufgaben zu teilen: Jemand nimmt die Angebote an und klärt das Inhaltliche, und jemand hat den Marktplatz im Blick und die Aufgabe, Zeit und Raum herauszusuchen.

Die Menschen kommen mit ihren Angeboten und werden aufgefordert, sehr kurz (!) etwas dazu zu sagen. Eine kurze Nachfrage, ob es weitere gibt, die ähnliche Anliegen hatten und sich vielleicht mit dieser Person zusammentun wollen, erspart später viele Dopplungen. Dann wird nach einem geeigneten Ort und Zeitfenster geschaut und das Angebot an die entsprechende Stelle gepinnt.

Wenn sich der Marktplatz füllt, beginnt zu einem bestimmten Zeitpunkt das große Jammern in der Gruppe: »Nein, nicht parallel dazu, weil ich an beidem teilnehmen möchte!« Auf dieses Jammern kann man nur ganz selten eingehen. (Zum Beispiel sollte Rücksicht auf die Person genommen werden, die es anbietet; sie darf entscheiden, wozu es nicht parallel laufen soll.) In der Regel ist das der richtige Zeitpunkt, um darauf hinzuweisen, dass ein Open Space ein wunderbarer Ort ist, um an einem Thema zu arbeiten, das Menschen auch in ihrem Leben immer wieder beschäftigt: **Die »Fear Of Missing Out«, auch FOMO genannt.** (Sorry für den Anglizismus, aber die deutsche Übersetzung ist »Angst, etwas zu verpassen«, und AEZV spricht sich einfach deutlich schlechter als FOMO.) Mit der FOMO muss man sich im Leben immer wieder auseinandersetzen, denn:

»Das Leben ist voller verpasster Gelegenheiten!«

Ein derartiger Satz, der häufig einen Lacher hervorruft, und die Erklärung, dass es ja die Möglichkeit gibt, von einem zum anderen Thema innerhalb des Zeitfensters zu wechseln, und dass es außerdem eine Dokumentation jedes Beitrags gibt, hilft im Allgemeinen, die ängstlichen Zwischenrufe etwas zu beruhigen. Denn der Versuch, die Zeitwünsche aller zu berücksichtigen, ist grundsätzlich zum Scheitern verurteilt.

Nachdem der Marktplatz gefüllt wurde, sollte er an eine gut sichtbare Stelle, z. B. in den Flur vor dem größten Versammlungsraum, gebracht werden. Der Versammlungsraum selber, an dem er gefüllt wurde, ist ja in der Regel mit einer oder sogar mehreren Gruppen belegt. So kann jede:r während des gesamten Verlaufes des Open Space jederzeit nachschauen, welche Angebote gerade an welchen Orten stattfinden.

An dieser Stelle beginnt für die Person, die den Open Space facilitiert, eine entspannte Zeit, da sie wie alle anderen auch einfach an den verschiedenen Angeboten teilnehmen kann. Bei großen Gruppen ist angeraten, dass sie an nichts teilnimmt, sondern sich mit einer Tasse Kaffee oder Tee an eine zentrale Stelle setzt und ansprechbar bleibt für alle Fragen von Teilnehmenden und Menschen, die etwas anbieten.

Erst zum Zeitpunkt des Zusammentragens wird die Moderation wieder gefragt, um dann den Rahmen zu halten für das Zusammentragen der Ergebnisse. Hier achtet sie darauf, dass die Berichte kurz genug sind, dass alle Zeit haben, von ihren Ergebnissen zu berichten, und dass mindestens an dieser Stelle Protokoll geführt wird, damit es im Anschluss eine nachvollziehbare schriftliche Dokumentation zu allem gibt. Auch die Sicherung der Protokolle oder Flipcharts der Kleingruppen ist Aufgabe der Moderation.

Herkunft

Entwickelt von Harrison Owen um 1985.

Hinweis

Zum Open Space findet sich sehr viel Literatur im Netz. Eine ausführliche Anleitung braucht viele Seiten, daher stelle ich ihn hier nur sehr verkürzt vor, weil ich ihn für ein sehr sinnvolles Werkzeug erachte, und ich empfehle allen, die noch nie einen Open Space facilitiert haben, sich im Netz mit detaillierten Anleitungen vertraut zu machen.

4.3.1.7 Wann welche Methode?

Ich habe jetzt neun verschiedene Arten vorgestellt, wie Gruppendiskussionen, die Entscheidungen vorbereiten sollen, facilitiert werden können.

Die drei letzten sind Werkzeuge, die für Gruppen von mehr als 20 Menschen verwendet werden und so »Kleingruppendiskussionen in der Großgruppe« ermöglichen. Für die in diesen Formaten gebildeten Kleingruppen könnte wiederum bei Bedarf eines der ersten fünf vorgestellten Werkzeuge genutzt werden.

Welches der Werkzeuge ist das geeignetste?

Es gibt noch Tausende von Varianten zwischen den vorgestellten Methoden oder mit anderen Elementen. In meinen Augen gibt es dabei keinen »Königsweg« – es gibt nicht die eine Variante, die immer die sinnvollste ist. Manchmal ist eine erfrischende, chaotische Diskussion sehr hilfreich, und manchmal braucht es viel Struktur und Vorgaben, wer das Wort hat.

Es lockert Treffen auf, wenn nicht immer die gleiche Methode verwendet wird, die Abwechslung macht es lebendiger. Je schwieriger, kontroverser und emotionsgeladener das Thema und je größer die Gruppe, desto wichtiger sind ein gut strukturierter Gesprächsrahmen und das Achten auf eine gewisse Entschleunigung sowie darauf, dass alle zu Wort kommen.

Auch hier geht es um die im Kapitel 2.2.2 genannte »Energiechoreografie«. Ein Wechsel aus Klein- und Großgruppe, aus lebendiger, aber dafür leider auch häufig chaotischer Diskussion und ruhigen Settings sorgt dafür, dass ein Treffen weniger ermüdet und mehr Menschen mitnimmt.

4.3.2 Werkzeuge zur Entscheidungsfindung – Varianten abwägen

Bewusst habe ich in Kapitel 4.2.7 betont, dass oft der Weg zur Generierung von Beschlussvorschlägen die wesentliche Qualität ausmacht, denn ein Beschlussvorschlag, der unter Einbeziehung der gesamten kollektiven Intelligenz entwickelt wurde, wird in der Regel wenig Widerstand hervorrufen, idealerweise ist er konsensfähig. Aber wie kommen wir von der ersten Idee zum Beschluss? Oft ist es sinnvoll, im Prozess verschiedene Varianten oder verschiedene Elemente des Themas gemeinsam abzuwägen.

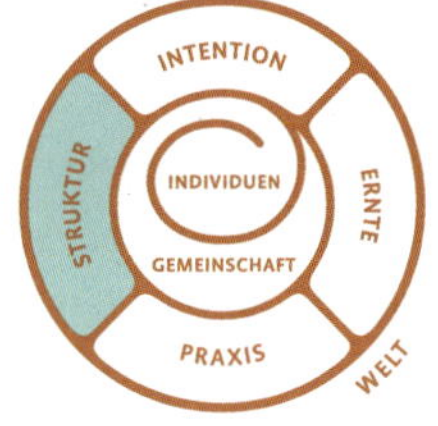

4.3.2.1 Soziometrie

Materialien/Raum

Der Raum muss groß genug sein, dass die Menschen sich in einem Kontinuum aufstellen können. Es ist – gerade für Gruppen, die die Methode nicht kennen – sinnvoll, drei Punkte im Raum zu markieren:
100%iges »Ja!« an einem Ende (Wand)
50–50 in der Mitte.
100%iges »Nein!« am anderen Ende.

Was bringts?

Einen visuellen Eindruck der Stimmungslage. Menschen sprechen »aus ihrer Position heraus«, das macht manches klarer.

Kurzbeschreibung

Die Positionen im Raum werden sichtbar gemacht. Alle positionieren sich entsprechend ihrer Haltung zu der Frage.

Detaillierte Anleitung

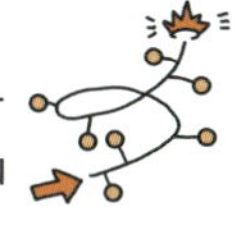

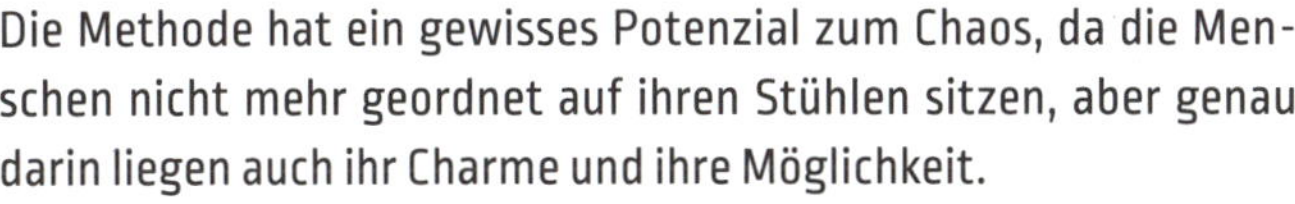

Die Methode hat ein gewisses Potenzial zum Chaos, da die Menschen nicht mehr geordnet auf ihren Stühlen sitzen, aber genau darin liegen auch ihr Charme und ihre Möglichkeit.

Stellt klare Fragen, zu denen man sich positionieren kann.

Es geschieht recht häufig, dass angefangen wird, über die Fragen zu diskutieren. Das kann schnell ermüdend werden, daher sollte dem nicht lange Raum gegeben werden, sondern eher gesagt werden: »Positioniert euch so dazu, wie ihr es verstanden habt!« Jemand, dem eine bestimmte Klarstellung der Frage wichtig ist, kann danach die Frage so umformulieren, dass sie das beinhaltet, was dieser Person wichtig ist.

Häufig ist es sinnvoll, nicht nur das Bild der Positionierungen zu betrachten, sondern nachzufragen, warum Menschen an ihrer Position stehen. Hier sollten immer die Extrempositionen angesprochen werden, damit sie ihre Position erläutern können, aber auch Menschen aus dem Feld, in dem der Großteil der Gruppe steht. In der Regel tragen die Antworten bereits Hinweise auf die nächste Frage mit sich. Wenn die Antworten Hinweise auf integrierbare Bedenken geben, kann man nachfragen: Wo stündest du, wenn die Frage ... (Bedenken integriert) lauten würde?

Ein wichtiger integrativer Beitrag kann es sein, jemanden, dessen Position sich deutlich von der Gruppenmehrheit unterscheidet, zu bitten, die nächste Frage zu formulieren.

Die Aussagen, die bei den soziometrischen Aufstellungen die meiste Zustimmung erhalten haben, können dann die Basis von Beschlussvorschlägen werden.

Herkunft

Entwickelt aus der Soziometrie nach Moreno.

4.3.2.2

Systemisches Konsensieren (plus Varianten)

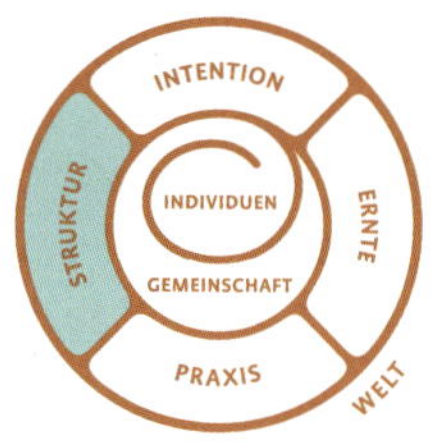

*

*

beliebig

3 bis 100

Es braucht eine Gesprächsleitung, die schnell viele Zahlen zwischen 0 und 10 zusammenzählen kann.

Sichtbar machen, wie viel Widerstand (und wie viel Glücksgefühle) ein Beschlussvorschlag auslöst. Wird in manchen Gruppen auch als einzige Beschlussmethode genutzt.

Kurzbeschreibung

Zu verschiedenen Lösungsvorschlägen werden die Widerstandspunkte abgefragt und addiert. Es gibt auch Varianten dieses Werkzeugs mit Glückspunkten.

Detaillierte Anleitung

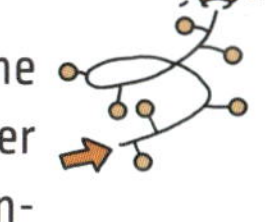

Diese Methode eignet sich immer dann, wenn es verschiedene Lösungsvorschläge gibt. Nur für Ja-nein-Abfragen ist sie seltener geeignet. Sie entfaltet ihr Potenzial, wenn eine Gruppe im Vorhinein verschiedene Varianten entwickelt hat und nun vor der Frage steht, welche davon umgesetzt werden soll.

Hierzu werden zunächst die verschiedenen Lösungsvorschläge vorgestellt und erklärt, sodass alle auf dem gleichen Informationsstand sind und auf diesem ihre Entscheidung treffen können.

Zu jeder Variante wird dann die Frage gestellt:

»Wie viel Widerstand hast du gegen die Umsetzung dieses Vorschlags?«

Auf jede dieser Fragen antworten alle damit, dass sie mit ihren Fingern ihre »Widerstandspunkte« zwischen »0 = kein Widerstand« und »10 = maximaler Widerstand« zum Ausdruck bringen.

Wenn es zwei Lösungen mit ähnlich guten Ergebnissen gibt, dann lohnt sich ein Blick auf die Menschen, die hier noch hohen Widerstand haben: Gibt es eine Möglichkeit, sie noch mit ins Boot zu nehmen? Eine Lösung, die weniger Widerstand hervorruft? Dann sollte der Vorschlag noch mal verändert werden.

Ich nutze diese Methode gern zur Entscheidungsvorbereitung und Entwicklung des Beschlussvorschlages, der die meiste Kraft hat, nicht zur ganz endgültigen Entscheidungsfindung. Es gibt auch Gruppen, die das Systemische Konsensieren als einzige Entscheidungsfindungsmethode verwenden und stets den Beschlussvorschlag mit den wenigsten Widerstandspunkten gleich als beschlossen annehmen. Auch das ist eine sinnvolle Entscheidungsfindungsmethode.

Variante 1: Mit Glückspunkten

Man kann auch zusätzlich oder anstelle der Widerstandspunkte die »Glückspunkte« abfragen:

»Wie glücklich wärst du mit der vorgeschlagenen Lösung?«

10 Punkte = sehr glücklich, 0 Punkte = sehr unglücklich

Bevorzugt bzw. beschlossen ist dann die Variante mit den meisten Glückspunkten. Entgegen der Annahme vieler sind Glücks- und Widerstandspunkte nicht komplementär, es kommt manchmal zu unterschiedlichen Beschlüssen, je nachdem, welche Variante eingesetzt wird.

Die Arbeit mit Widerstandspunkten kommt stark aus der Betonung der Konsensorientierung: Wir wollen nichts umsetzen, wogegen es starken Widerstand gibt!

Die Arbeit mit Glückspunkten ist motiviert von dem Gedanken: Wir wollen das umsetzen, wofür die meisten Menschen brennen, was die meisten Menschen glücklich macht!

Variante 2: Mit Glücks- und Widerstandspunkten

In dieser Variante werden zwei Fragen gestellt:

»1. Wie glücklich wärst du, wenn diese Variante umgesetzt wird?

2. Wie viel Widerstand hast du gegen die Umsetzung dieser Variante?«

Die Glücks- und Widerstandspunkte werden jeweils auf der Skala von 1 bis 10 ausgedrückt. »10 Finger« ist jeweils ein Ausdruck für sehr starke Bewegung, »0 Finger« bedeutet: kein Widerstand – bzw. keine Freude darüber. Die Punkte werden entsprechend addiert und die Summe aller Widerstands- bzw. Glückspunkte wird notiert.

Meistens kristallisiert sich mit dem Bild der Glücks- und Widerstandspunkte automatisch ohne weiteres Rechnen die bevorzugte Lösung heraus. Manchmal hilft ein nächster Rechenschritt: Die Summe der Glückspunkte minus die Summe der Widerstandspunkte sollte möglichst hoch sein.

Manchmal ist es sinnvoll, beides abzufragen, denn ich habe Situationen erlebt, in denen es Vorschläge gibt, die zwar wenig Widerstand hervorrufen, aber auch fast niemanden wirklich glücklich machen. Das sind dann häufig Lösungen, die nachher nicht tragen, weil es keine wirkliche Energie dafür gibt.

Weil mir sowohl der Blick auf die Widerstände wichtig ist als auch ich die Erfahrung gemacht habe, dass nur Lösungen tragfähig sind, für die Menschen begeistert sind und die sie glücklich machen, präferiere ich für manche Anliegen die Variante mit zwei Abfragen. Allerdings erhöht es den Aufwand deutlich und sorgt so auch für mehr Unruhe und Ungeduld.

Herkunft

Systemisches Konsensieren, entwickelt von Erich Visotschnig und Siegfried Schrotta. Abwandlungen mündlich überliefert.

4.3.3 Zum Beschluss kommen

Erstaunlich viele Initiativen können gar nicht genau sagen, nach welchem System sie eigentlich beschließen. »Wir reden einfach so lange, bis wir uns einig sind«, ist häufig die Antwort. »Meistens im Konsens, oder sonst stimmen wir ab«, ist auch eine häufige Antwort.

Das funktioniert gut, wenn eine Gruppe gut funktioniert – aber in Krisenzeiten kann es lähmend sein, wenn man nach längerer Diskussion nicht klar sagen kann, ob ein Beschlussvorschlag nun angenommen wurde oder nicht. Und für diese Fälle ist es sehr wichtig, dass eine Gruppe in guten Zeiten für sich festlegt, wann sie einen Beschluss als angenommen ansieht. Hierfür gibt es neben dem klassischen Mehrheitsentscheid eine Vielzahl von Ansätzen, von denen ich sieben »konsensorientierte« Werkzeuge hier vorstellen möchte.

4.3.3.1 Klassischer Konsens

Der klassische Konsens geht davon aus, dass Beschlüsse nur getroffen werden können, wenn niemand aus der Gruppe ein Veto hat.

Manche interpretieren einen Konsens so, dass Beschlüsse nur getroffen werden können, wenn niemand ein »Nein« hat. Wenn man das wirklich ernst nimmt, könnte man in keiner diversen Gruppe je einen Beschluss im Konsens fassen, denn natürlich gibt es so gut wie immer Meinungsunterschiede, und das ist auch gut so. Dass Menschen einer Gruppe zu einem Thema verschiedener Meinung sind, ist idealerweise für die Gruppe keine lähmende Erfahrung, sondern wirkt befruchtend und ist ein Qualitätsmerkmal für Diversität innerhalb der Gruppe.

Es kann auch kein Ziel sein, so lange zu reden, bis alle »einer Meinung sind«. Klassische Konsensprozesse suchen in der Regel so lange eine Lösung, bis alle »damit leben können«.

Das ist häufig möglich. Ein Veto ist mehr als »Es gefällt mir nicht«. Ein Veto heißt »Ich kann mit dieser Variante nicht leben. Ich würde die Gruppe verlassen müssen, wenn dies umgesetzt wird«.

Ein Veto ist ein extrem starkes Instrument, mit dem ein Einzelner eine Gruppe blockieren kann. Daher ist es auch immer mit besonderer Verantwortungsübernahme verbunden. **Zur Kultur eines Konsensprozesses gehört die Verantwortungsübernahme für ein Veto.** Wer ein Veto gegen einen bestimmten Beschluss hat, hat die Pflicht, sich mit denjenigen, die diesen Beschluss wünschen, zusammenzusetzen und nach Lösungen zu suchen, die beide Parteien zufriedenstellen können. Wenn jedoch keine gute Lösung gefunden wird, kann nichts verändert werden, wenn nur im Konsens Veränderungen möglich sind. Daher tendieren Konsensprozesse dazu, im Zweifelsfall sehr konservativ zu sein.

Konsens wird oft mit dem Argument eingeführt, dass vermieden werden soll, dass eine Mehrheit eine Minderheit übergeht und unterdrückt.

Ein gut gemeinter Konsens, der keinen unterdrücken möchte, kann sich allerdings auch zu einem Prozess auswachsen, in dem eine kleine Minderheit eine Mehrheit übergeht und unterdrückt, speziell, wenn die Gründe für das Veto eher auf der Beziehungs- als auf der Sachebene liegen oder Menschen ganz persönliche Verletzungen durch Vetos kompensieren.

Auch durch das Nichtfassen von Beschlüssen werden Realitäten geschaffen. Daher ist auch für Gruppen, die anstreben, stets im Konsens zu entscheiden, wichtig festzulegen, was geschieht, wenn nach längerem Ringen kein Konsens erreicht werden kann, aber für einige eine Entscheidung notwendig erscheint. Ich empfehle, für solche Fälle eine andere Entscheidungsfindung vorzusehen. Verschiedene Varianten davon stelle ich in den nächsten Unterkapiteln vor.

4.3.3.2 Konsens minus x

Eine Möglichkeit, dem vorzubeugen, dass Einzelne oder wenige eine für viele wichtige Beschlussfassung blockieren, ist es, den Konsens durch Konsens minus x zu ersetzen. Mir bekannt sind »Konsens minus 1«, »Konsens minus 3« und »Konsens minus 10 Prozent«.

Ein Veto behält in diesem Fall nur seine Gültigkeit, wenn sich nach Ablauf einer entsprechenden Frist (zum Beispiel einer Woche) mindestens x Personen (also im Falle »Konsens minus 1« eine weitere, im Falle »Konsens minus 3« drei weitere, im Falle »Konsens minus 10 Prozent« mehr als 10 Prozent der Stimmberechtigten) auf die Seite des Vetoträgers bzw. der Vetoträger:in gestellt haben. Wenn dies nicht der Fall ist, kann das

Veto übergangen werden. Dies beugt der Gefahr vor, dass Einzelne aus Gründen, die lediglich in ihrer persönlichen Geschichte liegen und nicht unterstützend für die Gemeinschaft sind, die Gruppe blockieren.

4.3.3.3 Sechsstufiger Konsens

Aus der Szene der »Gewaltfreien Aktion« ist der sechsstufige Konsens bekannt. Hier wird unterschieden zwischen

1. Vorschlag entspricht meiner Meinung – ich stimme zu.
2. Ich habe leichte Bedenken, stimme aber dennoch zu.
3. Ich überlasse die Entscheidung anderen und trage sie mit.
4. Ich habe schwere Bedenken und wünsche, dass ihr darauf eingeht und die Entscheidung verändert. Wenn ihr es entscheidet, trage ich dennoch mit.
5. Ich kann dem Vorschlag weder zustimmen noch ihn mittragen. Ich trete beiseite, weil ich euch nicht blockieren möchte.
6. Der Vorschlag widerspricht meinen grundsätzlichen Vorstellungen. Ich kann nicht zulassen, dass die Gemeinschaft diese Entscheidung trifft, und blockiere den Vorschlag.

In der Entscheidungsfindung gilt nur 6. als Veto. Einwände in den Stufen 2 bis 5 blockieren nicht grundsätzlich, aber viele Stimmen in diese Richtung zeigen, dass der Beschlussvorschlag noch nicht tragfähig ist.

Wenn man diese Stufen in klassische Abstimmungen übersetzt, dann wären die Punkte 1 und 2 ein »Ja«, Punkt 3 eine »Enthaltung«, Punkt 4 und 5 ein »Nein« und Punkt 6 ein Veto. Das Bild zeichnet sich mit dem sechsstufigen Konsens aber deutlich differenzierter. Und natürlich wird im sechsstufigen Konsens kein Beschlussvorschlag beschlossen, bei dem eine Mehrheit der Menschen bei Stufe 4 und 5 steht.

4.3.3.4 Qualifizierte Mehrheit

Eine weitere Möglichkeit ist es, Beschlüsse nur mit qualifizierten Mehrheiten (eine Mehrheit von deutlich über 50 Prozent der Stimmen, beispielsweise 2/3, 3/4 oder 4/5 der Stimmen) anzunehmen. Dies sorgt dafür, dass nur Beschlüsse umgesetzt werden, die von vielen getragen werden.

4.3.3.5 *Nur zeitweise blockierendes Veto*

In manchen Projekten hat sich die Regelung durchgesetzt, dass ein Veto einen Beschluss, der von dem Großteil der Gemeinschaft gewünscht wird, nicht dauerhaft, sondern lediglich zeitweise blockiert.

Das Veto ist in diesem Fall eine Art »Notbremse«, die sagt: »Nein, so nicht, da müssen wir noch mal draufschauen!« In einer angemessenen Zeit (zum Beispiel bis zur nächsten Sitzung oder in einem Monat) sind Vetoträger:in und Beschlusseinbringende verpflichtet, sich zusammenzusetzen und nach einer Lösung zu suchen, die mehr Aspekte integriert.

Wenn diese Lösung gefunden wird, wird diese neu vorgestellt. Wenn nicht, kann nach dieser Zeit über den alten Beschlussvorschlag nochmals abgestimmt und das Veto übergangen werden. Wenn in diesem Fall aber zum Beispiel einige weitere Menschen aus Solidarität mit dem Vetoträger dann auch gegen den Beschlussvorschlag sprechen, wird es trotzdem nicht beschlossen. Wenn eine deutliche Mehrheit nach diesem Prozess durch ihre Stimme entscheidet, das Veto übergehen zu wollen, kann die Gruppe den Beschluss umsetzen.

4.3.3.6 *Systemisches Konsensieren*

Das Systemische Konsensieren, das bereits in Kapitel 4.3.2.2 als entscheidungsvorbereitende Methode vorgestellt wurde, kann auch als alleinige Entscheidungsmethode verwendet werden. Dann wird stets diejenige Variante als Beschluss angenommen, die die wenigsten Widerstandspunkte hat oder in den Varianten entsprechend der Beschluss, der die meisten Glückspunkte hat, oder bei dem die Differenz von Glücks- minus Widerstandspunkten möglichst hoch ist.

4.3.3.7 *Konsent*

Der Unterschied zwischen Konsent und Konsens ist zunächst nur ein Buchstabe. Auch in der Definition hört es sich zunächst sehr ähnlich an:

- Ein Konsens ist es, wenn es kein Veto gegen einen Vorschlag gibt.
- Ein Konsent ist es, wenn kein schwerwiegender Einwand gegen den Vorschlag spricht. Hier geht es immer um das sachliche Argument, das

deutlich macht, dass auf dem mit dem Beschluss gewählten Weg das gemeinsame Ziel nicht erreicht werden kann – nur ein derartiger Einwand ist schwerwiegend und kann einen Beschluss blockieren.

Der Unterschied zum Konsens ist erstaunlich groß, weil der Konsent mit einer anderen Entscheidungskultur einhergeht als der Konsens. **Das Wichtigste dabei: Während ein Konsens nur im Konsens wieder verändert werden kann, kann ein Konsent jederzeit geändert werden**, wenn ein Argument oder eine Erfahrung aufkommt, die darauf hinweist, dass der Beschluss nicht (mehr) sinnvoll ist. Damit etabliert sich eine komplett andere Kultur.

Der Konsent ist das wesentlichste Werkzeug der Soziokratie. Um ihn zu verstehen, muss man tiefer ausholen und die Soziokratie verstehen. Im nächsten Unterkapitel führe ich in die Soziokratie ein und werde an dieser Stelle auch den Konsent ausführlicher erläutern.

4.3.3.8 Das Los entscheiden lassen

Ja, richtig gelesen: **Manchmal empfehle ich als Weg zur Beschlussfassung, das Los entscheiden zu lassen.** Natürlich nicht als ersten Schritt. Aber nach einem gründlichen Abwägen von verschiedenen Varianten, allen Argumenten und Bedürfnissen gibt es manchmal zwei gleich gute Lösungen. Bei einem Sachthema kann man dann meistens entspannt eine Lösung davon nehmen, nach dem soziokratischen Grundsatz »Gut genug für jetzt und sicher genug, um es auszuprobieren« (Kapitel 4.4.2). Anders ist die Lage, wenn es sich um **Entscheidungen handelt, mit denen starke persönliche und menschliche Schicksale und damit auch Emotionen verknüpft sind.**

Folgende Situation kenne ich aus mehreren Wohnprojekten: Bei Entscheidungen um Wohnraumvergabe gibt es einfach nur eine passende Familienwohnung und mehrere Familien, die sie gerne hätten. Langes Ringen, Versuche, den Kuchen zu vergrößern, und ähnliche Prozesse haben auch keine neue Idee gebracht, wie eine echte Win-win-Situation entstehen kann. Es bleibt bei nur einer geeigneten Wohnung und zwei gleich geeigneten/bedürftigen Interessierten. Wenn hier dann im schlimmsten

Fall auch noch die Interessierten für die Wohnung Teil der Gruppe sind, die im Konsens entscheiden soll, dann sind Dramen oder Fehlentscheidungen vorprogrammiert. In den meisten Fällen wird dann bei einer Konsensentscheidung die Partei die Wohnung bekommen, die ihre eigenen Bedürfnisse über die der anderen stellt, und die Partei, die die gemeinschaftsförderliche Haltung hat, ihre eigenen Bedürfnisse nicht wichtiger zu nehmen als die des Gegenübers, wird leer ausgehen.

In so einem Fall kann es viel Spannung lösen, wenn die Gruppe, die die Entscheidung zu fällen hat, irgendwann zu dem Schluss kommt: **Es gibt gute Argumente für beide Lösungen – und wir wollen nicht diejenigen sein, die dann die endgültige Entscheidung treffen**, denn die Entscheidung wird auf jeden Fall für eine Partei sehr schmerzhaft sein. Dann kann auch eine höhere Macht, der Zufall oder »das Universum«, gebeten werden, die Entscheidung zu fällen. Ob dies mit einem einfachen Münzwurf ist oder mehr Intuition integriert wird, indem zum Beispiel beide Namen, zwischen denen entschieden wird, so oft auf Zettel geschrieben werden, wie Menschen im Entscheidungsgremium sind, und dann blind gezogen wird oder die, um die es geht, selbst Zettel ziehen – hier darf die eigene Vorstellung und Fantasie entscheiden, wie eine Entscheidung jenseits unserer menschlichen Urteilskraft getroffen werden soll. Wenn ein Entscheidungsgremium nach langer Diskussion in dem Modus, in dem es zu einer Entscheidung kommt, für sich entscheidet: »Wir lassen jetzt das Los entscheiden!«, ist das manchmal eine sehr sinnvolle, salomonische Lösung. Denn damit wird bei denjenigen, die ihren Wunsch nicht erfüllt bekommen, nicht das Bild vermittelt: »Wir waren nicht gut genug!«, sondern es war ein simples: »Es gab nicht genügend Ressourcen für alle, und wir haben halt Pech gehabt.« Das bietet deutlich weniger Spannungspotenzial.

Funfact am Rande: In meiner Gemeinschaft hat sich in einer kleinen Untergruppe eingebürgert, mit dem »Zufallsentscheid« durch ein kurzes Schnick-Schnack-Schnuck-Spiel (manchen auch als »Stein, Schere, Papier« bekannt, ein kurzes Knobelspiel) festzulegen, wer am Tisch das Geschirr für alle spült. So können manchmal kleine Sachentscheidungen spielerisch, schnell und effektiv gefällt werden.

Ein Jugendarbeiter, der dies beobachtete, teilte folgende Erfahrung mit mir: »Du kannst Jugendliche mit Schnick-Schnack-Schnuck zu fast allem bringen, wo es sonst vielleicht Autoritätsprobleme gäbe – aber auf die spielerische Ebene lassen sie sich ein und folgen dann auch der Entscheidung des Spiels. Wer räumt auf? Lasst uns einfach Schnick-Schnack-Schnuck machen! Und schon gibt es jemanden, der/die ohne Diskussion aufräumt!«

4.4 Weiterführender Ansatz: Soziokratie

4.4.1 Hintergrund

Geschichte

Die Soziokratie wurde von Gerard Endenburg entwickelt, einem Niederländer, der als Kybernetiker das Organisations- und Entscheidungsmodell der Firma, die er von seinen Eltern übernommen hatte, überarbeitet hat. Er wurde dabei maßgeblich von seiner Erziehung in einer Quäkerschule inspiriert, in der es sehr viel Selbstbestimmung gab. Dies, kombiniert mit seinem eigenen systemtheoretischen Hintergrund, führte zur Entwicklung der Soziokratie in den 70er-Jahren des 20. Jahrhunderts.

Seit 2000 wurde die Soziokratie in der internationalen Öffentlichkeit bekannter, und es sind verschiedene Seitenzweige entstanden, wie die Holokratie, die Soziokratie 3.0 und der Ansatz »Sociocracy For All« (SoFA).

Werte und Prinzipien

Die Soziokratie ist geprägt von den Werten Effizienz, Transparenz und Gleichwertigkeit aller Beteiligten. In allen »Schulen« der Soziokratie gelten folgende Grundprinzipien:

- Entscheidungen werden im Konsent gefällt.
- Die Organisation erfolgt in Kreisen mit klar definierten Aufgabenbereichen.
- Die Kreise sind durch doppelte Kopplung (double-links) miteinander verbunden.

- Die Wahlen sind offen und soziokratisch.
- Dynamische Steuerung: Alle Prozesse und Beschlüsse integrieren Feedback und Anpassung an die Erfahrungen.

4.4.2 Einführung in die Soziokratie

4.4.2.1 *Konsent*

Entscheidungen werden in der Soziokratie in den Kreisen, die für diesen Bereich verantwortlich sind, stets im Konsent gefällt. Ein Konsent bedeutet, dass es keinen schwerwiegenden, sachlich begründeten Einwand gegen einen Vorschlag gibt.

Was ist der Unterschied zum »Konsens«? Zunächst mal klingt es sehr ähnlich. Aber ein entscheidender Unterschied ist, dass man einen Konsent nur dann infrage stellen darf, wenn deutlich gemacht werden kann, dass die Umsetzung des Vorschlags die Zielerreichung des von der Organisation definierten Zieles gefährdet. Der Gedanke, dass es einen besseren Vorschlag gäbe, eine andere Variante schöner wäre oder Ähnliches, ist kein Grund, einen Konsent zu verweigern.

Dafür braucht es wirklich schwerwiegende Gründe, nicht einfach eine persönliche andere Gewichtung, sondern das Argument der Gefährdung des Projektes und der Projektziele. Soziokratische Entscheidungsfindung setzt damit auch eine klare Definition der Projektziele voraus. Ohne eine Einigkeit über die Ziele kann man nicht entscheiden, ob ein Einwand schwerwiegend ist oder nicht.

Ein entscheidender Unterschied zur Konsensentscheidung ist auch: Da aufgrund des Prinzips der »Dynamischen Steuerung« die Entscheidungen nicht in Stein gemeißelt sind, sondern jederzeit wieder angepasst werden können, kann man mit einem mittelprächtigen Vorschlag anfangen und den durch Feedback und Anpassung nach und nach verbessern. Daher ist es weniger wichtig als in einer Konsenskultur, den »perfekten Beschlussvorschlag« zu entwickeln. In einer Konsentkultur kann begonnen werden, wenn die Lösung »gut genug für jetzt und sicher genug ist, um sie auszuprobieren«.

Das Besondere an der Soziokratie ist die Kultur der Entscheidungsfindung. In der Soziokratie wird betont, dass jeder Einwand, jedes Bedenken ein Geschenk an die Gruppe ist. Sie machen auf Dinge aufmerksam, die bisher noch nicht bedacht wurden.

Bedenken werden dann möglichst in die Beschlussvorschläge integriert. Manchmal geschieht dies durch eine Änderung des Beschlusses, manchmal auch durch die Festlegung eines Zeitpunkts, wann kontrolliert wird, ob zum Beispiel eine Befürchtung eingetroffen ist.

Dieses Prinzip der »Dynamischen Steuerung« ist der Kybernetik, der Wissenschaft selbstregulierender Systeme, entnommen und schafft eine neue, prozessorientierte (»agile«) Kultur des Umgangs mit Entscheidungsfindung.

Gegen einen einmal gefällten Konsensbeschluss kann im Allgemeinen keiner mehr ein Veto haben, sondern ihn nur im Konsens wieder verändern. Das macht Konsenskulturen extrem konservativ. In der Soziokratie hingegen kann mit einem schlüssigen Argument, das darauf hinweist, dass die Ziele nicht eingehalten werden können, ein Konsent auch jederzeit nach der Beschlussfassung entzogen werden. Es wird sogar explizit dazu eingeladen, die Beschlüsse immer wieder zu überdenken und anzupassen.

Viele Menschen, die in einer Konsenskultur sozialisiert sind, äußern an diesem Punkt die Sorge, dass damit der Beliebigkeit Tür und Tor geöffnet wird. Im Gegensatz dazu zeigt sich, dass der Konsent grundsätzliche und sehr positive Auswirkungen auf die Entscheidungskultur der Gruppe hat.

Während die Konsenskultur oft dazu einlädt, lange um den perfekten Beschluss zu ringen, geht die Soziokratie mit der Konsentkultur davon aus, dass ein Beschluss ausreicht, der ungefähr in die richtige Richtung geht, denn es gehört zum System dazu, mit den Erfahrungen, die auf dem Wege gesammelt werden, nachzukorrigieren. Daher muss nicht lange diskutiert werden, welche von zwei brauchbaren Varianten gewählt wird, sondern man einigt sich darauf, mit einer zu beginnen und sie mit den Erfahrungen anzupassen. Dies unterscheidet die konsentorientierte Herangehensweise sehr stark vom Konsensprozess.

4.4.2.2 *Organisation in Kreisen mit klar definierten Aufgabenbereichen*

Ein weiterer sehr entscheidender Unterschied zwischen Konsenskultur und Soziokratie ist der Stellenwert der »Vollversammlung« – das Herzstück jeder Konsenskultur. Eine soziokratisch aufgebaute Organisation ist in Kreisen aufgestellt. Alle Entscheidungen werden jeweils von den Kreisen getroffen, die für sie zuständig sind. Eine Vollversammlung ist ursprünglich in der Soziokratie für größere Gruppen nicht vorgesehen, denn die Soziokratie wurde für Unternehmen entwickelt, in denen Vollversammlungen keine entscheidende Rolle spielten. Wer an welchem Platz steht und was die Ziele der Organisation sind, ist in Organisationen normalerweise bereits bestimmt.

Der große Vorteil des Entscheidens in kleinen Kreisen: Die Kreise haben eine Größenordnung, in der es noch wirklich möglich ist, alle zu hören, sich die Zeit zu nehmen, auf alle Beiträge einzugehen und gemeinsam zu einer Konsententscheidung zu kommen. In der Regel sind das zwischen drei und 13 Personen.

Jeder Kreis hat eine klar definierte Domäne, einen Aufgabenbereich, innerhalb dessen Entscheidungen gefällt werden dürfen. Ein wichtiges Prinzip für die Definition dieser Domäne ist: **So viel Entscheidungsmacht wie möglich wird in die unteren, spezifischeren Kreise gegeben.** Die oberen, allgemeineren Kreise entscheiden nur die Dinge, die wirklich auf dieser Ebene entschieden werden müssen. Damit haben alle Kreise für ihre Bereiche wirkliche Entscheidungsfreiheit und sind nicht nur Ausführende für die Entscheidungen, die in den »oberen« Kreisen getroffen wurden, wie es in einer klassischen Organisationspyramide der Fall ist.

Die Kreise entscheiden alles, was in ihre Domäne fällt. Jedoch können auch Menschen aus anderen Kreisen ihre Einwände vorbringen, wenn sie den Eindruck haben, dass die Kreise mit den Entscheidungen, die sie treffen, die ihnen gesetzten Ziele nicht erreichen können. Damit wird die kollektive Intelligenz eingeladen. Die Entscheidung, wie wichtig diese Einwände genommen werden, liegt aber bei dem Kreis, der auch die Erfahrung mit dem Thema hat, und nicht bei der ganzen Organisation. Wenn ein Kreis zu keinem Konsent kommt und eine Entscheidung notwendig scheint, kann das Thema an den nächsthöheren, allgemeineren Kreis delegiert werden.

Die Vernetzung der verschiedenen Kreise geschieht durch die »Doppelte Kopplung«

4.4.2.3 Doppelte Kopplung der Kreise

Die Kreise sind verbunden durch sogenannte Doppelverbindungen.

Die Kreise wählen jeweils eine delegierte Person, die sie in den »übergeordneten« oder »allgemeineren« Kreis entsenden. Die Aufgabe dieser Person ist es, die Interessen des Kreises in den übergeordneten Kreis zu bringen.

Ebenso entsendet die jeweils übergeordnete Ebene eine Person in jeden untergeordneten Kreis. Die Aufgabe dieser Person ist es, die Interessen des übergeordneten Kreises und damit der Gesamtorganisation in diesem Kreis zu vertreten.

Diese Doppelverbindungen sorgen dafür, dass wirklich in beide Richtungen die Interessen gut vertreten werden. Wenn dies, wie im klassischen Organisationsmodell, nur durch eine Person geschieht, wird oft eine Richtung vernachlässigt, und es gibt eine Rollenkonfusion.

Der Kreis, in dem alle Informationen zusammenlaufen, wird meist Koordinationskreis, Lenkungskreis oder Leitungskreis genannt.

Der Koordinationskreis ist das zentrale Steuerungsgremium des Projektes. Durch die Delegierten der Kreise sind Mitglieder jeder Gruppe auch im Koordinationskreis vertreten. In kleineren Projekten besteht der Koordinationskreis häufig einfach aus allen Projektmitgliedern. Wenn die

Projekte jedoch größer als etwa zwölf Menschen werden, ist es sinnvoll, den Koordinationskreis gesondert zu besetzen.

Hier offenbart sich eine der Schwierigkeiten, wenn die Soziokratie, die aus der klassischen Unternehmenswelt kommt, in die Welt von selbstorganisierten Initiativen übertragen wird. In einem Unternehmen sind die Leitungspositionen und die Ziele in der Regel klar definiert. In einer selbstorganisierten Initiative ist das nicht der Fall.

In basisdemokratisch organisierten Projekten hat es sich bewährt, die Hälfte der Mitglieder des Koordinationskreises von der Vollversammlung/Mitgliederversammlung zu wählen. Die andere Hälfte, die Delegierten der einzelnen Kreise, wird von den Kreisen gewählt. In den mir bekannten soziokratisch organisierten Vereinen gibt es dann meist einen »Vorstand«, der von der Mitgliederversammlung gewählt wurde, und einen »Lenkungskreis«, der den Vorstand plus die Delegierten der Kreise enthält.

4.4.2.4 *Offene, soziokratische Wahlen*

Die soziokratischen Wahlen sind ein weiteres Grundprinzip, das soziokratisch aufgestellte Organisationen definiert.

Für die Wahlen gibt es in der Soziokratie ein Prozedere, das deutlich stärker auf die Macht des Arguments setzt, als dies bei klassischen Wahlen der Fall ist. Die Herangehensweise der soziokratischen Wahlen ist auch in Gruppen einsetzbar, die sonst nicht soziokratisch entscheiden. Daher stelle ich die soziokratischen Wahlen im nächsten Kapitel als ein Werkzeug der Soziokratie vor.

4.4.2.5 *Dynamische Steuerung*

Die dynamische Steuerung wurde bereits bei der Einführung des Konsents erklärt, weil sie eine wesentliche Grundlage des Konsents ist. Sie ist aber eine so wesentliche Grundlage der Soziokratie, dass ich sie hier nochmals detaillierter erläutern möchte.

Zur Dynamischen Steuerung gehört es, dass Feedback und Anpassungsmechanismen in alle Prozesse und Beschlüsse mit eingebaut werden. Die Soziokratie wurde von einem Kybernetiker entwickelt, der in seinem Arbeitsalltag ständig mit Regelkreisen zu tun hat.

Genauso sind auch soziokratische Beschlüsse gestrickt. Es wird geprüft, ob der Weg, der eingeschlagen wurde, in Richtung Ziel führt, und wenn das nicht der Fall ist, wird nachkorrigiert.

Alle Beschlüsse in der Soziokratie werden für eine bestimmte Zeit getroffen. Es werden die Motivation und das Ziel des Beschlusses festgehalten. Es wird auch ein Zeitpunkt festgelegt, zu dem evaluiert wird, ob das erreicht wird, was damit beabsichtigt war.

In der Evaluation wird dann kontrolliert, ob das gewünschte Ergebnis auch erreicht wurde. Wenn das Ergebnis nicht erreicht wurde, muss nachgesteuert werden. Oft hilft diese Evaluation auch bei der Integration von Einwänden. Wenn es die Sorge gibt, dass ein Beschluss negative Auswirkungen hat, die messbar sind, wird festgelegt, den Beschluss eine kurze Zeit auszuprobieren und die Konsequenzen zu ermitteln. So lässt sich direkt feststellen, ob die Bedenken berechtigt waren oder nicht, es braucht keine lange Diskussion mit unterschiedlichen Einschätzungen über die Validität der Bedenken.

Die dynamische Steuerung legt damit die Basis für eine Kultur der Offenheit für Feedback und Anpassung. In der klassischen Konsenskultur sind Beschlüsse, die im Konsens gefällt wurde, »heilig« und können nur im Konsens wieder geändert werden. Die revolutionäre Veränderung durch die Soziokratie ist es, dass jeder Beschluss durch einen schwerwiegenden Einwand wieder angepasst und verändert werden kann – wenn sich zeigt, dass der eingeschlagene Weg nicht dem angestrebten Ziel dient.

Es wird bewusst mit dem Unperfekten gelebt und gleichzeitig ständig danach gestrebt, die gefundenen Lösungen zu verbessern. Diese Flexibilität und Offenheit ist ein ganz wesentliches Merkmal soziokratischer Strukturen. »Good enough for now and safe enough to try« – »Gut genug für jetzt und sicher genug, um es auszuprobieren« ist das wesentliche Kriterium in der Soziokratie, um Beschlüsse zu fassen.

Auch zu den Rollen, die einzelne Menschen übernehmen, gehört in der Soziokratie stets ein Feedback. In der Regel erfolgt in der Mitte der »Amtszeit« ein Entwicklungsgespräch dazu, wie die Menschen diese Rolle ausgefüllt haben (bei Rolleninhaber:in, zu denen es Bedenken gab, findet das Gespräch früher statt). Für den Ablauf dieser Gespräche gibt es in der Soziokratie einen sehr sinnvollen Ablauf, der auch von nicht soziokratischen Gruppen genutzt werden kann. Dieses Format stelle ich in Kapitel 4.4.3.4 vor.

4.4.3 Wesentliche Werkzeuge der Soziokratie

Im Folgenden stelle ich Werkzeuge aus der Soziokratie vor, die auch von Initiativen genutzt werden können, die nicht ihr ganzes Organisationsmodell auf Soziokratie umgestellt haben. Ich finde sie für fast alle Gruppen sehr geeignet – und gleichzeitig geben sie damit einen Einblick in die ausgefeilte Methodensammlung der Soziokratie.

Es gibt inzwischen verschiedene »Schulen« der Soziokratie: Soziokratie 1.0, 2.0, 3.0 und »Sociocracy For All« (SoFA). Sie nutzen etwas unterschiedliches Wording und etwas unterschiedliche Werkzeuge, die Grundzüge sind jedoch sehr ähnlich.

Die meisten dieser Werkzeuge werden in verschiedenen Schulen und verschiedenen Anwendungsbereichen der Soziokratie in unterschiedlichen Variationen verwendet. So habe ich mir die Freiheit genommen, sie so zu präsentieren, wie ich sie in den Kontexten, in denen ich arbeite, am angemessensten fand. Gerade weil es unterschiedliche Lehrbücher gibt, entsprechen die hier vorgestellten Werkzeuge manchmal keinem Lehrbuch 100%ig, sondern sind meine persönliche Interpretation des Ansatzes.

Diese Werkzeuge kann man auch gut anwenden, wenn man nicht das gesamte System soziokratisch aufgestellt hat. Dafür passe ich auch manche Schritte etwas an. Ich bitte alle Soziokratietrainer:innen und -purist:innen, mir dies zu verzeihen. Allen, die diese Ansätze interessant finden, empfehle ich, sich tiefer mit der Soziokratie zu beschäftigen und von erfahreneren Soziokratieanwender:innen und -trainer:innen selbst noch mehr zu lernen!

Mehr Informationen und Fortbildungsmöglichkeiten zur Soziokratie:
https://soziokratiezentrum.de/
https://www.soziokratie.org
https://www.sociocracyforall.org/de/sofa/

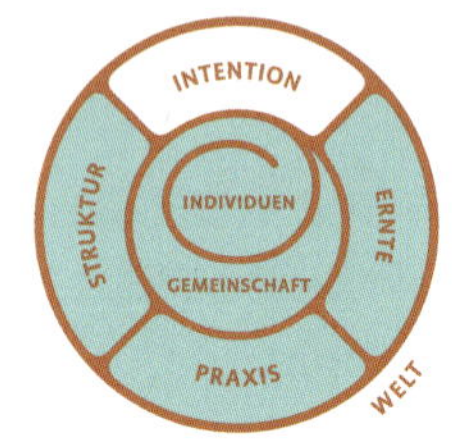

4.4.3.1 Ablauf eines soziokratischen Treffens

Facilitator

*

Offenheit der Gruppe

**

Anzahl Personen
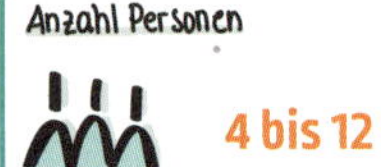
4 bis 12

Dauer

1 Stunde bis 2 Tage

Materialien/Raum

Ein Redeobjekt ist von Vorteil.

Was bringts?

Ein sinnvolles, auf Gemeinschaftsförderung und kollektives Lernen bedachtes Format für den Ablauf von Treffen.

Kurzbeschreibung

Kernelemente eines soziokratischen Treffens sind:

- ▹ Check-in.
- ▹ Klären des Rahmens: Zeitdauer, Tagesordnungspunkte, Rollen für die Sitzung.
- ▹ Die einzelnen Tagesordnungspunkte werden mithilfe der Soziokratischen Kreismoderation bearbeitet.
- ▹ Check-out.

Detaillierte Anleitung

Das Besondere an den Treffen in einer soziokratisch organisierten Organisation ist, dass sie stets mit einem Check-in beginnen, der Rahmen jedes Mal geklärt wird und die Treffen mit einem Check-out enden. Was vielen wie verschwendete Zeit und Energie scheint, ist in Wirklichkeit ein ganz wesentlicher Faktor zum Erfolg einer Initiative.

Die kurzen Check-ins (siehe Kapitel 2.3.3) sorgen dafür, dass die Initiativmitglieder sich nach und nach deutlich besser kennenlernen und mehr voneinander erfahren. Sie erklären auch, warum jemand vielleicht besonders schlecht gelaunt oder unkonzentriert ist, und entschärfen so manch potenzielle Konfliktpunkte. Sie sind damit ganz wichtige Elemente für das Zentrum des Gemeinschaftskompasses – das Miteinander der Individuen in Gemeinschaft –, und sie sorgen dafür, dass Arbeitstreffen auch gleichzeitig gemeinschaftsfördernd sind.

Das Klären des Rahmens dient der Orientierung und Klarheit und damit auch einem effektiven Ablauf des Meetings. Wie lange haben alle Anwesenden Zeit? Was sind die bereits geplanten Tagesordnungspunkte? Gibt es noch anderen Gesprächsbedarf? Und wer hat welche Rolle in diesem Treffen?
Die beiden Rollen, die es in jeder Gruppe braucht, sind die Rolle der Gesprächsleitung und der Protokollführung.
Manche Gruppen haben noch andere Rollen eingeführt, so zum Beispiel eine:n Hüter:in der Achtsamkeitsglocke (siehe Kapitel 2.3.2).
Es ist sinnvoll, die Rolle der Gesprächsleitung schon im Vorfeld des Treffens (bspw. am Treffen vorher) festzulegen. Dann kann diese Person bereits Tagesordnungspunkte sammeln und dafür sorgen, dass sie gut vorbereitet zur Sitzung kommen und sich bereits Gedanken über die Tagesordnung machen.

In der Soziokratie wird angeraten, stets die inhaltliche Verantwortlichkeit für einen Punkt und die Gesprächsleitung zu trennen. Wenn die Gesprächsleitung die Person ist, die ein bestimmtes inhaltliches Thema einbringen will und dazu natürlicherweise einigen Redebedarf hat, dann sollte die Gesprächsleitung für diesen Punkt an jemand anderen übergeben werden.

Nach der Klärung des Rahmens werden die Tagesordnungspunkte bearbeitet. Komplexe Punkte sollten nach dem Schema der »Soziokratischen Kreismoderation« (siehe Kapitel 4.4.3.2) bearbeitet werden. Manche Punkte können auch ohne diesen Rahmen besprochen werden.

Am Ende der Sitzung sollten stets noch 5 Minuten Zeit für ein Check-out sein. Er dient wiederum dem Lernen der Initiative, ist ein Moment der Ernte, eine Minievaluierung des Treffens. Was lief gut? Wo könnte in Zukunft etwas am Ablauf verändert werden, damit Dinge, die weniger gut liefen, beim nächsten Mal besser laufen? Ein wertschätzendes Feedback an die Gesprächsleitung und die anderen Teilnehmer des Treffens ist häufig auch ein schöner Bestandteil eines Check-outs.

Herkunft

Soziokratie.

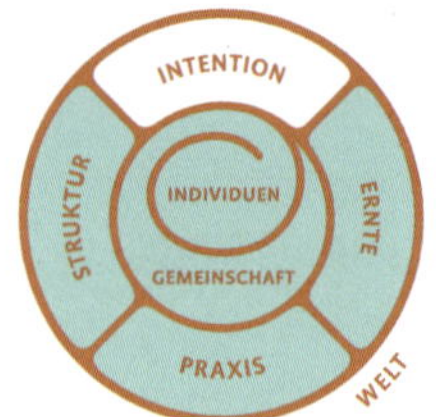

4.4.3.2
Soziokratische Kreismoderation

Facilitator

*

Offenheit der Gruppe

**

Anzahl Personen

4 bis 12

Dauer

30 bis 90 Minuten

Materialien/Raum

Ein Redeobjekt ist von Vorteil.

Was bringts?

Ein Thema, zu dem ein Beschluss ansteht, wird in Ruhe beleuchtet und gemeinsam ein Beschluss erarbeitet.

Kurzbeschreibung

In mehreren Schritten, die meisten davon sind Runden, wird ein Thema zur Beschlussreife gebracht:

- Vorstellung des Themas.
- Fragerunde dazu bringt alle auf den gleichen Informationsstand.
- Evtl. emotionale Reaktionsrunde.
- Zwei Meinungsrunden sorgen dafür, dass Bedenken und Einwände ihren Platz bekommen.

Danach wird ein Beschlussvorschlag formuliert.

- Zu diesem wird abgefragt, ob es schwerwiegende Einwände gibt.
- Die Einwände werden nach Möglichkeit integriert.
- Dann wird in der Art, in der die Gruppe ihre Entscheidungen trifft, ein Beschluss gefasst.

Detaillierte Anleitung

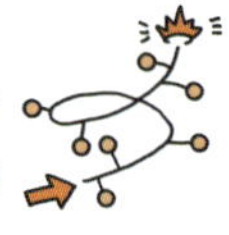

Das System der Soziokratischen Kreismoderation (SKM) sorgt für ein besonnenes und integratives Besprechen eines komplexen Themas bis zur Beschlussreife.

Bereits der erste Schritt, die Fragerunde, wird im Projektalltag häufig vernachlässigt. Als ersten Schritt müssen alle Beteiligten auf den gleichen guten Informationsstand gebracht werden, sonst kann keine sinnvolle gemeinsame Entscheidung gefällt werden.

In der SKM wird stets darauf geachtet, dass es eine Trennung zwischen der inhaltlichen Leitung des Themas und der Gesprächsleitung gibt. Die Person, die das Thema inhaltlich hält und leitet, gibt zunächst eine Einführung. Die Gesprächsleitung leitet dann die Fragerunde ein:

»Gibt es Fragen dazu?«

Bei Gruppen, die dieses Format nicht gewöhnt sind, wird sehr häufig gleich in Meinungsäußerungen eingestiegen. Daher ist wichtig, dies in der Einführung noch mal zu betonen:

»Dies ist noch nicht der Platz für Meinungen, sondern nur der Platz, um dafür zu sorgen, dass wir alle nötigen Informationen haben, um uns Meinungen bilden zu können.«

Manche Menschen haben ein Talent, Meinungen in Fragen zu verpacken. Derartige Fragen dürfen von der Moderation auch in die nächste Runde verwiesen werden.
Ein Redeobjekt wird herumgereicht, die Menschen können ihre Fragen stellen, und die Menschen, die die Informationen dazu besitzen, können gleich darauf antworten. Nach der ersten Fragerunde ergeben sich manchmal neue Fragen, dafür dann auch noch mal Raum geben!

Die nächste Runde, die emotionale Reaktionsrunde, ist optional, aber kann in verschiedener Hinsicht hilfreich sein – und entweder auf eine Abkürzung oder eine weitere Schlaufe hinweisen. Die Moderation kann einladen, nach dieser Informationsrunde eine kurze emotionale Reaktionsrunde zu machen.

»Wie geht es dir, wenn du das hörst?«

Die Runde kann manchmal auf eine Abkürzung hinweisen: Alle sind begeistert, und die Person, die das Thema inhaltlich eingeführt hat, bekommt das volle Vertrauen, einen Beschlussvorschlag zu formulieren.
Oder sie kann auf der anderen Seite des Spektrums darauf hinweisen, dass so viel Emotionen in dem Thema stecken, dass es noch zu früh ist, um über Meinungsrunden zu einem Beschlussvorschlag zu kommen, und dass die Emotionen erst versorgt werden müssen. Dann sollten zunächst andere Methoden zu dem Thema zwischengeschaltet werden – z. B. ein Redekreis oder eine Felderforschung zum Thema.

Im Regelfall kommen danach die beiden Meinungsrunden.

»Was denkst du dazu? Was hast du für Ideen? Was hast du für Bedenken?«

Jede Person hat zweimal die Chance, ihre Kommentare und Meinungen dazu zu sagen. Es ist sinnvoll, hier zwei Runden hintereinander zu machen, weil sich die Menschen dabei aufeinander beziehen können und sich schon häufig eine gemeinsame konstruktive Richtung herausarbeitet.
Die Gesprächsleitung formuliert dann aus dem, was sie in beiden Meinungsrunden gehört hat, einen Vorschlag, der möglichst viele Bedenken und Gedanken aus den beiden Meinungsrunden integriert. Manchmal ist es auch sinnvoll, aus dem Gehörten mehrere Alternativen zu formulieren und sie beispielsweise mit Systemischem Konsensieren mit Glücks- und Widerstandspunkten (siehe Kapitel 4.3.3.6) abzuwägen.
Dann wird der Vorschlag vorgestellt und gefragt, ob er so mitgetragen werden kann oder ob weitere Einwände bestehen, die – wenn möglich – integriert werden.

In einer soziokratisch organisierten Initiative ist der Beschlussvorschlag angenommen, wenn es keine schwerwiegenden Einwände gibt. Wenn eine Gruppe die Kreismoderation nutzt, obwohl sie ein anderes Entscheidungsmodell hat, muss danach entsprechend dem Entscheidungsmodell der Gruppe noch der Beschluss bestätigt werden.

Der beschlossene Vorschlag wird im Protokoll festgehalten und kurz »gefeiert«. Mit Feiern ist eine bewusste Würdigung gemeint, dass die Gruppe durch den Beschluss einen Schritt weitergekommen ist. Das kann etwas ganz Kleines sein, aber es ist sinnvoll, Beschlüsse bewusst zu zelebrieren. Das kann z. B. ein kurzes Anstoßen mit den Teetassen, Wassergläsern oder Bierflaschen (bei ganz besonderen Beschlüssen auch mit Sekt!) auf den Beschluss sein, eine Bemerkung der Gesprächsleitung: »Damit sind wir wieder ein Stückchen weitergekommen auf dem Weg zu …«, »Damit haben wir dieses Diskussionsthema zu einem guten Ergebnis gebracht«, ein gegenseitiges Abklatschen oder Ähnliches.

Herkunft

Soziokratie.

4.4.3.3
Soziokratische Wahlen

Materialien / Raum

Kleine Papiere als »Stimmzettel«.

Was bringts?

Soziokratische Wahlen sind Wahlen, bei denen häufig neue, überraschende und kompetente Kandidat:innen gefunden werden und in denen die Teilnehmenden erfahren, welche Kompetenzen in ihnen gesehen werden.

Kurzbeschreibung

In zwei Vorschlagsrunden werden geeignete Kandidat:innen nominiert und ihre Qualitäten benannt. Nach einer ersten Runde, in der alle Argumente gehört werden, kann der Vorschlag nochmals verändert werden. Danach wird geprüft, welcher Vorschlag die meiste Kraft hat, und dieser bestätigt.

Detaillierte Anleitung

Der **erste Schritt zur Vorbereitung einer soziokratischen Wahl ist immer die genaue Beschreibung der Rolle**, für die gewählt wird, und der Anforderungen an Kompetenzen, die dafür notwendig sind.

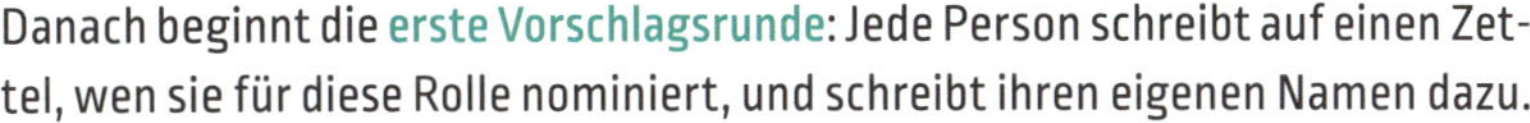

Danach beginnt die **erste Vorschlagsrunde**: Jede Person schreibt auf einen Zettel, wen sie für diese Rolle nominiert, und schreibt ihren eigenen Namen dazu.

Eine wichtige Bemerkung vorneweg: Bei soziokratischen Wahlen ist explizit ausgeschlossen, dass Menschen bereits im Vorhinein sagen: »Mache ich nicht!« In vielen Initiativen wird die Auswahl durch die Selbstbeschränkung der Mitglieder im Vorhinein gewaltig eingeschränkt und viel Potenzial verschenkt. In der ersten Runde sind explizit alle wählbar! In der Reinform der Soziokratie werden die Menschen, die vorgeschlagen werden, erst ganz am Ende gefragt, ob sie es machen würden oder ob sie einen schwerwiegenden Einwand dagegen haben. Das mag sinnvoll sein in beruflichen Kontexten, in denen alle bereits ein Stundenbudget für die Aufgabe, die die Gruppe ihnen zuteilt, haben. In ehrenamtlichen Gruppen, in denen das Zeitbudget oft sehr begrenzt ist und viele einfach wirklich nicht für weitere Rollen zur Verfügung stehen können, kann das den Prozess oft erheblich verlängern, weil lange über Kandidat:innen diskutiert wird, die auch mit den besten Argumenten und Unterstützungen nicht zur Verfügung stehen.

Jedoch ist es sehr sinnvoll, dass die Menschen zunächst einmal erfahren, ob sie in dieser Rolle gewünscht sind und warum. Dies erhöht manchmal die Motivation, eine Rolle doch zu übernehmen. Daher empfehle ich auch für alle Gruppen, dass zumindest in der ersten Runde alle wählbar sind, unabhängig davon, ob sie sich selbst in der Rolle sehen oder nicht.

Die Moderation sammelt die Zettel ein und geht dann der Reihenfolge nach die Vorschläge durch: »Du, Elsa, hast Karl vorgeschlagen. Warum?« Elsa erläutert dann, welche Kompetenzen sie in Karl sieht, um die Rolle auszufüllen.

Für die erste Runde ist wichtig, dass die von den Argumenten der anderen unbeeinflussten Vorschläge genannt werden, denn manchmal stecken in Außenseitervorschlägen wichtige neue Erkenntnisse für die Gruppe, die sonst verloren gehen würden. Dafür sind die Zettel wichtig.

Übrigens dürfen die Menschen in soziokratischen Wahlen sich auch selbst vorschlagen, wenn sie Lust auf eine Aufgabe haben. Das ist bereits ein wesentliches Kriterium. Ein »Selbstvorschlag« ist eine Nominierung wie jede andere auch.

In meiner Erfahrung hat es sich bewährt, nach der ersten Nominierungsrunde einen »Reality-Check« durchzuführen und zu fragen:

»Sind alle, die nominiert werden, bereit, die Rolle zu übernehmen? Oder habt ihr als Betroffene schwerwiegende Einwände?«

Hier zeigt sich ein weiterer Schatz in dieser Methode: Wenn Menschen, die sehr geeignet für eine bestimmte Rolle sind, mit Sachargumenten begründen, warum sie die Rolle nicht ausfüllen können, gibt es manchmal Wege, diese Einwände aus dem Weg zu räumen.

»Ich muss jeden Abend meine Kinder ins Bett bringen und kann daher nicht einen weiteren Abend mit Gruppentreffen verbringen, obwohl ich es gerne machen würde!« Wenn die Gruppe wirklich möchte, dass die Person diese Rolle übernimmt, könnte angeboten werden, dass regelmäßig an diesem Abend jemand anderes die Kinder ins Bett bringt und so neue Freiheiten für die vorgeschlagene Person eröffnet. Manchmal, wenn sie sich selbst wünscht, etwas weniger in der Elternrolle gebunden zu sein, wird sie es begeistert annehmen, und manchmal ist das Argument dagegen: »Die Abende sind die wichtigste Zeit, die ich mit meinen Kindern habe. Danke für das Angebot, aber ich brauche die Zeit mit meinen Kindern.«

Die zweite Runde wird dann mit den Worten eingeleitet:

»Nachdem ihr alle Vorschläge und Begründungen der anderen gehört habt, würdet ihr eure Nominierung verändern?«

Die Teilnehmenden werden wiederum aufgefordert, ihre Änderung auf einen Zettel zu schreiben und dann reihum ihre Position zu benennen und zu begründen.

Wenn ich derartige Prozesse begleite, mache ich mir Notizen, welche Menschen in der zweiten Runde wie viele zusätzliche Stimmen bekommen und wie viele nicht mehr genannt werden. Das sind oft die hilfreicheren Informationen als die Tatsache, dass die üblichen Verdächtigen viele Stimmen bekommen.

Nach der 2. Runde wird gemeinsam geschaut, wer auf der Basis der nun vorhandenen Informationen der:die geeignetste Kandidat:in ist. Manchmal ist es offensichtlich, und ein Vorschlag hat sich ganz klar herauskristallisiert. Manchmal braucht es nun noch eine weitere Aussprache, Stimmungsbilder oder systemisches Konsensieren, um den Vorschlag zu ermitteln, der am besten getragen ist.
Wenn sich herausstellt, dass es zwei Vorschläge gibt, die sinnhaft erscheinen, und die Gruppe sich nicht entscheiden kann, ist es gut, an das Prinzip zu erinnern: »Gut genug für jetzt und sicher genug, um es auszuprobieren!« Es geht nicht unbedingt darum, wer der/die »Bessere« für diesen Job ist. Wenn beide »geeignet genug« sind, kann im Prinzip auch eine Münze geworfen werden – oder die beiden können gefragt werden, wen sie eher in der Rolle sehen. Viel-

leicht kann auch eine Person die Rolle übernehmen und die andere ihre Vertretung sein, und diese Rollen alternieren nach einem bestimmten Zeitabschnitt.

Wahlen in der Soziokratie sind keine »Kampfabstimmungen«, sondern eher ein Rahmen für Potenzialentfaltung, in dem Potenziale von Menschen benannt und unterstützt werden.

Damit sind sie sehr hilfreich zur Entfaltung der Individuen und zur Stärkung der Gemeinschaft. Wenn sich im Gespräch überhaupt keine von allen als gut empfundene Lösung abzeichnet, empfehle ich an dieser Stelle zwischen den verschiedenen Kandidat:innen das Systemische Konsensieren mit Glückspunkten (Kapitel 4.3.2.2).

Über die Person, auf die sich dann im Rahmen der Aussprache geeinigt wurde, wird dann nochmals offiziell mit einer Abfrage, ob es einen Konsent für diesen Vorschlag gibt, abgestimmt. Wenn es einen schwerwiegenden Einwand gibt, wird geschaut, ob der ausgeräumt werden kann, z. B. durch Mentoring, eine Probezeit mit anschließender Evaluation oder Ähnliches, oder es gibt eine weitere Vorschlagsrunde mit neuen Kandidaten mit Argumenten.
Wenn es dann keinen schwerwiegenden Einwand gibt, ist sie gewählt. Diese Wahl sollte kurz »gefeiert« werden, mit einem kleinen Applaus, einem Anstoßen, einem »Glückwunsch! Ich freue mich, dass wir so eine kompetente Person für diese Rolle gefunden haben!« der Versammlungsleitung oder in einer anderen, der Gruppe gemäßen Form.

Herkunft

Soziokratie.

4.4.3.4
Soziokratische Entwicklungsgespräche

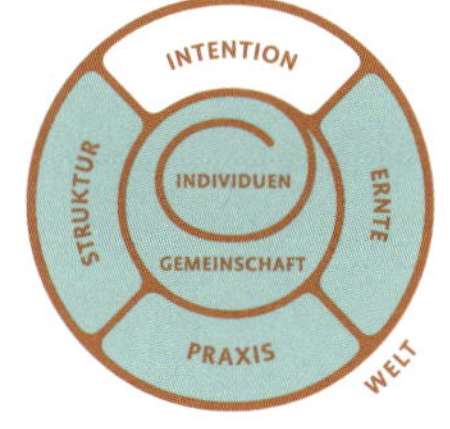

Facilitator

*

Offenheit der Gruppe

*

Anzahl Personen

mehr als 20

Dauer
etwa 1,5 Stunden

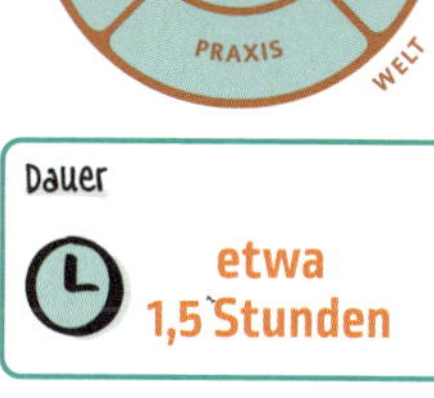

Materialien / Raum

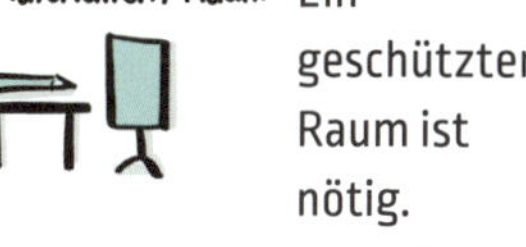
Ein geschützter Raum ist nötig.

Was bringts?

Menschen bekommen für ihre Arbeit ein Feedback mit konkreten Hinweisen, wie sie sich weiterentwickeln und ihre Arbeit noch besser machen können.

Kurzbeschreibung
Etwa in der Mitte der Periode, für die jemand in eine Rolle gewählt worden ist, bekommt diese Person ein Feedback von Menschen, die mit ihr zusammenarbeiten, aus verschiedenen Positionen.

Detaillierte Anleitung

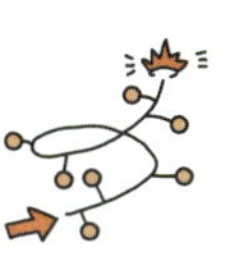

Wenn Menschen auf soziokratische Art in Rollen hineingewählt wurden, findet ungefähr nach der Hälfte der Amtszeit ein Entwicklungsgespräch statt, um zu erfahren, wie die Rolle noch besser ausgefüllt werden könnte.
Das Entwicklungsgespräch wird auf diese Art insbesondere in Organisationen eingesetzt, die größer und komplexer sind – also mindestens 20 Menschen umfassen und eine Organisationsstruktur haben, auf der es 3 Ebenen von Kreisen gibt. Aber sie finden in kleinem Kreis statt.

Idealerweise besteht eine Feedbackgruppe aus vier Personen: der Person, die das Feedback bekommt, einer Person aus dem allgemeineren Kreis »über« ihrem Kreis, einer Person aus ihrem Kreis und einer Person aus einem mit dem Kreis verbundenen, spezifischeren, »unteren« Kreis. So wird sichergestellt, dass die Rolle aus unterschiedlichen Perspektiven betrachtet wird.

Das Feedbackgespräch läuft in folgenden Schritten ab:

1. Die Person, die das Feedback bekommen soll, reflektiert über ihre Arbeitssituation und teilt im ersten Schritt, was für sie gut gelaufen ist, worauf sie stolz ist.
2. Die Feedbackgebenden sprechen danach und geben ihre Eindrücke von dem, was gut lief, wieder.
3. Die Person, die Feedback bekommen soll, teilt in einem zweiten Schritt mit, wo sie noch Verbesserungspotenzial wahrnimmt.
4. Die Feedbackgebenden geben dazu Feedback.
5. Gemeinsam wird reflektiert, welche Lern- und Weiterbildungsschritte möglich wären.
6. Die Person, die Feedback bekommen hat, formuliert bis zu einem nächsten Treffen, welche Lern- und Weiterbildungscommitments sie eingehen will, und legt diese schriftlich fest. Alle, die bei dem Reflexionsgespräch dabei waren, unterschreiben das Schriftstück.

Herkunft

Soziokratie.

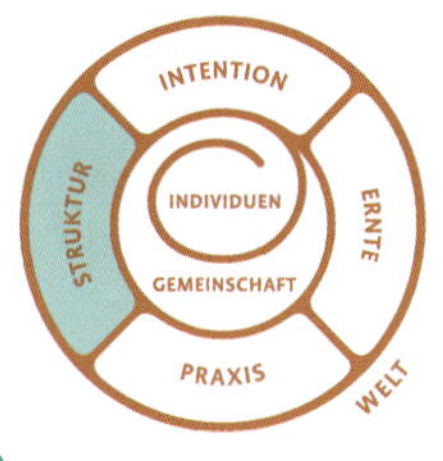

4.4.3.5

Logbücher: Übergeordnete und SMARTE Ziele, Domäne und Blick auf Termine und Auswertungen

Was bringts?

Transparenz, Nachvollziehbarkeit und Zielklarheit sind enorm wichtige Zutaten für eine Delegation von Entscheidungen und zum Aufbau von Vertrauen. Dazu dienen in der Soziokratie die Logbücher jedes Kreises.

Detaillierte Anleitung

Das Erstellen von Logbüchern kostet zunächst etwas Aufwand, aber auf lange Sicht sorgt es für Klarheit, erhöht das Lernen in der Gruppe und spart sehr viele Reibereien und Suche nach alten Protokollen. Daher wird im Endeffekt damit meistens Zeit gespart. Es ist kein Werkzeug, das sich in Minuten einteilen lässt.

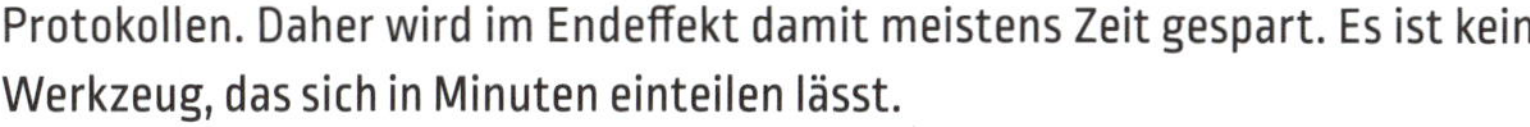

Heutzutage werden Logbücher meistens digital gepflegt und sind so über eine interne Plattform für alle einsehbar. Sie können auch wirklich die Form eines Notizbuches haben und im öffentlichen Raum zugänglich sein.

Das Logbuch ist ein geniales Werkzeug der Soziokratie, es kann jedoch auch von Organisationen angewandt werden, die nicht soziokratisch aufgestellt sind. Es ist eine Zusammenfassung der wichtigsten Grundsätze und Aufgaben der einzelnen Kreise sowie eine Erinnerung an konkrete, terminierte Ziele und deren Evaluation.

Erläuterung der einzelnen Untertabellen im folgenden Logbuchentwurf

Ganz oben im Logbuch wird noch einmal an die Ziele erinnert, denen die gemeinsame Arbeit dient. Basis ist die »langfristige Zielsetzung der Organisation« (etwa: mehr Lebensqualität und mehr Nachhaltigkeit im Wohnviertel;

oder: eine Schule aufbauen, in der die jungen Menschen ihr Potenzial entfalten können).

Dann gibt es die Aufgabe des entsprechenden Kreises. Hier halte ich eine Unterscheidung sinnvoll zwischen

- übergeordneten, qualitativen Zielen, die von diesem Kreis umgesetzt werden, und
- konkreten und terminierten (smarten) Zielen.

So könnte die selbst gewählte Aufgabe des Arbeitskreises »Verkehr« in einer Transition-Initiative sein, den Autoverkehr im Stadtviertel zu reduzieren. Das ist ein übergeordnetes, qualitatives Ziel.

Häufig sind diese Aufgaben aber sehr groß und Erfolge eher in kleineren Einheiten wahrnehmbar und messbar. Daher kommt die Ebene »konkrete und terminierte (smarte) Ziele« ins Spiel. Hier sollte sich eine Gruppe stets Ziele setzen, die in einem überschaubaren Zeitraum nachprüfbar zu erreichen sind.
Etwa: im Sommer ein Nachbarschaftsfest auf einem Parkplatz ausrichten, um zu zeigen, dass der Platz für soziale Zwecke viel sinnvoller nutzbar wäre. Carsharing mit 3 Autos und 50 Nutzer:innen etablieren. Dies sind die konkreten »smarten« Ziele, die sich eine Initiative setzt und an denen sie ihre Erfolge messen kann.

SMART – Was ist das?

SMART ist ein Akronym, das für die Adjektive
Spezifisch **M**essbar **A**ttraktiv **R**ealistisch **T**erminiert
steht. »Smarte« Ziele sollten mehrere, möglichst alle diese Eigenschaften erfüllen. Sie sind im Allgemeinen eher für konkrete Unterprojekte festzulegen, und man kann damit dann im Nachhinein wirklich feststellen, ob sie erfüllt wurden oder nicht.

Nach den Formulierungen der verschiedenen Zielebenen im Logbuch wird die konkrete Domäne beschrieben, die jeweils ein Kreis hat. Die Domäne ist der Bereich, in dem der Kreis autonom entscheiden darf. In der Soziokratie gilt das Prinzip: möglichst viel Entscheidungskompetenz in die unteren Ebenen delegieren. Daher gilt hier: In der Regel darf alles, was zu den Aufgaben des Kreises gehört und nicht in einem untergeordneten Kreis entschieden werden kann, auch in dem Kreis entschieden werden. Die Begrenzungen, in denen der höhere

Kreis oder Nachbarkreise mitreden müssen, werden hier beim Aufsetzen des Systems festgelegt und später mit Koordinationskreis oder den Kreisen, die es betrifft, bei Bedarf angepasst.

In der Regel müssen Festlegungen getroffen werden über das Budget, über Schnittstellen mit benachbarten Kreisen und die Frage, was als eine Grundsatzentscheidung des Projektes gesehen wird, die an eine höhere Ebene delegiert werden muss. Dies kann stets nur beispielhaft geschehen, aber ist damit bereits eine hilfreiche Entscheidungsgrundlage.
Beispielsweise liegt die Entscheidung, mit welchen Medien zusammengearbeitet wird, normalerweise im Entscheidungsbereich einer Arbeitsgruppe für Öffentlichkeitsarbeit.
Ein Kriterienkatalog, welche Ansprüche an die Medien gestellt werden, mit denen zusammengearbeitet wird, ist eine Grundsatzentscheidung, die gemeinsam mit einem übergeordneten Kreis festgelegt wird. Wenn zu der Werteausrichtung der Gruppe aber direkt oder indirekt eine gewisse Medienkritik gehört, kann es ebenfalls eine Grundsatzentscheidung sein, ob das Projekt sich im Bereich »Social Media« präsentiert.

Die nächsten Untertabellen des Logbuchs dienen der Einordnung des Kreises in die Gesamtstruktur und dem Überblick über Mitglieder und Rollen.

Eine wichtige Aufgabe des Logbuchs und der Logbuchführer:in ist es, den Überblick über die Termine zu haben, an denen Rollen oder Beschlüsse evaluiert werden, und auch, welche Termine für welche Ziele festgehalten wurden. Diese Termine sind an dieser Stelle im Logbuch festgehalten. Bei den Rollen werden die Amtszeit und der Zeitraum des Evaluationsgesprächs festgehalten, bei Beschlüssen der Zeitpunkt, an dem der Beschluss überprüft wird. Die Aufgabe des:der Logbuchführer:in ist es, an diese Termine zu erinnern. Das Logbuch hilft dabei.

Bei den Beschlüssen hat es sich bewährt, neue Beschlüsse in einer neuen Zeile oben in die Tabelle einzufügen. So rutschen die älteren Beschlüsse, die weniger häufig aktiv überdacht werden müssen, mit jedem Beschluss weiter nach unten.

Darüber hinaus dient das Logbuch als das Gedächtnis der Gruppe und erinnert daran, welche Ziele bereits erreicht wurden oder auch nicht – und was aus dieser Erfahrung zu lernen ist. Daher werden »smarte« Ziele, deren Termin abgelaufen ist, gemeinsam angeschaut. Wenn das Ziel erreicht ist, ist das ein Grund fürs Feiern! Wenn nicht, wird gemeinsam evaluiert, was geklappt hat und was nicht geklappt hat, und die Strategie angepasst. Mit der Information über das, was aus der Erfahrung gelernt wurde, werden sie dann in den Dokumentationsteil des Logbuchs verschoben, wenn sie abgeschlossen oder abgebrochen wurden.

Die Dokumentation der ehemaligen Rollenbesetzung ist sinnvoll, wenn in Zukunft Rückfragen zu Beschlüssen oder Aktivitäten aufkommen, die schon länger zurückliegen, und man anhand dieser Tabelle nachvollziehen kann, wer zu diesem Zeitpunkt das Ganze aktiv mitgestaltet hat. Wenn die Amtszeit oder Mitgliedschaft von jemandem endet, wird das entsprechend in dieser Tabelle vermerkt.

Logbuch des … Kreises
Langfristige Zielsetzung und Werte der Organisation
Hier stehen stets die gemeinsame langfristige Zielsetzung der Gesamtorganisation und die geteilten Werte. Maximal eine halbe Seite. Beispiel: Lebensqualität und Nachhaltigkeit im Wohnviertel erhöhen. Werte: Nachhaltigkeit, gute Nachbarschaft, gegenseitige Unterstützung.
Was ist der Beitrag des entsprechenden Kreises zur Verwirklichung der Zielsetzung? (**Aufgabe** des jeweiligen Kreises)
Die Aufgabe des Kreises ist es, … (Hierzu gehören auch langfristige, eher qualitative Ziel des Kreises. Beispiel: den Autoverkehr im Stadtviertel reduzieren, das Projekt bekannter machen oder Ähnliches.)

Welche konkreten messbaren und terminierten (»smarten«) **Ziele hat der Kreis?**		
Quantifizierbares, realistisches Ziel.	Bis wann?	Überprüfung?
Beispiel: im Sommer ein Stadtteilfest auf dem Parkplatz ausrichten.	Juli	April/Juli

Wofür ist der Kreis verantwortlich, und was darf er entscheiden? (Domäne)
Thema:
Budget, über das selbstständig entschieden werden kann:
Schnittstellen mit anderen Kreisen – wer entscheidet was?
Was ist »Grundsätzliches«, das in höheren Kreisen entschieden wird? Beispiele.

Platz in der Organisation
Nächsthöherer Kreis:
Untergeordnete Kreise:

Mitglieder und Rollen/Funktionen im Kreis			
Funktion	**Name, Erreichbarkeit**	**Feedback am**	**Amtszeit bis**
Leiter:in			
Evtl. Gesprächs-leitung			
Delegierte:r			
Logbuch-führer:in			
Vertreter:in Logbuch:			

(Grundsatz-)Beschlüsse		
Gefällt am	**Beschluss**	**Überprüfen am**

Laufende Protokolle zu finden unter:

Dokumentation

Welche smarten Ziele wurden gesetzt, was war das Ergebnis am Termin, und was wurde daraus gelernt?				
Quantifizierbares, realistisches Ziel	Zieldatum	Stand am Zieldatum		Daraus gelernt

Dokumentation ehemalige Rollenbesetzung		
Ehemalige Rolle	Name, Erreichbarkeit	Rolle aufgegeben am

Herkunft

Soziokratie.

5

Praxis

5.1 Einführung

Zum Feld der »Praxis« gehört alles, was dazu beiträgt, das Projekt umzusetzen. Alle konkreten Aktivitäten sind immer auch ein Praxisaspekt. Daher entscheidet sich die Praxis von Projekt zu Projekt sehr stark, und ich maße mir nicht an, hier zu allem etwas sagen zu können. Für die Praxis von vielen Projekten gibt es andere Handbücher – und bessere, als ich je schreiben könnte. Der Bereich Praxis umfasst alle Kompetenzen, die notwendig sind, um das Projekt zu realisieren. Für ein Projekt, das Gemeinschaftsgärten entwickelt, gehört zur Praxis die Kompetenz im Bereich Gärtnern, für ein soziokulturelles Zentrum braucht es Kreativität und Kompetenz in diesen Bereichen, für eine Waldkindergarteninitiative die pädagogische Kompetenz und ein gutes Konzept. Für einen Gemeinderat das Wissen um die konkreten Herausforderungen der Gemeinde, für eine Verkehrsinitiative Kompetenz in verkehrspolitischen Zusammenhängen, für alle Initiativen, die ein eigenes Gebäude haben, braucht es Wissen zur kompetenten Pflege dieses Gebäudes etc.

Der Aspekt Praxis steht im Gemeinschaftskompass auch als Erinnerung daran, dass es nicht nur Projektentwickler:innen oder Facilitator:innen braucht, sondern auch die Menschen, die sehr konkret in den jeweiligen Bereichen Kompetenz haben und zupacken. Das wird in unserer Dienstleistungs- und Planungsgesellschaft manchmal vergessen und zu wenig wertgeschätzt. Aber ohne den Bereich Praxis sind alle unsere Projekte Luftschlösser. Wir brauchen die Praktiker:innen, sie sind ganz wesentliche Stützen unserer Projekte.

In diesem Buch werde ich mich, im Wissen und großem Respekt davor, dass viel mehr dazugehört, auf **zwei Facetten des Bereichs Praxis** konzentrieren, die für viele unterschiedliche Projekte relevant sind und mich als Projektberaterin und -entwicklerin beschäftigen:

1. Wie verteilen und organisieren wir die anstehenden Arbeiten?
Wie kann alles Notwendige erledigt werden? Wie können die Teilnehmenden mit Spaß und Engagement bei der Sache sein und ihr Potenzial entfalten, ohne dabei während des Vorhabens auszubrennen? Wie kann abgesichert werden, dass nicht alles zusammenbricht, wenn Menschen, die viel Verantwortung übernommen haben, auf einmal gehen oder aus gesundheitlichen Gründen plötzlich ausfallen? Dies sind Fragen rund um Arbeitsorganisation, denen ich mich in diesem Kapitel widmen möchte.

2. Wie kommen wir an die notwendigen Gelder, und wie verteilen wir diese?
Viele Projekte des Wandels sind ehrenamtliche, gemeinschaftliche Initiativen, aber auch für sie stellt sich häufiger die Frage, wie gewisse Aktivitäten finanziert werden sollen.

Und wenn es finanzielle Mittel gibt, gibt es meist zwei Herausforderungen: Die Formalia, die in der Regel an Fördermittel geknüpft sind, und wenn auf einmal Geld da ist, dann stellt sich auch schnell für vormals Ehrenamtliche die Frage nach der Bezahlung von Arbeitsaufträgen.

Das führt dann zu einer Mischung aus Ehrenamt und bezahlten Kräften, die nicht immer leicht ist. Auch auf dieses Thema will ich in diesem Kapitel eingehen.

Zur konstruktiven Veränderung unserer Gesellschaft, zu der der Gemeinschaftskompass beitragen möchte, gehören auch alternative Lösungen für die Bezahlung von Arbeit oder Produkten. Da gibt es inzwischen eine Vielfalt von interessanten Ansätzen. Auch diesem Praxisaspekt, wie wir anders mit Geld und Bezahlung umgehen, werde ich Aufmerksamkeit schenken und exemplarisch einige Lösungsvorschläge vorstellen.

5.2 Nachhaltige Arbeitsorganisation

5.2.1 Methodische Überlegungen

5.2.1.1 *Erwartungen an Partizipation*

Einer der Dauerbrenner für Konflikte ist die Frage, wer wie viel Arbeit beiträgt für eine Initiative. »Wie können wir alle motivieren, mehr beizutragen?«, ist eine häufige Frage in Projektberatungen.

Es gibt viel zu tun – dafür brauchen wir euch alle! So wird häufig argumentiert und versucht, mehr Menschen zu Aktivitäten zu bringen. Und gleichzeitig gilt in ehrenamtlichen Initiativen stets: Alles, was jemand gibt, ist ein Geschenk, auch wenn es sehr wenig ist.

Und jedes Geschenk sollte gewürdigt werden. Man kann den Beitrag von zwei Personen nicht vergleichen. Die einen sind vielleicht rüstige Frührentner:innen, die sich über sinnvolle Betätigung freuen und dafür sieben Tage pro Woche zur Verfügung haben. Die anderen sind berufstätig, haben kleine Kinder zu versorgen und nur wenige Stunden pro Monat zur Verfügung. Auch sind die Konstitutionen der Menschen unterschiedlich: Die einen haben die Kraft, nach einem Achtstundentag noch mehrere Stunden fürs Ehrenamt zu arbeiten, für die anderen ist nach vier Stunden pro Tag der Energielevel auf null. »Jede:r gibt, was er oder sie kann!«, ist in vielen Situationen die sinnvollste und auf jeden Fall die den Individuen am besten angepasste Strategie.

Und doch kann es für ein Projekt auch geraten sein, konkrete Erwartungen an Beteiligung festzulegen. Denn »Alle geben, was sie können!« ist eine Größe, mit der man nicht kalkulieren kann, und manchmal muss man kalkulieren können. Wenn ein Projekt begonnen wird, sollte man realistisch abschätzen können, ob es auch zu Ende geführt wird, ob die dafür notwendige Arbeit geleistet werden kann.

Wenn ein Projekt auf ehrenamtlichem Engagement aufbaut und ein bestimmter Service (zum Beispiel die Beschulung der Kinder in einer freien Schule oder die Nutzung eine Gartenparzelle oder ...) nur dann möglich ist, wenn jede:r sich mit einem gewissen Stundenbudget beteiligt, dann ist es sehr sinnvoll, dies klar zu kommunizieren, damit alle Menschen wissen, worauf sie sich einlassen, und keine verdeckten Erwartungen an Beteiligung die Atmosphäre verpesten. Dann sollte es ein klares, transparentes System geben, mit dem die Arbeiten verteilt werden und es nachvollziehbar ist, wer was getan hat. Und gleichzeitig rate ich auch derartigen Initiativen: **Lasst ganz bewusst Ausnahmen zu!** Wenn wir eine Gesellschaft aufbauen wollen, in der Menschen mit ihren unterschiedlichen Fähigkeiten und Lebenssituationen willkommen sind, dann sollten auch unterschiedlich leistungsfähige Menschen willkommen sein.

Da ich fast 30 Jahre in ein und demselben Projekt lebe und viele Projekte über Jahre begleitet habe, ist meine wiederholte Erfahrung, dass sich Partizipation und Engagement über die verschiedenen Lebenssituationen hinweg verändern. Einige Menschen geben einige Jahre sehr viel und dann sehr wenig. Oder es ist umgekehrt: Menschen geben über Jahre hinweg wenig, weil sie vollständig eingespannt sind mit kleinen Kindern und/oder Berufstätigkeit oder auch wegen der Überwindung von persönlichen Herausforderungen und Traumata. Später, wenn sich ihre Situation entspannt hat, tragen sie aus vollem Herzen viel und gerne zum Projekt bei.

5.2.1.2 *Was sind die not-wendigen Arbeiten?*

Eine Frage, die mir als Beraterin häufig gestellt wird, ist folgende: »Wie schaffen wir es abzusichern, dass alle notwendigen Aufgaben auch gemacht werden?« Die Gegenfrage dazu ist: »Was sind die not-wendigen Arbeiten?« Vieles, was Aktive im Projekt als unbedingt not-wendige Arbeiten sehen, sind es gar nicht wirklich. Es sind meist tolle Ideen, die dazu beitragen, dass wir unsere Ziele erreichen können – und daher sicher wichtig. Aber Folgendes musste ich als jemand, die gerne viele Dinge anschiebt, erst mühselig lernen. Es ist stets wichtig, sich einzugestehen: **Ein Projekt kann nur so viel leisten, wie seine Aktiven gerne und ohne auszubrennen, zu geben bereit sind.**

Daher schreibe ich das Wort »notwendig« auch gern mit Bindestrich, um an seine wirkliche Bedeutung zu erinnern: not-wendig. Was wird gebraucht, um die Not im Projekt zu wenden? Dass die Welt in einer Not-Situation ist, die sofortiges und effektives Handeln benötigt, sollte uns nicht dazu verführen, uns in einen Burn-out treiben zu lassen, denn wenn wir uns selbst so in Aktivismus stürzen, dass wir uns oder andere ausbrennen oder an Streitigkeiten über mangelndes Engagement die Stimmung zerstört wird, dann ist damit niemandem geholfen, weder uns selbst noch unseren Mitstreiter:innen, noch der Welt.

Daher engagiere ich mich als Projektberaterin für eine Arbeitsorganisation, die Menschen Spaß macht und nicht ausbrennt, sondern möglichst ihre Begeisterung weckt und ihre Potenziale entfaltet. Wenn wir das schaffen, können wir am allermeisten erreichen – nicht, wenn wir uns im Aktionismus selbst verschleißen oder in Pflichtaufgaben, die sich aus früheren Entscheidungen ergeben haben, aufreiben.

Um Missverständnissen vorzubeugen: Natürlich gibt es Pflichtaufgaben, die getan werden müssen und nicht angenehm sind. Ich plädiere hier nicht für den reinen Hedonismus, sondern dafür, nur das zu tun, was gerade am meisten Spaß macht. Jedes Projekt lebt davon, dass Menschen auch die langweiligen und anstrengenden Aufgaben übernehmen. Wenn wir uns das größere Ziel bewusst machen, für das die langweiligeren oder anstrengenderen Aufgaben dienen, kann dies hoffentlich für diese Arbeiten motivieren. Ganz wichtig ist dabei jedoch dann auch die Wertschätzung für die Übernahme genau dieser Aufgaben.

Die erste Grundlage für eine nachhaltige Arbeitsorganisation ist in meinen Augen daher stets: Weniger ist manchmal mehr! Und: Die Frage, wofür das Feuer der Einzelnen brennt, ist eine wichtige Entscheidungsgrundlage für die Frage, welche Projekte angegangen werden. In meinen Augen ist dieses Kriterium tatsächlich wichtiger als viele »rationale« Entscheidungsgründe wie die Frage, was jetzt vielleicht das wichtigste oder effektivste Mittel zur Erreichung unserer Ziele ist. Es braucht Ziele, für die die Menschen brennen. Denn die Projekte, für die unser Feuer brennt, ermüden uns weniger als die Projekte, bei denen wir pflichtschuldig mitarbeiten, »weil es ja jemand machen muss«. Mit der Methode »Traumjobs« stelle ich im Kapitel 2.3.6 einen Weg vor, wie wir Projekte und Mitmachende identifizieren können, die es einerseits ermöglichen, persönliche Träume zu erfüllen, und andererseits Lernpotenzial bieten.

Trotzdem empfehle ich, sich nicht jedes Projekt vorzunehmen, für das jemand Begeisterung zeigt. Das führt auch schnell zur Überforderung. Eine wesentliche Frage ist, ob das Projekt in diesem Moment für die Gruppe leistbar ist. Ein guter Hinweis ist meist, ob es mehrere Menschen gibt, die zum richtigen Zeitpunkt mit Begeisterung und Zeitbudget dabei sind, sich wirklich stark für dieses Projekt zu engagieren. Ein Projekt, das nur an der Begeisterung Einzelner hängt, ist sehr viel häufiger zum Scheitern verurteilt. Wenn es mehrere Menschen gibt, denen ein Projekt am Herzen liegt, sind die Realisierungschancen deutlich höher.

Dieser Satz führt gleich zu einer nächsten Grundlage nachhaltiger Arbeitsorganisation.

5.2.1.3 *Jede Person sollte ersetzbar sein!*

Es ist immer sinnvoll, in Teams zu arbeiten, in denen zumindest eine Person genug von den Aufgaben der anderen weiß, um sie im Fall von Krankheit oder anderen kurzfristigen Ausfällen zu ersetzen. Arbeit und Kompetenzerwerb sollten immer auf eine Art organisiert sein, dass niemand der:die alleinige Träger:in von Wissen ist, das es braucht, um etwas zu realisieren.

Mir ist bewusst: Das ist ein frommer Wunsch, den man im Projektalltag nicht immer realisieren kann. Aber dies als Ziel im Auge zu behalten und so oft wie möglich zu realisieren, bietet gleichzeitig vielen Menschen eine enorme Chance zum Lernen. Wenn eine erfahrene Person jemanden zur Seite hat, der oder die keine Erfahrung in diesem Bereich hat, so kann die »unerfahrene« Person aus der Zusammenarbeit lernen und ist damit so aufgestellt, im Zweifelsfall auch einspringen zu können. Dies ist perspektivisch eine Entlastung für die Person, die bisher das Wissen trägt. Gleichzeitig hilft die Weitergabe von Wissen dabei, eigene Denkmuster und Herangehensweisen zu reflektieren und zu hinterfragen, was wiederum zum Lernerfolg der gesamten Organisation beiträgt.

Checklisten von wiederkehrenden Arbeitsabläufen erstellen

Vieles, was wir tun, tun wir intuitiv, ohne dabei explizit aufgeschriebene Checklisten abzuhaken. Aber es kann sinnvoll sein, gerade komplexere Abläufe, die sich immer wieder wiederholen, schriftlich niederzulegen. Das Einarbeiten von jemand Neuem eignet sich dafür ganz hervorragend, denn wenn diese Person während der Einarbeitung mitschreibt und die eigenen Erfahrungen dann in ein Dokument verwandelt, das langfristig zugänglich ist, ist gleich ein wichtiger Schritt zu einem sinnvollen Informationsmanagement getan.

Wenn eine Information wie diese irgendwo im projekteigenen Wiki oder in einer anderen Informationssammlung niedergeschrieben ist, so macht es die gleiche Arbeit für »Neue« deutlich leichter. Gerne darf diese Checkliste auch Hinweise auf informelle Hintergründe enthalten, dann bleibt auch dieses implizite Wissen über die Aktivität der Person, die es bis jetzt immer gemacht hat, hinaus erhalten.

5.2.1.4 Rotations- oder Erfahrungsprinzip?

In vielen alternativen Kreisen gibt es eine starke Tendenz zum Rotationsprinzip.

Die großen Vorteile: Menschen übernehmen verschiedene Rollen und erwerben damit neue Fähigkeiten. Machtkonstellationen wird entgegengewirkt.

Der große Nachteil: Die Rollen sind oft nicht optimal ausgefüllt, weil durch die häufige Rotation niemand wirklich Expertise gewinnt und immer wieder »Newcomer« eine bestimmte Aufgabe übernehmen.

Die beiden Qualitäten des Rotationsprinzips

1. Menschen in die Position zu versetzen, auch neue Aufgaben zu übernehmen und neue Fähigkeiten zu erreichen,

2. Machtanhäufung vermeiden

können in meinen Augen anders und besser erreicht werden, denn Erfahrung und Kompetenz in einem Bereich einfach aufzugeben, weil das Rotationsprinzip es so vorgibt, ist in meinen Augen eine große Verschwendung von Energien. Wir können ihre Erfahrung und Kompetenz nutzen und gleichzeitig Kompetenz bei anderen aufbauen.

Wenn wir Erfahrung wertschätzen und es schätzen, wenn Menschen eine Aufgabe besonders lange durchführen, dann ist es auf der anderen Seite trotzdem enorm wichtig, dafür zu sorgen, dass sich neue Menschen diese Kompetenzen aneignen und davon lernen. Daher hat es sich bewährt, in Teams zu arbeiten und neben Menschen mit viel Erfahrung immer wieder auf Menschen zu setzen, die dieser Bereich interessiert und die Lust haben, in diesen Bereich hineinzuwachsen und davon zu lernen. Ein Zweiergespann von einer erfahrenen Person und einer neuen sorgt auch dafür, dass neue Impulse in die Arbeit der »Alten« hineinkommen. Dafür braucht es allerdings eine ganz bestimmte Haltung, die auch mit dem zweiten Punkt »Machtanhäufung vermeiden« verbunden ist. Wie in Kapitel 2.6 bereits erläutert, braucht es gerade von Menschen in einer hohen Rangposition – und eine verantwortliche Rolle ist immer eine hohe Rangposition – ein besonderes Bewusstsein über diese Rolle, ein bewusstes »Sich-in-den-Dienst-Stellen« und eine sehr große Offenheit für Feedback über das Ausfüllen dieser Rolle. Jemand, der in diesem Sinne langfristig eine Position einnimmt, sollte offen sein, Vorschläge zu hören, die vonseiten der Neulinge mit ihrem frischen Blick kommen, und gleichzeitig realistisch genug sein, um nicht gleich jeder neuen Idee zu folgen. Ich halte es für sinnvoller, einen sensiblen Umgang mit Rang und Macht durch Feedback, Fortbildung und Bewusstseinsarbeit zu erreichen, als Menschen mit Erfahrung und Kompetenz aus Prinzip nur eine bestimmte Zeit lang ihre Aufgabe erfüllen zu lassen.

Konkrete Ziele setzen und auswerten

Weitere, wichtige Punkte für eine nachhaltige Arbeitsorganisation sind das Setzen von konkreten Ziele und das Evaluieren des Erreichten. Wie häufig halten wir an Strategien oder Lösungen fest, ohne zu analysieren, ob sie uns wirklich zu den gewünschten Zielen führen. Die Soziokratie mit ihrer Betonung des steten Evaluierens bietet hier sehr hilfreiche Werkzeuge und Bewusstseinsarbeit für die Bedeutung von Zielen und der Evaluation. In Beschlüsse und Arbeitsplänen immer mal ein Datum einzubauen, an dem wir das Erreichte kurz evaluieren, ist sehr hilfreich und in der Soziokratie selbstverständlich.

5.2.2 Werkzeuge zur Arbeitsorganisation

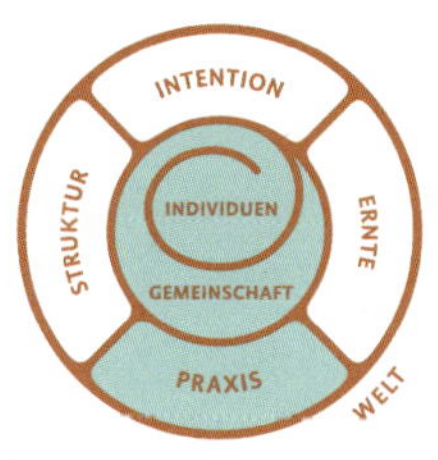

5.2.2.1
Pflicht und Kür

Facilitator  *

Offenheit der Gruppe  *

Anzahl Personen  4 bis 25

Dauer  1,5 Stunden

Die Gruppe sitzt im Stuhlkreis (sonst muss die Visualisierung anders erfolgen).
Moderationskärtchen, Marker, Seil oder Wollknäuel.
Mit dem Seil wird ein Kreis im Zentrum gelegt, der ca. 1–2 Meter Durchmesser hat.

Was bringts?

Klarheit, welche Aufgaben welche Dringlichkeit haben, und gleichzeitig für alle die Möglichkeit, auch ihre Lieblingstätigkeiten zu übernehmen.

Kurzbeschreibung

Aus der Vielzahl der Aufgaben, die vor dem Projekt liegen, werden diejenigen herausgefiltert, die unbedingt gemacht werden müssen, damit das Projekt weiterexistiert. Das ist die »Pflicht«. Es wird verabredet, wie diese Arbeiten verteilt werden, sodass alle auch noch Raum haben, die Aufgaben, die ihnen am meisten am Herzen liegen – die »Kür« –, zu realisieren.

Detaillierte Anleitung

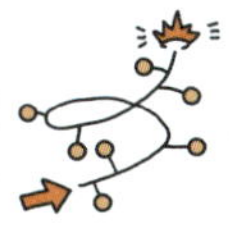

Diese Herangehensweise ist geeignet für Gruppen, die gerade mit der Frage, wer wesentliche, aber nicht besonders beliebte Arbeiten übernimmt, kämpft.

»1. Schritt: Wir sammeln alle Aufgaben, die für euer Projekt gerade anstehen. Ruft sie in den Raum hinein, wir erfassen sie auf Moderationskärtchen und legen sie erst mal einfach auf den Boden.« (15 Minuten)

2. Schritt: Die Kärtchen werden in einem großen Kreis um das durch die Kordel markierte Zentrum gelegt. Das Zentrum bleibt zunächst leer. (2 Minuten)

»3. Schritt: Die Teilnehmenden lesen die Kärtchen, und wer der Meinung ist, dass die Aufgabe, die auf dem Kärtchen steht, für das Weiterexistieren des Projektes elementar ist, legt dieses Kärtchen ins Zentrum. Wer der Meinung ist, dass ein Kärtchen, das ins Zentrum gelegt wurde, dort gar nicht hingehört, legt dieses Kärtchen auf die Kordel. Damit wird ein Diskussionsbedarf angezeigt. Kärtchen, die auf der Kordel liegen, bleiben zunächst dort liegen!« (8 Minuten)

4. Schritt: Gemeinsames Sichten der Kärtchen, für die Diskussionsbedarf angezeigt wurde.

»Ist es wirklich eine Aufgabe, die für das Weiterbestehen der Initiative existenziell ist? Oder nur etwas, was ›nice to have‹ wäre und das Projekt noch besser macht? Aussprache darüber, und dann wird das Kärtchen entsprechend platziert. Einige wenige Kärtchen dürfen auch auf der Kordel liegen bleiben, wenn es keine Einigkeit gibt.«

Interessant ist, dass viele angeblich notwendige Arbeiten in dieser Sortierung dann doch eher in der Regel bei der »Kür« landen. Es stellt sich heraus: Sie sind zwar wichtig, aber nicht essenziell. Das verkleinert meistens das Paket der Pflichtaufgaben. Und das ist auch eine Absicht dieser Methode, die Pflichtaufgaben wirklich auf das Notwendigste zu reduzieren.

5. Schritt: Arbeitsverteilung.
Die Aufgaben, die im Zentrum stehen, sind die Voraussetzung für die anderen. Daher muss zunächst geklärt werden, wer diese Aufgaben übernimmt. Wenn es herausfordernd ist, Menschen für die Übernahme von Pflichtaufgaben zu begeistern, kann festgelegt werden, dass erwartet wird, dass jedes Gruppenmitglied auch etwas zu den »Pflichtaufgaben« beitragen muss, sich aber aussuchen kann, welche der Pflichtaufgaben ihr am meisten liegt.
Eine mögliche Alternative könnte auch sein, Pflichtaufgaben bezahlt auszulagern – oder Projektmitglieder für die ungeliebten Pflichtaufgaben zu bezah-

len, um den ehrenamtlichen Mitarbeitenden mehr Raum für ihre Lieblingsaufgaben zu geben.
Erst wenn klar ist, wie die Erfüllung der Pflichtaufgaben abgesichert ist, geht es an die anderen Aufgaben: Hier darf sehr stark das »Lustprinzip« eingesetzt werden. Wer hat worauf wirklich Lust? Aufgaben, die im Bereich »Kür« sind und auf die niemand wirklich Lust hat, können vermutlich vernachlässigt werden. Pflichtschuldigst erledigte Küraufgaben tragen meistens weder zum Gedeihen des Projektes noch zur Entfaltung der Individuen und Gemeinschaft bei.

Herkunft
Eigene Entwicklung.

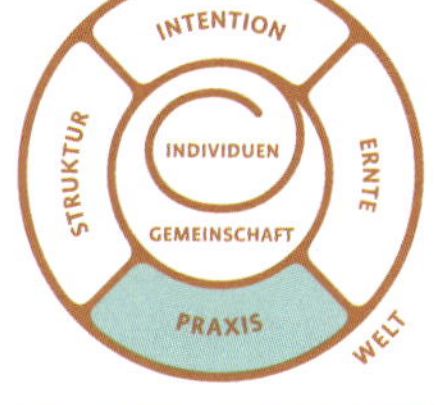

5.2.2.2 Beitragskonten

*

*

beliebig

entfällt

Materialien/Raum

Eine Liste, auf der alle ihre Beiträge zum gemeinsamen Haushalt eintragen können.

»Beitragskonten« sind sinnvoll für Projekte, in denen den Mitgliedern wichtig ist, dass alle ungefähr den gleichen Arbeitsaufwand in das Projekt stecken. Beitragskonten helfen, Arbeit gleichmäßig zu verteilen und Menschen die Aufgaben machen zu lassen, die ihnen stärker am Herzen liegen.

Kurzbeschreibung

Anstatt eines vorgeschriebenen Plans, wann wer welche Aufgabe macht, geht man bei der Nutzung von »Beitragskonten« davon aus, dass jede Person ungefähr gleich viel beitragen sollte, aber dies nach eigenem Gutdünken und Interesse organisieren kann. Die Beitragskonten verschaffen einen Überblick, wo jede Person mit ihrem ehrenamtlichen Beitrag steht.

Detaillierte Anleitung

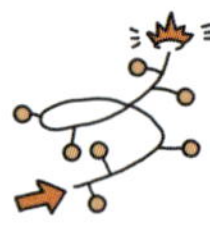

Zu diesem Werkzeug gibt es viele verschiedene Variationen: Die Grundlage ist eine Erfassung dessen, was und wie lange die Einzelnen etwas für das gemeinsame Projekt getan haben.

In kleinen und verantwortungsbewussten Gruppen genügt manchmal alleine die Erfassung, z. B. über eine Liste, um eine Orientierung zu geben und eine Gleichverteilung und das Erledigen aller notwendigen Arbeiten zu erreichen.

Das Format wird häufig auch in WGs zur Aufteilung der Hausarbeiten genutzt. Ich erläutere es hier am Beispiel einer WG- oder Hausprojektsituation, jedoch kann das Format für andere Initiativen leicht angepasst werden.

Es ist sinnvoll, sich darüber auszutauschen, was welche Person an Haushaltsarbeiten gerne macht oder wo die Standards der Einzelnen so hoch sind, dass sie am schnellsten vom Dreck genervt sind und daher häufig die Aufgaben einfach übernehmen. Diese Personen sind häufig dann genervt davon, dass diese Arbeit immer an ihnen hängen bleibt. Aber wenn man gewisse Verantwortlichkeiten entsprechend der Fähigkeiten und Anliegen der Einzelnen verteilt, kann das zu mehr Freude beitragen: Armin ist am schnellsten genervt von Dreck im Bad und putzt es daher fast täglich. Annika macht das Heizen total Spaß, daher ist sie für das Heizen des Ofens die Hauptverantwortliche. Fritz, Emily und Joel kochen gerne und gut und haben daher beim Kochen meist den Hut auf. Jovis kocht nicht gerne, aber spült gerne ab.

Alle tragen die Zeit, die sie für ihre Aktivitäten brauchen, in das »Beitragskonto« ein, und so ergibt sich ein Überblick, wer wie viel getan hat. Neben den Aufgaben, für die es Hauptverantwortliche gibt, gibt es immer noch viele andere mögliche Beiträge für den Haushalt, die spontan oder nach Absprache übernommen werden. Manchen hilft hier eine zweite Liste mit Aufgaben, die sinnvoll wären. Alle, die Bedarf an Haushaltsarbeiten identifizieren, können diese in die Liste eintragen, denn manche haben einen guten Blick für die möglichen Aufgaben, während andere nicht von alleine erkennen, was getan werden könnte.

Wer sieht, dass er oder sie gegenüber den anderen mit ihren Beiträgen immer weiter nach hinten rutscht, ist aufgefordert, sich Aufgaben zu suchen, die dem gemeinsamen Haushalt guttun. Dafür ist dann diese zweite Liste hilfreich.

In vielen Projekten hat es sich bewährt, einmal pro Woche oder einmal pro Monat die Summe der Stunden zu berechnen und auf der Liste sichtbar zu machen. So können die Menschen ihren Stand vergleichen und sich entsprechend stärker einbringen oder ein wenig zurücklehnen.

Mit einer derart flexiblen Arbeitsaufteilung kann jede Person sich auf die Art einbringen, die ihr am meisten Spaß macht (oder zumindest dafür sorgt, dass sie sich in ihrem Zuhause wohlfühlt), und es kommt zu einer einigermaßen gleichmäßigen Verteilung der Arbeit.

Natürlich kann man auch beschließen, dass manche Menschen mehr oder weniger beitragen als andere, etwa weil Menschen, die Vollzeit arbeiten, kleine Kinder haben oder gerade im Prüfungsstress sind, weniger Zeitbudget haben als andere oder einfach weniger leistungsfähig sind. Oder weil manche Gemeinschaftsmitglieder weniger die gemeinsamen Räume nutzen als andere.

Herkunft

WG-Erfahrungen.

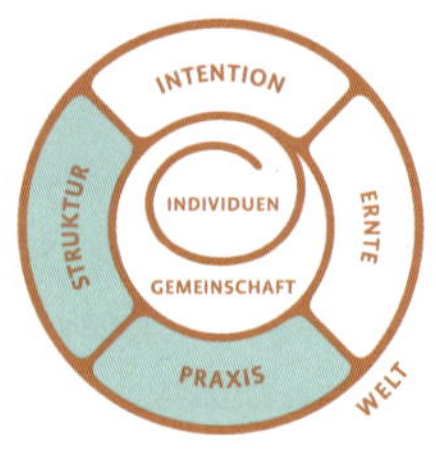

5.2.2.3 Projektplanung mit dem Gemeinschaftskompass

Facilitator

*

Offenheit der Gruppe

*

Anzahl Personen

n. a.

Dauer

30 bis 90 Minuten

Materialien / Raum

Visualisierung des Gemeinschaftskompasses in seiner zweidimensionalen Variante.

Was bringts?

Inspirationen zur Projektplanung, die absichern, dass kein Aspekt des Gemeinschaftskompasses vernachlässigt wird.

Kurzbeschreibung

Bei der Identifizierung von Aufgaben, die nötig sind, um bestimmte Ziele zu erreichen, ist es sinnvoll, den Gemeinschaftskompass im Auge oder im Hinterkopf zu haben und darauf zu achten, dass möglichst alle Handlungsebenen und alle Planungsquadranten mit bedacht werden.

Detaillierte Anleitung

Ganzheitliche Projektplanung mit dem Gemeinschaftskompass bedeutet, zu jedem Thema Aufgaben zu identifizieren, die insgesamt alle Handlungsebenen (Individuen, Gemeinschaft, Projekt und Welt) und alle Entwicklungsquadranten (Intention, Struktur, Praxis, Ernte) bedenken.

Die individuelle Ebene spielt hier eine gewisse Sonderrolle – sie ist selten konkreter Teil der Projektplanung. Dennoch ist es wichtig, sich während der Projektplanung immer wieder die Frage zu stellen: Wie geht es den Menschen damit? Was macht das, was wir planen, mit den Individuen? Eine aktivistische Projektplanung, die zwar zum materiellen Erfolg führt, aber lauter ausgebrannte Projektmitglieder zurücklässt, ist kein Erfolg. Der zweidimensionale Gemeinschaftskompass aus Kapitel 1.1 kann hier eine wichtige Hilfestellung sein.

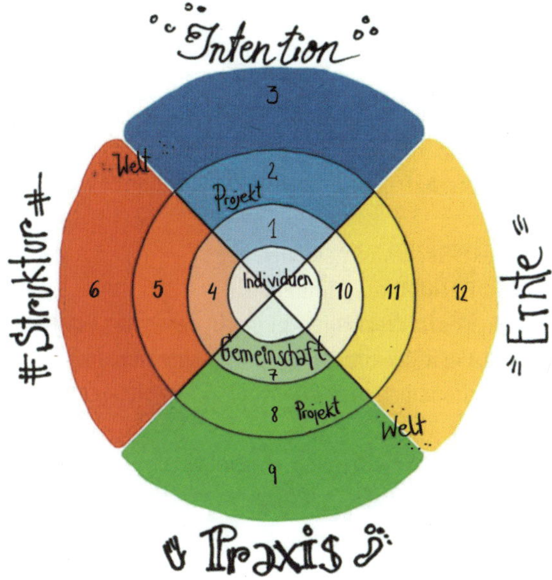

Im Eifer des Gefechts konzentrieren sich Arbeitsgruppen in ihrer Projektplanung gern auf die Punkte, die zum Struktur- oder Praxisquadranten gehören, und vernachlässigen die Quadranten »Intention« und »Ernte«. Manchmal wird auch nur auf die Arbeiten in der Handlungsebene »Projekt« geschaut und vergessen, dass auch die anderen Ebenen nötig sind. Eine Projektplanung, die vom Gemeinschaftskompass geleitet wird, sichert ab, dass alle wesentlichen Aspekte bedacht werden.

Für jeden Themenstrang sollte mindestens eine Aufgabe pro Handlungsebene (Gemeinschaft, Projekt, Welt – die Handlungsebene »Individuen« passt in der Regel nicht in »Aufgabenpakete«) und pro Entwicklungsquadrant identifiziert werden, die ich in dieser Skizze mit den Ziffern 1 bis 12 gekennzeichnet habe.

Manchmal lassen sich die Handlungsebenen nicht genau voneinander trennen. Je nach Thema oder Definition kann z. B. die Ebene »Projekt« zum einen mit »Gemeinschaft« oder zum anderen mit »Welt« zusammenfallen. Hier braucht man nicht lange zu diskutieren, welche Handlungsebene nun berührt ist, im Zweifelsfall können es auch beide sein.

Beispiel für Arbeitsschritte einer Projektplanung zum Thema »Finanzen«

1. Intention/Gemeinschaft: Welche Werte haben wir zum Umgang mit Geld für unser Projekt?
2. Intention/Projekt: Eckpunkte zum Umgang mit Geld formulieren.
3. Intention/Welt: Finanzielle Organisation öffentlich machen.
4. Struktur/Gemeinschaft: Wie wollen wir konkret mit ökonomischen Fragen umgehen?
5. Struktur/Projekt: Rechtsformen abwägen.
6. Struktur/Welt: Rechtsform gründen.
7. Praxis/Gemeinschaft: Was bedeutet das in der Praxis für wen?
8. Praxis/Projekt: Verträge entwerfen, unterschreiben und Geld überweisen.
9. Praxis/Welt: Verhandlungen mit Banken, Fördermittelgebenden u. a. Unterstützenden.
10. Ernte/Gemeinschaft: Feiern, wie viel Geld wir gemeinsam haben!
11. Ernte/Projekt: Nach festgelegtem Zeitraum Zwischenbilanz ziehen!
12. Ernte/Welt: Großes Dankesfest für alle Unterstützenden!

Das Zentrum »Individuen« legt die Aufmerksamkeit auf die Frage, wie es allen in der Gruppe geht. Sind wirklich alle dabei? Was sind die persönlichen Wachstumschancen, die im Thema stecken?

Auch wenn die Punkte hier in numerischer Reihenfolge stehen, werden sie nicht genau in der Reihenfolge abgearbeitet, sie dienen lediglich dem Wiederfinden in der Skizze. In der Regel können Projektgruppen sich grob an der Reihenfolge Intention – Struktur – Praxis – Ernte orientieren, wobei die verschiedenen Handlungsebenen oft parallel ablaufen. Insbesondere für bestehende Projekte kann es oft sinnvoll sein, vor der Formulierung der Intention bereits eine erste »Ernte«-Phase einzubauen: Wo stehen wir gerade? Was hat uns hierhergeführt? Was haben wir auf dem Weg gelernt? Dies sind wichtige Fragen, die sinnvollerweise vor der Formulierung eines neuen Aspekts der Intention stehen. Auch sollten »Ernte«-Elemente immer wieder in den Verlauf des Projektes integriert werden.

Herkunft

Eigene Entwicklung, Adaptation des »Karrabirdt« aus dem Dragon Dreaming (siehe Kapitel 3.4) an mein westlich-rational strukturiertes Hirn.

5.3 Woher kommt das Geld?

5.3.1 Fördermittel – immer eine gute Idee?

In Deutschland und in Europa gibt es eine Vielzahl von öffentlichen Förderprogrammen, die ehrenamtliches Engagement für eine bessere Welt unterstützen. Die öffentlichen Programme für Deutschland kann man teilweise über die Suchmaschine https://www.foerderdatenbank.de finden. Auch ein Anruf bei der regionalen Wirtschaftsförderung kann helfen.

Für gemeinnützige Initiativen gibt es noch vielfältige Möglichkeiten der Stiftungsförderung, für die es ebenfalls eine Suchmaschine gibt. Sie ist unter dieser Webadresse zu erreichen: https://stiftungssuche.de/.

Jedoch gibt es – gerade in reichen Großstädten, deutlich weniger auf dem Lande – kleine Stiftungen oder Fördermöglichkeiten, die eventuell über diese Kanäle nicht zu finden sind, aber trotzdem interessant sind. Daher lohnt sich eine Beratung durch eine Stelle, die sich mit der regionalen Fördermittelsituation auskennt, eigentlich fast immer.

Zwischen öffentlichen Fördermitteln und Stiftungen liegen noch die Lotteriemittel (Lotto-Toto, Bingo und Ähnliches), die auch landesweise vergeben werden. Die Gewinne aus öffentlichen Lotterien müssen gemeinnützigen Zwecken zur Verfügung gestellt werden, für Projekte mit Projektkosten zwischen 5.000 und 75.000 Euro sind Lotteriemittel oft eine sehr gute Wahl. Wichtig für Stiftungen und Lotteriemittel ist es zu bedenken, dass die Zuwendungsempfänger gemeinnützig sein müssen.

Auch sollten die Herausforderungen, die Fördermittel mit sich bringen, nicht unterschätzt werden. Im Folgenden gebe ich Hinweise auf die größten Fehler, die unbedarfte Menschen in diesem Bereich manchmal machen können:

1. Ein gefördertes Projekt darf in der Regel erst nach dem Bewilligungsbescheid begonnen werden!

Wenn ein Projekt mit öffentlichen Fördermitteln gebaut werden soll, gilt fast immer: Der Anspruch auf die Fördermittel verfällt (!), wenn vor dem Bewilligungsbescheid schon ein darin enthaltener Auftrag erteilt wurde oder das Projekt als aktives Projekt veröffentlicht wird. Das ist dann ein vorzeitiger Maßnahmenbeginn, der »förderschädlich« ist und den Verfall der Fördermittel zur Folge hat. Manchmal kann man einen »vorzeitigen Maßnahmenbeginn« beantragen, manchmal darf man bereits nach Antragseingang bei der Bewilligungsbehörde beginnen, aber das sind Ausnahmen.

Hier ist schon viel Geld verloren worden, daher unbedingt nachfragen, wenn ein Projekt beantragt wird, ab wann ein Maßnahmenbeginn möglich ist und was man (zum Beispiel bei einer geplanten Veranstaltung) schon vorher veröffentlichen darf.

Stiftungen sind oft weniger streng, aber das ist sehr abhängig von der Stiftung. Also auch hier lieber einmal zu viel als einmal zu wenig nachfragen.

2. Für öffentliche Fördermittel müssen in der Regel drei Kostenvoranschläge eingeholt werden.

Bei sehr großen Projekten müssen die Vorhaben sogar vorher öffentlich ausgeschrieben werden. Das sind Projekte, die unbedingt nur von erfahrenen Menschen durchgeführt werden sollten. Aber auch für andere Projekte gilt: Selten darf einfach eingekauft oder ein Auftrag erteilt werden, ohne dass drei Angebote dazu eingeholt wurden oder zumindest ein Preisvergleich dokumentiert wurde. Es muss das wirtschaftlichste Angebote ausgewählt werden. Meistens ist dies das günstigste Angebot, nur mit sehr guten Gründen kann man dieses ablehnen. Genaues über die Frage, ob ein einfacher Preisvergleich, über den eine Aktennotiz gemacht wird, das Einholen von drei Angeboten oder eine öffentliche Ausschreibung nötig ist, erfährt man in der Regel im Bewilligungsbescheid, bzw. es ist in den landesweiten Nebenbestimmungen für Förderanträge festgelegt. Häufig ist es so, dass für Ausgaben bis 500 Euro ein Aktenvermerk über einen Preisvergleich ausreicht, darüber hinaus drei Angebote eingeholt werden müssen und ab 100.000 Euro pro »Los« öffentlich ausgeschrieben werden muss. Aber Ausnahmen bestätigen die Regel, daher unbedingt genau nachlesen, was in dem Bewilligungsbescheid und in den Nebenbestimmungen steht.

3. *Stets den »Nachweis« mitdenken! Abweichungen mit der Bewilligungsbehörde absprechen!*

Wer denkt, mit Antragstellung und Bewilligungsbescheid sei die Hauptarbeit getan, hat sich getäuscht. Meistens ist die Nachweisführung aufwendiger als die Antragstellung und genauso entscheidend. Denn wenn der Nachweis nicht stimmt, wird es kein Geld geben oder bereits bezahltes Geld zurückgefordert werden. Anfänger:innen machen häufig den Fehler, viele kleine Positionen in dem Förderantrag zu haben, die dann auch fast genauso nachgewiesen werden müssen – was oft sehr aufwendig ist.

Häufig darf man zwischen den Positionen um bis zu 20 Prozent abweichen, wenn sie sich ausgleichen, aber auch da gibt es sehr unterschiedliche Handhabungen. Ein guter Kontakt zur Bewilligungsbehörde ist während der Projektlaufzeit wichtig. Außerdem erleichtert es den Nachweis ungemein, wenn alle Ausgaben zu dem Projekt über ein Buchführungskonto laufen oder zumindest mit einer Kostenstelle versehen sind. Dann kann am Ende der Laufzeit die Buchhaltung mit wenig Aufwand alle Ausgaben und Einnahmen zu dem Projekt herausfiltern, und sie sind leicht verfügbar für den Nachweis.

Der Sachbericht ist meiner Erfahrung nach fast das kleinste Übel. Aber auch hier ist es wichtig, von allem, was im Antrag versprochen wurde, auch konkrete Nachweise zu haben, dass es stattgefunden hat. Je nachdem, was es war, dienen hierzu Fotos, Zeitungsartikel, Teilnehmer:innenlisten oder Ähnliches. Das muss während der ganzen Projektlaufzeit mitgedacht werden.

4. *Fördermittel sind ein Mittel politischer Einflussnahme!*

Ich erinnere mich immer noch lebhaft an eine Diskussion, die ich 1993 mit jemandem über das Thema »Fördermittel« führte. Er behauptete, dass Fördermittel korrumpierten und dass der Staat damit versuche, Einfluss zu nehmen, und dass es daher besser sei, sich überhaupt nicht auf Fördermittel einzulassen. Ich widersprach vehement: Es möge ja sein, dass der Staat versucht, Einfluss zu nehmen, aber wir würden einfach nur Fördermittel beantragen, die wirklich zu uns passen und uns nicht korrumpieren lassen.

Fast 30 Jahre und viele Fördermittelanträge später muss ich ihm Abbitte leisten. Wir ließen uns korrumpieren, und ich kenne niemanden, der Fördermittel annahm und sich nicht auf die eine oder andere Art von den Förderbedingungen beeinflussen ließ. Fördermittel verändern die Art, wie man Projekte durchführt und abwickelt, welche Rahmenbedingungen gesetzt werden, nach welchen Projekten man schaut und welche man lässt. Viel Arbeit muss in Aktivitäten gesteckt werden, die wenig Spaß machen (wie Monitoring, Nachweisführung, bestimmte Zwischenziele erreichen), aber die »für die Fördermittel« nötig sind. Der Kern des Projektes ist in der Regel trotzdem etwas, was unseren Zielen dient und damit etwas Gutes bewirkt.

Stiftungen sind oft flexibler und weniger anspruchsvoll, was die Nachweisführung angeht. Hier gelten die Hinweise etwas weniger drastisch, aber da jede Stiftung wiederum andere Regeln hat, lässt sich darüber nichts Allgemeingültiges sagen. Öffentliche Stiftungen, wie beispielsweise die Deutsche Bundesstiftung Umwelt, haben Regelungen, die den öffentlichen Verordnungen sehr ähnlich sind, während gerade kleinere Stiftungen oft sehr entspannt mit ihren Kooperationspartner:innen arbeiten. Allerdings müssen sie alle streng darauf achten, dass die Kriterien der Gemeinnützigkeit nicht verletzt werden, da sie sonst selbst ihre Gemeinnützigkeit verlieren können.

Fazit

Fördermittel können sowohl Fluch als auch Segen sein. Sie können manches möglich machen, was ohne sie nicht möglich wäre. Aber man sollte jede Fördermittelmöglichkeit auch kritisch abchecken auf die Frage, ob sich der Aufwand und die Einschränkungen durch die Förderrichtlinie wirklich lohnen.

Die Relation muss stimmen! Wie groß ist der Aufwand, wie groß ist das »Verbiegen« für ein Projekt, und was wird damit erreicht? Würde ich das Projekt auch ohne Fördermittel auf ähnliche Art durchführen?

Wenn mit Fördermitteln gearbeitet wird, ist es unabdingbar, dass es im Projekt jemanden gibt, der oder die sich in die damit zusammenhängenden Formalia einarbeitet, und dass während der gesamten Projektlaufzeit jemand den Blick auf das Projekt und die Nachweisführung hat, damit dann am Ende auch ein sinnvoller Nachweis erstellt werden kann.

Nach längerem Überlegen möchte ich hier nur einen einzigen direkten Hinweis auf eine Stiftung geben, die Projekte fördert, weil dieser vielleicht für viele Menschen, die dieses Handbuch lesen, interessant ist: Die Stiftung Mitarbeit (www.mitarbeit.de) gibt unbürokratisch und leicht 500 Euro Starthilfeförderung für kleine, neue Initiativen in den Bereichen Soziales, Politik, Bildung jenseits von Schule, Kultur und Umwelt, die auf freiwilligem und ideellem Engagement beruhen und geringe eigene finanzielle Ressourcen haben. Diese Förderung kann ich guten Gewissens allen Initiativen empfehlen!

5.3.2 Spenden, Privatdarlehen, Crowdfunding

Ein anderer Weg, zu Mitteln für Aktivitäten zu kommen, ist, um Spenden zu werben. Spenden sind freier verwendbar als Fördermittel und daher eigentlich ideal für alle Gruppen. Falls es Spenden an eine gemeinnützige Organisation sind, müssen sie natürlich für die satzungsgemäßen gemeinnützigen Zwecke verwendet werden.

Für sehr langfristige Investitionen ist es auch interessant, Privatdarlehen einzuwerben, mit denen die Investition finanziert werden kann. Dies ist dann sinnvoll, wenn klar ist, wie diese Darlehen refinanziert werden können. Spendenwerbung und Werbung für Privatdarlehen folgen ähnlichen Prinzipien, ich werde es daher hier gemeinsam betrachten und nur manchmal unterscheiden.

Es gibt in unserer europäischen Gesellschaft viele Menschen mit viel Geld, die dieses Geld für sinnvolle Zwecke verwenden wollen. Dieses Potenzial können wir zur Finanzierung unserer Projekt nutzen. Voraussetzung dafür ist, dass wir vertrauenswürdig sind, unsere Ziele in den Augen derjenigen, die Geld haben, wirklich sinnvoll sind und dass wir diese Menschen auf eine persönliche Art erreichen. Dafür reicht es in den seltensten Fällen, eine Anzeige zu schalten oder ein

Projekt auf einer Plattform wie betterplace.org zu starten. Damit lesen zwar ein paar Menschen von unserem Projekt, aber in unserer informationsüberfluteten Zeit reicht das nicht aus, um Förderer zu gewinnen.

Die wesentliche Arbeit wird auf der ganz persönlichen Ebene gemacht. Die ganz persönlichen Kontakte, die die Basis für Vertrauen sind, sind hier die elementarste Zutat. Digitale Hilfsmittel können helfen, den Kontakt zu halten, über neue Entwicklungen zu informieren und dann irgendwann auch eine Unterstützungsanfrage zu stellen – aber der Schlüssel liegt in den ganz persönlichen Begegnungen. Ein guter Ruf ist der nächste Schlüssel, der hilfreich ist. Ohne diese persönlichen Kontakte, das Vertrauen und die Begeisterung der Unterstützer:innen für unsere Arbeit und unsere Ziele sind Spenden-, Werbe- oder Crowdfundingkampagnen selten erfolgreich.

Digitale Crowdfundingplattformen können beim genauen Kommunizieren der Projekte und Ziele und beim Informieren über den aktuellen Stand des Projektes hilfreich sein. Sie unterstützen auch den Schneeballeffekt: Menschen, die wir erreicht haben und die überzeugt von dem Projekt sind, werden anderen davon erzählen. Eine gute Plattform, auf der alle wesentlichen Informationen zum Projekt stehen, macht es für sie leichter, zusätzliche Unterstützer:innen zu gewinnen.

Noch etwas zur Arbeit mit Privatdarlehen oder einer anderen Form von »rückzahlbaren Geldern«: Dieses schöne Finanzierungsinstrument hat der deutsche Staat sehr schwierig gemacht, aus der guten Motivation heraus, Kleinanleger vor betrügerischen Machenschaften zu schützen. Bevor man also in Größenordnungen von mehr als 12.500 Euro (Bagatellgrenze) Privatdarlehen einwerben will, sollte man sich zum Thema »Kleinanlegerschutzgesetz«, »Unerlaubtes Bankgeschäft« und »Prospektpflicht« informieren, zum Beispiel durch die Broschüre *Die Finanzierung zivilgesellschaftlicher Projekte – Unerlaubtes Bankgeschäft?* der Stiftung trias.

Der Gesetzgeber hat hier viele Einschränkungen erfunden, die dazu führen, dass man mit gut gemeinten Finanzierungskampagnen schnell im Bereich der Illegalität landet. Professionelle Crowdfundingplattformen orientieren sich an diesen Gesetzen und sind daher dafür auch eine sinnvolle Unterstützung.

5.3.3 Empowered Fundraising

An dieser Stelle möchte ich einen Ansatz vorstellen, der beim Einwerben von Geldern von Unterstützer:innen, seien es Spenden oder Privatdarlehen oder Anteile, sehr nützlich sein kann. Das »Empowered Fundraising« gehört zum Methodenrepertoire rund um das Dragon Dreaming (Kapitel 3.4). Es ist mehr eine Haltung als eine Methode. Es dreht sich um unsere Haltung zum Geld und die Haltung, mit der wir Menschen einladen, unser Projekt finanziell zu unterstützen.

Grundgedanke

Das Empowered Fundraising möchte mit dazu beitragen, eine der größten Wunden der Menschen zu heilen – die Wunde rund um das Thema »Geld«. Wir sprechen ungern über Geld. Geld zu besitzen, das andere vielleicht benötigen, oder um Geld zu bitten – beides ist für die meisten mit einer gewissen Scham behaftet. Im Empowered Fundraising geht es um Beziehungen und um den Aufbau eines gemeinschaftlichen Netzwerkes – genau durch das Fundraising.

Empowered Fundraising »zielt darauf ..., dich zu befähigen, die Akquise ... von finanziellen Ressourcen mit deinen tiefsten Werten in Einklang zu bringen. Der Ansatz ... verändert deine Beziehung zu Geld von Abhängigkeit, Verwirrung und Kraftverlust zu einer von Freiheit, Sinnhaftigkeit und Beitrag.«* (Übersetzung durch die Autorin)

Geld hat verschiedene Funktionen:

- Es ist ein sehr praktisches Tauschmittel.
- Es dient als Maß für den Wert von etwas. Verschiedene Menschen stimmen offensichtlich überein, dass etwas einen bestimmten Wert hat, wenn sie bereit sind, dafür den gleichen Preis zu bezahlen.
- Es dient auch als ein Hilfsmittel, um einen bestimmten Wert über die Zeit zu erhalten.

---

* John Croft & Dot Green, Fact-Sheet 22, https://dragondreaming.org/wp-content/uploads/2020/01/Fact-Sheet-Number-22-Empowered-Fundraising.pdf, abgerufen am 12.8.2022

Neben diesen ökonomischen Funktionen hat es jedoch auch politische Funktionen.

- Es limitiert den Zugang zu knappen Gütern und Dienstleistungen.
- Geld zu haben, bedeutet, Macht zu haben.

Unsere Gesellschaft basiert auf einer Grundhaltung, dass eventuell nicht genug Geld da ist und dass wir daher stets darauf achten müssen, es zu behalten und unser Geld zu vermehren. Dies trägt wesentlich zur Ausbeutung und Zerstörung unseres Planeten bei.

Doch wie wäre es, wenn wir uns von dieser Grundhaltung lösen und annehmen, dass stets genügend da ist? Wie Gandhi sagt:

> »Die Welt hat genügend für die Bedürfnisse aller, ein gesundes, produktives und glückliches Leben zu führen, aber nicht für die Gier der Menschen.«

Wenn wir mit der alten Haltung »Es ist zu wenig Geld da!« an Fundraising herangehen, dann gibt es da immer Gewinner und Verlierer. Menschen, die Geld bekommen, und Menschen, die Geld geben. Wie können wir mit einer anderen Haltung daraus eine Win-win-Situation machen?

Das Geheimnis liegt in dem gemeinsamen Ziel. Wenn wir in Übereinstimmung mit unseren Werten leben, dann wollen wir auch unser Geld für die Realisierung dieser Werte einsetzen. Im konventionellen Denkschema sind die meisten Aktivitäten rund um Geld der Frage gewidmet, wie man es sichern oder vermehren kann. Wenn wir das Geld als eine Möglichkeit sehen, unsere Werte in die Realität zu bringen und Ziele zu erreichen, kann sich das verändern.

Und mit dieser Haltung können wir auch Geld für Projekte akquirieren, die unsere Werte in die Welt bringen, indem wir Menschen ansprechen, die die gleichen Werte haben. **Wir kommen zu ihnen nicht als Bettler um ein Almosen. Wir bieten ihnen ein Geschenk an:** ihr Geld für ihre eigenen Werte einzusetzen und damit Teil einer Unterstützergemeinschaft zu werden, die gemeinsam ein Projekt umsetzt. Das ist der grundlegende Unterschied zwischen dem Empowered Fundraising und der klassischen Spendensammlung: Wir kommen nicht aus einer Motivation der Knappheit – »Wir brauchen dringend Hilfe!« –, sondern aus einer Motivation der Fülle: »Wir haben eine tolle Idee und suchen Menschen, die diese Idee teilen!«

Das Geheimnis des Empowered Fundraising hat nichts mit Geld zu tun. Es hat etwas mit Beziehungsaufbau zu tun. Und jede der Beziehungen ist einzigartig und verbunden mit Vertrauen und einer gewissen Intimität.

Wie läuft Empowered Fundraising ab?

Der allererste Schritt im Empowered Fundraising ist es, sich nochmals sehr bewusst zu machen, wie das geplante Projekt die eigenen Werte umsetzt und wie wichtig das Projekt dafür ist.

Der nächste Schritt ist die Ermittlung des **eigenen »Balance Points«** für das Projekt.

Zur Theorie des Empowered Fundraising gehört die Idee, dass jede Person, egal wie arm oder reich, für ein Projekt, das ihren Werten entspricht, einen sogenannten Balance Point hat. Ein Balance Point ist ein Betrag, der zwischen »unbedeutend« und »Opfer« liegt.

Wir bitten im Empowered Fundraising stets um einen Beitrag, der dem Balance Point entspricht. **Als Erstes – und das ist sehr entscheidend! – geben wir selbst diesen Beitrag, unseren Balance Point, für dieses Projekt.** Dazu nehmen wir uns Zeit zu überlegen, was es ist, was wir geben können. Diese Selbsterfahrung ist eine wichtige Grundlage für den nächsten Schritt. Uns als den Initiator:innen eines Projektes liegt dieses Projekt besonders am Herzen. Daher sind wir aufgefordert, wenn wir unseren eigenen Balance Point ermittelt haben, noch etwas mehr draufzulegen. Es ist wichtig, dass wir selbst wirklich einen nennenswerten Beitrag für das Projekt leisten, um in der folgenden Phase authentisch agieren zu können.

Wenn eine Gruppe gemeinsam in Empowered Fundraising eingeführt wird, ist die Ermittlung der Balance Points aller Projektbeteiligten der erste wichtige und sehr motivierende Schritt. Nach dem gemeinsamen Erarbeiten, wie das Projekt den Werten dient, und der Einführung in das Konzept des Balance Points werden die Projektbeteiligten nach ihren persönlichen Balance Points gefragt, und es wird gesammelt, wer wie viel beitragen kann.

Wichtig ist hier: Jeder Balance Point ist gleich viel wert. Für jemanden, der gerade mit Mühe seine festen Kosten decken kann, sind 20 Euro ein höheres Opfer, als für jemanden mit gutem Einkommen ein Beitrag von 500 Euro ist. Jeder Balance Point wird gleich respektiert und wertgeschätzt. Die Summe dieser ersten Beiträge wird veröffentlicht und auch mitgeteilt, was die höchste und was die niedrigste gebotene Summe war. Manche veröffentlichen auch alle Beiträge mit Namen, es sollte aber vorher klar sein, ob dies passiert. Im klassischen Umgang mit Geld ist dies stets mit etwas Unbehagen verbunden, im Sinne eines bewusst anderen Umgangs ist es häufig ein sinnvoller Akt der Transparenz.

In der Regel ist dieser erste »Fundraising Circle« bereits das erste Erfolgserlebnis, weil die Gruppe feststellt: »Oh, es ist ja schon einiges an Geld da!« Das sollte natürlich gefeiert werden!

Danach kommt die nächste Stufe, in der die Aktion weitere Kreise zieht.

In der **2. Stufe** werden alle, die das Projekt gemeinsam umsetzen wollen, aufgefordert, sich **zehn Namen von Menschen zu überlegen, die sie kennen, für die das Projekt ebenfalls etwas ist, was voll und ganz ihren Werten entspricht**, und die sie ansprechen und bei denen sie für eine Unterstützung werben könnten.

Jeder benennt nun aus dieser Liste jeweils drei Menschen, die sie in einer festgelegten Zeit ansprechen wollen. Ideal ist, wenn man sich beispielsweise 14 Tage später wieder trifft und bis dahin diese drei Menschen persönlich kontaktiert wurden.

Hier beginnt der »heißeste« Teil des Empowered Fundraising, denn **hier geht es um ganz persönliches Ansprechen**. Nicht um eine E-Mail an einen großen Verteilerkreis, eine Website mit einem Aufruf, sondern um eine persönliche Kontaktaufnahme für ein Projekt, das dem:der Ansprechenden sehr am Herzen liegt und von dem sie ausgeht, dass es die angesprochene Person auch begeistert und ihre Werte erfüllt.

Am allerbesten ist wirklich ein ganz persönliches Face-to-Face-Gespräch. In einer Zeit, in der Videogespräche fast zur Normalität geworden sind, kann es manchmal auch durch ein Videogespräch oder Telefongespräch ersetzt werden. Sehr viel weniger wirkungsvoll ist es, einfach eine E-Mail zu schreiben, und ein absolutes No-Go ist eine E-Mail, die an mehrere Personen gleichzeitig geschickt wird.

Möglicher Leitfaden für dieses Gespräch und seine Vorbereitung

Anbahnen des Gesprächs: Als Anlass für die Kontaktaufnahme eine Formulierung wählen wie etwa: Ich will dir unser Projekt vorstellen und würde mich über dein Feedback und deine Unterstützung freuen.

Zur innerlichen Vorbereitung des Gesprächs ist es wichtig, sich selbst noch mal ins Bewusstsein zu rufen, wie das Projekt die eigenen Werte und die des Gesprächspartners umsetzt, und sich zu überlegen, was als der Balance Point des Gegenübers gesehen wird.

Gesprächsablauf: Zunächst die Verbindung stärken. Eine Grundregel im Empowered Fundraising ist: **Frage nie nach Geld, bevor du wirklich Verbindung hergestellt hast.** Die Verbindung ist das Wichtige, nicht das Geld. Also darf das Gespräch gern lange um gemeinsame Vergangenheit, Freund:innen und die Sicht auf die Welt gehen. Wenn das Gespräch am Ende keinen Fortschritt für das Projekt gebracht hat, aber mal wieder ein intensiveres Gespräch mit einem alten Freund/Bekannten war, dann war es auch schon ein Erfolg!

Das Projekt vorstellen und seinen Beitrag, den es zu den gemeinsamen Werten leistet, herausarbeiten. Auch den finanziellen Bedarf grob vorstellen und die Tatsache, dass die Initiativgruppe schon gemeinschaftlich eine Summe von x Euro aufgebracht hat, dass aber noch Geld fehlt, um es zu realisieren. Fragen, was die Person dazu denkt und ob sie Interesse hat, dieses Projekt im Rahmen ihrer Möglichkeiten zu unterstützen. Das inhaltliche Feedback aufmerksam hören, notieren und bedenken.

Dann folgt der aufregendste Moment: **die Person fragen, ob sie das Projekt mit einem Betrag in der Höhe des vorher geschätzten Balance Points unterstützen könnte.**

Vor diesem Moment, in dem diese Frage gestellt werden muss, haben viele Menschen ungeheuer viel Angst. Es könnte aufdringlich wirken, und es könnte das Verhältnis zerstören. Das Gegenteil ist in der Regel der Fall. Manchen Menschen fällt es leichter, diese Frage mit einer kurzen Einführung des Konzeptes vom Empowered Fundraising zu verbinden und das Konzept des Balance Points zu erklären. Aber das muss nicht unbedingt sein.

Die konkrete Frage nach einem bestimmten Betrag ist aber nur dann aufdringlich, wenn wir ein »Nein« als Scheitern annehmen. Daher ist wichtig, dass wir die Frage in der Haltung (und vielleicht auch mit dem expliziten Hinweis darauf) stellen: Ich frage, denn »Fragen kostet nichts«. Ein »Nein« ist genauso okay wie ein »Ja« – manchmal sogar besser.

Auf die konkrete Frage gab es schon große Überraschungen. Es gab Menschen, die spontan deutlich mehr Geld zusagten, als vorher geschätzt wurde, und es gab Menschen, die zwar »Nein« gesagt haben, aber dann ein viel größeres Geschenk gemacht haben, indem sie Hinweise gaben, die für das Projekt wertvoller waren als jegliches Geld.

Häufig kommt auf die Frage zunächst ein Moment des Schweigens. Dieser Moment ist kostbar und sollte nicht vorschnell durch Rechtfertigungen oder Relativierungen unterbrochen werden. Gib deinem Gegenüber die Zeit, darüber nachzudenken. Du hast eine Frage gestellt und wartest geduldig auf die Antwort.

Nach der Frage und der Antwort darauf ist das Gespräch auch auf gar keinen Fall zu Ende. Denn nicht vergessen: **Es geht in erster Linie um Beziehung** und um den Aufbau eines Beziehungsnetzes rund um das Projekt und erst in zweiter Linie um die Frage der finanziellen Beteiligung.

Nach einem »Ja« oder einer Zusage eines kleineren Betrages fällt es meist leicht, das Gespräch weiterzuführen, mit Dank, mit dem Versprechen weiterer Informationen und Einladungen, am Fortschritt des Projektes teilzunehmen – auch vielleicht mit dem Teilen, wie schwer es war, diese Frage zu stellen, und dem gemeinsamen Lachen darüber.

Die meisten Menschen haben beim Empowered Fundraising Angst vor einem »Nein«. Wichtig ist hier, sich bewusst zu machen: Ein »Nein« ist keine Absage an die Beziehung, sondern eine Auskunft, dass diese Person gerade Gründe hat, kein Geld dafür geben zu können. Es ist enorm wichtig, hier jetzt nicht in die Haltung zu verfallen: »Ich habe versagt, das Gespräch war umsonst, denn es gab kein Geld!« Das ist aber leider unsere normale Reaktion, wenn wir um etwas bitten und es nicht bekommen.

Um die zu vermeiden, ist es wichtig, nach dem »Nein« den konstruktiv-verbundenen Dialog fortzusetzen.

Daher empfehlen sich nach einem »Nein« die folgenden »Follow-up-Questions«.

1. Hast du Lust, dich in irgendeiner anderen Form zu beteiligen?
2. Bist du interessiert, weiter über den Projektverlauf informiert zu sein?
3. Kannst du mir jemanden empfehlen, den ich fragen könnte, der:die unser Projekt finanziell unterstützen könnte? Dürfte ich mich da auf dich beziehen?

Häufig geben Menschen ein »Nein« auf Fundraising-Anfragen, weil sie ihre eigenen Projekte haben, die sie umsetzen. Hier ist es wichtig, nachzufragen und Synergieeffekte auszuloten. »Das ist interessant, was du da machst – könnten wir aus einer Kooperation unserer Projekte für beide Projekte neue Kräfte ziehen?«

Hinweis für Projektgruppen:
Wenn eine Gruppe gemeinsam Empowered Fundraising plant, kann es von Vorteil sein, die ersten Fundraising-Gespräche im Rollenspiel zu üben. Dazu beschreibt jede Person die erste Person, die sie fragen will, und ihr Gegenüber spielt diese Person, und die Situation wird gemeinsam durchgespielt, und danach wird darüber gesprochen, wie sich das Gespräch anfühlte, ob die Person, die nach dem Beitrag fragte, authentisch wirkte, das Projekt gut und motivierend beschrieben hat und wie sich der Kontakt anfühlte.

Diese Rollenspiele machen es leichter, das Ganze dann später in die Tat umzusetzen. Anfangs empfiehlt es sich auch, sich als Zweierteam für den Zeitraum zusammenzutun, bis die Gespräche geführt sind, und sich kurz vor den Terminen Mut zuzusprechen und die ersten Gespräche mit dem Rollenspielpartner nochmals zu reflektieren.

Schon Goethe wusste:

> »Kühnheit trägt Genius, Macht und Magie. Beginne jetzt!«

Was man aus Empowered Fundraising für jedes Fundraising mitnehmen sollte.

Das Empowered Fundraising ist ein radikaler, mutiger Ansatz, der sehr große Erfolge in kurzer Zeit erzielen kann, wenn es eine engagierte Projektgruppe gibt, die ihn wirklich genau so umsetzt. Nach meiner Erfahrung scheuen sich sehr viele davor, der Erfolg genau dieser Methode liegt aber maßgeblich darin, dass sehr viele einer Projektgruppe jeweils mehrere Menschen ansprechen.

Viele der Grundprinzipien des Empowered Fundraising sind jedoch auch für jede andere Spenden- oder Privatdarlehenskampagen sinnvoll:

Gib immer zunächst selbst einen Beitrag für die Kampagne, für die du um Unterstützung wirbst, sonst kommst du als Bettler:in!

Die Beziehung zur Person, die du ansprichst, ist wichtiger als das Geld, das sie dir gibt. Projekte brauchen Netzwerke noch dringender als Geld.

Um konkrete Beträge, die weder »Kleingeld« noch »Opfer« sind, zu fragen, kann Wunder bewirken!

5.4 Ein anderer Umgang mit Geld ist möglich!

5.4.1 Gedanken zu Gerechtigkeit und Bedarfsorientierung

Zu einem Wandel zu einer zukunftsfähigen Gesellschaft gehört auch eine Veränderung des Wirtschaftens. Das augenblickliche System basiert auf der Ausbeutung von Mensch und Natur. Von daher ist es nur logisch und sinnhaft, dass viele Initiativen, die sich für einen Wandel einsetzen, auch innerhalb ihrer Projekte auf eine andere Art mit Geld umgehen wollen, als das allgemein üblich ist. Damit entwickeln sich viele Projekte auch zu Laboren für eine neue Art des Wirtschaftens.

Was ist eine gerechte Bezahlung, ein gerechter Preis? Je tiefer man in diese Fragen einsteigt, desto mehr stellt man fest, dass es keine einfache Antwort auf diese Fragen gibt.

Die einfache Gewissheit meiner Jugend war: Eine Stunde meiner Arbeit sollte gleich viel wert sein wie eine Stunde der Arbeit eines anderen! Diese Überzeugung hält nicht jeder Überlegung stand. Denn vonseiten der Person aus betrachtet, die das Ergebnis erhält, ist ein Quadratmeter solide gemauerte Mauer einen bestimmten Betrag wert, und ob die Person dafür 20 Minuten oder drei Stunden gebraucht hat, ist dieser Person überlassen. Und wenn die Person einige schlecht bezahlte Jahre ihres Lebens dafür investiert hat, die Mauer so schnell mauern zu können, wer zahlt diese Jahre? Ist eine Stunde lang einen Blick auf ein zweites Kind neben dem eigenen am Sandkasten zu haben, das Gleiche wert wie eine Stunde aktives Programm für fünf Kinder? Ist ein Plan für ein Projekt, an dem jemand mit viel gutem Willen und Engagement 40 Stunden gearbeitet hat und der Lücken und Schwachstellen beinhaltet, mehr oder weniger Bezahlung wert als ein Plan, den jemand mit Erfahrung und Kompetenz in drei Stunden erarbeitet und der funktioniert?

Es gibt keine einfachen Antworten auf diese Fragen – und je nachdem, welche Antwort ich gebe, werde ich unterschiedliche Bezahlungssysteme bevorzugen.

Umgekehrt ist es aus vielen Perspektiven nicht gerecht, wenn alle Menschen für das Gleiche, das sie erhalten, die gleiche Summe bezahlen – denn für die einen ist ein Betrag von 100 Euro das, was sie nach Abzug aller Fixkosten im Monat noch übrig haben, für die anderen ist es ein Betrag, den sie, ohne mit der Wimper zu zucken, bezahlen, weil sie noch ein paar weitere Hunderter in der Tasche haben.

Ein Ansatz könnte sein: **Preise sollten für Menschen mit unterschiedlichen finanziellen Möglichkeiten unterschiedlich sein.** Ja, aber wer schätzt die Möglichkeiten ein? In unserer Gesellschaft, in der viele auch vom Reichtum, den ihre Familien in der Nachkriegszeit aufgebaut haben, profitieren, ist das gar nicht so einfach einzuschätzen. Die Person, die nach Abzug aller Fixkosten nur 100 Euro pro Monat übrig hat, besitzt manchmal gemeinsam mit ihren Geschwistern ein Mietshaus in einer Großstadt, deren Mieten einen Kredit abbezahlen, und nach 20 Jahren ist sie Eigentümerin eines schuldenfreien Millionenobjektes.

Die einen, die als Selbstständige monatlich etwas Geld übrig haben, erscheinen reicher als die Beamten mit Teilzeitstelle, aber im Gegensatz zu den Beamten haben sie keine gesicherte Altersversorgung und müssen dafür etwas zurücklegen.

Eltern von Kindern haben die Ausgaben für die Kinder und weniger Zeit, um Geld zu verdienen, weil eine ihrer wesentlichen Aufgaben die Begleitung der Kinder ist – wie wird das in unserer Gesellschaft bewertet, wie soll so etwas in eine gerechte Bezahlung und Preisgestaltung einfließen? In vielen Jahren, in denen wir in unserer Lebensgemeinschaft um »gerechte« Entlohnung für Arbeit und um »gerechte« Beiträge für unsere Mitglieder gerungen haben, bin ich zu einem Schluss gekommen: Es gibt keine objektive Gerechtigkeit!

Die Ausgangsvoraussetzungen und Rahmenbedingungen sind einfach zu unterschiedlich, um sie alle über einen Kamm zu scheren und zu klaren Kriterien zu kommen. Und sie können aus unterschiedlichen Perspektiven sehr unterschiedlich bewertet werden.

Der ökonomische Alltag unserer Gesellschaft sieht häufig so aus:

- Alle zahlen für gleiche Angebote das Gleiche! Und wer es sich nicht leisten kann, bekommt es halt nicht.
- Menschen in hoch qualifizierten Jobs mit Verantwortung erhalten ein Gehalt, das häufig das Vielfache dessen von Hilfsarbeitern ist. Menschen in intellektuellen und Managementjobs verdienen deutlich mehr als Menschen, die in der Urproduktion oder Reproduktion arbeiten.

Beides ist auf keinen Fall sozial oder gerecht, auch wenn es sich aus verständlichen Gründen entwickelt hat. Viele Projekte setzen hier neue Impulse dagegen, einige dieser Impulse werde ich im Kapitel »Werkzeuge« vorstellen.

Wer einen Wandel zu einer achtsamen Kultur des Miteinanders von Menschen und Natur möchte, darf nicht einfach ungefragt das bestehende wirtschaftliche System übernehmen. Ein kreativer Umgang damit und die Suche nach Lösungen, die stärker an den Bedürfnissen von Mensch und Natur orientiert sind, sind notwendig. Wir befinden uns in einer Phase des Wandels, in der mit verschiedenen Ansätzen experimentiert wird. Je mehr Erfahrung wir damit sammeln, desto leichter wird es irgendwann möglich sein, ein wirklich nachhaltiges System zu entwickeln. Ich möchte hier ein paar Impulse vorstellen, ohne zu behaupten, dass einer davon eine perfekte Lösung für eine neue Wirtschaftsordnung bieten kann.

5.4.2 Werkzeuge

5.4.2.1 *Creative Commons*

Wissen ist eines der wenigen Güter, die sich vermehren, wenn sie geteilt werden!

Daher gibt es eine wachsende Bewegung, die der Unsitte des »Copyrights« etwas entgegensetzt und mit der »Creative Commons Licence« einen anderen Umgang mit geistigem Eigentum einläuten möchte.

Die Grundannahme ist, dass es gerade in dieser Krisenzeit elementar wichtig ist, dass Wissen frei geteilt wird und in einer immer vernetzteren Welt dadurch auch immer effektiver weiterentwickelt werden kann. Das Copyright, das es verbietet, Dinge zu verwenden, die andere Menschen entwickelt und gedacht haben, erschwert dies. Gleichzeitig ist es verständlich, dass Menschen, die viel Zeit und Kreativität in die Erarbeitung von Wissen gesteckt haben, dafür auch eine Würdigung – häufig auch finanzieller Art – brauchen.

Creative Commons ist eine Organisation in den USA, die von einem Juristen aus Harvard, Lawrence Lessing, initiiert wurde. Sie hat mit viel juristischem Sachverstand internationale Standards geschaffen, wie Wissen geteilt werden kann, sodass es nicht dem strengen Copyright unterliegt und doch eine Würdigung des Autors/der Autorin (durch Namensnennung und die Möglichkeit, die Nutzung einzuschränken) erlaubt. Es gibt verschiedene Creative-Commons-Lizenzen:

Icon	Kürzel	Titel	Bedeutung
	BY	Namensnennung (englisch: Attribution)	Der Name des Urhebers muss genannt werden.
	NC	Nicht kommerziell (Non-Commercial)	Das Werk darf nicht für kommerzielle Zwecke verwendet werden.
	ND	Keine Bearbeitung (No Derivatives)	Das Werk darf nicht verändert werden.
	SA	Weitergabe unter gleichen Bedingungen (Share Alike)	Das Werk muss nach Veränderungen unter der gleichen Lizenz weitergegeben werden.

Quelle: https://de.wikipedia.org/wiki/Creative_Commons.

Ich selbst veröffentliche alles außer meinen Büchern (also meine Artikel und auch meine Handouts und Methoden) stets unter »CC BY-NC« und habe damit nur gute Erfahrungen gemacht. Durch die Nennung meines Namens als Entwicklerin des Gemeinschaftskompasses und Autorin wird mein Name bekannter, und einige Aufträge sind genau dadurch zu mir gekommen. Meine Bücher veröffentliche ich in einem etablierten, aber sehr kooperativen Verlag – dabei ist es üblich, dass ich als Autorin selbst das Copyright an den Verlag abgebe.

Für dieses Buch habe ich mit dem Verlag verhandelt, dass ich die hier vorgestellten Methoden als einzelne Dateien mit Creative Commons zur Verfügung stelle. All dies findet sich auf meiner Website www.gemeinschaftskompass.de.

Für das E-Book habe ich beim Verlag erreicht, dass es zu einem sehr günstigen Preis angeboten wird, der in meinen Augen auch eine angemessene Wertschätzung für die Arbeit des Verlages und meine Arbeit ist. Ich hoffe, dass dieser niedrige Preis dazu beiträgt, dass es weniger »schwarz« geteilt wird und dass die Menschen, die sich für das Buch interessieren, es dann auch wirklich kaufen und damit meine Arbeit und die des Verlags würdigen.

5.4.2.2 *Contribution Consciente (Bewusstes Beitragen)*

Ein Ansatz, der mir aus dem frankophonen Raum bekannt ist, ist die Contribution Consciente. Sie wird insbesondere genutzt, um für Seminare und Workshops eine Bezahlung jenseits der üblichen Bezahllogik zu entwickeln. Sie umfasst einen gemeinsamen Prozess, in dem über die Bezahlung, die Bedürfnisse und die Möglichkeiten reflektiert wird. Meines Wissens wurde diese Art der Bezahlung von der französischen Université du Nous entwickelt (https://universite-du-nous.org).

In manchen Varianten wird bei der Anmeldung für eine Veranstaltung eine Basisanzahlung genommen, die zum Beispiel die Saalmiete und die Anmeldeorganisation deckt, was gleichzeitig die Verbindlichkeit der Anmeldung enorm stärkt.

Zu Beginn der Veranstaltung wird dann die besondere Art der Preisgestaltung vorgestellt: Damit man unabhängig vom eigenen finanziellen Budget teilnehmen kann, wird kein Preis für die Veranstaltung festgelegt. Die Menschen sollen im Nachhinein das bezahlen, was ihnen die Veranstaltung wert war und was sie bezahlen können. Dabei wird durch Transparenz während der Veranstaltung das Bewusstsein dafür geschaffen, was die Veranstaltung für die Organisator:innen an Aufwand und Vorbereitung bedeutet hat und was die Verdiensterwartungen der Mitgestaltenden sind.

Es wird offengelegt, welche direkten und indirekten festen Kosten durch die Veranstaltung entstanden sind. Die Referent:innen und andere Beteiligte (Haus, Küche) werden gebeten anzugeben, mit welchem Betrag sie froh nach Hause gehen würden und sofort wieder auf diese Art arbeiten würden (grün) und was die Untergrenze wäre, unter der sie sagen: »So etwas mach ich nicht noch mal!« (rot). Dazwischen ist der gelbe Bereich.

Es wird in einer komplexen Form für jeden zu bezahlenden Posten einzeln, also zum Beispiel für Organisation, Unterkunft, Verpflegung und Referenten, visualisiert, was jede Person im Durchschnitt geben müsste, damit der grüne Bereich erreicht wird, und was jede Person geben müsste, damit es in den gelben Bereich kommt.

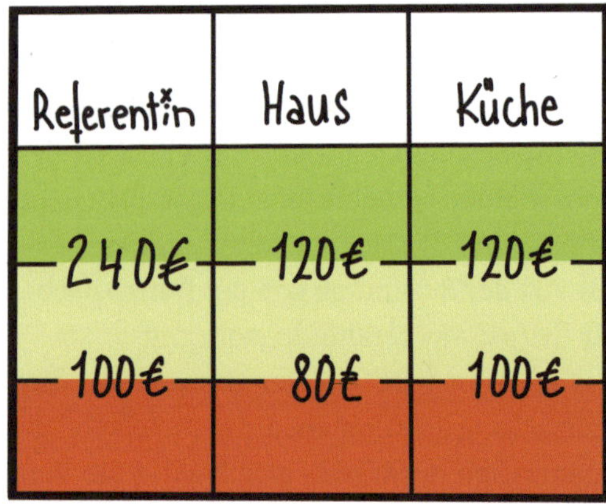

Am Ende der Veranstaltung werden die Menschen gebeten, entsprechend

- dem, was das, was sie erlebt/gelernt haben, ihnen wert war, und
- ihren eigenen finanziellen Möglichkeiten

einen Beitrag für das Erlebte zu leisten. Jede Person gibt in einem Umschlag mit Namen ihren Beitrag für die verschiedenen Leistungen. Der Gruppe wird mitgeteilt, welche Gesamtsummen erreicht wurden und was der jeweils höchste und niedrigste Betrag war.

Wenn mit dem Beitrag nicht das erreicht wurde, was sich die Beteiligten gewünscht haben, gibt es noch einmal die Möglichkeit, nachzukorrigieren und – auch im Bewusstsein der gebotenen Beträge der anderen – freiwillig noch mehr »draufzulegen«.

Ähnliches gibt es in buddhistischen Zentren (zum Beispiel bei Vipassana-Retreats) einfach in Form von »Dana«, indem am Ende einer Veranstaltung nach einem freiwilligen Beitrag gefragt wird, mit dem die Veranstaltungen finanziert werden. Der Unterschied: In der Contribution Consciente sind der Bezahlungsprozess und die Reflexionen darum ganz bewusst Teil auch des Programms der Veranstaltung, dem Zeit im Programm eingeräumt wird.

5.4.2.3 *Bieterrunden*

Ein ähnlicher Ansatz zur Contribution Consciente hat sich im Bereich der Solidarischen Landwirtschaften etabliert. Dort wird – ähnlich wie in der Contribution Consciente – offengelegt, wie viel benötigt wird, um in einem Hof die Lebensmittel für die Gemeinschaft, die die Solidarische Landwirtschaft unterstützt, zu produzieren. Und dann finden Bieterrunden statt, in denen die Anwesenden angeben, wie viel sie für ihren Anteil an der Ernte bezahlen würden. In der ersten Bieterrunde sagen die Menschen, wie viel sie gerne bezahlen würden. Wenn dies nicht reicht, gibt es eine zweite und eine dritte Bieterrunde.

Es gibt auch von dieser Lösung verschiedene Varianten, darunter auch eine Variante, in der alle Beteiligten vorher ihr Nettogehalt angeben und damit ausgerechnet wird, **welchen Prozentsatz des Nettogehaltes jede Person geben müsste**, um die Bedarfe der unterstützten Landwirtschaft zu finanzieren.

5.4.3 Weiterführender Ansatz: Gemeinwohlökonomie

Die Gemeinwohlökonomie ist der ganzheitlichste Ansatz, den ich hier vorstellen werde. Es ist ein Ansatz, der den Anspruch hat, als Grundlage für ein ganz neues ökonomisches Modell zu stehen. Ich werde sie hier nur in Grundzügen vorstellen, wer dann Interesse bekommt, mehr davon zu erfahren, dem sei die Website https://web.ecogood.org/de oder das Buch *Gemeinwohl-Ökonomie* von Christian Felber (Piper, 2018) empfohlen.

Christian Felber entwickelt in seinem Ansatz eine Vision von einer Wirtschaft, in der nicht mehr das Bruttosozialprodukt der entscheidende Faktor für die Bewertung einer Volkswirtschaft ist und nicht mehr die Geldbilanz der Faktor für die Bewertung des Erfolges eines Unternehmens, sondern vielmehr die »Gemeinwohlbilanz«. Die Wirtschaft orientiert sich am Gemeinwohl, am »EcoGood«. Christian Felber sagt:

> »In einer echten ›Ökonomie‹ ist das Geld nur Mittel zum Zweck. Schaffen wir es, die wirtschaftliche Erfolgsmessung auf das Ziel [des Gemeinwohls] zu richten, fließt die menschliche Kreativität in die Mehrung des Gemeinwohls. Dann stimmen Wirtschaft und Werte zusammen!«

In der Philosophie der Gemeinwohlökonomie sollten Unternehmen jedes Jahr eine Gemeinwohlbilanz erstellen, und die Besteuerung misst sich an den Ergebnissen dieser Gemeinwohlbilanz. Unternehmen mit einer schlechten Gemeinwohlbilanz zahlen dann deutlich höhere Steuern als diejenigen mit einer guten Gemeinwohlbilanz. So werden Anreize geschaffen, nicht um des Profits willen Umwelt oder Menschen auszubeuten.

Grundlage der Gemeinwohlbilanz ist die Gemeinwohlmatrix.

Gemeinwohlmatrix

Wert / Berührungsgruppe	Menschenwürde	Solidarität und Gerechtigkeit	Ökologische Nachhaltigkeit	Transparenz und Mitentscheidung
A: Lieferant:innen	**A1** Menschenwürde in der Zulieferkette	**A2** Solidarität und Gerechtigkeit in der Zulieferkette	**A3** Ökologische Nachhaltigkeit in der Zulieferkette	**A4** Transparenz und Mitentscheidung in der Zulieferkette
B: Eigentümer:innen & Finanzpartner:innen	**B1** Ethische Haltung im Umgang mit Geldmitteln	**B2** Soziale Haltung im Umgang mit Geldmitteln	**B3** Sozialökologische Investitionen und Mittelverwendung	**B4** Eigentum und Mitentscheidung
C: Mitarbeitende	**C1** Menschenwürde am Arbeitsplatz	**C2** Ausgestaltung der Arbeitsverträge	**C3** Förderung des ökologischen Verhaltens der Mitarbeitenden	**C4** Innerbetriebliche Mitentscheidung und Transparenz
D: Kund:innen & Mitunternehmen	**D1** Ethische Kund:innenbeziehungen	**D2** Kooperation und Solidarität mit Mitunternehmen	**D3** Ökologische Auswirkung durch Nutzung und Entsorgung von Produkten und Dienstleistungen	**D4** Kund:innenmitwirkung und Produkttransparenz
E: Gesellschaftliches Umfeld	**E1** Sinn und gesellschaftliche Wirkung der Produkte und Dienstleistungen	**E2** Beitrag zum Gemeinwesen	**E3** Reduktion ökologischer Auswirkungen	**E4** Transparenz und gesellschaftliche Mitentscheidung

Mit freundlicher Genehmigung übernommen aus: https://web.ecogood.org/de/unsere-arbeit/gemeinwohl-bilanz/gemeinwohl-matrix/, abgerufen am 5.3.2022.

Zu jedem der 20 Felder der Gemeinwohlmatrix gibt es Fragen, die für eine Gemeinwohlbilanz beantwortet werden müssen. Daraus ergibt sich eine Punktzahl, die dann die Bilanz ergibt.

Bereits heute gibt es viele Unternehmen, die freiwillig eine Gemeinwohlbilanz erstellen, damit ihr Ringen um einen Beitrag für das Gemeinwohl deutlich machen und sich untereinander dazu austauschen. Auch Gemeinden und Regionen setzen bewusst auf die Gemeinwohlökonomie, um ihre eigene Situation zu analysieren und dann auch zu verbessern. Diese Bewegung, die im Augenblick gut zehn Jahre alt ist, nimmt mit jedem Jahr mehr Fahrt auf und hat einen immer größeren Einfluss.

6

Ernte

6.1 Einführung

6.1.1 Wofür steht der Begriff Ernte?

Der Aspekt »Ernte« im Gemeinschaftskompass steht für das »Genießen der Früchte der Arbeit«. Es steht auch sinnbildlich dafür, dass uns das, was wir tun, auch nähren und nicht auszehren sollte. Die Ernte steht für das Innehalten, Wahrnehmen, Auswerten, Feiern und das Wertschätzen aller Beiträge, die uns zu diesem Punkt gebracht haben.

Viele Projekte, die ich kenne (und ehrlich gesagt, ich persönlich auch!), verlieren sich leicht im Aktivismus. Denn es gibt viel zu tun – wir wollen ja die Welt retten! Ein Teilprojekt jagt das nächste. Und sie sind alle wichtig und wesentlich. Wir sind davon motiviert, etwas zu bewirken, unseren Teil beizutragen. Das entspricht dem menschlichen Grundbedürfnis der »Selbstwirksamkeit«, von dem ich bereits im Kapitel 2.6 zu Rang und Macht gesprochen habe.

Die Kultur der »protestantischen Arbeitsethik«, aus der unsere westliche Industriegesellschaft entstanden ist, trägt ihren Teil dazu bei. In unserer Kultur definieren sich Menschen sehr häufig über das, was sie tun. Der Satz des Dalai-Lama »We are human beings, not human doings!« ist für Menschen unseres Kulturkreises häufig noch eine umwälzende Erkenntnis.

Aber das viele Tun führt auch regelmäßig zum Burn-out. Menschen engagieren sich, bis sie nicht mehr können. Und es ist Quelle für Konflikte: Es gibt häufig Streit darüber, dass die einen »sich den A... aufreißen«, während die anderen nichts beitragen.

Hier soll der Aspekt »Ernte« im Gemeinschaftskompass daran erinnern, dass zu den Aspekten »Intention«, »Struktur« und »Praxis« immer noch ein vierter Aspekt fehlt, um den Projektentwicklungskreislauf »rund« zu machen. Es ist wichtig, immer wieder auch »die Früchte der Arbeit zu genießen« und zu würdigen, wer was dazu beigetragen hat, selbst wenn es nur ein kleiner Beitrag war.

Gerade in ehrenamtlichen Initiativen ist es oft so, dass sich deutlich häufiger darüber beklagt wird, was alles nicht gemacht wurde, als dass gewürdigt wird, was alles getan wurde. Aber Menschen brennen auf Dauer aus, wenn auf ihre Aktivität keine Würdigung kommt. Daher ist der Aspekt »Ernte« eine ganz wichtige Burn-out-Prophylaxe für alle Projekte, indem er immer wieder an die Bedeutung von **Wertschätzung und Würdigen** erinnert.

Im Dragon Dreaming, das den Gemeinschaftskompass stark inspiriert hat (siehe auch Kapitel 3.4), nennt John Croft diesen vierten Quadranten im Projektentwicklungskreislauf »Feiern«. Und er betont, dass jeder der vier Projektentwicklungsquadranten (bei ihm: Träumen, Planen, Tun und Feiern) gleich viel Aufmerksamkeit und Ressourcen braucht. Eine wahrhaft revolutionäre Forderung für alle Aktivisti, die Projekte entwickeln.

Der Aspekt »Ernte« im Gemeinschaftskompass dient wie der Quadrant »Feiern« im Dragon Dreaming damit als ständige Erinnerung daran, dass gemeinschaftliche Initiativen insbesondere in einem Klima gedeihen, in dem wir eine **Kultur der Wertschätzung und des Feierns** entwickeln.

Ganz wichtig: Der Aspekt »Ernte« erinnert außerdem daran, immer wieder innezuhalten mit der Frage: »Wo wollten wir eigentlich hin, was war unsere Intention?« und gleichzeitig zu schauen: »Wo sind wir eigentlich auf unserem Weg gelandet? Braucht es Veränderung?«

Zur Ernte gehört neben dem Wertschätzen und Feiern auch das konstruktive Auswerten von dem, was weniger gut gelaufen ist. Eine Fehlerkultur, in der Fehler als wichtiger Hinweis auf das, was verbessert werden kann, wahrgenommen und angesprochen werden, ohne dabei jemanden für das, was sie getan hat, negativ zu bewerten. Aus jedem Fehler kann man etwas lernen – und so gehört zum Aspekt »Ernte« auch die Entwicklung einer Fehlerkultur, in der Fehler als Lernchance begrüßt werden.

Ein Bankmitarbeiter hat mit einer riskanten Transaktion seinem Arbeitgeber einen Verlust von sechs Millionen Dollar beschert. Schweren Herzens geht er zu seiner Chefin, steht zerknirscht vor ihr und bietet seine Kündigung an. Die Reaktion der Chefin: »Wie bitte, Sie wollen jetzt gehen? Ich habe gerade sechs Millionen Dollar in Ihre Fortbildung investiert! Ich möchte, dass Sie uns erhalten bleiben!«

6.1.2 Die Bedeutung von Feedback und Evaluation

Feedback ist eine ganz wesentliche Zutat für das persönliche Lernen. In den 50er-Jahren des letzten Jahrhunderts haben zwei Sozialpsychologen, Joseph Lust und Harry Ingham, dazu das Bild des sogenannten Johari-Fenster entwickelt.

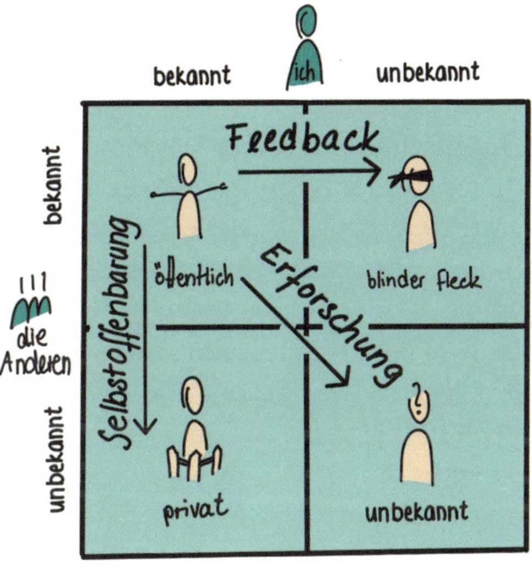

Wir selbst kennen nur einen Teil von uns, und andere kennen nur einen Teil von uns. Das Johari-Fenster unterscheidet vier Bereiche: den Bereich, der mir und anderen bekannt ist, den »privaten« Bereich, der nur mir bekannt ist, den »blinden Fleck«, der mir nicht, aber anderen bekannt ist, und das »Unbekannte«, was weder mir noch anderen bekannt ist.

Unsere Selbsterkenntnis wird wachsen, wenn wir erfahren, was andere von uns wahrnehmen. Gleichzeitig können andere mehr von uns verstehen, wenn wir Dinge teilen, die sonst nicht selbstverständlich geteilt werden – etwa über alte Verletzungen zu sprechen oder von Aufgaben zu erzählen, die uns schwerfallen. Und wenn wir durch Feedback und persönliches Teilen diesen Bereich dieser »öffentlichen Person« erweitern, dann gibt es häufig noch einen weiteren Bonus! Wir entdecken Aspekte an uns, die weder wir noch andere über uns wussten – und können so deutlich bewusster ins Leben gehen!

Auch Gruppen können deutlich bewusster ihr Miteinander gestalten, wenn es weniger Dinge gibt, die »unter den Teppich« gekehrt werden. Eine offene und konstruktive Feedbackkultur kann jeder Gruppenentwicklung nur guttun!

Was das Feedback im zwischenmenschlichen Bereich ist, das ist die bewusste Auswertung im Aufgabenbereich. Der Aspekt »Ernte« steht im Gemeinschaftskompass auch als Erinnerung an die Bedeutung von Auswertung. Die Auswertung muss keine aufwendige Sache sein. Es kann beispielsweise einige Tage nach Versand eines Newsletters, der zum Beispiel eine Veranstaltung beworben hat, geprüft werden, ob (und wie häufig) es Klicks auf die Veranstaltungsseite gab oder ob es tatsächlich Anmeldungen gab. Die Erkenntnisse, die man durch kurze, unaufwendige Evaluationen bekommt, sind die Arbeitszeit, die hineingesteckt wird, selbstverständlich wert. Bereits in der Projektplanung sollte der Aspekt »Ernte« berücksichtigt und sich gefragt werden: »Wie können wir herausfinden, ob unsere Aktivitäten Erfolg hatten oder nicht?«

Für jedes Projekt ist es hilfreich, in regelmäßigen Abständen – zum Beispiel einmal jährlich – auf die eigene Arbeit mit der Frage zu schauen: »Was haben wir getan? Was haben wir erreicht? Was nicht? Was hat dazu geführt, dass wir das (nicht) erreicht haben, was wir (nicht) erreicht haben? Was können wir daraus lernen? Müssen wir unsere Ziele anpassen? Oder unsere Wege? Oder sollte alles so weiterlaufen wie bisher?«

Der Aspekt »Ernte« hat entscheidenden Einfluss auf den Erfolg jedes Projektes. Die Ernte stärkt die Aspekte »Individuen« und »Gemeinschaft« sehr stark, indem sie das Lernen der Einzelnen und der Gemeinschaft als

Ganzes durch Feedback absichert. Sie schafft Verbundenheit durch wertschätzenden Kontakt, beugt Frustrationen vor. Sie schafft Tiefe, indem ehrliches Feedback gegeben wird. Sie nährt dadurch sehr stark die beiden zentralen Aspekte im Gemeinschaftskompass.

Ernte verbessert auch die Praxis durch die Lernerfahrungen, die gemacht werden. So wirkt sie nicht nur auf die zentralen Aspekte »Individuen« und »Gemeinschaft«, sondern dient genauso als wichtiger Dünger für die Praxis.

Wenn »Ernte« mit der Welt geteilt wird und Erfolge nicht nur intern, sondern auch in der Öffentlichkeit gefeiert werden – ob durch eine Pressemitteilung oder eine rauschende Jubiläumsfeier –, stärkt dies parallel noch das Standing des Projektes in der Welt.

6.2 Methodische Überlegungen: Evaluation, Feedback und eine Wertschätzungskultur aufbauen

6.2.1 Die Ernte in der Struktur verankern

Aus der Soziokratie können wir viel lernen, wie Evaluation und Feedback ständig in Beschlüsse und die Arbeit von Arbeitsgruppen eingebaut werden können. In der Soziokratie gehören zu jedem Beschluss eine Formulierung des Ziels, das damit erreicht werden soll, und ein Datum, an dem überprüft wird, ob man auf dem richtigen Weg ist.

Dieses sinnvolle kleine Tool kann man natürlich auch nutzen, ohne die gesamte Soziokratie anzuwenden. Das Festhalten des Ziels, das mit einer Strategie erreicht werden soll, geht im Alltag von Projektplanung und vielen Diskussionen viel zu häufig unter. Aber wenn in die Kultur der Gruppe eingesickert ist, dass dies sinnvoll ist, ist es sehr einfach umsetzbar. Es ist eine kleine und sehr hilfreiche Verbesserung der Arbeitsabläufe, wenn bei jedem Beschluss, jedem Planungsschritt kurz formuliert wird, was man damit erreichen will und wann man evaluiert, was erreicht wurde.

Der nächste wesentliche Schritt ist dann, auch an die Evaluation zu denken. Daher gibt es in der soziokratischen Organisationsstruktur die Rolle der Logbuchverantwortlichen (4.4.3.5), die auch gleichzeitig stets den Überblick darüber haben, was wann evaluiert wird oder neu angeschaut werden muss. Natürlich kann man dies auch gleich mit einem elektronischen Kalender koppeln, der an entsprechende Schritte erinnert.

Viele andere Elemente der Soziokratie verankern die Ernte fest in der Struktur:

Die soziokratische Wahl (4.4.3.3) beinhaltet, dass viele Projektmitglieder ein Feedback bekommen, welche Qualitäten die anderen in ihnen sehen.

Soziokratische Entwicklungsgespräche (4.4.3.4) sind fester Bestandteil einer soziokratischen Organisationsstruktur und verankern hier die Ernte der Erfahrungen aus einem Teil der Amtszeit.

Der Check-out nach jeder Sitzung (Kapitel 4.4.3.1) ist ebenfalls ein Stückchen Ernte. Es wird gewürdigt, was gut gelaufen ist, und es werden Lernerfahrungen für das nächste Mal formuliert.

So bietet die Soziokratie ein Organisationsmodell, das automatisch sehr viel Ernte beinhaltet. Fast alles, was ich im Kapitel zur Soziokratie geschrieben habe, hätte auch in das Kapitel zur Ernte gepasst.

6.2.2 Vergesst das Feiern nicht!

Es ist eine gute Idee, am Ende von größeren Projekten stets einen richtigen »Feier-Abend« einzuplanen. Ein Abend, bei dem gemeinsam der Abschluss des Projektes gefeiert wird, aber auch bewusst darauf zurückgeblickt wird, mit den Fragen:

- ▹ Was lief richtig gut?
- ▹ Wo gab es Schwierigkeiten?
- ▹ Was lernen wir aus all dem?
- ▹ Was wollen wir ganz konkret für die Zukunft verändern?

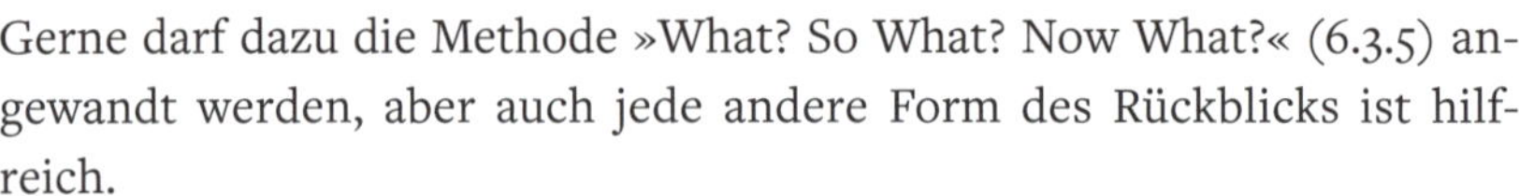

Gerne darf dazu die Methode »What? So What? Now What?« (6.3.5) angewandt werden, aber auch jede andere Form des Rückblicks ist hilfreich.

Gleichzeitig darf aber auch eine angemessene echte »Feier« nicht fehlen. Ob das durch ein Anstoßen, ein gemeinsames Essengehen, gemeinsames Tanzen oder einen gemeinsamen Wochenendausflug realisiert wird, hängt ganz von der Initiative und der Größe des abgeschlossenen Projektes ab.

6.2.3 Gemeinschaftsfördernde Feedbackkultur aufbauen

Neben diesem Ansatz, die Evaluation und das Feiern ganz bewusst in die Struktur einzubauen und so eine »Ernte« abzusichern, ist ein weiterer wesentlicher Schritt, eine Kultur der Wertschätzung und des offenen, konstruktiven Feedbacks in einer Gemeinschaft aufzubauen. Die Werkzeuge, die ich im Folgenden vorstelle, sind wie Krücken, die uns helfen sollen, diese Haltung mehr in unser Leben einzubauen. Diese Werkzeuge sollen den Mitgliedern der Initiative erfahrbar machen, wie angenehm es sich anfühlt, Feedback und Wertschätzung zu erhalten. **Das Wesentliche ist jedoch, die Kultur und das Miteinander so zu entwickeln, dass wir diese Werkzeuge immer weniger brauchen**, sondern dass die Ernte, das Feedback, die Wertschätzung selbstverständlich zu unserem Alltag gehören.

Häufig ist es so, dass gerade die aktivsten Menschen im Projekt gefühlt wenig Wertschätzung und Würdigung erfahren, da häufig ihr Engagement auch zurückgepfiffen und kritisiert wird, da andere nicht immer gleich begeistert von den von ihnen entwickelten Projekten sind, sondern Bedenken vorbringen.

Und trotzdem ist es in meinen Augen auch an genau diesen Menschen, aktiv im Alltag mit der Wertschätzung zu beginnen. Gerade wenn man selbst den Eindruck hat, dass die eigene Arbeit nicht gewürdigt wird, sollte man damit beginnen, eine Kultur der Wertschätzung durch eigenes Vorleben aufzubauen. Beispielsweise können diese Personen bewusst die Beiträge anderer würdigen oder auch kleine Feiern initiieren, die die Bewältigung von Zwischenschritten würdigen – auch wenn es der eigene Beitrag war, der zu diesem Zwischenschritt beigetragen hat.

Als Fördermittelfrau unseres Projektes hat es mich lange unzufrieden gemacht, dass es für meine Mitbewohner:innen einfach selbstverständlich war, dass ich ab und zu Fördermittel für Teilprojekte akquiriert habe, und dass so selten Würdigung dafür oder Begeisterung für die Bewilligung zu spüren war. Ich habe dann selbst damit angefangen, bei einem positiven Förderbescheid ein paar Flaschen Saft und Sekt zu kaufen und zu einem Anstoßen auf den bewilligten Antrag einzuladen! (Auf Kosten des Fördermittelempfängers natürlich.) Heutzutage finden solche kleinen »Feiern« viel häufiger in unserem Projekt statt.

Inzwischen gehört es auch in unserem Projekt dazu, dass Menschen, die aus bestimmten Rollen aussteigen, am Ende eine besondere Würdigung für ihr Engagement für diese Rolle bekommen – einen Gutschein für eine Massage, einen Präsentkorb oder eine Einladung zum gemeinsamen Essengehen. Derartige kleine Aufmerksamkeiten sind nicht nur etwas für Kaninchenzüchtervereine oder konventionelle Betriebe – sie tun jeder Initiative gut!

Auch ein kleines Dankeschön an Weihnachten oder Ostern für alle ehrenamtlichen Mitarbeiter:innen kann Wunder wirken – auch wenn die Idee selbst von ehrenamtlichen Mitarbeiter:innen kommt!

Eine derartige Ernte-Kultur ist in gut geführten hierarchischen Organisationen häufig vorhanden, in selbstorganisierten Zusammenhängen traut sich oft niemand, diese Rolle zu übernehmen. Dabei ist sie auch für selbstorganisierte Initiativen sehr stärkend. Es könnte eine ganz bewusste Rolle sein – die Person, die den Aspekt »Ernte« hütet, bekommt die explizite Ermächtigung, immer wieder Aspekte von Evaluierung und Wertschätzung umzusetzen (siehe auch Kapitel 8.1.4, »Hüte verteilen«)

6.2.4 Verletzungen durch Feedback?

Im Folgenden stelle ich einige Werkzeuge zum Etablieren einer Feedbackkultur vor, in denen teilweise eingeladen wird, auch kritisches Feedback zu geben. Das ist eine hohe Kunst, für konstruktive Zusammenarbeit aber sehr förderlich.

Dafür ist es jedoch wichtig, dass sich die ganze Gruppe der Bedeutung und der Voraussetzungen für Feedbackgeben und -hören bewusst ist und dass insbesondere die Person, die facilitiert, in der Lage ist, Verletzungen, die durch heftig gegebenes kritisches Feedback entsteht, aufzufangen.

Viele Menschen haben Sorge vor den Verletzungen, die kritisches Feedback auslösen könnte. Dies geschieht in gut gehaltenen Settings viel seltener, als die meisten Menschen annehmen. Trotzdem ist es natürlich möglich.

Die wichtigste Voraussetzung, damit kritische Feedbacks positive Wirkung haben, ist eine wertschätzende Grundhaltung der Feedbackgebenden. Außerdem braucht es eine gewisse Stabilität der Personen, die Feedback bekommen. Wenn sie selber bereits in einer verletzten, angetriggerten Situation oder Stimmung sind, können auch noch so konstruktiv vorgebrachte Feedbacks sehr verletzend sein. Daher sollten derartige Feedbacks vor der Großgruppe nur in Situationen gegeben werden, in denen die Person selber darum bittet – wie zum Beispiel in der Variante »Ich wills wissen!«.

Eine Voraussetzung für die Arbeit mit kritischen Feedbacks in Gruppen ist: Kritische Feedbacks sollten nur eingeladen werden, wenn die Umgangskultur und die Stimmung in der Gruppe die Begleitung annehmen lässt, dass die Feedbacks aus einer wertschätzenden Grundhaltung gegeben werden, und nicht als persönliche Abrechnung.

In aufgeheizten Gruppensituationen ist diese Übung kontraindiziert.

Falls ein Feedback doch verletzend ankommt, ist es wichtig, als Facilitator:in Folgendes zu wissen: Der Hinweis »Ein Feedback sagt häufig mehr über die Person aus, die es gibt, als über die Person, über die es gemeint ist« ist in solchen Situationen häufig hilfreich, er kann zumindest die Situation für die Person in der Mitte entschärfen.

Das kann verbunden sein mit dem Hinweis, dass nicht jedes Feedback angenommen werden muss, sondern nur die Äußerungen anderer, die Resonanz bei der Person in der Mitte haben. Hier wird es allerdings tricky, denn wenn wir ehrlich sind: Verletztes Reagieren auf ein Feedback ist eine starke Resonanz! Allerdings braucht eine verletzte Person in der Regel zunächst etwas anderes als diesen Hinweis, weil durch die Verletzung ihr Nervensystem angetriggert ist (siehe Kapitel 2.5.3.2) und sie das Gehörte nicht verarbeiten kann. Daher braucht sie in der Regel zunächst Unterstützung beim innerlichen Beruhigen und nicht noch einen Hinweis darauf, dass in dem Feedback sicher ein wahrer Kern steckt.

6.3 Werkzeuge

6.3.1 Werkzeuge zum Stärken der Wertschätzungskultur

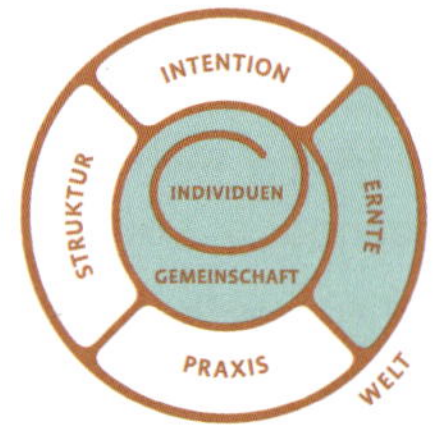

6.3.1.1 Dankesrunden

Nichts.

Dankesrunden als regelmäßigen Bestandteil in Treffen einzubauen, schafft eine Basis für eine Kultur der Wertschätzung.

Bereits einmalig wirken sie verbindend und motivierend.

Kurzbeschreibung

Eine Einladung, kurz in den Raum zu sprechen, wem du wofür dankbar bist.

Detaillierte Anleitung

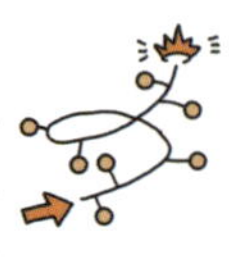

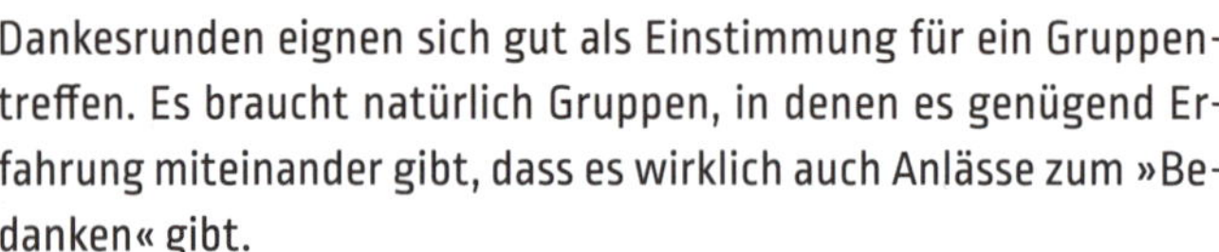

Dankesrunden eignen sich gut als Einstimmung für ein Gruppentreffen. Es braucht natürlich Gruppen, in denen es genügend Erfahrung miteinander gibt, dass es wirklich auch Anlässe zum »Bedanken« gibt.

Nach einer kurzen Begrüßung fordert die Gesprächsleitung auf, das Treffen damit zu beginnen, dass wir unsere Dankbarkeit äußern – ohne Rednerliste, einfach spontan, wer den Impuls verspürt, spricht!

In Gruppen, die Derartiges gar nicht gewohnt ist, ist es von Vorteil, wenn die Gesprächsleitung einige Menschen vorher bittet, sich zu überlegen, wofür sie Dankbarkeit empfinden, und so das Feld zu eröffnen. Wenn die Ersten ihre Dankbarkeit ausgesprochen haben, ist es für die anderen leichter, es auch zu tun.

Herkunft

Mündlich überliefert.

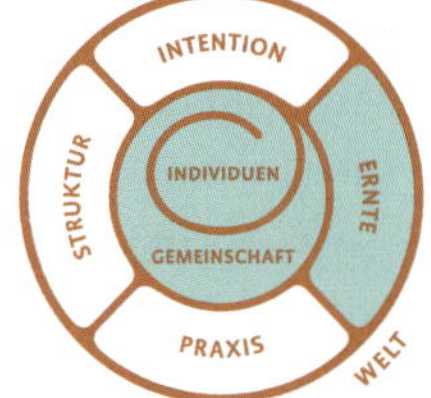

6.3.1.2 Wertschätzungszettel

Facilitator	Offenheit der Gruppe	Anzahl Personen	Dauer
 *	 *	 6 bis 100	 20 Minuten

Materialien/Raum  Ein DIN-A4-Zettel für jede Person, Tesafilm, Kugelschreiber oder Bleistifte.

Was bringts? Neben dem Erlebnis der Wertschätzung gibt es auch einen kleinen, aber nicht überfordernden Körperkontakt durch die Zettel auf dem Rücken. Die Zettel können aufgehoben werden, manche Menschen sind sehr glücklich über diese Zettel als Erinnerungsstütze.

Kurzbeschreibung  Jede Person bekommt einen Zettel auf den Rücken geklebt, und wir schreiben uns gegenseitig auf den Rücken, was wir an der anderen Person schätzen, was uns beeindruckt oder besonders berührt hat.

Detaillierte Anleitung

Für die Vorbereitung ist es gut, wenn man schon Klebeband in passende kleine Abschnitte geschnitten hat und dann jede Person einen Zettel und ein Stück Klebeband bekommt und damit einer anderen Person einen Zettel auf den Rücken klebt. Es ist schon gleich ein erstes Minigemeinschaftserlebnis, sich gegenseitig zu helfen, die »Ausgangsposition« zu erreichen.

Dann bleibt für die Facilitator:innen als fast einzige Aufgabe, die Menschen aufzufordern, bei den Menschen, für die sie eine Wertschätzung haben und/oder an denen ihnen etwas aufgefallen ist, was sie besonders schätzen, dies auf den Zettel auf ihrem Rücken zu schreiben. Das kann anonym oder mit Namen versehen sein.

Bei dieser Übung ist es angeraten, dass auch die Facilitator:innen teilnehmen, wenn sie die Teilnehmenden gut genug kennen. Sie können ausgleichen, wenn Menschen weniger positive Würdigung auf den Rücken geschrieben bekommen. Dann sollten die Facilitator:innen besonders diese Menschen würdigen, natürlich authentisch und in dem Maße, in dem es sich gut anfühlt.

Es ist gut, wenige Minuten bevor man die Übung beendet, anzukündigen:

»Noch 2 Minuten, dann beenden wir die Übung. Was ihr dann noch nicht auf die Zettel der anderen geschrieben habt, könnt ihr gerne in der nächsten Pause oder beim Mittagessen persönlich sagen.«

Herkunft

Mündlich überliefert.

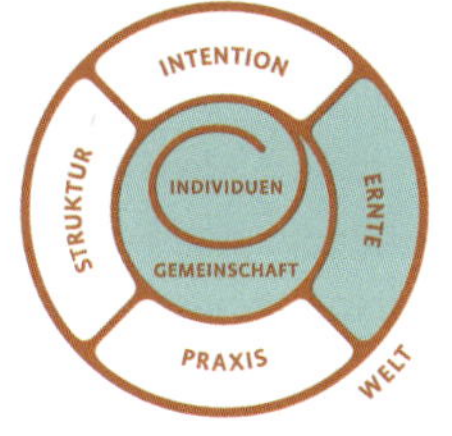

6.3.1.3
Warmer Regen

Facilitator

*

Offenheit der Gruppe

**

Anzahl Personen

8 bis 40

Dauer

30 bis 90 Minuten

Materialien/Raum

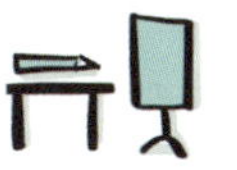

Ein Raum, der groß genug ist, dass alle in einem Stuhlkreis sitzen können. Eine Mitte, die frei genug ist, dass sich jemand in die Mitte stellen kann.

Was bringts?

Es ist oft sehr aufbauend, Wertschätzung/Feedback persönlich im Zentrum eines Kreises ausgesprochen zu bekommen.

Kurzbeschreibung

Alle sitzen im Kreis, und wer das Interesse hat, einen »warmen Regen« zu bekommen, steht auf und geht in die Mitte. Ihr seid dann eingeladen, dieser Person zu sagen, was ihr an ihr schätzt.

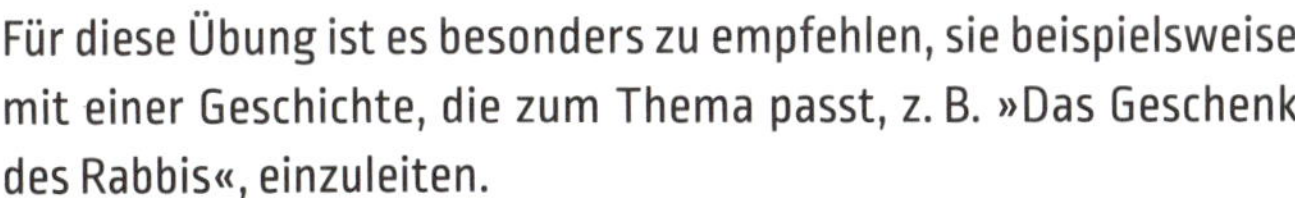

Detaillierte Anleitung

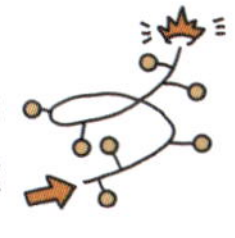

Für diese Übung ist es besonders zu empfehlen, sie beispielsweise mit einer Geschichte, die zum Thema passt, z. B. »Das Geschenk des Rabbis«, einzuleiten.

Nach dem Vorlesen der Geschichte ist eine kurze Stille häufig hilfreich. Anschließend lädt die Person, die facilitiert, dazu ein, dass eine Person in die Mitte kommt und einen »warmen Regen« empfängt.

»Die Menschen im Außenkreis sind eingeladen, der Person in der Mitte zu sagen, was sie an ihr schätzen. Dies folgt keiner Reihenfolge, wer den Impuls

hat zu sprechen, fängt an, beendet seinen:ihren Beitrag in Ruhe, und dann wird in angemessener Zeit die nächste Person sprechen.«

Die Person, die den Rahmen hält, sollte sich mit einer (oder auch zwei) wertschätzenden Äußerung(en) bereithalten, dann zu sprechen, wenn besonders lange Pausen entstehen, die unangenehm werden.

Auch hier ist es eine Frage der Intuition, den Auftritt einer Person zum richtigen Zeitpunkt zu beenden. Es kann auch ins Gegenteil umschlagen, wenn man auf weiteres wertschätzendes Feedback wartet und keines mehr kommt. In der Realität ist das zum Glück äußerst selten der Fall. Eine längere Pause kann man z. B. damit abpuffern, indem die facilitierende Person auffordert:

»Ein oder zwei Beiträge wollen noch gesprochen werden, prüfe mal, ob da bei dir noch etwas ist.«

Das gibt meistens einen kleinen neuen Impuls für weitere Beiträge. Aber man sollte dann in der Regel nach zwei Beiträgen wirklich den »Auftritt« schließen.

Wenn die Person sich wieder hinsetzt, gibt es in vielen Gruppen die Tradition, diesen Auftritt durch Klatschen energetisch zu beenden.

Für manche Gruppen fühlt sich das Applaudieren komisch an. Es ist ein Stilfrage der Facilitation und der Gruppe, sie sollte einfach das tun, was sich für sie gut anfühlt. Wichtig ist irgendein energetischer Abschluss des Auftritts der einen Person, bevor die nächste Person kommt. Das können einfach einige wenige überleitende Worte sein, bevor die nächste Person aufsteht.

 *»Danke für den ersten Auftritt! Wer möchte als Nächstes?«*

Herkunft

Mündlich überliefert.

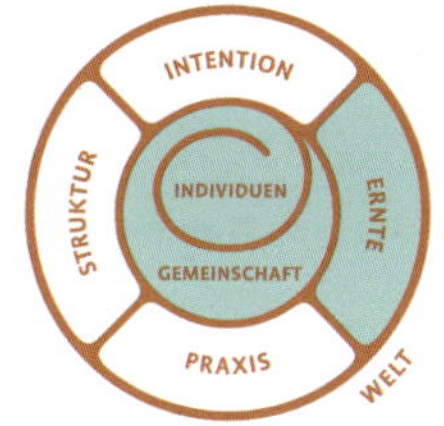

6.3.1.4
Wertschätzende Begegnungen

*

**

jede

20 Minuten

Materialien/Raum

Ein großer, freier Raum, in dem sich alle Teilnehmenden entspannt bewegen können.

Was bringts?

Die persönliche Beziehung zwischen zwei Personen wird gestärkt. Man erfährt, was andere an der eigenen Person wertschätzen.

Kurzbeschreibung

Die Gruppenmitglieder geben sich in kurzen Zweierbegegnungen Rückmeldung, was sie aneinander schätzen.

Detaillierte Anleitung

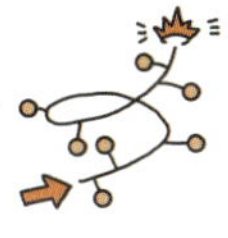

Diese Methode ist eine Abwandlung der Zwiegespräche (Kapitel 2.3.1). Sie unterscheidet sich von den normalen Zwiegesprächen dadurch, dass es nicht so ist, dass beide nacheinander zur gleichen Frage sprechen. **Die Person, die die Initiative hatte, auf jemand zuzugehen, spricht, die andere Person hört zu und bedankt sich lediglich für das Gehörte, und man geht dann auseinander.** Es ist wichtig, dies sowohl im Vorhinein als auch dann noch mal in der ersten Runde anzusagen – denn es gibt die starke Tendenz, sofort zu antworten, um das Gespräch ausgewogen zu machen. Aber es ist hier von Bedeutung, dass sich niemand eine Wertschätzung »aus den Fingern saugen« muss.

Für den Beginn gilt die gleiche Anleitung wie bei den Zwiegesprächen.

1. Partner:innen finden

»Steht auf und bewegt euch durch den Raum. Kommt zunächst noch mal bei euch an, spürt, wie eure Füße auf dem Boden aufsetzen und ihn wieder verlassen, spürt eure Waden, eure Knie …«

Die Aufmerksamkeit auf den Körper lenken und durch den ganzen Körper führen.

»Dann nehmt wahr, dass ihr nicht allein in diesem Raum seid – da sind auch noch andere! Wenn euch jemand begegnet, nehmt ihn oder sie wahr, lächelt ihnen kurz zu. Aber bleibt bei eurer Bewegung.«

Dies etwas laufen lassen.

»Nimm die Personen wahr, die hier im Raum laufen. Mit vielen hast du schon Schönes erlebt. Nun suche dir eine Person, mit der du etwas Schönes erlebt hast, an der du etwas besonders schätzt. Bleibe vor dieser Person stehen.«

2. Zweierbegegnung

»Sage dieser Person, die du dir ausgesucht hast, was du an ihr besonders schätzt.
Nimm dir die Zeit, die du dafür brauchst. Erwarte keine Antwort. In dieser Zweierbegegnung spricht nur die Person, die sich diese Partner:in ausgesucht hat, denn es geht um ganz ehrliche Wertschätzung, nicht um ein Gefühl der Ausgeglichenheit.
Wenn du gesagt hast, was du sagen wolltest, verabschiedet euch voneinander. Die Person, die dir gegenüberstand, kann dich später als Gegenüber suchen, aber zunächst verabschiedet ihr euch wieder. Es gibt bewusst nicht direkt eine Erwiderung. Nehmt euch die Zeit, die ihr braucht. Wenn ihr fertig seid, bewegt euch wieder durch den Raum und sucht euch eine neue Person.«

Nach etwa 15–30 Minuten sollte die Gesprächsleitung ansagen, dass nun die letzte Begegnung ansteht, und nach weiteren etwa 2 Minuten durch einen Gong das Ende der Übung einleiten.

Herkunft

Variante der Zwiegespräche nach Kapitel 2.3.1.

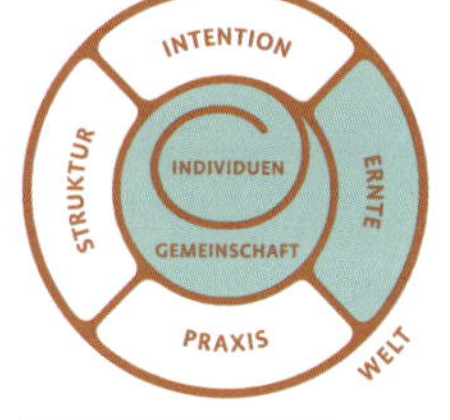

6.3.2 Feedbackübung

Facilitator	Offenheit der Gruppe	Anzahl Personen	Dauer
 *	 **	 alle	 90 Minuten

Materialien/Raum

Ein Raum, der groß genug ist, dass die Menschen sich gut darin bewegen können und nicht zu eng beieinanderstehen.

Für jede Person Zettel und Stift und ein Brett oder Notizblock, auf dem geschrieben werden kann.

Was bringts?

- Erfahren, dass es meistens angenehm ist, zu erfahren, wie andere Menschen die eigene Person wahrnehmen.
- Fremdbild und Selbstbild erweitern.
- Tieferes gegenseitiges Kennenlernen.

Kurzbeschreibung

In Zweierbegegnungen schreibt jede Person auf, welche Eigenschaften sie bei sich selbst und bei dem Gegenüber sieht. Das wird ausgetauscht, und so werden Selbst- und Fremdbild angeglichen.

Detaillierte Anleitung

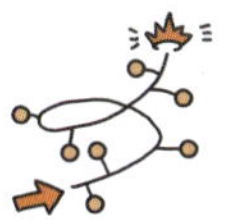

Bittet die Teilnehmenden, sich in Zweiergruppen zusammenzufinden.

»Schreibt auf einen Zettel 5–10 Adjektive/Eigenschaften, mit denen ihr euch selbst beschreiben würdet, und auf einen anderen 5–10, mit denen ihr euer Gegenüber beschreiben würdet.« (5 Minuten)

Nun haben die Paare *pro Person etwa 7 Minuten Zeit*. Ihr als Moderator:innen macht eine Ansage, wer anfängt (z. B. »Die ältere/größere/kleinere Person

oder die mit den kürzeren Haaren oder der kleineren Schuhgröße (irgendeine vergleichbare Eigenschaft nennen) beginnt und erzählt, *welche Eigenschaften sie in ihrem Gegenüber sieht*. Sie nennt alle Eigenschaften nacheinander, die andere Person hört zu. Dann erzählt das Gegenüber, das bis jetzt zugehört hat, welche *Eigenschaften sie bei sich selbst* aufgeschrieben hat. Der Rest der 7 Minuten steht für ein *freies Gespräch* über die Selbst- und Fremdwahrnehmung dieser Person zur Verfügung.
Danach wird gegongt oder auf eine andere Art das Ende dieses Gesprächs eingeleitet und übergeleitet zum *Rollenwechsel*.

Auch nach dem Rollenwechsel gibt es wieder den gleichen Ablauf. Zunächst werden Eindrücke über die andere Person mitgeteilt, dann das Selbstbild der anderen Person und dann ein kurzes Gespräch darüber.

Nach weiteren 7 Minuten ist die Partnerübung beendet.

Sinnvoll ist es, drei derartige Begegnungen hintereinander durchzuführen. Bei Begegnung 2 und 3 kann die Zeit für die Einzelarbeit etwas kürzer sein, da jede Person die eigenen Eigenschaften bereits aufgeschrieben hat.

Im großen Kreis einsammeln, wie es sich angefühlt hat, auf diese Art ein Feedback zu bekommen, wie sie wahrgenommen werden.

Herkunft

Mündlich überliefert – aus der Arbeit mit dem Johari-Fenster. Es gibt auch eine Onlinevariante dieser Übung: https://kevan.org/johari.

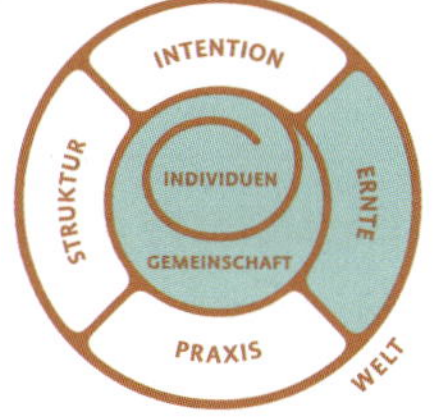

6.3.3 Ich wills wissen!

Facilitator

***

Offenheit der Gruppe

***

Anzahl Personen

8 bis 40

Dauer

30 bis 90 Minuten

Materialien / Raum Ein Raum, der groß genug ist, dass alle in einem Stuhlkreis sitzen können. Eine Mitte, die frei genug ist, dass sich jemand in die Mitte stellen kann und noch Platz ist für eine zweite Person, an zwei unterschiedlichen Stellen im Kreis zu stehen.

Im Raum sollten drei Punkte markiert sein: die Position, auf der die Person, die »es wissen will«, steht oder sitzt, und zwei Punkte, auf denen man stehen kann und von denen aus man die Person, die »es wissen will«, anschauen kann. Ein Punkt ist mit »+« markiert (oder einer schönen Illustration, die für Positives steht: ein Herz, eine Sonne, ein strahlendes Gesicht oder Ähnliches), der andere Punkt ist mit »–« markiert (oder einer Illustration, die Irritation darstellt: ein Blitz, ein ärgerliches Gesicht oder Ähnliches).

Was bringts? Ehrliches Feedback unter Zeug:innenschaft der Gruppe.

In der Regel ist es sehr aufbauend für die Menschen, die es bekommen, und es stärkt die Erfahrung, dass auch kritisches Feedback eine gute Sache ist.

Nicht geeignet für Situationen, in denen sich Fronten verhärtet haben und eine Gelegenheit zur »Abrechnung« gesucht wird.

Kurzbeschreibung Alle sitzen im Kreis, und wer den Impuls »Ich wills wissen!« verspürt, steht auf und geht in die Mitte. Alle sind dann eingeladen, dieser Person zu sagen, was sie an ihr schätzen und welche Punkte für sie die Herausforderungen in der Zusammenarbeit/dem Zusammensein mit dieser Person sind und was sie sich in diesem Zusammenhang von ihr wünschen.

Detaillierte Anleitung

Für diese Übung ist es sinnvoll, sie mit einem kurzen Input zu der Bedeutung von Feedbacks einzuleiten. Dabei sollte kurz das Johari-Fenster (6.1.2) eingeführt, und auf die Tatsache hingewiesen werden, dass es immer ein Geschenk ist zu erfahren, wie man auf andere wirkt, auch wenn es vielleicht zunächst schmerzhaft ist.

»Die Personen, die Feedback geben, sind eingeladen, das nur zu tun, wenn sie sich mit der Person positiv verbunden fühlen und ernsthaftes Interesse an einer Verbesserung der Beziehung haben. Das ist die Basis, die jegliches Feedback braucht, um gehört zu werden.
Die Person, die in der Mitte das Feedback empfängt, ist eingeladen, mit offenem Herzen zuzuhören, die Schätze im Feedback zu ernten und gleichzeitig zu bedenken: Du erfährst hier, wie jemand dich wahrnimmt. Das kann ein wichtiger Hinweis für dich sein, aber es ist nur selten so, dass du genauso bist, wie die Person dich wahrnimmt. Stets sagt die Wahrnehmung einer Person mindestens ebenso viel über die Person aus, die sie hat, wie über die wahrgenommene Person. Nimm dir also aus dem Feedback das, was bei dir Resonanz hat.«

Nach der Einführung in die Übung ist eine kurze Stille häufig hilfreich. Und dann lädt die Person, die facilitiert, dazu ein, dass eine Person in die Mitte kommt, die »es wissen will«.

Die Aufforderung zu Feedback an die Menschen im Außenkreis könnte dann sein:

»Die Menschen im Außenkreis sind eingeladen, der Person in der Mitte zwei Geschenke mitzugeben:
1. Was schätze ich an dir?
2. Was ist der Bereich, in dem ich manchmal Schwierigkeiten mit dir habe?

Dies folgt keiner Reihenfolge, wer den Impuls hat zu sprechen, fängt an.
Stelle dich zunächst auf den Punkt für die Wertschätzung, und drücke deine Wertschätzung aus.
Dann stelle dich auf den Punkt für die Schwierigkeiten und drücke von diesem Punkt aus die Herausforderungen aus. Sprich dabei von deiner Warte aus. Mache klar, dass es deine Wahrnehmung ist: ›Für mich ist es manchmal schwierig, dass/wenn du …‹ Du kannst danach auch noch mal auf den Wertschätzungspunkt wechseln, wenn du magst.«

Wichtig ist, dass der/die Facilitator:in darauf achtet, dass die Person, die Feedback gibt, die Person anschaut, die das Feedback empfängt. Das Feedback sollte im direkten Kontakt gegeben werden, und es darf gern von »ich« und »du« gesprochen werden, allerdings ohne in den Vorwurf abzugleiten.
Wenn das herausfordernde Feedback in Bewertungen abgleitet wie »du bist ...«, sollte die Person, die den Rahmen hält, eingreifen und es übersetzen in Sätze wie »Für mich scheint es so, als ...«, »Ich erlebe das als ...«

In manchen Gruppen traut sich zunächst niemand, ein Feedback zu geben. Dann darf sich die Person in der Mitte jemanden wünschen, der:die ihr Feedback geben soll.

Wichtig ist ein energetischer Abschluss des Feedbacks für die eine Person, bevor die nächste Person Feedback erhält. Das kann ein Applaus sein, es können auch einige wenige überleitende Worte sein, bevor die nächste Person aufsteht.

Gerade bei der ersten Erfahrung mit dieser Übung ist es eine gute Intervention, wenn die Facilitation die Person, die in der Mitte war, fragt:

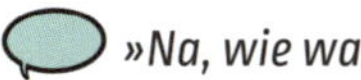 *»Na, wie war das für dich?«*

Ein hoffentlich entspanntes Feedback von »Tat gar nicht weh, sondern hat richtig gutgetan!« macht den Nächsten Mut, selbst in die Mitte zu gehen und/oder Feedback zu geben.

Vertiefung des Gehörten

Im Allgemeinen enthält eine derartige Feedbackrunde viel »Stoff« für innere Arbeit, und es ist wichtig, dies noch weiter zu vertiefen, damit es auch wirken kann. Daher sollte am Ende der Übung angeregt werden, dass diejenigen, die im Zentrum waren, sich eine Partner:in suchen, mit der sie sich bald nach der Übung über die Erfahrung mit folgenden Leitfragen austauschen:

▷ Was war für dich neu von dem Feedback?

▷ Was bedeutet das für dich?

▷ Was möchtest du vom Feedback aufgreifen?

▷ Was sind sinnvolle Schritte dafür? Brauchst du dabei Hilfe?

▷ Wollen wir uns in einiger Zeit noch mal treffen und darüber sprechen, wie es weitergegangen ist?

Entweder man plant für diese Reflexion eine längere Pause für die anderen Teilnehmenden ein, oder man regt nur die Bildung der Zweiergruppen an und überlässt es diesen Paaren, sich zu einem späteren Zeitpunkt zu verabreden. Auf jeden Fall sollte aber eine Pause eingeplant werden, die lang genug ist, damit sich sowohl die Person, die in der Mitte war, als auch die Partner:in einige Notizen machen kann, damit die Feedbacks nicht in Vergessenheit geraten.

Herkunft

In dieser Form eine eigene Entwicklung. Inspiriert vom »heißen Stuhl«, den Fritz Perls entwickelt hat, und von Feedbackgesprächen im Buch *Reinventing Organisations* von Frederic Laloux.

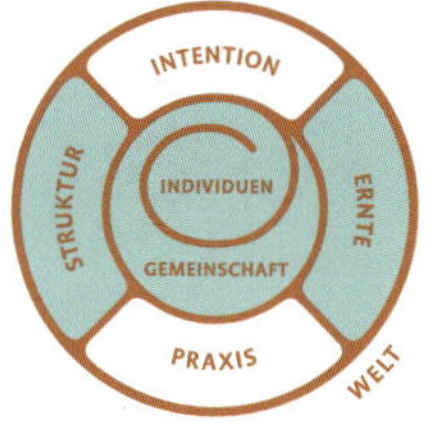

6.3.4

Appreciative Interviews (Wertschätzende Interviews)

Facilitator

*

Offenheit der Gruppe

**

Anzahl Personen

jede Gruppengröße

Dauer

60 Minuten

Materialien/Raum
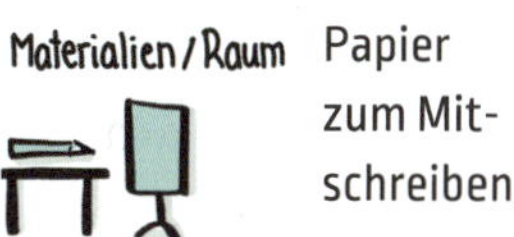
Papier zum Mitschreiben.

Was bringts?

Die Gruppe identifiziert Bedingungen, die sie zum Erfolg führen. Das schafft in der Regel Energie und Einsichten für eine positive Veränderung in einem Projekt.

Detaillierte Anleitung

1. Phase: Zwiegespräche

»Sprich mit jemandem, den du nicht so gut kennst, und erzähle dieser Person über ein Erlebnis, an dem du an einer Herausforderung gearbeitet hast, auf deren Lösung du stolz bist, und wie du und die Menschen, mit denen du zusammengearbeitet hast, die Aufgabe bewältigt haben. Was hat es ermöglicht, dass ihr es geschafft habt?« (Pro Person 7–10 Minuten)

2. Phase: Vierergruppen

»Erzählt jeweils die Geschichte, die ihr von eurem Gegenüber gehört habt. Achtet dabei gemeinsam auf Muster, die sich in den Erfolgsgeschichten wiederholen, und schreibt sie auf.« (15 Minuten für die Vierergruppen)

3. Phase: Gesamtgruppe

»Die Vierergruppen berichten, welche Einsichten sich aus dem Zusammentragen der Erfahrungen ergeben haben. Welche Muster wurden entdeckt?« (30 Minuten)

Herkunft

Liberating Structures: https://liberatingstructures.com.

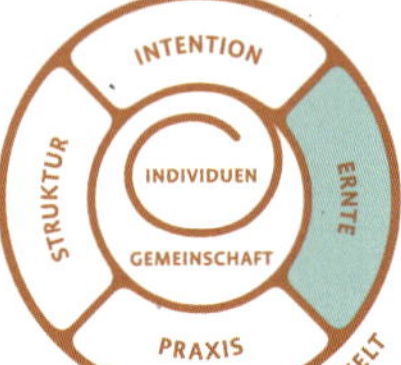

6.3.5
What? So What? Now What?

Was bringts?

Ein Format zur Auswertung von etwas, was vorher geschehen ist – anwendbar sowohl nach einem gemeinsamen Erlebnis wie auch z. B. nach Zwiegesprächen oder einer anderen gruppendynamischen Übung.

Kurzbeschreibung

Vierergruppen werten eine Erfahrung mit den drei Leitfragen »What?«, »So What?«, »Now What?« aus. Danach werden die Erkenntnisse aus den Vierergruppen ins Plenum gebracht.

Detaillierte Anleitung

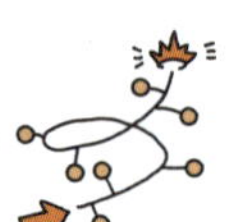

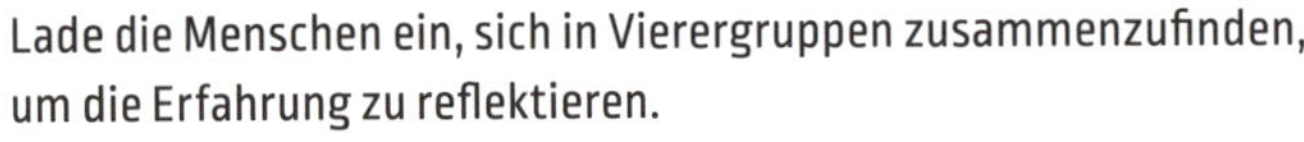

Lade die Menschen ein, sich in Vierergruppen zusammenzufinden, um die Erfahrung zu reflektieren.

Für die Vierergruppen gibt es verschiedene Phasen mit verschiedenen Fragen.

1. Frage

»What? Was ist passiert? Was ist dir aufgefallen?«

Zunächst denkt jede Person für sich darüber nach und macht sich kurze Notizen dazu. (1 Minute)

Nach einer Minute wird gegongt, und die Menschen werden eingeladen, sich in ihrer Vierergruppe zu der Frage auszutauschen: Was ist passiert? Was haben sie wahrgenommen? (5 – 20 Minuten, je nach Komplexität der Erfahrung und Zeitbudget)

Danach teilen die Vierergruppen die wesentlichsten Punkte, die sie herausgearbeitet haben, in der Großgruppe. (2–5 Minuten pro Gruppe)

Genau das gleiche Muster (1 Minute Einzelarbeit, 5–20 Minuten Vierergruppen, 2–5 Minuten pro Gruppe im Plenum) wird mit der zweiten und dritten Frage wiederholt:

2. Frage

 *»So what? Was bedeutet das? Hat es eine Relevanz?«*

3. Frage

»Now what? Wenn wir uns anschauen, was passiert ist und dass es Relevanz hat – was davon können wir uns für die Zukunft vornehmen?«

Wenn es nicht einfach nur um ein Sammeln der Erkenntnisse, sondern um das gemeinsame Formulieren von Handlungskonsequenzen aus der Auswertung geht, dann braucht es für das Teilen in der Großgruppe bei der dritten Frage deutlich mehr Zeit.

Das Muster »What? So What? Now What?« kann auch ohne den hier formulierten Rahmen eine sehr wichtige Maxime sein, um ein Gespräch über eine gemeinsame Erfahrung zu reflektieren.

Herkunft

Liberating Structures: https://liberatingstructures.com.
Ein Dank an die Entwickler der tollen Methodensammlung *Liberating Structures* für die Erlaubnis, die Methoden zu teilen! Alle Liberating Structures sind veröffentlicht unter der Creative Commons License CC BY-NC.

6.4 Weiterführender Ansatz: Appreciative Inquiry

Die Methode Appreciative Inquiry wurde von David Cooperrider in den USA entwickelt. Sie hat viele Elemente der Organisationsentwicklung aus unterschiedlichen Ansätzen integriert und unterscheidet sich von anderen Methoden durch die Grundhaltung, dass sie ihren Fokus ganz auf das Positive und die Erfolge der Organisation legt und von dort aus Veränderungsprozesse anstößt.

Die Grundidee der Appreciative Inquiry ist, dass sich Menschen in die Richtung weiterentwickeln, in die sie schauen. Und wenn der Fokus auf das Potenzial und die Stärken einer Organisation gelenkt wird, wird sich das Potenzial auch entfalten. Das Credo der Appreciative Inquiry: Fokus auf Schwierigkeiten und Herausforderungen zehrt Energie und ist daher weniger erfolgversprechend. Probleme werden in »Änderungswünsche« umbenannt.

Ein »Appreciative Inquiry«-Prozess durchläuft gewöhnlich vier Phasen:

Discovery (Entdeckung) Die Phase, in der entdeckt wird, was die Schätze der Organisation/des Projektes sind. Hier wird das Appreciative Interview (6.3.4) als Kernmethode eingesetzt.

Dream (Traum) In dieser Phase wird der schönste Zukunftstraum gemeinsam entwickelt.

Design (Entwurf) Der Zukunftstraum wird konkret weiterentwickelt in einen einheitlichen und realistischen Zukunftsentwurf – wie könnte es ganz genau aussehen?

Destiny (Bestimmung/Ziel) In der Umsetzungsphase werden die Strategien und konkreten Umsetzungspläne entwickelt.

Dieser konsequent positive Ansatz motiviert und verbindet die Teilnehmenden oft stärker als ein klassischer Ansatz, der sehr auf Mängel und »Was muss verbessert werden?« fokussiert. Durch das Teilen von Erfolgsstorys werden die Menschen sich ihrer Kompetenzen und Handlungsoptionen stärker bewusst, das stärkt die Initiative.

7 Welt

7.1 Einführung

Häufig gehört zur Intention der von mir begleiteten Projekte, einen Einfluss auf die Welt zu haben, Missstände zu beseitigen, zu einem Wandel beizutragen. Diese Zielrichtung, was in der Welt verändert werden soll, gehört im Gemeinschaftskompass zur Schnittstelle zwischen Welt und Intention.

In diesem Kapitel will ich insbesondere auf die andere Wirkung des Aspekts »Welt« eingehen: Die Welt wirkt auf unsere Projekte – und zwar gewaltig! Sie kann Projekte unterstützen, und sie kann Projekte zerstören. Daher ist es wichtig, diesen Aspekt stets im Blick zu behalten und möglichst Synergieeffekte herzustellen, um die Projekte zum Blühen und effektiven Wirken zu bringen.

7.1.1 Die rechtlichen Bedingungen für das Projekt

»Legal, illegal? Scheißegal!« war ein Slogan der Protestbewegung meiner Jugend. Heute würde ich es nicht mehr so formulieren – obwohl ich nach wie vor hohe Wertschätzung habe gegenüber Projekten, die zivilen Ungehorsam leisten und damit ganz bewusst in bestimmten Situationen das Gesetz brechen, um damit auf Missstände aufmerksam zu machen, wie zum Beispiel das illegale Filmen in Massentierhaltungen oder Ähnliches. Aber gerade auch in dieser Aktionsform ist es wichtig zu wissen, welche Gesetze gebrochen werden und wie man mit den Konsequenzen, die daraus resultieren, umgeht. Nicht umsonst gibt es beispielsweise rund um den gewaltfreien Widerstand gegen Atomanlagen einen eigenen »Ermittlungsausschuss« aus Rechtsanwält:innen, die Aktivisti des zivilen Ungehorsams unterstützen.

Es ist stets sinnvoll zu wissen, wann man mit dem eigenen Verhalten den rechtlichen Rahmen, den unser Staat vorsieht, bricht, und das entweder als politische Aktion bewusst zu tun und dazu zu stehen oder es bleiben zu lassen.

In den Initiativen, welche ich begleite, sind allerdings unbewusste Rechts- und Regelverstöße weitaus häufiger als bewusster ziviler Ungehorsam. Wer weiß schon, dass man mit der Werbung für Privatdarlehen schnell gegen die Gesetze des »unerlaubten Bankgeschäfts«, der »Prospektpflicht« und des »Kleinanlegerschutzgesetzes« verstößt und dass dies eine Straftat ist? Oder welche Organisator:in einer Mitarbeitsbaustelle für das Gemeinschaftshaus des Stadtteils denkt über berufsgenossenschaftliche Vorschriften nach? (Manche tun es!) Wie viele Mitgliederversammlungen mussten wegen Formfehlern wiederholt werden? Viele Organisationen organisieren große Veranstaltungen, die eigentlich als Versammlung angemeldet werden müssten, und melden sie nicht an. Ein Projektmitglied stellt eine Rechnung aus über etwas, wofür er/sie gar keinen Gewerbeschein hat, und auf einmal ist das Projekt, ohne es zu wissen, im Bereich »Schwarzarbeit« gelandet.

Jede Initiative ist stets gut darin beraten, sich schlauzumachen, welche gesetzlichen Rahmenbedingungen für ihre Projekte relevant sind, und sich darin einzuarbeiten, auch wenn es keinen großen Spaß macht. Aber die Schwierigkeiten, die später kommen, wenn man unbedarft in die Illegalität oder Ordnungswidrigkeit gegangen ist, sind häufig unangenehmer.

Zum Aspekt »Welt« gehört also stets ein Blick auf die rechtlichen Rahmenbedingungen, in denen wir uns bewegen. Im schlimmsten Fall können sie Projekte und Initiativen vehement behindern und viel Arbeit zunichtemachen. Im besten Fall erlangt man Kompetenz und baut ein gutes Verhältnis zu den entsprechenden Genehmigungsbehörden auf, und es flutscht – dazu mehr im Kapitel 7.2.1.

Zu manchen Themen findet man sinnvolle Seminare, zum Beispiel zu Gemeinnützigkeit oder Genossenschaftsrecht oder bei der Berufsgenossenschaft zum Thema Arbeitssicherheit. Zu anderen ist es sinnvoll, einen Steuerberater zurate zu ziehen oder von erfahrenen Initiativen zu lernen. Dazu sind Netzwerke sehr hilfreich.

7.1.2 Netzwerke – lokal und überregional

Der Wert des Netzwerkens ist immens. Er wirkt auf verschiedenen Ebenen. Eine ganz wichtige Funktion von Netzwerken ist, dass sie ein Feld aufbauen, in dem Menschen vertrauensvoll miteinander agieren und sich austauschen. Durch diesen vertrauensvollen Austausch entsteht ein Zusammenhalt, in dem vieles möglich ist, was ohne Vernetzung nicht möglich wäre.

Erfahrungsaustausch und praktische Unterstützung
Netzwerke bieten einen wichtigen Raum für Erfahrungsaustausch und praktische Unterstützung. Hier ist es wichtig, zwei Arten von Netzwerken zu unterscheiden:

1. Netzwerke mit sehr ähnlichen Initiativen: Hier kann ein sehr vertrauensvoller und inspirierender Erfahrungsaustausch von Strategien und Knowhow stattfinden. Die Initiativen können viel voneinander lernen und gemeinsame größere Projekte planen. In diesen Netzwerken ist die ähnliche Ausrichtung das Hauptkriterium. Hier ist es auch sinnvoll, mit Projekten, die räumlich weiter entfernt, vielleicht sogar in anderen Ländern sind, Netzwerke zu bilden und sich auszutauschen. Gerade im Zeitalter der digitalen Kommunikation können derartige Netzwerke sehr gut auch über digitalen Austausch gepflegt werden. Allerdings hat sich gezeigt, dass persönliche Treffen nicht nur stets die Highlights sind, sondern oft auch erst eine belastbare persönliche Basis schaffen, auf der dann durch digitale Zusammenarbeit aufgebaut werden kann.

Ich habe die Arbeit in internationalen Netzwerken von ähnlichen Initiativen als sehr motivierend für die Alltagsarbeit erlebt. Zu spüren, dass es auf der ganzen Welt Menschen gibt, die mit ähnlichen Werten in ähnlichen Projekten unterwegs sind, kann viel Kraft und neue Inspiration geben. Wenn man sich in diesem Netzwerk aufgehoben fühlt und Lust und Frust mit Menschen mit ähnlichem Hintergrund teilen kann, kann es eine große Stärkung sein.

2. Lokale Netzwerke: Auf der lokalen Ebene ist es enorm hilfreich, nicht nur mit ganz Gleichgesinnten zu kooperieren, sondern mit möglichst vielen Menschen – insbesondere mit Menschen, die für bestimmte Positionen stehen, Einfluss haben etc. – gute Kontakte aufzubauen, selbst wenn es in einigen Punkten deutliche inhaltliche Differenzen gibt. Wichtig ist hier – wie überall – die Grundhaltung, stets zunächst die Menschen als Menschen wertzuschätzen, auch wenn sie eine andere Haltung und Weltsicht haben. Und wenn man sich auf der menschlichen Ebene respektieren kann, dann kann man inhaltlich unterschiedlicher Meinung sein und sich trotzdem in einzelnen Punkten unterstützen. Daher ist ein lokales Netzwerk, das ganz bewusst nicht nur auf den eigenen »Dunstkreis« beschränkt ist, sondern auch viele Andersdenkende mit einbezieht, ein wesentlicher Erfolgs- und Stabilitätsgarant für Projekte.

Es gibt dabei Grenzen. Ich persönlich würde nie mit einem AfD-Ortsverband oder einer anderen Initiative, die ganz klar rassistische Parolen vertritt, zusammenarbeiten. Als im ländlichen Raum Ostdeutschlands lebende Person weiß ich aber auch, dass nicht 25 Prozent meiner Nachbar:innen Nazis sind, selbst wenn sie für die AfD gestimmt haben, sondern dass viele einfach ein Ventil für ihren Frust mit ihrem Stimmzettel suchen.

Mit diesen Nachbarn gehe ich durchaus in Kontakt und arbeite gerne mit ihnen zusammen und bin überzeugt, dass diese Zusammenarbeit nicht meine Werte verrät, sondern im Gegenteil meine Werte stärkt, weil durch den persönlichen vertrauten Kontakt sich vielleicht für sie auch ein Stück Weltsicht verändern kann.

7.2 Grundlagen

7.2.1 Umgang mit Behörden: Wie man in den Wald hineinruft …

Eine der wichtigsten Grundlagen für einen konstruktiven Umgang mit dem Aspekt »Welt« ist in meiner Erfahrung, den entsprechenden Behörden und Entscheidungsträgern konstruktiv und wertschätzend zu begegnen und ein gutes Verhältnis aufzubauen. Denn die Menschen in Genehmigungsbehörden sind auch nur Menschen, die an ihrer Stelle etwas Sinnvolles tun wollen.

Viele politische Initiativen gehen viel zu schnell in den Kampfmodus über und sind der Überzeugung, »gegen« das Establishment kämpfen zu müssen – dabei kann man häufig mehr erreichen, wenn man sie als Kooperationspartner betrachtet.

Wunder kann man immer wieder bewirken, indem man die Ansprechpartner:innen in den Behörden in ihrer Kompetenz und Erfahrung anspricht und sie einfach um Hilfe bittet: »Sie sind doch Expert:in und kennen die Möglichkeiten. Wie können wir dieses zugegebenermaßen etwas schwierige Projekt legal umsetzen? Was müssen wir beachten?« Mit derartigen Fragen habe ich schon einiges an Magie erlebt, wie auf einmal Behördenmitarbeiter:innen Türen geöffnet haben, die kaum zugänglich erschienen.

Nicht jede Person reagiert darauf. Wenn der/die erste Ansprechpartner:in es nicht tut, ist es manchmal hilfreich, sich an die übergeordnete Ebene zu wenden, die sich manchmal mehr zutraut.

Wenn man Menschen die Chance gibt, mit ihrer Kompetenz anderen zu helfen, wenn sie ernst und wichtig genommen werden mit dem, wofür sie stehen, dann lässt sich erstaunlich viel erreichen. Wenn man ihnen vorschnell entgegentritt mit dem Ansatz: »Ich kämpfe gegen den Sch…staat, der mir zu viele Auflagen machen will!«, dann wird es auch ein Kampf, denn »wie man in den Wald hineinruft, so schallt es heraus«.

Das beinhaltet natürlich auch einen gewissen Respekt vor den Regeln und Gesetzen, die auch beim Ausschöpfen des subjektiven Ermessensspielraums der Verantwortlichen nicht übergangen werden können. Hier darf man sich gerne die Weisheit der Anonymen Alkoholiker:innen zu Herzen nehmen:

> »Gib mir die Kraft, Dinge zu verändern, die ich verändern kann,
> die Gelassenheit, Dinge zu akzeptieren, die ich nicht verändern kann,
> und die Weisheit, das eine vom anderen zu unterscheiden!«

Es gibt Momente, wo es sinnvoll ist, Rechtsanwält:innen und andere Beistände hinzuzurufen und mit ihrer Hilfe die eigenen Ziele durchzusetzen, um Dinge doch zu verändern, die laut Aussage der Verhandlungspartner:innen unveränderbar erscheinen. Aber auch hier ist es wichtig, darauf zu achten, dass die Anwält:innen die andere Konfliktpartei mit Respekt behandeln und eine konstruktive Gesprächskultur schaffen. Damit erreicht man in der Regel mehr als mit bissigen Argumenten.

7.2.2 Auch im digitalen Zeitalter wichtig: Persönliche Begegnungen

Der Faktor »Welt« wird im digitalen Zeitalter häufig vor allem im digitalen weltweiten Netz verortet. Dort fließen viele Informationen, und es wird zunehmend darüber kommuniziert. Das ist gut und wichtig, spart Fahrtaufwand und macht vieles leichter. Aber es sollte nicht dazu führen zu vergessen, dass die ganz persönliche Begegnung immer noch die kraftvollste Art ist, sich kennenzulernen, und am stärksten zum Aufbau eines Vertrauensverhältnisses beiträgt.

Daher ist der ganz direkte Draht zu den Nachbarn, das Grüßen auf der Straße, die Teilnahme an Veranstaltungen anderer im Viertel oder im Dorf, die persönliche Einladung nach wie vor eines der wesentlichsten Instrumente der Verknüpfung mit der Welt um uns herum. Hier kann man sich als Initiative leicht verabreden, dass zum Beispiel jedes Mitglied sich persönlich in eine andere Organisation einbringt und dort von der Initiative erzählt – ganz nach eigenem Geschmack. Das kann der Volleyballverein oder eine politische Initiative sein. Schon hat die Gruppe mit einem Schlag so viele neue Verbindungen, wie sie Mitglieder hat.

7.3 Werkzeuge

In diesem Kapitel werde ich mit der Struktur der anderen Kapitel brechen. Die Werkzeuge für den Aspekt »Welt« lassen sich nicht in dem gleichen Schema darstellen wie die anderen Werkzeuge, die ich im Gemeinschaftskompass erwähne. Auch bin ich in diesen Werkzeugen eher ein Greenhorn, und es wäre vermessen, wenn ich hier versuchen würde, meinen Leser:innen etwas beizubringen. Daher fällt dieses Kapitel besonders kurz aus und enthält eher eine Liste von Überschriften als wirklich eine detaillierte Beschreibung der Werkzeuge.

7.3.1 Digitale Öffentlichkeitsarbeit

Heutzutage ist ein eigener Internetauftritt für jede Gruppe, die möchte, dass ihre Aktivitäten bekannt werden, ein Muss. Wenn Menschen etwas Interessantes gehört haben und mehr darüber wissen wollen, dann suchen sie per Suchmaschine das entsprechende Projekt – und wenn sich dann im Internet gar nichts darüber findet, dann erscheint es den Suchenden als fast nicht existent. Wenn nur Berichte anderer über das eigene Projekt vorhanden sind, ist das auch eher entmutigend.

So ist eine Website, die grundlegend über das Projekt informiert und auf aktuellem Stand gehalten wird, eine sehr wichtige Visitenkarte. Websites, auf denen Veranstaltungen von vor zwei Jahren angepriesen werden, zeigen dagegen, dass das Projekt anscheinend nicht mehr aktiv ist. Daher sind auch die Pflege der Website und die regelmäßige Aktualisierung zumindest der Veranstaltungshinweise absolut wesentlich!

Ein eigener Auftritt auf den Social-Media-Plattformen, auf denen sich die Zielgruppe des Projektes bewegt, erreicht deutlich gezielter und aktiver als die eigene Website exakt die Menschen, die angesprochen werden wollen.

Die politische Vertrauenswürdigkeit der meisten Social-Media-Plattformen ist fragwürdig. So entscheidet jedes Projekt für sich nach eigenen Kriterien, ob und wo es sich hier positionieren möchte. Wenn eine große Außenwirkung wichtig ist, fällt die Entscheidung häufig trotz politischer Bedenken für eine Nutzung von Social Media, da sie ein ganz wesentliches

Medium geworden sind, um Menschen mit den für sie relevanten Informationen zu versorgen. Ich empfehle jedoch, sich zumindest nicht blauäugig in diese Datenkraken zu begeben, sondern sehr bewusst auszuwählen, auf welcher Plattform was geteilt wird. Und wenn es genutzt wird, ist es wichtig, eine bewusste Strategie aufzubauen, wie Inhalte erstellt werden, um die eigene Reichweite zu vergrößern und authentisch zu kommunizieren. Dafür gibt es gute Seminare für Social-Media-Marketing und auch online eine Vielzahl von Informationen.

Ein guter Weg, unabhängig von Social-Media-Plattformen aktiv die Interessierten am eigenen Projekt zu erreichen, ist der Aufbau eines Newsletterverteilers oder eines Blogs, der abonniert werden kann. Dieser Aufbau braucht Zeit, aber er zahlt sich aus, denn die Menschen, die den eigenen Newsletter oder Blog abonnieren, haben sich bewusst dafür entschieden und werden die neuen eigenen Beiträge häufiger und interessierter lesen als ein zufällig gefundenes Publikum.

7.3.2 Pressearbeit

Aktive Pressearbeit ist auch in Zeiten des Internets für die meisten Initiativen wichtig. Während man über die Social Media häufig nur die »eigene Blase« erreicht, erreicht man gerade über die Lokalpresse häufig eine sehr breite Zielgruppe, allerdings kaum noch die junge Generation. Einen guten Kontakt zur Lokalpresse und zu regionalen Radio- und Fernsehsendern aufzubauen, ist trotzdem immer noch ein weiterer wesentlicher Schritt der Verbindung zur Welt.

Die lokalen Medien sollten regelmäßig mit Informationen über die eigenen Aktivitäten versorgt und zu den Veranstaltungen eingeladen werden. Wenn sie trotz Einladung keine Journalist:innen schicken – und häufig ist das der Fall –, heißt es, nicht frustriert zu sein und zu denken: »Niemand interessiert sich für uns!«, sondern es als Chance zu begreifen, genau die eigenen Worte in der Zeitung zu sehen. In solchen Fällen kann man eine Pressemitteilung schreiben, die möglichst so formuliert sein sollte, dass die Zeitungen sie ohne große weitere Arbeit nutzen können.

Was bedeutet das?

- ▹ In dem Stil schreiben, als wäre ein Zeitungsreporter vor Ort gewesen und hätte mit den Teilnehmenden und Organisatoren gesprochen.
- ▹ Gerne Zitate einbauen, das macht das Ganze lebendiger.
- ▹ Wenn gute Fotos mitgeliefert werden, vergrößert es die Chance auf einen Artikel mit Fotos.

Mit wem arbeiten wir zusammen?

Auch in der Zusammenarbeit mit der Presse gibt es für viele Initiativen die Frage: Wollen wir mit allen zusammenarbeiten?

Meine persönliche Haltung dazu wird sicher für manch Diskussionsstoff sorgen:

Wenn wir mit unserer Arbeit einen wirklichen politischen Einfluss haben wollen, dann ist es mir auch hier wichtig, nicht nur in der eigenen Filterblase zu bleiben, sondern auch bereit zu sein, mit Vertretern von Medien zu sprechen, die ich selbst nicht lesen würde. Es gibt gute Argumente dafür, auch mit Medien zusammenzuarbeiten, die ich selbst kritisch sehe, zum Beispiel die Boulevardpresse, denn diese Medien erreichen eine Zielgruppe, die man anders nicht erreichen kann. Man kann damit Prozesse anstoßen, die Menschen zum Umdenken zu bewegen. Und natürlich sollte jede Gruppe auch hier wissen, wo ihre Grenzen sind. Als interkulturelles Gartenprojekt einen Vertreter eines dezidiert fremdenfeindlichen Blattes zu empfangen, ist sicher eine klare rote Linie, die nicht überschritten werden sollte. Die Boulevardpresse, in der ab und zu auch fremdenfeindliche Artikel erscheinen, hingegen könnte vielleicht gerade durch den Besuch eines interkulturellen Projektes etwas ausgewogener in ihrer Berichterstattung werden. Aktiv auf sie zugehen würde ich trotzdem nicht – aber sie auch nicht ablehnen, wenn sie auf uns zukommen, denn wenn diese Medien über das Projekt berichten wollen, können sie es sowieso auch ohne direkten Kontakt tun – meistens ist das Ergebnis dann besonders verheerend.

7.3.3 Konferenzen, Fortbildungen und Vernetzungen

Ein wesentlicher Baustein für den Aufbau von guten Verbindungen zur Welt sind Veranstaltungen, auf denen man andere Menschen trifft, die sich mit ähnlichen Themen beschäftigen.

Vernetzung basiert ganz wesentlich auf persönlichen Kontakten. Im digitalen Zeitalter können diese Kontakte dann gut digital weitergeführt werden – aber das ganz persönliche Kennenlernen und Sprechen ohne vermittelnde Computer hat eine Qualität, die durch Onlinekontakte nicht zu ersetzen ist.

Konferenzen oder andere große Veranstaltungen zu den Themen, für die sich unsere Initiativen einsetzen, sind ganz wesentliche Bausteine für die Verknüpfung mit der Welt. In der Regel bestätigen alle Teilnehmer:innen einer Konferenz, dass nicht die Vorträge das Wesentlichste waren, sondern die Kontakte in den Kaffeepausen.

Erst nach ungefähr meiner zehnten Podiumsdiskussion verstand ich auch, warum aus dem Publikum bei Podiumsdiskussionen häufig Wortbeiträge kommen, die vor allem eine Selbstdarstellung sind, aber nicht wirklich sinnvolle Diskussionsbeiträge. Wortbeiträge bei Podiumsdiskussionen sind tatsächlich eine tolle Chance, einer großen Anzahl von Menschen, die sich mit dem Thema beschäftigen, vom eigenen Projekt zu erzählen. Wenn man das allerdings auf eine Art macht, die nicht wirklich zum Thema der Podiumsdiskussion passt, sondern reine Selbstdarstellung betreibt, ohne auf das Podium einzugehen, ruft es eher Widerstand hervor. Aber eine gut gestellte Frage, in der das eigene Projekt im Zusammenhang mit dem Thema der Veranstaltung genannt wird, macht die Zuhörenden auf die eigene Initiative aufmerksam und ermöglicht es, anschließend ins Gespräch zu kommen.

Das kann beispielsweise so ablaufen: »Wir sprechen hier über diese und jene Strategien zum Erreichen des ...-Ziels. Wir als Initiative haben das gleiche Ziel und verfolgen dazu folgende Strategie ... Warum wird dieser Ansatz eigentlich so vernachlässigt? Ich glaube, darin liegt eine große Chance!« Ein derartiger Beitrag macht alle Menschen in Zuhörerschaft und Podium auf die eigene Initiative aufmerksam und ermöglicht es dann Menschen, die davon angesprochen wurden, auf den Beitragenden zuzugehen.

Auch Fortbildungsveranstaltungen haben neben einer inhaltlichen Fortbildung den ganz wesentlichen Nebeneffekt, dass man sich in einer Gruppe fortbildet, die häufig ähnliche Themen hat – und damit das eigene Netzwerk erweitert.

8

Das Kompassmodell als Ganzes anwenden

Bis hierher habe ich die verschiedenen Aspekte des Gemeinschaftskompasses vorgestellt und Werkzeuge, die zur Vertiefung der einzelnen Aspekte geeignet sind. Viele Werkzeuge dienen mehr als nur einem Aspekt. Und der Gemeinschaftskompass ist nicht nur ein Modell – sondern er kann selbst auch als Grundlage von Methoden verwendet werden und hat bereits verschiedene Werkzeuge inspiriert.

Das Besondere am Gemeinschaftskompass ist die Systematisierung durch sieben Aspekte, welche diesen zu einem Ansatz machen, der vieles erklärt und viele Handlungs- und Anwendungsmöglichkeiten eröffnet. Mit dem Wissen, dass all diese sieben Aspekte entscheidend sind für das Gedeihen eines Projektes, kann man viele »Werkzeuge« entwickeln. Daher stelle ich im Folgenden einige Werkzeuge vor, wie der Gemeinschaftskompass als Ganzes mit seinen sieben Aspekten angewendet werden kann.

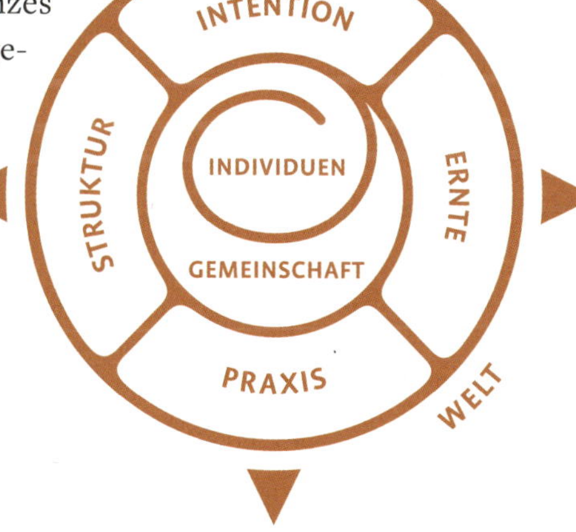

8.1 Werkzeuge, die den gesamten Gemeinschaftskompass anwenden

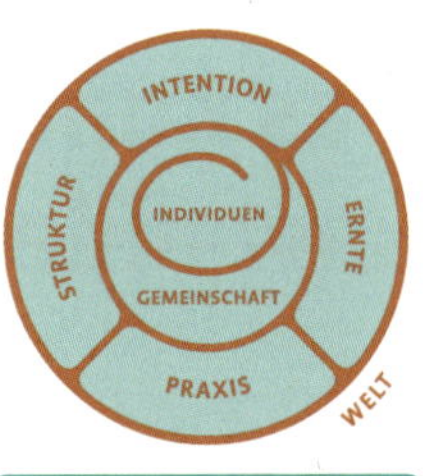

8.1.1 Projektdiagnose mit dem Gemeinschaftskompass

Facilitator	Offenheit der Gruppe	Anzahl Personen	Dauer
 **	 *	 jede Größe	 1,5 Stunden bis 1 Tag

Materialien/Raum

Für jeden Teilnehmenden eine Visualisierung des Gemeinschaftskompasses.
Flipchart mit großer Visualisierung des Gemeinschaftskompasses.
Ideal für alle und notwendig für große Gruppen: der Gemeinschaftskompass auf dem Boden im Zentrum visualisiert.

Was bringts?

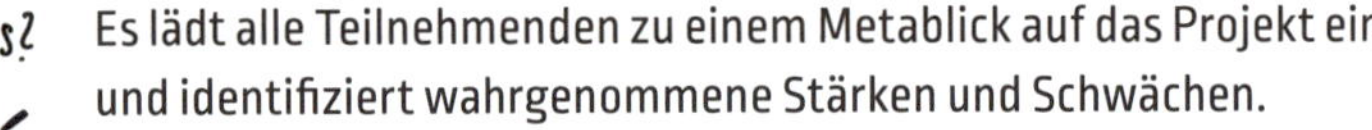

Es lädt alle Teilnehmenden zu einem Metablick auf das Projekt ein und identifiziert wahrgenommene Stärken und Schwächen.

Kurzbeschreibung

Mit der »Brille« des Gemeinschaftskompasses wird auf die Initiative geblickt und werden die Stärken und Schwächen der Initiative besprochen.

Detaillierte Anleitung

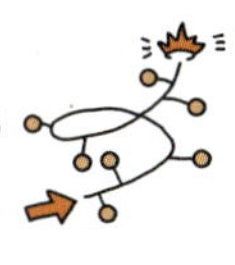

Die Essenz des Gemeinschaftskompasses lautet: Der Kompass identifiziert sieben Aspekte, die wichtig sind, um gemeinschaftliche Projekte erfolgreich umzusetzen: Individuen, Gemeinschaft, Intention, Struktur, Praxis, Ernte und Welt.

Das bedeutet, dass die Frage, ob eine Initiative all diese sieben Aspekte bedenkt und kompetent ausfüllen kann, eine entscheidende Frage für die Projektdiagnose ist. Daher ist der Gemeinschaftskompass auch ein starkes Werkzeug zur Identifikation des Unterstützungsbedarfs eines Projektes.

Zunächst wird mit etwas Zeit in den Gemeinschaftskompass eingeführt. Anschließend wird den Zuhörer:innen eine Visualisierung des Kompasses ausgehändigt, und sie werden gebeten, mit diesem Spiegel auf ihr eigenes Projekt zu schauen, sich dazu Notizen zu machen und das Projekt dann in jedem Aspekt zu benoten.

Ich bitte die Gruppen, mit denen ich arbeite, stets, die Diagnose zunächst in Einzelarbeit durchzuführen. Denn nur hier bekommen die wirklich persönlichen Sichtweisen ihren Raum. Beim Einsammeln der Ergebnisse der Einzelarbeit ist wichtig, dass jede Person Zeit bekommt, ihre Einschätzung zu teilen. Wenn Gruppen von Anfang an gemeinsam diskutieren, wie sie ihr Projekt einstufen, werden leise, vom Gruppenkonsens abweichende Stimmen eventuell nicht gehört, und diejenigen, die normalerweise mit ihrer Haltung die Gruppe beeinflussen, werden es auch hier wieder tun.
Wenn verschiedene Menschen ihr Projekt im Spiegel des Gemeinschaftskompasses beurteilen, werden naturgemäß verschiedene Ergebnisse herauskommen. In dieser Vielfalt der Ergebnisse steckt eine der wahren Stärken der Standortbestimmung. Ganz im Sinne einer wesentlichen Grundhaltung des Kompasses (Anerkennen subjektiver Wahrheiten) sollte nicht fälschlicherweise angenommen werden, dass mit der einen oder anderen Projektdiagnose »die Wahrheit« über das Projekt herausgefunden wurde. Wir kommen der Wahrheit näher, wenn wir die Vielfalt der Ergebnisse betrachten, nicht unbedingt den Mittelwert, denn nur so erfahren wir die wirklich interessanten Dinge über das Projekt.

Wenn eine Gemeinschaft mit dem Gemeinschaftskompass auf ihr Projekt schaut und anfängt, sich darüber auszutauschen, wo sie die Stärken und

Schwächen sieht, kommt etwas in Gang: Bereits in der individuellen Beschäftigung mit dem eigenen Projekt wird ein Metablick eingenommen, eine Perspektive, die anders ist als der Alltagsblick und von einer übergeordneten Position auf das Projekt schaut. Im Austausch mit anderen wird die Wahrnehmung des Projektes erweitert – allein dies ist bereits ein ganz wichtiger Schritt für mehr Bewusstsein im Projekt.

Je nach Gruppengröße gibt es zwei Möglichkeiten des Zusammentragens:
Wichtig ist, dass für jede Person wirklich Raum hat, ihre Sichtweise zu teilen. Wenn die Gruppe klein genug ist, kann gleich im Plenum gearbeitet werden, wenn nicht, sollten Kleingruppen von 4 bis 6 Menschen gebildet werden, in denen dies geschieht.

Wenn es Kleingruppen gibt, dann lade ich die Kleingruppen ein, am Ende ihre gemeinsame Einschätzung der Kleingruppe im Plenum zu präsentieren. Eine gemeinsame Einschätzung der Kleingruppe kann auch eine Darstellung der unterschiedlichen Meinungen sein: Hier hatten wir sehr unterschiedliche Meinungen, das Spektrum reichte von »... weil ...« bis zu »... weil ...«.

Entweder nach dieser Kleingruppenarbeit oder ohne diesen Zwischenschritt werden die Einschätzungen dann im Plenum zusammengebracht.
Es wird Aspekt für Aspekt durchgegangen und nach den Noten und Beispielen für positive oder schwache Ausprägung des Aspektes gefragt.
Die wesentlichen Punkte, die zu der Einschätzung der Einzelnen oder der Kleingruppen geführt haben, werden auf Kärtchen notiert. Die Kärtchen werden dann zu den jeweiligen Aspekten in der Visualisierung auf dem Fußboden gelegt (oder auf eine Visualisierung an einer Pinnwand geklebt).
Eine Person sollte alle Noten auf einen Zettel schreiben, zusammenzählen und am Ende der Besprechung eines Aspektes die Durchschnittsnote errechnen und deutlich machen, ob die Streuung groß oder die Einschätzung recht einhellig war.

Bei der Betrachtung der Ergebnisse ist verschiedenes interessant:

1.) Die Punkte, in denen es eine große Übereinstimmung gibt

Hier gehen die Teilnehmenden davon aus, dass es tatsächlich »die Realität« des Projektes ist. Das kann sein, und gleichzeitig gilt: Manchmal ist es aber auch nur eine durch kollektive Subjektivität, z. B. durch einen gerade aktuellen Konflikt der Gemeinschaft, gefärbte Beurteilung. Die Übereinstimmung bedeutet also nicht: »Die Gemeinschaft ist in diesem Punkt besonders stark oder schwach!«, sondern lediglich: »Die Gemeinschaft stuft sich in diesem Punkt als stark oder schwach ein.« Denn manchmal ist der Eindruck von außen ein ganz anderer.

Wenn diese Aussage dem Außenblick der Begleiter:innen widerspricht, ist das ein Feld, das weiter erforscht werden sollte. Wenn diese Aussage dem Eindruck der Begleiter:innen entspricht, können gemeinsame positive Beurteilungen gefeiert und gemeinsame schwache Beurteilungen als Punkte, an denen noch gearbeitet werden sollte, identifiziert werden.

2.) Die Punkte, in denen es sehr unterschiedliche Sichtweisen gibt

Sie sind für die Weiterarbeit mit einem Projekt vielleicht sogar die interessantesten. Hier gilt es, die Gründe für die unterschiedlichen Beurteilungen herauszufinden. Die Erforschung dieser Punkte kann uns viel spezifischere Informationen über das Miteinander der Individuen in der Gemeinschaft geben als die eigentlichen Ergebnisse selbst. Gibt es unterschiedliche Gruppierungen oder eine klare Untergruppe, die das Projekt in allen Aspekten schlechter bewertet als der Rest der Gruppe? Teilweise entsprechen die unterschiedlichen Fragebogenergebnisse persönlichen Tendenzen, mit einem eher positiven oder einem eher skeptischen Blick durchs Leben zu gehen. Gewisse, auch systematische Unterschiede in den Bewertungen der Einzelnen sind ganz normal. Wenn jedoch eine Person oder eine Untergruppe ein Projekt deutlich anders bewertet als die meisten anderen, dann sind das die Punkte, die genauer betrachtet werden sollten.

Was führt dazu, dass Menschen das gleiche Projekt so unterschiedlich wahrnehmen? Womit hat das zu tun? Mit Unterschieden zwischen der Charakterstruktur der Menschen (z. B. Optimisten vs. Pessimisten)? Mit verschiedenen Wahrnehmungen in Untergruppen der Gemeinschaft (z. B. Junge vs. Ältere)? Mit unterschiedlichen Intentionen der verschiedenen Menschen (z. B. Hardcore-Ökos vs. »Bürgerliche«)? Mit unterschiedlichen strukturellen Positionen (z. B. Menschen in Entscheidungspositionen vs. Menschen, die eher am Rand des Projektes engagiert sind)? Mit unterschiedlichen Praxisfeldern, in denen die Menschen arbeiten (z. B. im Garten arbeitende vs. im Büro arbeitende)? Haben die Menschen unterschiedlich Anteil an der Ernte im Projekt (Seminarleitende, die viel Wertschätzung ihrer Teilnehmenden bekommen, vs. diejenigen, die fürs Putzen der Toiletten zuständig sind und Kritik abbekommen, wenn etwas nicht läuft)? Haben die Antworten etwas damit zu tun, mit welchen Beispielen in der Welt sich die Antwortenden vergleichen?

Gewisse Unterschiede sind normal. Manche Menschen sind Seismografen und erkennen Spannungen/Schwierigkeiten sehr schnell und empfinden sie als sehr bedrohlich. Andere tragen eher eine rosarote Brille und klammern sich so lange an die Illusion, dass alles gut ist, bis wirklich alles in Scherben liegt. Welcher Schatz liegt in den kritischen Wahrnehmungen? Und welcher Schatz in den optimistischen, die Kraft aus dem ziehen, was gut im Projekt läuft? Beide Sichtweisen sind wichtig für das Projekt.

Teilweise entsprechen die unterschiedlichen Einstufungen nur den persönlichen Tendenzen, mit einem eher positiven oder einem eher skeptischen Blick durchs Leben zu gehen. Was kann die Menschen mit einer eher negativen Sicht darin unterstützen, auch die positiven Seiten wahrzunehmen? Oder ist die Beurteilung einfach ein Ausdruck dessen, dass die Erwartungen dieser Person und das Projekt nicht zusammenpassen und es vielleicht sinnvoller wäre, ein Projekt zu suchen, das besser zu dieser Person passt?

Die Ergebnisse der Projektdiagnose sind keine absolute Wahrheit über das Projekt. Allein der »Blick von oben« auf das Projekt durch die »Gemeinschaftskompass-Brille« ist bereits ein wichtiges Werkzeug, sich bewusster zu werden, was die Herausforderungen im Projekt sind – und auch einen offeneren Blick dafür zu bekommen. Darüber hinaus geben die Ergebnisse Anregungen, in welchen Aspekten Unterstützungsbedarf notwendig ist und wo die Aufmerksamkeit hingelenkt werden sollte.

Herkunft

Eigene Entwicklung. Inspiriert durch Self-Evaluation-Tool von »Community Learning Incubator Program for Sustainability« (www.clips.gen-europe.org).

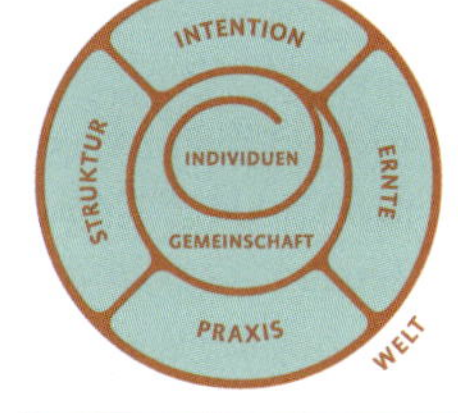

8.1.2
Projektentwicklung

Organisationsentwicklung, die alle Aspekte mit einbezieht.

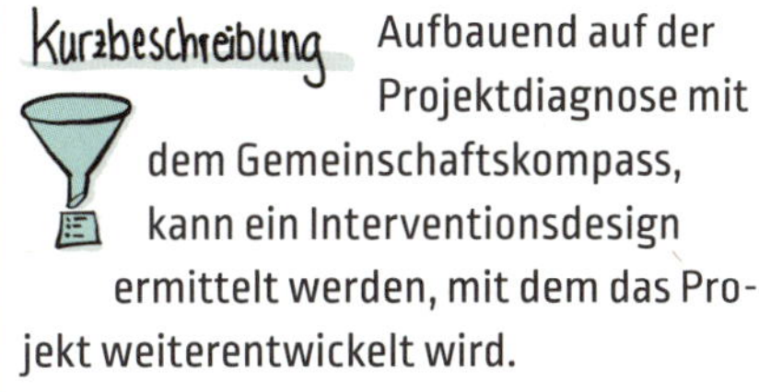

Aufbauend auf der Projektdiagnose mit dem Gemeinschaftskompass, kann ein Interventionsdesign ermittelt werden, mit dem das Projekt weiterentwickelt wird.

Detaillierte Anleitung

Für eine Projektentwicklung mit dem Gemeinschaftskompass kann es kein starres Schema geben, da nach der Projektdiagnose dann für jede Situation ganz individuell geschaut werden muss, was es braucht. An dieser Stelle kann nur vermittelt werden, wie der Gemeinschaftskompass als Leitschnur für Projektentwicklung dienen kann.

Die Ergebnisse der Projektdiagnose sind der Ausgangspunkt. Dann sollte insbesondere den Aspekten Aufmerksamkeit geschenkt werden, die von allen Gruppenmitgliedern als bearbeitungsbedürftig identifiziert wurden, sowie den Aspekten, bei denen es große Differenzen in der Einschätzung gab.

Nach der Projektdiagnose wird dann ein Interventionsdesign erstellt. Womit beginnen? Was ist am wichtigsten? Meine Erfahrung ist, dass man selten einen Aspekt nach dem anderen »abhaken« kann, da sich die Aspekte gegenseitig beeinflussen. Projektentwicklung mit dem Gemeinschaftskompass ist ein Ansatz, der diese gegenseitigen Verflechtungen immer im Blick behält.

Eine Klärung der gemeinsamen Intention, der Frage, wie viel gemeinsame Ausrichtung (siehe Kapitel 3.1) es gibt und was diese ist, kann häufig ein guter Start sein. Das »übergeordnete Ziel« ist ein wichtiger Wegweiser. Wenn es der

Gruppe klar ist, dann ist es gut, dies zu Beginn des Prozesses noch mal zu benennen und auch zu visualisieren, um sich für den weiteren Prozess darauf beziehen zu können. Wenn es nicht klar ist, ist die Klärung der Ausrichtung häufig einer der ersten Schritte in der Projektentwicklung. Für Projekte wie Lebensgemeinschaften kann es auch sehr wichtig sein, »Eckpunkte« festzulegen, weil es über Alltagsfragen, wie z. B. ob Fleisch gegessen werden darf oder nicht, Streitigkeiten gibt. Für andere Projekte ist dies häufig weniger relevant.

Ich habe in selbstorganisierten Projekten bereits erlebt, dass sich die Struktur so verhakt hat, dass die Gruppe z. B. über ihre eigenen Grenzen und Entscheidungswege keine Klarheit hat. Dann hat dies hohe Priorität, denn die Lähmung, die dadurch eintritt, hat massive Auswirkungen auf Individuen und Gemeinschaft.

Auch kann man über sinnvolle Strukturelemente eine Kulturveränderung bewirken. Klare Festlegungen, wer was entscheiden darf und wie Entscheidungen zustande kommen, tragen zur Entspannung und einer entscheidungsfreudigeren Kultur bei, die auch gleichzeitig die Basis für viele Konflikte entschärft.

Der Boden für jegliche Projektentwicklung ist das Miteinander der Individuen in Gemeinschaft. Eine Kultur aufzubauen, in der Vertrauen ineinander herrscht, ein positives Menschenbild die Zusammenarbeit bestimmt, Konflikte konstruktiv angesprochen und als Lernchance begriffen werden, ist ein roter Faden, der sich durch jede Projektentwicklung hindurchziehen sollte und dem viel Zeit gewidmet werden darf. Ein bewusster Blick auf Rangdynamiken, die sich aus informellen und strukturellen Rängen ergeben, ist fast immer ein sinnvoller Teil einer ganzheitlichen Projektentwicklung.

Hilfreich für eine Veränderung der Projektkultur und ein Stärken von Individuen und Gemeinschaft sind häufig Ernte-Elemente – die in den Prozess eingebaut werden, aber auch im Projektalltag etabliert werden sollten.

Die Frage nach der Praxis: »Wie kann es ganz konkret organisiert werden?«, ist in meiner Erfahrung eine Frage, die sich nach der Klärung der anderen Aspekte deutlich leichter beantwortet. Wenn Praxisprobleme der Auslöser für den Wunsch nach Projektentwicklung sind, dann ist es hilfreich, anfangs zu prüfen, welche Praxisfragen bereits ohne Klärung der anderen Aspekte gelöst werden können, um so erste Erfolgserlebnisse zu schaffen und entspannter die anderen Aspekte betrachten zu können.

Und was ist mit der Welt? Der Aspekt »Welt« liegt außerhalb des Projektes und ist daher nicht immer notwendigerweise Teil einer Projektentwicklung. Jedoch können Einschränkungen und Lösungsimpulse für die weitere Entwicklung aus der Welt kommen. Diese sollten dann selbstverständlich mit einbezogen werden.

Herkunft

Eigene Entwicklung.

8.1.3 Kollegiales Coaching

ab 4

Materialien / Raum

Handout mit den Fragen zum kollegialen Coaching.

Für Untergruppen von 4 bis 6 Personen jeweils ein Tisch mit Stühlen, ein großes Papier (mindestens DIN A3), Marker.

Was bringts?

Geeignet, wenn es im Gesamtprojekt verschiedene Unterprojekte gibt und ein Raum geschaffen werden soll, dass die Mitglieder sich gegenseitig unterstützen.

Kurzbeschreibung

In Kleingruppen unterstützen »Kolleg:innen« Menschen mit einem konkreten Anliegen, inspiriert vom Gemeinschaftskompass.

Detaillierte Anleitung

Das kollegiale Coaching kann auch einfach im Alltag verwendet werden, indem sich jemand 3–5 Kolleg:innen sucht mit der Bitte, ihn:sie bei einem bestimmten Anliegen zu unterstützen. Ich nutze es als Facilitatorin und Trainerin meistens am Ende von Seminaren, um den Menschen sowohl konkrete Unterstützung für ihre Projekte mitzugeben als auch um ihnen die Möglichkeit zu geben, das Gelernte aus dem Gemeinschaftskompass anzuwenden. Dazu frage ich zunächst, wer ein Anliegen hat, und bringe jeweils eine Person mit Anliegen mit 3–5 anderen, die Interesse und/oder Erfahrung zu dem Thema haben, als Coachinggruppe zusammen.

Das auf der nächsten Seite abgedruckte Handout ist gleichzeitig die Basis für die Einführung der Methode. Das Handout sollte für alle Teilnehmenden einmal ausgedruckt werden.

In der Einführung werden die auf dem Handout genannten Schritte erläutert, dann werden Kleingruppen losgeschickt, eine:n Teilnehmer:in zu coachen.

Herkunft

Kommt aus der sozialen Arbeit, durch Gemeinschaftskompass ergänzt.

Kollegiales Coaching mit dem Gemeinschaftskompass

Wie formuliere ich ein Anliegen?

Das Anliegen sollte in einer offenen Frage formuliert werden, das Wort »ich« beinhalten und ein Ziel enthalten, das zumindest teilweise unter meinem Einfluss steht.

Die 6 Schritte

1. Gesprächsleiter:in bestimmen (achtet auf Schritte, Zeit, Methode und Dokumentation)
2. Einstieg/Anliegenschilderung (5 Minuten)
3. Coaches stellen Fragen zum Anliegen, inspiriert von den Themenfeldern des Kompasses (10 Minuten)
   Besonders hilfreich sind Fragen, die mit einem Fragewort (was, wo, wie etc.) beginnen. Gerne auch Fragen »um die Ecke« (Was würde XY dazu sagen?)

4. Eindrücke wiedergeben (die Coaches sprechen, die Person mit Anliegen schweigt) (5 Minuten)
5. Die Coaches erstellen eine Mindmap mit potenziellen Lösungen, inspiriert vom Kompass. Die beratene Person schweigt weitgehend. (25 Minuten)
6. Beratene Person zieht ein Fazit (5 – 10 Minuten):
   - ▹ Das hat mich im Prozess überrascht.
   - ▹ Dieser Aspekt war mir vorher nicht bewusst.
   - ▹ Nächste Schritte formulieren.

Zeit: ungefähr 60 Minuten

8.1.4
»Hüte verteilen«

»Hüte« für die verschiedenen Aspekte des Gemeinschaftskompasses zu verteilen, sorgt dafür, dass

- kein Aspekt vergessen wird
- Menschen die Ermächtigung bekommen, sich für einen Aspekt besonders zu engagieren, und damit empowert werden.

Kurzbeschreibung

Die Grundidee ist, dass abgesichert wird, dass kein Aspekt des Gemeinschaftskompasses vernachlässigt wird. Für jeden Aspekt wird eine Person bestimmt, die der/die Hüter:in dieses Aspektes ist. Diese Person bekommt den expliziten Auftrag, besonders auf diesen Aspekt zu achten. Sie hat die Aufgabe, Impulse in diese Richtung zu geben und daran zu erinnern, wenn die Gefahr besteht, den Aspekt zu vernachlässigen.

Detaillierte Anleitung

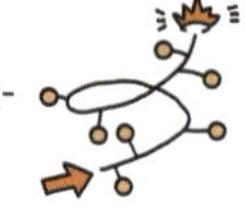

In manchen kleinen Gruppen kann die »schnelle Variante« funktionieren.

Nach einer Einführung in den Gemeinschaftskompass kann die Gruppe die unten aufgeführten Rollenbeschreibungen lesen und kurz gemeinsam überlegen: Wer könnte die Verantwortung für welchen Hut übernehmen? Und einfach im freien Gespräch die Hüte verteilen. Das kann in manchen Gruppen eine 30-Minuten-Aufgabe sein.

Wenn die Gruppe jedoch Zeit und Interesse hat, diese »Hutverteilung« gleich mit einer gemeinschaftsbildenden Feedbackübung und einer »soziokratischen

Wahl« zu verbinden, empfehle ich, sich hierfür Zeit zu nehmen und die Hüte in soziokratischen Wahlen (Kapitel 4.4.3.3) zu verteilen.
Hierfür gibt es die Anleitung im entsprechenden Kapitel. Ich führe hier nur die Punkte aus, die für diese Wahl speziell sind.

Ein wichtiger Schritt ist bereits die gemeinsame Vorbereitung der Wahl. Für eine soziokratische Wahl ist der erste Schritt immer die genaue Beschreibung der Rolle, für die gewählt wird, und der Anforderungen an Kompetenzen, die dafür notwendig sind.

Für die 7 Hüte, die zu verteilen sind, hätte ich folgenden Rollenbeschreibungsvorschlag, den jede Gruppe für sich anpassen kann.

Hut »Individuen«

Rollenbeschreibung

Diese Person achtet darauf, wie es den Einzelnen im Projekt geht. Sie behält im Blick, ob jemand sich zurückzieht, überfordert wirkt oder Unterstützung braucht. Sie geht dann mit dieser Person ins Gespräch und engagiert sich dafür, sie zu stärken. Dies sollte stets immer soweit wie möglich durch Stärkung der Eigenverantwortung geschehen, und nur wenn es unbedingt nötig scheint, sollte die Hüter:in aktiv eingreifen und beispielsweise eine gewisse Verantwortung abnehmen. Wenn es angemessen erscheint und die betroffene Person einverstanden ist, kann sie vorhandenen Unterstützungsbedarf oder das Thema, das die betroffene Person bewegt, auch in die Gesamtgruppe einbringen.

Die Rolleninhaber:in ist ansprechbar für alle, die einen Impuls geben möchten, was zu dem Aspekt »Individuen« für das Projekt wichtig wäre. Sie initiiert Aktivitäten zum tieferen Kennenlernen der einzelnen Individuen, z. B. Biografieabende oder Ähnliches.

Welche Kompetenzen braucht es?

Es braucht ein feines Gespür für andere Menschen, soziale Kompetenz und eine Achtsamkeit, auch delikate Themen anzusprechen. Gleichzeitig ist es wichtig, dass die Person kein zu starkes Helfersyndrom hat, sondern die Menschen auch in ihrer Eigenverantwortung bestärkt und nicht in jede Lücke hineinspringt, sondern die Person eher »coacht«, als für sie aktiv wird, wo sie selbst für sich einstehen kann. Außerdem sollte diese Person ihre eigenen Grenzen kennen und schützen, damit sie sich in der Rolle nicht überfordert.

Hut »Gemeinschaft«

Rollenbeschreibung

Diese Person behält die gemeinschaftlichen Prozesse und die Gemeinschaftskultur im Blick. Sie achtet darauf, dass es gemeinschaftsbildende Aktivitäten gibt, und initiiert bei Bedarf (gern gemeinsam mit anderen) derartige Aktivitäten. Sie ist in engem Kontakt mit allen anderen Hutträger:innen, da der Aspekt »Gemeinschaft« auch sehr stark von Schwächen in den anderen Aspekten beeinflusst wird. »Die Gemeinschaftskultur im Blick« zu behalten, bedeutet auch, ein Auge darauf zu haben, ob sich eine gemeinschaftsfördernde oder eine eher schwierige Kommunikationskultur einstellt – z. B. im Ansprechen von Konflikten, im »Sprechen über« oder »Sprechen mit« oder wenn sich »Tabuthemen« entwickeln. Die Person ist ansprechbar für alle, die einen Impuls geben möchten, was zu dem Aspekt »Gemeinschaft« für das Projekt wichtig wäre. Sie kann nicht alles damit Zusammenhängende in die Hand nehmen, das wäre eine komplette Überforderung für jeden Menschen. Aber sie hat die Aufgabe, einzelne Impulse selbst umzusetzen und auch andere aufzufordern, gemeinschaftsbildende Impulse zu geben.

Welche Kompetenzen braucht es?

Es braucht eine hohe soziale Kompetenz und eine häufige Präsenz in gemeinschaftlichen Aktivitäten. Erfahrung mit gemeinschaftsbildenden Methoden und Moderation/Facilitation sind von großem Vorteil für das Ausfüllen dieser Rolle oder das Interesse, sie kennenzulernen und sich weiterzubilden.

Es braucht jemanden, der oder die einerseits sehr interessiert ist an und präsent in dem Projekt und die andererseits aber auch auf sich achten kann und sich nicht in der Größe der Aufgabe verliert.

Hut »Intention«

Rollenbeschreibung

Die Person mit dem Hut für die Intention achtet darauf, dass die formulierte Ausrichtung des Projektes im Blick bleibt. Wenn Entscheidungen getroffen werden, die sie gefährden, oder wenn manche Dinge »sich einschleichen«, die nicht der formulierten Intention entsprechen, ist es ihre Rolle, darauf aufmerksam zu machen. Sie ist auch sehr eingeladen, Impulse zu geben, wie die

Intention noch stärker umgesetzt werden kann, oder derartige Impulse von anderen aufzugreifen und zu stärken. Es ist nicht ihre Aufgabe, die Intention um jeden Preis zu beschützen – manchmal verändern sich auch Ausrichtungen und Ziele. Aber wenn sich eine Veränderung implizit »einschleicht«, braucht es jemanden, der darauf aufmerksam macht und fragt: »Wollen wir das?« und es so zu einer bewussten Entscheidung macht. (Z. B. mit Systemischem Konsensieren, bei dem auch die ursprüngliche Intentionsformulierung eine Variante ist, gegen die man Widerstand haben kann.) Die Person ist ansprechbar für alle, die einen Impuls geben möchten, was zu dem Aspekt »Intention« für das Projekt wichtig wäre.

Welche Kompetenzen braucht es?

Es braucht einen klaren Blick, um im Alltag diesen Aspekt verfolgen zu können. Es braucht auch eine starke Identifikation mit der Ausrichtung. Gleichzeitig sollte diese nicht so stark sein, dass jegliche Abweichung als Bedrohung erlebt wird, dann würde diese Person bald ausbrennen. Was für eine Person ein Verwaschen der Intention ist, ist für eine andere Person eine sinnvolle Weiterentwicklung. Die Offenheit, die eigene Überzeugung zu überdenken, ist ebenfalls eine wichtige Kompetenz, die es in dieser Gruppe braucht.

Hut »Struktur«

Rollenbeschreibung:

Die Person mit dem Hut für die Struktur achtet darauf, dass es die notwendigen Strukturen für ein Projekt gibt und dass sie eingehalten werden. Sie kennt die internen Festlegungen und erinnert bei Bedarf an sie – und dafür darf der Rest der Gruppe ihr dankbar sein! Es gehört auch zu ihrer Aufgabe, Impulse zur Veränderung der Strukturen zu geben, wenn sie den Eindruck hat, dass die Strukturen, die vorhanden sind, der Gemeinschaft nicht dienen.

Die Person ist ansprechbar für alle, die einen Impuls dazu geben möchten, was zu dem Aspekt »Struktur« für das Projekt wichtig wäre.

Welche Kompetenzen braucht es?

Die Person sollte selbst strukturiert denken und Strukturen entwickeln können. Gleichzeitig braucht sie aber auch die innere Flexibilität, nicht an einmal festgelegten Strukturen zu kleben, sondern sie auch immer wieder zu hinterfragen. Ein gewisses Interesse an den rechtlichen Implikationen mancher Strukturen sowie eine gute Merkfähigkeit für alle Beschlüsse der Gemeinschaft sind ebenfalls sinnvolle Kompetenzen für diese Rolle.

Hut »Praxis«

Hier braucht es vermutlich mehrere Hüte, je nach der Praxis eines Projektes. In der Regel braucht es in fast allen Projekten jemanden, der/die den Blick auf die Finanzen des Projektes hat. Dazu werde ich unten eine Rollenbeschreibung und die notwendigen Kompetenzen formulieren.

Es könnte aber auch noch ganz andere Praxisbereiche geben, für die es gut wäre, Hüte zu verteilen. Aber welche das sind, ist von Projekt zu Projekt komplett unterschiedlich. Ein Gemeinschaftsgarten-Projekt hat vielleicht eine:n Gärtner:in, der/die die Ansprechpartner:in für fachliche Fragen ist und z. B. auch im Blick hat, welche Werkzeuge oder Infrastruktur gemeinsam gebraucht werden.

In einem Carsharing-Projekt könnte das eine Person sein, die die Fahrzeuge pflegt und wartet, und eine Person, die sich um die Praxis des Reservierungssystems kümmert.

Rollenbeschreibung für »Hut für Finanzen«

Diese Person hat die Konto- und Kassenführung inne und übernimmt auch die Buchführung für das Projekt. Sie hat den Überblick über die Finanzen und bewilligt selbstständig Ausgaben bis zu ... (oder anderes, je nach Entscheidungsfestlegung im Projekt). Evtl. gehört auch das Fundraising zu diesem Hut, manchmal gibt es auch dafür einen gesonderten Hut.

Die Person mit dem Hut für die Finanzen achtet stets darauf, dass das Projekt ökonomisch wirtschaftet und möglichst viele Einnahmen hat. Sie fordert stets einen klaren Plan mit erwarteten Einnahmen und Ausgaben an. Sie setzt sich dafür ein, dass Projekte korrekt nachkalkuliert werden, sodass die verschiedenen Kostenfaktoren deutlich werden und man für die Zukunft daraus lernen kann.

Welche Kompetenzen braucht es?

Es braucht Grundkenntnisse in den Grundsätzen ordnungsgemäßer Buchführung und eine Akribie auch für kleine Details und Abweichungen zwischen der Buchhaltung und dem Kassenstand. Absolute Vertrauenswürdigkeit und Rechenfähigkeiten gehören auch zu den Grundkompetenzen für diese Aufgabe.

Hut »Ernte«

Rollenbeschreibung

Die Person, die den Hut für den Aspekt »Ernte« bekommt, ist dafür verantwortlich, dass in der Initiative das Feiern, Auswerten, Feedback und die Wertschätzung nicht zu kurz kommen. Ihre Rolle ist es, daran zu erinnern, nach einem abgeschlossenen Projekt nicht einfach ins nächste zu springen, sondern es zu feiern und auszuwerten. Sie ist eingeladen, kleine Wertschätzungsübungen in den Alltag der Initiative einzubringen und die Gruppe darin zu unterstützen, eine Feedback-, Feier- und Wertschätzungskultur zu entwickeln. Auch ist es ihre Aufgabe, bei Beschlüssen nachzufragen: Wie kontrollieren wir, ob wir damit erreichen, was wir wollen? Oder Anregungen zu geben, wie die Effekte der Aktivitäten besser erfasst werden können.

Welche Kompetenzen braucht es?

Es braucht eine Begeisterung für Wertschätzung, Feedback und Auswertungen. Ein Händchen fürs unaufwendige Organisieren von kleinen Feiern ist sehr von Vorteil für diese Rolle. In vielen Gruppen braucht die Person, die diese Rolle übernimmt, auch eine gesunde Portion Selbstbewusstsein, um die Initiative immer wieder auf diesen (häufig) blinden Fleck aufmerksam zu machen.

Hut »Welt«

Rollenbeschreibung:

Die Person, die den Hut für die »Welt« aufsetzt, ist verantwortlich für die Öffentlichkeitsarbeit und die Netzwerkarbeit. Sie ist die Person, die das Projekt stets auch mit der Brille betrachtet: »Wie wirkt das jetzt auf andere?« Hierzu gehört auch ein Achten auf das öffentliche Erscheinungsbild des Projektes. Die Person ist eine Schnittstelle zwischen der Initiative und »der Gesellschaft«. Sie bringt auch die Welt ins Projekt, durch Vernetzung, Inspirationen aus anderen Initiativen etc.

Welche Kompetenzen braucht es?

Idealerweise ist die Person in beiden Welten zu Hause – in der Subkultur, in der die Initiative zu Hause ist, aber auch stark in der »Mainstream-Society«.

So kann sie Brücken bauen zwischen der Initiative und dem Rest der Welt. Sie sollte sich außerdem gut ausdrücken können und das Projekt und das Umfeld gut kennen.

Ein Interesse am Netzwerken, ein Gespür für den Zeitgeist und ein offener Blick für die Entwicklungen in der Welt sind für diese Rolle sehr von Vorteil.

Diese Rollenbeschreibungen sind nur als erster Aufschlag gedacht. Jedes Projekt sollte sie für sich ergänzen und abändern. Mit diesen Rollenbeschreibungen kann man dann soziokratische Wahlen entsprechend Kapitel 4.4.3.3 durchführen. Jeder Hut wird einzeln vergeben, daher braucht diese Art der Rollenverteilung viel Zeit – aber es lohnt sich, da es gleichzeitig auch ein Feedback an viele Gruppenmitglieder ist, welche Qualitäten in ihnen gesehen werden.

Selbstverständlich ist es möglich, einen Hut auch an zwei Menschen zu verteilen oder die Aufgabe aufzuteilen, je nach den Erfordernissen des Projektes oder auch den Kompetenzen der Projektmitglieder.

Herkunft

Eigene Entwicklung, gepaart mit Soziokratie.

8.2 Der Gemeinschaftskompass als Orientierungshilfe

Gemeinschaftliche Initiativen sind wichtige Impulsgeber für eine konstruktive Veränderung unserer Welt – und sie scheitern viel zu oft am Zwischenmenschlichen. Der Gemeinschaftskompass ist eine Orientierungshilfe dafür, wie gemeinschaftliches Engagement für eine bessere Welt gelingen kann. Das einfache Schema mit den sieben Aspekten des Gemeinschaftskompasses prägt sich leicht ein und gibt damit eine Leitschnur für eine konstruktive Projektentwicklung, die alle Beteiligten in ihre Kraft bringen und den gemeinsamen Prozess ins Fließen bringen kann und damit die Initiativen deutlich kraftvoller macht.

Die in diesem Buch vorgestellten methodischen Überlegungen und Werkzeuge sind großteils auch aus anderen Zusammenhängen bekannt. Dennoch unterscheidet sich dieses Buch deutlich von anderen Methodensammlungen. Es ordnet die Werkzeuge in den Kontext des Gemeinschaftskompasses mit ihren Wechselwirkungen ein und gibt damit viele Hinweise dazu, wie eine wirklich ganzheitliche Projektentwicklung gestaltet werden könnte. Und vor allem ist es die Essenz von 30 Jahren Praxiserfahrung und Methoden, die langjährig in verschiedenen Kontexten erprobt wurden und sich bewährt haben.

Ich wurde oft gefragt, ob ich so etwas wie eine »Zertifizierung als Gemeinschaftskompass-Begleiter:in« plane. Ich habe mich bewusst dagegen entschieden.

Die wesentlichen Kompetenzen, die man lernen kann, um den Gemeinschaftskompass konstruktiv und erfolgreich anzuwenden, sind Kompetenzen, die man in vielen Ausbildungen lernen kann: in Ausbildungen als Supervisor:in, Organisationsentwickler:in, Mediator:in, Permakultur, Moderation, Prozessarbeit, Forumsleiter:in oder Coach. Das Besondere, das der Gemeinschaftskompass dazu beiträgt, ist die Systematisierung der sieben Aspekte:

Diese sieben Aspekte und ihre Anordnung unterstützen dabei, sich an das Wesentliche zu erinnern – und alles zusammenzubringen, was es braucht, um ein Projekt ganzheitlich gelingen zu lassen.

Wenn nach der Lektüre dieses Buches mehr Menschen ihre Projekte unter Berücksichtigung dieser Aspekte realisieren, dann wird dies zum Blühen ihrer Initiative beitragen. Die vorgestellten methodischen Überlegungen und Werkzeuge bieten leicht anwendbares Handwerkszeug, um die Aspekte, in denen Herausforderungen identifiziert werden, weiterzuentwickeln.

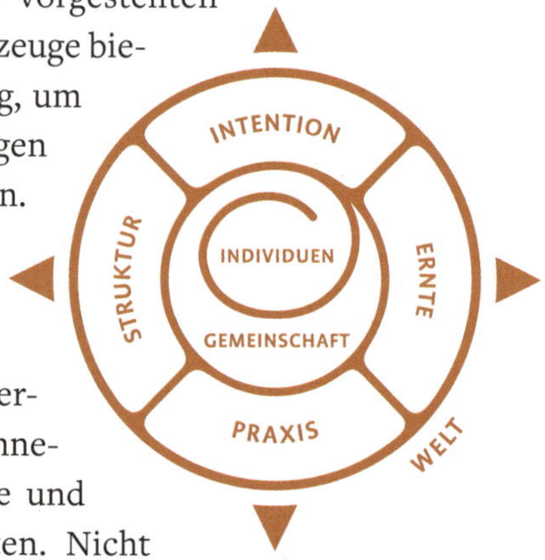

Der Kern des Gemeinschaftskompasses und die wesentlichste Zutat für das Gelingen von gemeinschaftlichen Initiativen sind jedoch die ganz persönliche Haltung, die Bereitschaft zur inneren Arbeit, ein Gespür für die Gruppe und die soziale Kompetenz aller Beteiligten. Nicht umsonst wird in der Szene der Prozessbegleiter:innen gewarnt: »A fool with a tool is still a fool.« (Ein Verrückter mit einem Werkzeug ist immer noch ein Verrückter.) Daher kann ein Buch wie dieses nur so weit zum Gelingen von Projekten beitragen, wie die Menschen, die es lesen und anwenden, Menschen sind, die sich ihrer persönlichen Themen bewusst sind, sich selber reflektieren und ein Gespür für die Bedürfnisse der Gruppe und der Individuen haben. Womit wir am Ende des Buches wieder beim Kern des Gemeinschaftskompasses wären: den Individuen, der individuellen Haltung und der Notwendigkeit von Arbeit auch an sich selbst als eine Grundvoraussetzung, um Projekte gelingen zu lassen.

Die Lektüre dieses Buches kann diese Arbeit nicht ersetzen, aber vielleicht Impulse dazu geben.

Ich freue mich über Feedback meiner Leser:innen zu dem Buch und ihren Erfahrungen damit, auf dass die zweite Auflage noch besser wird! Schreibt mich gerne an: eva.stuetzel@gemeinschaftskompass.de.

Im Anhang möchte ich mit den Leser:innen noch einige Geschichten und Zitate teilen, die in meinen Augen hervorragend zum Gemeinschaftskompass passen.

Anhang

Meine Lieblingsgeschichten und Zitate

Eine wunderbare Methode für die Einstimmung zu einem gemeinsamen Treffen ist es, kurz eine Geschichte, eine Parabel, ein Gedicht zu teilen.

Geschichten transportieren Emotionen. Daher sind sie ein wichtiger Teil der »Energiechoreografie«.

Immer wieder erzählte Geschichten schaffen Kultur, sie bewirken, dass gemeinsam in eine bestimmte Richtung gedacht wird. Über Jahrtausende haben Menschen ihre Erfahrungen in Form von Geschichten weitergegeben. Geschichten prägen sich ein, sie wirken ähnlich wie eigene Erfahrungen, und sie bleiben in einem anderen Teil des Gehirns hängen als reine Fakteninformationen, sie bleiben im episodischen Gedächtnis. Daher ist es für jede Gruppenmoderation sinnvoll, einen kleinen Schatz von Geschichten zu haben, der bei Gelegenheit zur Einstimmung verwendet werden kann.

Parabeln sind eine Art, Weisheiten in Form einer Geschichte zu vermitteln. Und manchmal kann man die Weisheit auch direkt zitieren – in Form eines Zitats aus einem bekannten Buch oder einer weisen Person.

Ich möchte an dieser Stelle einige meiner Lieblingsgeschichten aus mehreren Jahrtausenden teilen. Manche basieren auf jahrtausendealten Erzählungen verschiedener Kulturen, eine habe ich selbst erlebt.

Das Geschenk des Rabbis

Jüdische Parabel, nacherzählt in *A different drum* von Scott Peck. Adaptation durch die Autorin

Diese Geschichte berichtet von einem Kloster, das am Sterben war. Vormals gehörte es zu einem großen Orden; mit der Zeit jedoch gingen nach und nach alle Bruderhäuser verloren, und der Orden schrumpfte zusammen auf dieses letzte Haus mit seinen verbliebenen fünf Mönchen, die das Mutterhaus bevölkerten: der Abt und vier andere, alle über 70 Jahre alt. Ganz deutlich: Es war ein sterbender Orden.

In den tiefen Wäldern, die das Kloster umgaben, gab es eine kleine Hütte, die ab und an von einem Rabbi aus der nahen Stadt als Einsiedelei genutzt wurde. Durch die vielen Jahre, die sie im Gebet und in der Kontemplation vor Gott verbrachten, hatten die alten Mönche auf wunderliche Weise nahezu übersinnliche Wahrnehmungen, sodass sie jedes Mal spüren konnten, wenn der Rabbi in den Wäldern war.

»Der Rabbi ist im Wald, der Rabbi ist wieder im Wald«, wisperten sie einander zu. Weil sie sich zutiefst über den Rückgang und bevorstehenden Tod ihres Ordens sorgten, baten die Brüder ihren Abt, den Rabbi in seiner Einsiedelei aufzusuchen, als der wieder einmal in den Wäldern weilte. Sie hofften, dass der Rabbi ihm vielleicht einen klugen Rat geben könnte, wie das Sterben des Ordens doch noch zu verhindern sei.

Der Rabbi hieß den Abt in seiner Hütte willkommen. Als der Abt ihm jedoch den Grund seines Besuches vorgetragen hatte, seufzte der Rabbi nur sehr tief und betrübt. »Ich weiß, wie das ist«, erklärte er. »Der Geist hat die Menschen verlassen. In meiner Stadt ist es genau dasselbe. Fast niemand kommt mehr zur Synagoge«, berichtete er.

Und der Abt und der Rabbi weinten miteinander über diese Veränderung. Dann lasen sie Abschnitte aus der Thora und hatten miteinander tiefe Gespräche. Als die Zeit kam, dass der Abt gehen musste, umarmten sie einander.

»Es war ein wunderbares Geschenk, dass wir einander wieder begegnen konnten«, sagte der Abt. »Aber ich wollte meinen Brüdern Hoffnung bringen, und jetzt haben wir vor allem gemeinsam geweint. Ist da denn gar nichts, was du mir sagen könntest? Gibt es wirklich gar nichts, was du mir raten könntest, damit ich meinen sterbenden Orden retten kann?«

»Nein, es tut mir sehr leid«, antwortete der Rabbi. »Ich weiß es auch nicht. Das Einzige, was ich dir sagen kann, ist, dass der Messias mitten unter euch ist.«

Als der Abt zum Kloster zurückkehrte, scharten sich seine Brüder um ihn mit der Frage: »Nun, was hat der Rabbi gesagt?«

»Er kann uns nicht helfen«, antwortete der Abt. »Wir konnten nur miteinander beten und die Thora studieren. Das Einzige, was er sagte, ganz kurz bevor ich ihn verließ – es hörte sich ziemlich seltsam an –, war, dass der Messias mitten unter uns sei. Ich habe keine Ahnung, was er damit meinte.«

In den folgenden Tagen und Wochen und Monaten grübelten die alten Mönche darüber nach und wunderten sich, ob da nicht irgendeine versteckte Weisheit in den Worten des alten Rabbis enthalten sei. Der Messias soll einer von uns sein? Könnte er möglicherweise einen von uns Mönchen hier im Kloster damit gemeint haben? Ja, falls er irgendeinen gemeint haben sollte, dann sicherlich den Vater Abt. Er ist unser Leiter seit mehr als einer Generation.

Andererseits, vielleicht könnte er auch Bruder Thomas gemeint haben. Wirklich, Bruder Thomas ist ein heiliger Mann, so belesen und klug, immer hat er einen guten Rat. Jeder weiß, dass Thomas ein Mann des Lichts ist.

Ganz sicher hat er nicht Bruder Eldred gemeint! Eldred wird recht oft schlecht gelaunt. Allerdings, wenn man genau darüber nachdenkt: Auch wenn er häufig genug ein Dorn im Fleisch der Leute ist – wenn man es ganz genau betrachtet, hat Eldred tatsächlich immer recht. Manchmal sogar sehr recht. Er spricht unangenehme Wahrheiten aus. Könnte schon sein, dass der Rabbi tatsächlich Bruder Eldred gemeint hat?

Ganz sicher hat er jedoch nicht Bruder Philipp gemeint. Philipp ist so träge, ein regelrechter Niemand. Allerdings, auf recht mysteriöse Art und Weise hat Bruder Philipp die Gabe, genau dann aufzutauchen, wenn man wirklich einen anderen Menschen braucht. Und zuhören kann er! Er taucht genau dann wie durch Zauberhand jedes Mal auf. Vielleicht ist Philipp der Messias?!

Der Rabbi könnte mich am wenigsten gemeint haben. Ich bin nur eine ganz gewöhnliche Person, und ich kenne all meine Fehler.

Allerdings: Nehmen wir mal an, er hätte doch mich gemeint? Stell dir vor, ich sei der Messias?! Oh Gott, nicht ich! Ich könnte in deinem Leben nie so viel bedeuten, oder ...?!

Während sie diese Gedanken hin und her bewegten, begannen die alten Mönche einander mit außerordentlichem Respekt zu behandeln. Immerhin gab es ja die Chance, dass einer von ihnen der Messias sein könnte. Und trotz der nur winzig, winzig kleinen Chance, dass jeder von ihnen selbst der Messias sein könnte, begannen sie auch, sich selbst mit besonderem Respekt zu behandeln.

Weil der Wald, in dem das Kloster lag, von großer Schönheit war, kamen gelegentlich Leute vorbei, um im alten Klostergarten zu picknicken, auf den gepflegten Wegen des alten Rosengartens zu wandern oder sogar – ganz, ganz manchmal – in der baufälligen alten Kapelle zu beten. Und wenn sie das taten, nahmen sie wahr, ohne sich dessen überhaupt bewusst zu werden, welch einen außerordentlichen Respekt an diesem Ort die Menschen sich gegenseitig entgegenbrachten. Da war etwas merkwürdig Anziehendes in der Atmosphäre dieses Ortes. Ohne sich zu fragen »Warum?«, kehrten die Leute gern und häufiger zu diesem Haus zurück, um zu picknicken, zu spielen und – zu beten. Sie nahmen gerne an den Gottesdiensten der Mönche teil. Sie begannen, ihre Freunde mitzubringen, um ihnen zu zeigen, was für ein ungewöhnlicher Ort das sei. Und die Freunde brachten ihre Freunde.

Und dann geschah es, dass einige der jüngeren Männer, die das Kloster besuchten, sich in immer längere und tiefere Gespräche mit den alten Mönchen einließen. Nach einiger Zeit fragte einer, ob er bitte bleiben und zu ihrem Orden gehören dürfe. Dann ein weiterer. Und noch einer. Und innerhalb einiger Jahre wurde das Kloster wieder zu einem blühenden Orden – dank des Rabbis Geschenk.

Gemeinschaftssucher

Erzählt von Dieter Halbach

In dem kleinen Kollektivbuchladen fiel mir ein Buch in die Hände mit dem schlichten Titel *Eurotopia-Verzeichnis europäischer Gemeinschaften*. Mein Herz schlug sofort höher: Vielleicht gab es ja doch noch Hoffnung für mich auf ein anderes Leben vor dem sicheren Tod?

Der Verkäufer hinter der Ladentheke schaute mich halb mitleidig, halb belustigt durch seine alte Nickelbrille an: »Ein gutes Buch für Gemeinschaftssuchende! Ja, auch ich habe einmal danach gesucht ... und als ich es gefunden hatte, habe ich es auch verloren. Aber letztlich habe ich auch etwas wiedergefunden, was ich schon fast verloren hatte.«

Nach dieser etwas nebulösen Einleitung fing er an, mir von seiner Reise quer über den Globus von einer Gemeinschaft zur anderen zu erzählen. Offensichtlich war er ein kritischer Zeitgenosse gewesen: Auf der Suche nach der perfekten Gemeinschaft, konnte ihn keine zufriedenstellen. Die politisch richtigen Gemeinschaften lebten falsch und trugen schwer an ihrer ideologischen Last; die ökonomisch erfolgreichen versackten in Arbeit und Management und wurden normal; die lebendigen Freaks waren ihm zu bekifft und chaotisch; die spirituellen Gemeinschaften klammerten vor lauter Liebe die Sexualität und die sexuell befreiten Kommunen die Liebe aus.

Langsam hatte sich mein Buchhändler in Fahrt geredet, doch plötzlich erschien ein wehmütiges, fast verklärtes Lächeln auf seinem Gesicht: »Aber nach vielen Jahren der Suche habe ich sie doch gefunden: meine Gemeinschaft! Es waren nur wenige Menschen, aber sie hatten alle Bereiche des Lebens integriert. Es war einfach paradiesisch bei ihnen!«

»Ja, aber warum bist du dann nicht dort geblieben?«, fragte ich ihn.

»Sie wollten mich nicht. Ich wollte die perfekte Gemeinschaft, aber sie wollten den perfekten Menschen!«

Als ich nach einiger Zeit und vielen Fragen mit dem Buch wieder auf die Straße hinaustrat, fühlte ich mich etwas merkwürdig. Eine Mischung aus Schmerz und Freude, gewürzt mit einer Prise Angst, hatte sich auf mein Herz gelegt, welches wiederum wild und laut pochte. Nennt man das Sehnsucht?

»Nur sonnige Augen können die Sonne sehen«, hatte der Buchhändler mir lachend hinterhergerufen. Und was ist mit Schmetterlingen im Bauch, dachte ich verwundert.

Und auf wackeligen Beinen schritt ich hinaus in das Abenteuer, das man Leben nennt ... und das irgendetwas mit mir und Gemeinschaft zu tun hat.

Die Listenklauerin

Eine wahre Geschichte aus dem Ökodorf Sieben Linden, aufgeschrieben von Eva Stützel

Es war einmal zu der Zeit, als es in der Gemeinschaft des Ökodorfs Sieben Linden noch einen sogenannten Keksekeller gab. Dies war ein Raum im Keller, in dem Kekse, Säfte, Knabberkram und Alkoholika gelagert waren und in dem sich alle Gemeinschaftsmitglieder einfach bedienen konnten. Dort lag eine Liste, in der jeder eintrug, was er/sie mitnahm. Das bildete dann die Grundlage für die Abrechnung. Wir vertrauten einander, dass alle dies ehrlich tun.

Eines Tages war die Liste verschwunden. Große Katastrophe: Wie soll man jetzt wissen, wer wie viel genommen hat? Sie tauchte nicht wieder auf. Es wurde eine Ersatzliste beschafft, jede:r schätzte, wie viel auf der letzten Liste gestanden hatte. Ein kleiner Verlust, aber noch war niemand beunruhigt. Shit happens. Doch nach zwei Tagen war die Ersatzliste wieder verschwunden! Jetzt wurde Sieben Linden unruhig: »Wer klaut Listen? Und warum?«

Die nächste Ersatzliste hielt nur wenige Stunden, dann war auch sie weg. Besonders prekär: An diesem Tag waren alle Männer Sieben Lindens zusammen auf einem Männerwochenende. Das hieß, der Kreis der Verdächtigen verkleinerte sich auf die weiblichen Gemeinschaftsmitglieder.

Beim vierten Mal verschwand die Liste an einem Werktagvormittag. Alle Kinder, die eventuell verdächtig gewesen wären, waren zu der Zeit in der Schule. Als die Liste zum fünften Mal wegkam, war der Kreis der Verdächtigen schon überschaubar – es musste schließlich jemand sein, der an allen Tagen, an denen die Liste verschwunden ist, in Sieben Linden war. Aber es fehlte immer noch das Motiv, und so schien der Fall immer abstruser.

Die Laune in der Gemeinschaft wurde deutlich schlechter, es wurde gerätselt, unter vorgehaltener Hand wurden Verdächtigungen geäußert, und die Übeltäterin wurde aufgefordert, sich zu stellen und nicht einfach nur die Gemeinschaft zu untergraben. Keine Reaktion. Wieder verschwand eine Liste.

Die nächste Liste wurde in den Keller gelegt – und der aufmerksame Blick beim Hinlegen fiel auf ein paar klitzekleine Papierschnipsel. Was ist denn das? Eine Spur? Akribisch der Spur der Papierschnipsel folgend, fand die Beobachterin mehr Papierschnipsel, in einem Spalt hinter der Platte, auf der die Liste lag. Viele Papierschnitzel, die noch Reste von Einträgen der Kellerliste enthielten.

Die Übeltäterin: eine Maus, die mithilfe der Papierschnipsel ihr Nest auskleidete und sich sicher gefreut hat, dass die Menschen ihr immer wieder neues Polstermaterial für ihre Jungen geliefert haben.

Himmel und Hölle

Einem russischen Märchen nacherzählt

Ein neugieriger Mensch bekommt ein Geschenk: Er darf Gott treffen und hat eine Bitte an ihn frei.

Er stellt die Frage: »Herr, ich möchte die Hölle sehen und auch den Himmel.«

»Nimm diesen Engel als Führer«, spricht der Schöpfer, »er wird dir beides zeigen.« Der Engel nimmt den Mensch bei der Hand.

Er führt ihn in einen großen Raum. Ringsum Menschen mit langen Löffeln. In der Mitte, auf einem Feuer kochend, ein Topf mit einem köstlichen Gericht. Alle schöpfen mit ihren langen Löffeln aus dem Topf. Aber die Menschen sehen mager aus, blass, elend. Die Löffel waren sehr lang und hatten nur hinten einen hölzernen Griff. Der übrige Löffel war aus

Eisen und wurde glühend heiß, wenn er in die Suppe getaucht wurde. Gierig stocherten die Hungrigen in der Suppe. Mit Mühe hoben sie ihre schweren Löffel heraus, aber der Löffel war einfach zu lang, um die Suppe in ihren Mund zu bekommen. Gar zu vorwitzige verbrannten sich Arme und Gesicht oder verletzten andere mit dem glühend heißen Löffelstiel. Schimpfend gingen sie aufeinander los und schlugen sich mit denselben Löffeln, mit denen sie ihren Hunger hätten stillen können.

Die beiden gehen hinaus. »Welch seltsamer Raum war das?«, fragt der Mensch den Engel.

»Die Hölle«, lautet die Antwort.

Sie betreten einen zweiten Raum. Alles genau wie im ersten. Ringsum Menschen mit langen Löffeln. In der Mitte, auf einem Feuer kochend, ein Topf mit einem köstlichen Gericht. Alle schöpfen mit ihren langen Löffeln aus dem Topf.

Aber – ein Unterschied zu dem ersten Raum: Diese Menschen sehen gesund aus, gut genährt, glücklich. »Wie kommt das?« Der Mensch schaut genau hin. Da sieht er den Grund: Diese Menschen schieben sich die Löffel gegenseitig in den Mund. Sie geben einander zu essen.

Da weiß der Mensch, wo er ist.

Das Geschenk der Feen

Von Gotthold Ephraim Lessing

Zu der Wiege eines jungen Prinzen, der in der Folge einer der größten Regenten seines Landes ward, traten zwei wohltätige Feen.

»Ich schenke diesem meinem Lieblinge«, sagte die eine, »den scharfsichtigen Blick des Adlers, dem in seinem weiten Reiche auch die kleinste Mücke nicht entgeht.«

»Das Geschenk ist schön«, unterbrach sie die zweite Fee. »Der Prinz wird ein einsichtsvoller Monarch werden. Aber der Adler besitzt nicht allein Scharfsichtigkeit, die kleinsten Mücken zu bemerken, er besitzt auch eine edle Verachtung, ihnen nicht nachzujagen. Und diese nehme der Prinz von mir zum Geschenk!«

»Ich danke dir, Schwester, für diese weise Einschränkung«, versetzte die erste Fee. »Es ist wahr; viele würden weit größere Könige gewesen sein, wenn sie sich weniger mit ihrem durchdringenden Verstande bis zu den kleinsten Angelegenheiten hätten erniedrigen wollen.«

Der Elefant

Eine Gruppe von Schüler:innen einer Meisterin wurde aufgefordert, der Meisterin ein Objekt zu beschreiben. Keine blinde Gefolgschaft wollte die Meisterin, sondern die Selbsterfahrung. Dazu sollte jede:r der Schüler:innen mit verbundenen Augen das Objekt in ihrer Reichweite ganz genau untersuchen.

Die Schüler:innen gaben gänzlich unterschiedliche Beschreibungen:

Die Person, die das Bein betastete, sagte: »Das Objekt ist wie eine Säule!«

Die Person, die den Rüssel betastete, entgegnete: »Nein, das Objekt ist wie ein biegsamer Schlauch!«

Die Person, die den Stoßzahn hielt, rief aus: »Das stimmt doch gar, das Objekt ist eine gebogene, stabile Röhre!«

Die Person, die am Ohr stand, widersprach: »Quatsch, es ist wie ein großer Handfächer!«

Die Person, die den Bauch abtastete, meinte: »Es ist wie eine schwebende, dicke, weiche Röhre!«

Die Person, die den Schwanz selbst hielt, entgegnete: »Vollkommener Unsinn, das Objekt ist biegsam wie ein dünnes Seil!«

Die Person am Schwanzende meinte: »Ich sage euch, das Objekt ist so etwas wie eine Bürste!«

Erst als die Schüler:innen die Augenbinden abnahmen, erkannten sie das ganze Bild. Der Elefant hat all die Eigenschaften, welche die Schüler:innen beschrieben hatten. Und noch viele mehr als diese. Wie Realität wahrgenommen wird und als Wirklichkeit auf uns wirkt, hängt unmittelbar mit der eigenen Erfahrung, dem Standpunkt und der Perspektive zusammen. Und so gibt es eben nicht *die eine* Realität, sondern ganz unterschiedliche Blickwinkel und Wahrnehmungen davon, die alle zusammen erst ein größeres Gesamtbild zeigen.

Zwei Wölfe

Erzählung der Cherokee

Ein Schamane erklärt seinem Enkel die Seele der Menschen: »In der Seele jedes Menschen kämpfen zwei Wölfe miteinander. Einer ist böse. Er ist der Zorn, der Neid, die Eifersucht, die Sorgen, der Schmerz, die Gier, die Arroganz, das Selbstmitleid, die Schuld, die Vorurteile, die Minderwertigkeitsgefühle, die Lügen, der falsche Stolz und das Ego. Der andere ist gut. Er ist die Freude, der Friede, die Liebe, die Hoffnung, die Heiterkeit, die Demut, die Güte, das Wohlwollen, die Zuneigung, die Großzügigkeit, die Aufrichtigkeit, das Mitgefühl und der Glaube.«

Der Enkel dachte einige Zeit über die Worte seines Großvaters nach und fragte dann: »Großvater, sag mir: Welcher der beiden Wölfe gewinnt?«

Der alte Schamane antwortete: »Der, den du fütterst.«

Arm und Reich

Eines Tages nahm ein Mann seinen Sohn mit aufs Land, um ihm zu zeigen, wie arme Leute leben. Vater und Sohn verbrachten einen Tag und eine Nacht auf der Farm einer sehr armen Familie.

Als sie wieder zurückkehrten, fragte der Vater seinen Sohn: »Wie war dieser Ausflug?«

»Sehr interessant!«, antwortete der Sohn.

»Und hast du gesehen, wie arm Menschen sein können?«

»Oh ja, Vater, das habe ich gesehen.«

»Was hast du also gelernt?« fragte der Vater.

Und der Sohn antwortete: »Ich habe gesehen, dass wir einen Hund haben und die Leute auf der Farm haben vier. Wir haben einen Swimmingpool, der bis zur Mitte unseres Gartens reicht, und sie haben einen See, der gar nicht mehr aufhört. Wir haben prächtige Lampen in unserem Garten, und sie haben die Sterne. Wir haben einen riesigen Bildschirm, auf dem ich Filme schauen kann, dort erzählt die Mutter Geschichten, und alle lauschen. Unsere Terrasse reicht bis zum Vorgarten, und sie haben den ganzen Horizont.«

Der Vater war sprachlos. Und der Sohn fügte noch hinzu: »Danke, Vater, dass du mir gezeigt hast, wie arm wir sind.«

Ob's ein (Un-)Glück ist – wer weiß?

Chinesische Parabel

Übrigens wurde diese Parabel auch von Gerhard Schöne vertont.
Das Lied ist auch eine schöne Einstimmung.

Ein Bauer hatte wenig mageres Ackerland und nur einen Sohn, der ihm half, außerdem ein Pferd zum Pflügen. Eines Tages lief ihm das Pferd davon. Die Nachbarn kamen und bedauerten den Bauern ob seines großen Unglücks. Der Bauer blieb ruhig und sagte: »Ob's ein Unglück ist, wer weiß?« In der nächsten Woche kam das Pferd zurück und brachte zehn Wildpferde mit. Die Nachbarn kamen wieder und gratulierten ihm zu seinem Glück. Wieder blieb der Bauer ruhig und sagte: »Ob's ein Glück ist – wer weiß?« Eine Woche später ritt sein Sohn auf einem der wilden Pferde und brach sich ein Bein, es wuchs schief wieder zusammen. Nun hatte der Bauer keinen Sohn mehr, der ihm helfen konnte. Die Nachbarn kamen und bedauerten sein Unglück. Wieder blieb er ruhig und sagte: »Glück oder Unglück – wer weiß das schon?« Kurz darauf brach ein Krieg aus, und Soldaten kamen ins Dorf, um alle jungen Männer mitzunehmen, mit Ausnahme des Bauernsohnes, der nicht eingezogen wurde, weil er sich ein Bein gebrochen hatte.

Zwei Mönche und die Frau

Eine Geschichte über das Loslassen

Ein junger und ein alter Mönch laufen einen Pfad entlang. Sie kommen zu einem Fluss mit starker Strömung. Als sie sich bereit machen, ihn zu überqueren, sehen sie eine hübsche junge Frau, die nicht ans andere Ufer gelangt. Sie bemerkt die Mönche und bittet sie um Hilfe. Der alte Mönch nimmt sie auf die Schulter und trägt sie über den Fluss. Sie bedankt sich und geht ihrer Wege. Der junge Mönch ist sauer. So richtig sauer.

Stunden später ist er noch immer sauer. Der alte Mönch fragt ihn, was los sei.

»Als Mönche ist es uns nicht erlaubt, junge Frauen anzufassen! Wie konntest du sie über den Fluss tragen?«

Der alte Mönch antwortet: »Ich habe die Frau vor Stunden am Ufer gelassen, aber so wies aussieht, trägst du sie noch immer mit dir herum.«

Akzeptanz

Rakhal, der später als Swami Brahamananda berühmt wurde, war auf dem Weg in die heilige indische Stadt Varanasi. Es war kalt, und er hatte seit Tagen nichts mehr gegessen, und eine Welle des Schwindels überkam ihn. Er legte sich unter einem Baum nieder. Er glaubte, seine Zeit sei gekommen, und er war damit im Reinen. Der Körper kommt, der Körper geht, so ist es eben, und er sah das nicht als große Sache an. Er schloss die Augen.

Ein anderer Reisender sah ihn liegen, bedeckte ihn mitfühlend mit einem teuren Schal, den er trug, und ging weiter. Rakhal dachte über das Wohlwollen des Universums nach, das ihn mit einem warmen Schal versorgte, als er ihn am meisten brauchte. Noch während er dies tat, erkannte ein Passant den Schal als hochwertig und dachte, dass Rakhal schliefe. Er nahm das Kleidungsstück schnell an sich und eilte davon, wobei er sich zweifellos zu seinem Glück beglückwünschte.

Rakhal brach in Gelächter aus. Wie wundervoll ist dieses Spiel des Universums, dachte er. Wie unerwartet sind seine Drehungen und Wendungen. Gerade als ich mich dafür bedankte, in dieser bitteren Kälte einen warmen Schal erhalten zu haben, verschwand der Schal. Wie das Leben selbst kam und ging es. So sind alle Dinge in dieser vergänglichen Welt.

Und als Zuschauer dieses großen Spiels des Lebens war er wirklich glücklich.

Weisheiten

Achte auf deine Gedanken

Achte auf deine Gedanken, denn sie werden deine Worte.
Achte auf deine Worte, denn sie werden deine Handlungen.
Achte auf deine Handlungen, denn sie werden deine Gewohnheiten.
Achte auf deine Gewohnheiten, denn sie werden dein Charakter.
Achte auf deinen Charakter, denn er formt die Welt.

Nach einer Weisheit des *Talmud*

»Die Welt hat genug für alle Menschen, nur nicht für ihre Gier!«

Mahatma Gandhi

Literaturliste

Buck, John; Villines, Sharon (2017): We, the People. Consenting to a Deeper Democracy. Sociocracy.Info, Washington, DC.

Cohn, Ruth (1984): Von der Psychoanalyse zur themenzentrierten Interaktion. Von der Behandlung einzelner zu einer Pädagogik für alle. Fachbuch Klett-Cotta.

Croft, John; Green, Dot (2014): Fact-Sheet 22, Empowered Fundraising: Radical Generosity. The Power of Radical Philanthropy to Change the World, 12-05-2014. https://dragondreaming.org/wp-content/uploads/2020/01/Fact-Sheet-Number-22-Empowered-Fundraising.pdf, abgerufen am 12. 8. 2022.

Dittmar, Vivian (2014): Gefühle & Emotionen. Eine Gebrauchsanweisung: Wie emotionale Intelligenz entsteht. Edition Est.

Felber, Christian (2018): Gemeinwohlökonomie. Piper.

Freitag, Silke (2020): Handbuch Konfliktmoderation in sozialen Bewegungen und selbstverwalteten Projekten. Herausgeber: Kurve Wustrow.

CLIPS-Guide. Community Learning Incubator Program for Sustainability. Ein Projekt vom Global Ecovillage Network Europe, gefördert durch Erasmus+. https://clips.gen-europe.org.

Diamond, Julie (2016): Power. A User's Guide. Belly Song Press, Santa Fe, New Mexico.

Henderson, Julie (2016): Embodying Wellbeing oder Wie man sich trotz allem wohlfühlen kann. Bielefeld.

Hüttig, Christoph (2020): Arbeit im Verein. Vereinsgründung, Rechtsgrundlagen und Leitprinzipien demokratischer Vereinsführung. Verlag Stiftung Mitarbeit, Bonn.

Koglin, Ilona, mit Julia Kommerell (2022): Dragon Dreaming Playbook. Als Team die Welt verändern. Vahlen. München.

Laloux, Frederic (2017): Reinventing Organisations. Visuell. Ein illustrierter Leitfaden für sinnstiftende Zusammenarbeit. Vahlen, München.

Luft, Joseph (1969): The Johari Model OF HUMAN INTERACTION, Mayfeld Publishing Co.

Macy, Joana; Brown Molly (2014): Coming Back to Life: The Updated Guide to the Work That Reconnects. New Society Publishers.

Maslow, Abraham (1981): Motivation und Persönlichkeit. 12. Auflage, Rowohlt, Reinbek bei Hamburg.

Mindell, Arnold (2014): Sitting in the Fire. Large Group Transformation using Conflict and Diversity. Deep Democracy Exchange. Florence.

Mindell, Arnold (2014): The Leader as a Martial Artist. An Introduction into Deep Democracy. Deep Democracy Exchange. Florence.

Ostertag, Margit; Bayer, Michael (Hrsg.) (2022): Themenzentrierte Interaktion (TZI) im Gespräch. Gesellschaft mitgestalten. Vandenhoek & Ruprecht.

Peck, M. Scott (2014): Gemeinschaftsbildung. Eurotopia-Verlag, Beetzendorf.

Popper, Karl (2003): Die offene Gesellschaft und ihre Feinde. Band 1: Der Zauber Platons. 8. Auflage, Tübingen: Mohr Siebeck.

Sartre, Jean-Paul (2000): Huis clos. Gallimard.

Schadwinkel, Alina (2021): Menschen führen gerne tief gehende Gespräche mit Fremden. https://www.spektrum.de/news/kommunikation-tiefgruendige-gespraeche-mit-fremden-tun-gut/1931497, abgerufen am 18. 1. 2022.

Stiftung trias (2017): Die Genossenschaft als Rechtsform für Wohnprojekte. Hattingen.

Stiftung trias (2017): Die Finanzierung zivilgesellschaftlicher Projekte – Unerlaubtes Bankgeschäft? Hattingen.

Weber, Max (2000): Die protestantische Arbeitsethik und der Geist des Kapitalismus. Beltz.

Übersicht

Aspekte und dazu passende Werkzeuge/Geschichten

Aspekt	Werkzeug	Kapitel	Seite
Individuen / Gemeinschaft	Zwiegespräche	2.3.1	44
	Achtsamkeitsglocke	2.3.2	47
	Check-in (Befindlichkeitsrunde)	2.3.3	48
	Redestab-Runde nach »Circle Way«	2.3.4	49
	Minutenforum	2.3.5	53
	Traumjobs	2.3.6	56
	Wahrheitsmandala	2.3.7	59
	Gebrauchsanweisung für mich erstellen	2.3.8	63
	Alle, die ...	2.3.9	66
	Kleingruppenerforschung der Konflikthintergründe	2.5.4.1	95
	Lagerfeuergespräch	2.5.4.2	98
	»Was steht zwischen uns?«	2.5.4.3	100
	Felderforschung	2.5.4.4	104
	Inner Work zu Konflikten	2.5.4.5	107
	»Download«: Was haben wir gelernt?	2.5.4.6	109
	Gemeinsame Basis zum Thema »Macht« herausarbeiten	2.6.6.1	123
	Den eigenen Rang reflektieren	2.6.6.2	125
	Rangaufstellungen	2.6.6.3	128
	Speeddating zum Thema »Rang«	2.6.6.4	130

Aspekt	Werkzeug	Kapitel	Seite
Individuen/Gemeinschaft	Das Rangbarometer	2.6.6.5	132
	Ablauf eines soziokratischen Treffens	4.4.3.1	214
	Soziokratische Kreismoderation	4.4.3.2	216
	Soziokratische Wahlen	4.4.3.3	219
	Soziokratische Entwicklungsgespräche	4.4.3.4	223
	Pflicht und Kür	5.2.2.1	239
	Das Geschenk des Rabbis	Anhang	332
	Die Listenklauerin	Anhang	336
	Himmel und Hölle	Anhang	337
	Das Geschenk der Feen	Anhang	338
	Der Elefant	Anhang	339
	Zwei Wölfe	Anhang	340
	Ob's ein (Un-)Glück ist – wer weiß?	Anhang	341
	Zwei Mönche und die Frau	Anhang	342
	Achte auf deine Gedanken	Anhang	343
Intention	Traumkreis	3.3.1	144
	Brainstorming	3.3.2	148
	Zukunftswerkstatt	3.3.3	150
	Die Zielscheibe	3.3.4	153
	Sa-Sa: Von der Sammlung von Vorschlägen zum Satz	3.3.5	158
	World Café	3.3.6	161
	Open Space	4.3.1.6	189
	Gemeinschaftssucher	Anhang	335
	Das Geschenk der Feen	Anhang	338

Aspekt	Werkzeug	Kapitel	Seite
Struktur	Redestab-Runde nach »Circle Way«	2.3.4	49
	Felderforschung	2.5.4.4	104
	World Café	3.3.6	161
	Redeliste	4.3.1.1	181
	Moderation mit Farbkärtchen	4.3.1.2	182
	3-Bälle-Redeliste, Finger-Redeliste	4.3.1.3	184
	Popcorn	4.3.1.4	186
	Fishbowl	4.3.1.5	187
	Open Space	4.3.1.6	189
	Soziometrie	4.3.2.1	195
	Systemisches Konsensieren (plus Varianten)	4.3.2.2	197
	Klassischer Konsens	4.3.3.1	200
	Konsens minus x	4.3.3.2	201
	Sechsstufiger Konsens	4.3.3.3	202
	Qualifizierte Mehrheit	4.3.3.4	202
	Nur zeitweise blockierendes Veto	4.3.3.5	203
	Das Los entscheiden lassen	4.3.3.8	204
	Konsent	4.4.2.1	207
	Ablauf eines soziokratischens Treffens	4.4.3.1	214
	Soziokratische Kreismoderation	4.4.3.2	216
	Soziokratische Wahlen	4.4.3.3	219
	Soziokratische Entwicklungsgespräche	4.4.3.4	223
	Logbücher	4.4.3.5	225

Aspekt	Werkzeug	Kapitel	Seite
Praxis	Traumjobs	2.3.6	56
	Brainstorming	3.3.2	148
	Soziokratische Entwicklungsgespräche	4.4.3.4	223
	Pflicht und Kür	5.2.2.1	239
	Beitragskonten	5.2.2.2	241
	Projektplanung mit dem Gemeinschafts-kompass	5.2.2.3	244
	Creative Commons	5.4.2.1	263
	Contribution Consciente (Bewusstes Beitragen)	5.4.2.2	265
	Bieterrunden	5.4.2.3	267
	Arm und Reich	Anhang	340
Ernte	Dankesrunden	6.3.1.1	280
	Wertschätzungszettel	6.3.1.2	281
	Warmer Regen	6.3.1.3	282
	Wertschätzende Begegnungen	6.3.1.4	285
	Feedbackübung	6.3.2	287
	Ich wills wissen!	6.3.3	289
	Appreciative Interviews (Wertschätzende Interviews)	6.3.4	293
	What? So What? Now What?	6.3.5	294
	Ablauf eines soziokratischen Treffens	4.4.3.1	214
	Soziokratische Kreismoderation	4.4.3.2	216
	Soziokratische Wahlen	4.4.3.3	219
	Soziokratische Entwicklungsgespräche	4.4.3.4	223
	Akzeptanz	Anhang	342

Aspekt	Werkzeug	Kapitel	Seite
Ganzer Kompass	Projektplanung mit dem Gemeinschafts-kompass	5.2.2.3	244
	Projektdiagnose mit dem Gemeinschafts-kompass	8.1.1	310
	Projektentwicklung	8.1.2	315
	Kollegiales Coaching	8.1.3	317
	»Hüte verteilen«	8.1.4	320

Danke!

Dieses Buch trägt zwar den Namen von mir als Autorin, aber es wurde von vielen Menschen inspiriert. Ich bin dankbar für alle, die dazu beigetragen haben, dass dieses Buch nun vor uns liegt.

Ich danke ganz besonders …

… allen Menschen, die mich aufgefordert haben, ein Methodenbuch zum Gemeinschaftskompass zu schreiben.

… allen Menschen, die mir erzählt haben, wie sie den Gemeinschaftskompass in sozialen, ökologischen, politischen oder kulturellen Initiativen anwenden und dass sie ihn auch für diese Kontexte für sehr geeignet halten. Ohne diese vielen Mut machenden Kommentare hätte ich mich nicht dazu aufgerafft, dieses Buch zu schreiben!

… all den Menschen, die mich mit ihren Methoden und Werkzeugen inspiriert haben, und allen, die auch mal darunter leiden mussten, wenn ich eine neue Methode ausprobierte, die dann nicht so gut funktionierte! Ohne euch wäre mein »Werkzeugkoffer« viel, viel kleiner!

… meinen Testleser:innen Johannes Hochholzer, Hauke Holtkamp, Andreas Börner, Ulrich Jung, Dirk Frenzel und Barbara Stützel. Sie haben alle wertvolle Impulse gegeben und dazu beigetragen, dass dieses Buch lesenswerter geworden ist!

… Oliver Victor vom Erlebnisbahnhof Schmilau. Er hat mir wieder ein Domizil zur Verfügung gestellt, in dem ich ungestört von meinem Gemeinschaftsalltag an dem Buch feilen konnte. Ganz herzlichen Dank dafür!

… Clemens Herrmann vom oekom verlag. Er hat geduldig mit mir an unseren Vertragsbedingungen gefeilt. Ganz besonders dankbar bin ich ihm und dem Verlag dafür, dass ich die vom Verlag layouteten Methoden auch teilweise auf meiner Website der Allgemeinheit kostenfrei zur Verfügung stellen kann – ganz im Sinne einer Welt, in der Wissen möglichst frei geteilt wird!

Beetzendorf, 21.2.2023
Eva Stützel